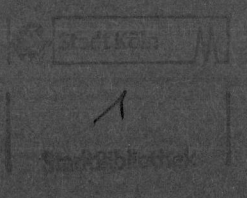
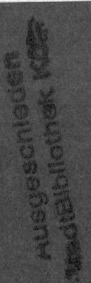

mare

Alfred van Cleef

DIE VERBORGENE ORDNUNG

Eine
Reise
entlang
des
Nullmeridians

Aus dem Niederländischen
von Marlene Müller-Haas

mare

Der Verlag dankt der Niederländischen Literaturstiftung
für die Förderung der Übersetzung.

N ederlands
letterenfonds
dutch foundation
for literature

Die Deutsche Nationalbibliothek verzeichnet diese Publikation in der
Deutschen Nationalbibliografie; detaillierte bibliografische Daten sind im Internet
unter http://dnb.ddb.de abrufbar.

Die niederländische Originalausgabe erschien 2010 unter dem Titel
De verborgen ordening: Een ontdekkingsreis langs de nulmeridiaan
bei Uitgeverij Cossee, Amsterdam.

1. Auflage 2012
© 2012 by mareverlag, Hamburg

Lektorat Mirjam Madlung
Karten Peter Palm, Berlin
Illustrationen auf S. 339 Aard Bakker, Amsterdam
Typografie Gaby Michel, Hamburg
Schrift DTL Vanden Keere
Druck und Bindung CPI Clausen & Bosse, Leck
Printed in Germany
ISBN 978-3-86648-150-3

MIX
Papier aus verantwor-
tungsvollen Quellen
FSC® C006701
www.fsc.org

www.mare.de

Inhalt

O

Null

Das Abstecken meiner Welt begann auf einem Perserteppich. Die Teppichbahnen im Wohnzimmer verwandelte ich in Straßen für meine Spielzeugautos. Ich stellte Verkehrsschilder aus Plastik auf, Ampeln, Bauernhöfe und Kühe. Autos konnten rückwärts einparken und mussten mitunter an der Ampel warten. Der Verkehr auf dem Teppich verlief geordnet, und ich war der Große Kontrolleur. Allmählich breitete sich mein Territorium aus: Zwischen der Wohnung des Nachbarmädchens unter uns und unserem Stockwerk lagen 34 Stufen. Das Trottoir vor dem Haus war übersichtlich in Gehwegplatten unterteilt. Anfangs brauchte ich für jede Platte einen Fuß, aber als meine Beine länger wurden, änderte sich der Rhythmus: Nun betrat ich jede zweite Platte, immer mit dem linken Fuß zuerst.

Unser Stadtteil war übersichtlich und bestand aus rechteckig angelegten Wohnblocks, aber es gab auch Viertel, die viel älter waren, und chaotischer. Straßen gehörten zu Vierteln, Viertel zu Städten, Städte zu Ländern, Länder zu Kontinenten. In meinem Kopf entfaltete sich die Welt, und ich dehnte meine Grenzen immer weiter aus, unerschrocken, aber mit einem unaufhaltbaren Ordnungsdrang.

Ich hatte nur eine Großmutter und keinen Großvater. Das war so, weil die großen Leute Dinge erlebt hatten, über die man besser nicht sprach. Vom Wohnzimmerfenster aus schaute ich stundenlang nach den Autos auf der belebten Straße und versuchte mir vorzustellen, wohin sie wohl fuhren.

Für zwei Länder begann ich mich zu interessieren: Island, weil es nirgendwo dazuzugehören schien, und Albanien, das mit allen anderen Ländern der Erde im Streit lag und sich völlig von der Außenwelt abgeschottet hatte. Sobald das Wort Island oder Albanien in der Zeitung vorkam – sei es in der Wetterspalte oder in einer Rangliste internationaler Handballturniere –, schnitt ich den Artikel aus und klebte ihn auf ein Blatt; die Blätter hob ich nach Datum sortiert in einem Ringbuch auf.

An meinem sechzehnten Geburtstag erlaubten mir meine Eltern, einen französischen Onkel, der mit seiner Familie eine Rundreise durch Island machte, zu begleiten. Von ihnen lernte ich, dass man eine Reise nicht planen oder buchen kann, sondern erleben muss. Mich schlug die Psychologie der Geografie in ihren Bann. Später entwickelte ich die Angewohnheit, an einer Kreuzung die unbedeutendste der Abzweigungen zu nehmen, und bei der nächsten Kreuzung machte ich es ebenso, um zu sehen, wo ich dann landete. Ich liebte die entlegensten Winkel der Geografie: verirrte Inseln, Grenzstädtchen, Industriegebiete. Ich bezeichnete mich als Reisenden, was so viel bedeutete wie, dass ich für alles offen war und immer ohne Begleiter losfuhr, um besser in der Kultur aufgehen zu können, in die es mich verschlug. Meine Erfahrungen und Gedankengänge schrieb ich in langen Briefen nieder mit dahinrasenden Sätzen, die kaum zu bremsen waren.

Dass ich Journalist wurde, war unvermeidlich. Ich beschäftigte mich mit den Rändern der Gesellschaft – mit Huren, Dieben, Junkies, Obdachlosen, Flüchtlingen, Illegalen, Hausbesetzern – und berichtete auch »aus dem Ausland«, worunter für mich alle Nationen der Welt fielen, außer den Niederlanden, am liebsten möglichst weit entfernt, wie Tonga oder Madagaskar. Später berichtete ich als Korrespondent einer überregionalen Abendzeitung unter anderem über den Krieg in Bosnien-Herzegowina in den Neunzigerjahren des vergangenen Jahrhunderts.

Während meiner ersten Reise in das Kriegsgebiet erhielt die

Frau, in die ich mich kurz vor meinem Aufbruch verliebt hatte, jeden Morgen um halb neun ein von mir vorgetragenes Gedicht, das ich zuvor bei einer Telefongesellschaft aufgenommen hatte und das zu festgelegten Zeiten verschickt werden konnte. Nach meiner Rückkehr in die Niederlande machte sie Schluss. Nicht wegen der Gedichte, sondern einfach, weil sie mich nicht wollte. Meist war ich derjenige, der wegging, doch bei ihr kam ich gar nicht so weit.

Ich entwickelte eine Faszination für Globen und Landkarten, von denen ich schließlich Hunderte besaß. Auf einer der Weltkugeln fand ich im südlichen Teil des Indischen Ozeans – zwischen Afrika und Australien – die abgelegenste Insel der Welt: Amsterdam. Wenige Jahre später wurde sie meine neue Bestimmung und Gegenstand eines Buches *(Die verirrte Insel)*: Ich kündigte meine Stelle bei der Zeitung und beendete meine damalige Beziehung.

Ich schrieb einen autobiografischen Roman mit einem Protagonisten, der süchtig nach Übersichten, Listen und Marihuana war. Danach begann ich mit einem neuen Buch – eine spannende Geschichte über einen einsamen, unordentlichen Mann, der unerwartet in die grausige Suche nach dem Täter einer dreißig Jahre zuvor verübten Vergewaltigung verstrickt wird. Im fünften Kapitel blieb ich stecken.

Ich hörte auf den Rat meiner besten Freundin und suchte Hilfe bei einem Coach, einer Frau. Sie war eine von denen, die resolut und messerscharf ihre Fragen abfeuern, und hatte innerhalb einer Stunde herausgefunden, was mein Problem war. Ich gehörte nicht zu den Leuten, die den ganzen Tag allein am Computer sitzen können, stellte sie fest. Ich solle keine Romane mehr schreiben, sondern zur Nonfiction zurückkehren, meinte sie. Leute treffen! Reisen! Dann würde mir auch das Glück wieder lachen. Ich wusste, was ich zu tun hatte. Kinderlos, ungebunden und ohne feste Stelle, war ich ein freier Mann.

Ich suchte nach Halt, nach einer neuen Richtung, und fiel auf den Boden der Tatsachen zurück. Der älteste überlieferte Erkenntniswunsch des Menschen ist eine Antwort auf die Fragen: »Wo bin ich?« und »Wie spät ist es?«. Fragen, auf die schon die Babylonier und die alten Ägypter den Ansatz einer Antwort hatten. Zwar stehen uns 6000 Jahre später Landkarten, Navigationssysteme, Computer, Zeitmesser, Atomuhren und Mobiltelefone dafür zur Verfügung, doch an der Fragestellung selbst hat sich nichts geändert.

Ich drehte meine Globen und studierte das Netz aus Linien, in das die Erde unterteilt ist. Weil er genau in der Mitte zwischen den Polen liegt, bildet der Äquator unangefochten die natürliche Bezugslinie für die Breitengrade. Bei den Längengraden ist das anders: Der Meridian Null von Norden nach Süden kann im Prinzip überall gezogen werden. Nicht nur die geografische Ortsbestimmung mithilfe von Koordinaten, sondern auch das Zeitzonensystem basiert auf diesem Nullmeridian, der damit eine prominente Widerspiegelung des menschlichen Verlangens nach Ordnung darstellt.

Die weltweite Anerkennung von Greenwich als Ursprung des Nullmeridians nahm 1884 auf einer Konferenz in Washington Gestalt an. Dieser Vertrag sollte einer der erfolgreichsten in der Geschichte der Menschheit werden: Jedes Land der Welt hält sich daran. Im Alltagsleben ist der Greenwich-Meridian immer präsent, aber nicht jeder, der auf seine Armbanduhr oder auf den Monitor seines Autonavigationsgeräts blickt, ist sich dessen bewusst.

Der Nullmeridian verläuft zu zwei Dritteln über Wasser; er durchquert drei Kontinente: Europa, Afrika und die Antarktis, aber nur acht Länder: Großbritannien, Frankreich, Spanien, Algerien, Mali, Burkina Faso, Togo und Ghana. Mich schlug diese universale unsichtbare Linie in ihren Bann, und ich begann, Karten von den Ländern zu sammeln, durch die er führt. Für diese Sammlung kamen nur Landkarten in Betracht, auf denen Längen- und Breitengrade eingezeichnet waren, wodurch ich gelegentlich auf weniger zuverlässige oder veraltete Ausgaben angewiesen war. Jede Neuerwerbung breitete ich auf dem Boden aus und markierte die Nulllinie mit einem gelben Leuchtstift. Um sie besser in eine Reihenfolge legen zu können, versah ich alle Karten mit einem Etikett, das die Breitengrade angab, zwischen denen das abgebildete Gebiet lag.

Von Norden nach Süden betrachtet, war meine erste Landkarte die von *Northern England, The Midlands* (53. bis 52. nördlicher Breitengrad, abgekürzt 53 – 52° n.B.), und die letzte trug die Bezeichnung *Accra. Lomé. Porto Novo* (8 – 5° n.B.). Ich besaß Karten von dicht besiedelten, mit Autobahnen und Eisenbahnlinien überzogenen Gebieten, doch dem stand die Karte von *Erg Chech* (28 – 24° n.B.) gegenüber, einem 650 mal 440 Kilometer großen Gebiet in der algerischen Sahara, das eine nahezu leere Fläche in diversen Gelbtönen zeigte, die der Legende zufolge »Sand«, »fester Sand«, »wandernder Sand« symbolisierten, mit zwei »Hauptkamelrouten« und in der äußersten rechten Ecke dem Städtchen Adrar, an dem eine einzige »stabilisierte Straße« vorbeiführte. Für die restliche algerische Sahara-Strecke benötigte man drei vergleichbar leere Karten.

Ich studierte die Orte, die meine markierten Linien durchquerten: Peacehaven, Saint-Hilaire-de-la-Noaille, Castellón de la Plana, Senkansé, Warkambou, Odumase Krobo. Was war diesen Orten gemeinsam? Wer lebte an der Grenze der westlichen und östlichen Halbkugel? Hatte diese Festlegung Auswirkungen auf das Alltagsleben der Menschen dort? Wussten sie, dass sie auf dem universalen Nullmeridian wohnten? Und war das etwa wichtig?

Monatelang zog ich die Karten zurate und begann, den gelb markierten Längengrad irgendwie zu mögen: Er bot Struktur. Langsam, aber sicher reifte die Idee, am Nullmeridian in seiner gesamten Länge entlangzureisen. Nachdem meine Entscheidung feststand, kaufte ich einen *Global Positioning System*-Empfänger (GPS), etwa von der Größe eines Mobiltelefons, und eine batterielose, kurbelbetriebene Taschenlampe, mit der man auch das Telefon aufladen konnte. Praktisch, vor allem für die Wüste.

Es gelang mir, zwei Institutionen von der Bedeutung meiner meridionalen Mission und von dem Buch, das ich darüber schreiben wollte, zu überzeugen, und ich ergatterte damit zwei Reisestipendien; ich stellte Übersichten und Listen von allem zusammen, was vor der Abreise erledigt werden musste, und legte die Spielregeln fest. Weil mich vor allem von Menschen bewohnte Gebiete interessierten, durfte ich die Meere und Pole auslassen. Ich wollte von Norden nach Süden reisen und aus diesem Grund in Tunstall anfangen, einem Dorf in der englischen Grafschaft Yorkshire, dem nördlichsten Punkt, an dem der Meridian Land »berührt«. Ich hoffte, möglichst viele Dörfer und Städte zu besuchen, die auf dem Nullmeridian lagen, und wollte mich jedes Mal auf die Suche nach dem absoluten Nullpunkt machen: dem Längengrad von o Grad, o Minuten und o Sekunden. Das konnte ein abgelegener Bauernhof sein, eine Fensterrahmenfabrik, eine Imbissbude in einer trostlosen Vorstadt oder ein offenes Abwasser in einem Armenviertel. Zwar wusste ich vorher nicht, wem ich unterwegs begegnen würde und was mich erwartete, aber ich wusste, dass ich immer wieder an dieser einen, unsichtbaren Linie würde Halt finden können.

Nur zwei der acht Nullmeridian-Länder grenzten nicht ans Meer: Mali und Burkina Faso. Die Gesamtstrecke von Tunstall bis nach Tema, einer Hafenstadt in Ghana, wo der Meridian im Atlantischen Ozean verschwindet, betrug nach meinen Berechnungen gut 4800 Kilometer, die Meeresanteile nicht mitgerechnet. Diese Strecke wollte ich ohne Unterbrechung zurücklegen, am liebsten mit öffentlichen Verkehrsmitteln.

Im Voraus definierte ich einen Unterschied zwischen zwei Sorten von Nullpunkten: den normalen Nullpunkt und den magischen. Ein normaler Nullpunkt war jeder Teil des Nullmeridians, den ich erreichen konnte. Magische Nullpunkte waren die Orte, an denen der Nullmeridian aus dem Meer auftauchte oder im Gegenteil darin verschwand – je nachdem, von welcher Seite aus man es betrachtete. Spanien war mit drei magischen Nullpunkten Spitzenreiter, England hatte zwei, Frankreich, Algerien und Ghana jeweils einen, Mali, Burkina Faso und Togo gar keinen. Den magischen Nullpunkten Tunstall und Tema, dem jeweiligen Anfangs- bzw. Endpunkt der auf dem Landweg zurückzulegenden Strecke des Meridians, erkannte ich den Sonderstatus »ultimativer Nullpunkt« zu.

Das europäische Teilstück des Nullmeridians sollte leicht zu bereisen sein, danach wurde es vermutlich komplizierter. Für Algerien, Mali, Burkina Faso, Togo und Ghana brauchte ich Visa. Das Problem dabei war, dass sie binnen drei Monaten nach Ausstellung verwendet werden mussten. Da ich meine Reise keineswegs unterbrechen wollte, beschloss ich, mit einem europäischen Personalausweis von England nach Spanien zu reisen, während in der Zwischenzeit mein Pass zwischen den diversen Botschaften zirkulieren sollte. Meine beste Freundin würde den Pass mit den eingestempelten Visa nach Spanien bringen und auch ein Satellitentelefon, damit ich, falls erforderlich, aus der Wüste einen Notruf absetzen konnte.

In den ausgedehnten Wüstenregionen operierten Schmugglerbanden, es drohten Überfälle und die Salafisten-Gruppe für Predigt und Kampf (GSPC), eine Abspaltung der bewaffneten fundamentalistischen Widerstandsbewegung GIA, die in den Neunzigerjahren des vorigen Jahrhunderts in einen Krieg mit dem algerischen Heer verwickelt war, der Hunderttausende Algerier das Leben gekostet hatte, großenteils Zivilisten. Nach dem Ende des Bürgerkriegs blieben kleine terroristische Zellen aktiv, darunter die GSPC, die sich auf Bombenanschläge und die Entführung von Ausländern verlegte. Während meiner Vorbereitungen fusionierte diese Bewegung mit al-Qaida und nannte sich fortan Organisation al-Qaida des islamischen Maghreb (AQMI).

In Algerien herrschte noch immer der Ausnahmezustand. Das niederländische Außenministerium gab für das ganze Land eine »negative Reiseempfehlung« heraus, aber wenn es nicht anders ginge, sollte der Reisende wenigstens in »großen, gut gesicherten Hotels« nächtigen. Darüber hinaus empfehle es sich, »mit einem eventuellen algerischen Geschäftspartner zu vereinbaren, dass dieser für adäquate Beförderungsmittel sorge, oder im Verhinderungsfall Taxis der internationalen Hotels in Anspruch zu nehmen«. Empfohlen wurde auch, zwischen den großen Städten per Flugzeug zu reisen und auf keinen Fall am frühen Morgen und nach Sonnenuntergang mit dem Auto unterwegs zu sein. Über die Strecke, die ich mir ausgesucht hatte, weil sie mehrmals den Nullmeridian kreuzte – die westliche Sahara-Route –, sagte das Ministerium: »Von Reisen mit Auto oder Motorrad in den an Mali grenzenden Gebieten als auch auf den Pisten in der algerischen Sahara wird dringend abgeraten, da in diesen Gebieten terroristische und kriminelle Gruppen aktiv sind.« Weiter wurde klar, dass es in ganz Algerien verboten war, per Anhalter zu reisen, und dass man ohne Sondergenehmigung nicht mit öffentlichen Verkehrsmitteln in den Süden reisen durfte. Ein Niederländer, der dort gewesen war, fasste die Stimmung in Algerien wie folgt zusammen: »Niemand sagt die Wahrheit, denn jeder misstraut grundsätzlich dem anderen.«

Für ein Visum brauchte man eine Einladung. Ich kontaktierte den in der algerischen Stadt Tlemcen lebenden Schriftsteller und Journalisten Chahreddine Berriah von der Tageszeitung *El Watan*, der die Reise von der Küste bis zur Grenze von Mali schon einmal zurückgelegt hatte. Er war begeistert von meinem Plan und zeigte sich nicht nur bereit, die notwendige offizielle Einladung auszusprechen, sondern wollte mich auch auf der Tour durch die Sahara bis über die Grenze nach Mali begleiten. Vor einigen Jahren war Berriah wegen »Beleidigung des Staatsoberhauptes« verurteilt worden, doch das passiere jedem algerischen Journalisten ab und zu, darüber müsse ich mir überhaupt keine Gedanken machen. Ich schlug vor, in den Papieren anzugeben, dass ich eine touristische Reise plane, doch Berriah riet davon ab. »Zu deinem eigenen Schutz ist es besser, die Wahrheit zu sagen.«

Ich füllte das Antragsformular entsprechend den Vorschriften der algerischen Botschaft in dreifacher Ausfertigung aus und erklärte, es sei meine Absicht, dem Nullmeridian zu folgen, blieb aber absichtlich vage in Bezug auf meine genaue Reiseroute.

Er war achtzehn Jahre zuvor gestorben, aber auf einem algerischen Visumantrag wurde er wieder lebendig, als ich auch die Vornamen meines Vaters eintragen musste: Jacob Felix.

Shetland-Inseln

A t l a n t i s c h e r
O z e a n

Orkney-Inseln

N o r d s e e

Hebriden

● Aberdeen

Glasgow ●   ● Edinburgh

● Belfast   *Tyne*

Man   G R O S S B R I T A N N I E N

Irische See   York ●   Tunstall   53° 46′ n.B.
Patrington ● Withernsea
Liverpool ●   Manchester ●
I R L A N D   *Anglesey*   ● Louth

Trent   Boston ●

Birmingham ●   ● Cambridge

Chingford ●   Oxford ●
Waltham Forest   Bristol ●   *Themse*   □ **London**   331 km
Stratford Leyton ●
Blackwall ●   Lewes ●   ● Dover
Greenwich ●   Peacehaven   50° 47′ n.B.
OSTLONDON   Plymouth ●   *Wight*

Themse   *Ärmelkanal*

Kanalinseln   FRANKREICH

0   100   200   300 km

I

Das Nullpunktritual

An einem grauen Augusttag verließ ich per Bus Amsterdam – meinen Wohnort und den meiner Vorfahren –, um zum Rotterdamer Hafen zu fahren. Es goss in Strömen, und es war der reinste Herbst. Die letzten Häuser vor dem Amsterdamer Autobahnring zogen vorüber, danach folgten schnurgerade Autobahnen, lange Pappelreihen, tiefes Licht über regenglänzenden Feldern. Später engten Lärmschutzwände, Gewerbegebiete und Bürotürme mein Blickfeld ein. Begleitet von einem faden Pianisten, der sich für seine langweilige Interpretation von *Raindrops keep falling on my head* nicht schämte, legte die Fähre in Rotterdam ab und bewegte sich allmählich aufs offene Meer zu. So weit das Auge reichte, sah ich hohe Windräder aus Stahl, Hebekräne und Abfackelwolken in den Schattierungen von Weiß, Gelb, Orange und Rot.

Am nächsten Morgen ging ich im Hafen von Kingston upon Hull von Bord und lief im strömenden Regen eine asphaltierte Straße entlang, neben der sich zu beiden Seiten Mauern aus Containern auftürmten. Erst auf der Kreuzung zweier Schnellstraßen, wo der Bus abfahren sollte, zeigte sich der Horizont wieder. Es führte kein Weg zurück, ich war ein Mann mittleren Alters mit einem Rucksack und einer unsichtbaren Linie als Halt.

Die Haltestelle befand sich unmittelbar neben einem Wohnwagen. Hier wurden Kaffee, heiße Würstchen und Strammer Max an Lastwagenfahrer verkauft, die auf der kahlen öden Fläche neben der Kreuzung parken konnten. Im Stehen trank ich einen pechschwarzen Kaffee und starrte auf den herumliegenden Müll und den vorbeirasenden Verkehr.

Kurz darauf saß ich im 77er-Bus nach Withernsea. Hin und zurück?, fragte der Fahrer. Nein, zurück kam nicht infrage. Durch mein Guckloch in der beschlagenen Scheibe sah ich sanft hügelige, schimmernde Felder vorüberfliegen, Krähen saßen reglos auf den Stromkabeln zwischen den Hochspannungsmasten aufgereiht. Ich hatte nur wenige Stunden geschlafen, auf dem oberen Bett in der Schiffskabine, die ich mit drei anderen Männern hatte teilen müssen, und ich war aufgeregt und unsicher zugleich.

Mein erstes Ziel war der magische und gleichzeitig ultimative Nullpunkt bei Tunstall. Dort sollte meine Meridianreise in den Süden ihren Anfang nehmen. Tunstall war ein kleines Dorf ohne Anbindung an den öffentlichen Verkehr. Am nächsten lag der Badeort Withernsea. Ich stieg im Zentrum aus, mein Rucksack wog achtzehn Kilo und war eindeutig zu schwer. Die zwei Hotels des Städtchens machten einen heruntergekommenen Eindruck. Alle Zimmer waren von angeheuerten Vertragsarbeitern belegt, die vor der Küste eine neue Gaspipeline verlegen sollten. »Bed and Breakfast« gab es auch nicht. »Niemand meldet das an«, sagte die Frau im Fremdenverkehrsamt. »Deshalb gibt es solche Unterkünfte offiziell auch nicht. Herumzufragen hat keinen Sinn, Sie können mir glauben, dass Sie hier kein freies Bett finden werden. Alles ist von den Pipeline-Männern in Beschlag genommen.«

In Withernsea standen Wohnwagen mit Urlaubern, und es gab Spielautomaten aus den Sechzigerjahren des vergangenen Jahrhunderts. Es war ein Dorf mit einer Unmenge von Elektromobilen, Kinderwagen und Rollstühlen. Das war England an einem nassen Sommertag: ein Land mit altmodischen Fernsehantennen, dickbäuchigen, tätowierten Männern in kurzen Hosen, aber vor allem auch mit Hunden. Leise sang ich einen alten Hit der Kinks:

»I like my football on a Saturday, Roast beef on Sundays, all right. I go to Blackpool for my holidays, Sit in the open sunlight.« In einer Kneipe bestellte ich mangels Alternativen Spiegelei auf weißem Toast, mit extra Tomaten. Aus der Jukebox schallte ein Song der Beach Boys, die Sonne brach durch. Ich konnte meinen Rucksack beim Kneipier stehen lassen und machte mich auf den Fußmarsch nach Tunstall. Angeblich war der Nullmeridian dort mit einem Denkmal markiert.

Ich musste lediglich meinem GPS-Empfänger bis zum Nullpunkt folgen, die Frage war nur, wie. An der Stelle, wo die Queens Street abbog, ging ich geradeaus weiter und öffnete ein verwittertes rotes Stahltor, das Zugang zu einem Fußweg bot. Tief unter mir brandete das Meer gegen die Klippen. Die Aussicht war weit und das Licht gleißend. Ein Stückchen weiter saß in einem Elektrorollstuhl ein Mann, der unter seiner karierten Mütze hervor durch ein Fernglas spähte und sich dabei mit einer Frau mit grauem Dutt unterhielt. Ich fragte, wie ich am besten zu Fuß nach Tunstall käme. »Immer geradeaus«, sagte sie, »aber über die Felder, bloß nicht direkt an den Klippen entlang. Das ist viel zu gefährlich. Bevor Sie sich versehen, sind Sie schon abgestürzt. Auch nicht über den Strand. Wenn die Flut kommt, wirft Sie das Meer gegen die Klippen und reißt Sie mit.« Der Mann mit der Mütze starrte unbeirrt durch sein Fernglas. Er suche nach Pinguinen, sagte er. Pinguine in England? »In dieser Woche hat ein Bekannter von mir genau hier einen jungen Pinguin gesehen. Manchmal trägt die Strömung sie bis nach Withernsea. Das ist zwar weit entfernt von dem Gebiet, in das sie eigentlich gehören, aber es kommt vor.«

Über einen morastigen Pfad setzte ich meinen Weg fort. Die Sonne warf eine goldene Glut auf die frisch gemähten Kornfelder. Der Pfad wurde schmaler und zwängte sich zwischen Ackerrand und Abgrund hindurch, wo auf den Klippenvorsprüngen Gänseblümchen wuchsen. Ich breitete meine Jacke aus, legte mich auf den Rücken und rauchte. Letzte Bilder aus Amsterdam vom Tag zuvor zogen mir durch den Kopf: Gleich nach der Abreise war der Bus am Haarlemmerplein vorbeigefahren. Über dem Café De Clown lag das Apartment von A., in deren Armen ich eine winterliche Nacht verbracht und die ich danach nie mehr getroffen hatte. Für den Bruchteil einer Sekunde sah ich im Erker weiße Wäsche zum Trocknen hängen: Höschen und Socken. Das hatte mich gerührt, aber ich wusste nicht, warum.

Ich lief weiter an den bröckelnden Klippen entlang; zwei Bauernsöhne fuhren mit einem Traktor auf dem Kornfeld hin und her. Immer wieder schaute ich auf mein GPS, das Abzählen hatte begonnen. Der ultimative Nullpunkt befand sich auf 53° 46' 08'' nördlicher Breite. Der Meridian kam schräg über die Küste aus dem Meer, lief zwischen den Betonblöcken durch, die kreuz und quer auf dem dunkelgrauen Strand lagen, er schnitt die Klippen und verschwand landeinwärts. So zeigte es mein GPS an, und so stand es auch vor meinem inneren Auge, aber in Wirklichkeit war nichts zu sehen. Logisch, den Nullmeridian sah man nie, aber auch das Denkmal war nirgendwo zu entdecken.

Ein Mann in kurzen Hosen kam auf mich zu und fragte, wonach ich suche. Das Meridianzeichen? »Ja, das stand hier. Und das ist davon übrig geblieben«, sagte er und zeigte auf einen mitgenommenen Betonklotz mit einem Loch in der Mitte, der auf dem Strand lag. Eine Frau in Nylonwindjacke gesellte sich zu uns. Sie meinte, die Markierung stünde nicht an dieser Stelle, sondern weiter landeinwärts, »aber sicher bin ich mir auch nicht«.

Ich kletterte die Klippe wieder hinauf und lief über den Campingplatz Sand-Le-Mere in Richtung Tunstall, auf das landeinwärts gelegene kleine Dorf zu. Beim erstbesten Haus kam ich mit einem etwa siebzigjährigen Mann (Apfelbäckchen und rundes, wettergegerbtes Gesicht) ins Gespräch. Neben dem schmalen Pfad vor seinem Haus war ein knallrotes Boot aufgebockt; überall lagen Teile von zerlegten Motoren herum. »Mit dem Meridian hab ich nichts am Hut«, sagte er in schwer verständlichem York-shire-Englisch. »Aber mit Stürmen. Wir haben in diesem Jahr ungefähr dreißig Fuß Land verloren.« Er deutete auf die Klippen. »Dort hinten war ein Acker, den hat das Meer innerhalb von dreißig Jahren vollständig verschlungen. Früher gab es vor der Küste von Tunstall einen Wellenbrecher aus Holz, aber seit zwanzig Jahren zerfällt er, und bis heute kümmert sich keiner darum.« In Withernsea gebe es durchaus ausreichend Wellenbrecher, meinte er, »aber die sind wieder zu nahe an der Küste, und so verschwindet der Strand langsam, aber sicher.«

Doch Angst, dass das Meer auch sein Haus verschlingen könnte, hatte er nicht. »Man muss keine Angst haben. Was passiert, passiert eben. Sie kommen aus Holland? Dort lebt man ja sogar unter dem Meeresspiegel, ihr habt das dort gut hingekriegt. Wir hier nicht. Nichts als Pfennigfuchserei.«

Er trug einen Overall voller Öl- und Farbflecken. »Ich bin zwar pensioniert«, sagte er, »aber ich repariere noch immer Motoren.« Er zeigte auf das rote Boot am Weg. »Das habe ich gerade gestrichen. Nur der Motor muss noch rein, aber das geht im Moment nicht.« Er hob seinen blutigen rechten Daumen. »Mir ist ein kleines Malheur passiert.« Neben dem Boot standen Taubenschläge. In der Ferne hörte man ein Motorrad, es kam näher und knatterte kurz darauf an uns vorüber. »Das ist er«, rief er. »Das ist Tony Ellis, der Betreiber des Campingplatzes. Er weiß alles über das Meridianzeichen, denn er hat es selbst aufgestellt. Sag ihm, dass dich Keith geschickt hat. Dann klappt das schon.«

Also verließ ich die westliche Halbkugel wieder und kehrte zum Campingplatz zurück, der Himmel war braungrau, aber gleißend hell, und über mir kreisten Seeschwalben und Möwen. Jetzt erst sah ich die Informationstafeln, die der Frau vom Strand offenbar noch nie aufgefallen waren. Das Meridianzeichen war zum Jahrtausendwechsel aufgestellt worden, las ich, und einige Jahre darauf »unglücklicherweise eingestürzt«, als die Klippe bei einem Sturm

abbrach. Die Landverschiebung, der eigentliche Auslöser, sei ein
»nicht unübliches« Ereignis an der Küste der Halbinsel Holder-
ness, da die Klippen bei Tunstall aus weichem, instabilem Geschie-
belehm bestünden, der gegenüber »der erodierenden Macht des
Meeresextrems empfindlich« sei.

Daneben hing eine Karte mit allen seit der Römerzeit in dieser
Region vom Wasser verschlungenen Ortschaften: insgesamt 22.
Acht davon waren landeinwärts dem sich verändernden Wasserstand der breiten, trichterförmigen Humber-Mündung zum Opfer gefallen. Die anderen vierzehn waren Küstendörfer, die unter-
gingen, als der weiche Lehm der Gewalt des Meeres nachgab, mit
allen damit einhergehenden dramatischen Folgen: An den Strän-
den von Withernsea lagen sogar angespülte Knochen und Särge.

In der Rezeption des Sand-Le-Mere-Caravan-Parks studierte
ich die Faltblätter. Alle Wohnwagen waren mit Dusche und Mi-
krowelle ausgestattet. »Reine Männer- oder reine Frauengruppen
oder Jugendliche (gemischt): Vor dem Reservieren bitte kurz melden«, stand da ganz beiläufig.

Tony Ellis war ein Mann mit beginnender Glatze, einem länglichen Gesicht und ansteckendem, jovialem Lachen. »Mein Vater
hatte hier früher eine Kneipe. Er schummelte ein bisschen, denn in
der Hoffnung auf zusätzliche Kundschaft behauptete er wider
besseres Wissen, dass der Nullmeridian mitten durch sein Lokal
verlaufe.« Der Eigentümer des Ferienparks war tatsächlich der Ini-
tiator des Meridianzeichens gewesen. Es handelte sich dabei um
eine weiße Säule, die früher in dem Dorf Hilston als Markierungszeichen des Britischen Topografischen Dienstes gedient hatte. Die
Säule drohte aber ins Meer zu stürzen, und so beschloss Ellis zusammen mit dem dort ansässigen Schweinebauern Andy Smales,
das Riesending mit ein paar Freunden nach Tunstall zu schleppen
und es dort genau auf der Trennlinie der beiden Hemisphären aufzustellen, oben auf der hohen Klippe vor dem Wohnwagenpark.
Ellis sorgte dafür, dass die verwitterte Säule mit einer gravierten

Gedenktafel versehen wurde, auf der zu lesen stand, dass genau hier der Nullmeridian »direkt vom Nordpol« das Festland erreiche. In Tunstall begann die Zeit.

Als Erstes hatte er die Position von den Männern des Topografischen Dienstes kontrollieren lassen. Als diese ihr Okay gaben, konnte die Gedenktafel offiziell enthüllt werden, doch das war ohne jegliche Feierlichkeiten vonstattengegangen. Ellis und seine Freunde hatten ein Pint darauf getrunken, das war alles. »Wir bekamen keinen Penny Zuschuss«, sagte er. »Das ganze Geld wurde damals für den Millennium Dome in London gebraucht. Ich habe hier noch einen Zeitungsartikel, in dem steht, dass zum Beginn des neuen Jahrtausends ein Laserstrahl über den gesamten englischen Streckenabschnitt des Nullmeridians leuchten sollte.«

Ich las den Artikel. »Die Zuschauer werden auf einer Höhe von 900 Metern ein 350 Kilometer langes grünes Lichtbündel sehen, das von Peacehaven bis Tunstall leuchten und danach in der Nordsee verschwinden wird.« Etwas Derartiges hatte man »noch nie zuvor gezeigt«, es handle sich dabei um »den längsten Laserstrahl in der Geschichte der Menschheit«. Aber das Projekt ging auf die Idee von Richard Barnbrook zurück, einem rechtsextremen Künstler, der in der rassistischen National Party aktiv war. »Deshalb ist aus dem ganzen Laserprojekt nie etwas geworden«, sagte Ellis. »Jemand aus dem Dorf hatte noch vorgeschlagen, das Denkmal weiter landeinwärts aufzustellen. Aber das haben wir nicht gemacht. Nicht lange nach der Aufstellung stürzte die Säule von der Klippe und zerschellte; den Rest übernahm das Meer. Der Betonklotz mit dem Loch drin gehört nicht dazu, von dem ganzen Zeichen ist heute nichts mehr übrig. Bis auf die Gedenktafel. Die wurde, erzählt man sich, von den Einwohnern von Roos mitgenommen, einem Dorf ein Stück weiter, das nichts mit dem Nullmeridian zu tun hat.«

Ellis war meridianmüde. »Am Anfang fand ich das alles sagenhaft interessant, aber inzwischen habe ich andere Sorgen.« Aufgebracht blätterte er durch einen Stapel Fotokopien und Briefe auf seinem Schreibtisch. »Das ist der Papierkram für die Küstenschutzpläne. Ganze Teile der Küste werden weggeschlagen, aber ein echter Schutz wird nicht genehmigt.« Er hatte weit fortgeschrittene Pläne, das Land hinter dem heutigen Campingplatz zu kaufen. »In ungefähr fünf Jahren wird die Straße hier gesperrt, und wir müssen den Campingplatz umsetzen. Der Nullmeridian verläuft vom Abhang aus schräg aufs Land und führt danach an einem Bauernhof entlang. Vielleicht müssen wir das nächste Mal das Denkmal eben dorthin stellen, wo das Meer nicht hinreicht.«

Ich wünschte ihm viel Erfolg beim Kampf um die Erhaltung seiner abbröckelnden Welt und wanderte zurück zu den Klippen. Neben einem Schild »Gefährliche Stützmauer. Betreten verboten« stieg ich zum Strand hinunter. Dort suchte ich erneut nach dem Nullpunkt und starrte aufs Meer. Hier war der magische Moment, der wirkliche Beginn meiner Reise entlang des Nullmeridians. Von nun an hatte ich nur noch ein Ziel und eine Richtung: »null« beziehungsweise »nach Süden«, und zwar so lange, bis ich ein paar Hundert Kilometer unterhalb des Äquators stehen würde, in einer kontinuierlich schnurgerade nach Süden führenden Bewegung vom 50. zum 5. Breitengrad, immer am Nullmeridian entlang. Von hier aus nahm die Mutter aller Längengrade ihren Lauf, aber ich sah nur nassen Sand und spürte die salzigen Böen der Nordsee auf meiner Haut.

53° 41' n.B.
Patrington

Ich kehrte nach Withernsea zurück, holte meinen Rucksack ab und nahm den Bus nach Patrington, das etwas tiefer im Land auf dem Nullmeridian lag. Dort sollte »etwas Meridianartiges« zu sehen sein, meinte ein Mann in der Kneipe neben der Kirche. Aber er wusste weder was noch wo. Ich zog in die Pension Mill Lodge an der Hauptstraße. Auch hier waren fast alle Zimmer von Pipeline-Arbeitern belegt. Sie frühstückten morgens um halb sechs, hörte ich, als ich am nächsten Tag in meinem Zimmer neben dem Speisesaal von Stimmen und Besteckgeklapper geweckt wurde. Ich machte mich auf die Suche nach dem Meridianmarkierungspunkt. In meinem GPS-Empfänger waren Dutzende als »Datum« bezeichnete geografische Standardwerte rubriziert, wie Ain el Abd, European 1979, Sierra Leone, Tokio und Zanderij. Ich hatte mich für das WGS84-System (World Geodetic System 1984) entschieden, den 1984 zuletzt korrigierten universalen Referenzmeridian, und für das offizielle Datum, das seither weltweit in Geografie, Schifffahrt oder Navigation verwendet wird, und so landete ich bei einer ehemaligen Flachsmühle ohne Flügel, einem Friedhof und einer Reitbahn, wo ein verkrampft im Sattel sitzendes dickes Mädchen Reitunterricht bekam. Den Meridianmarkierungspunkt – ein Feuerkorb auf einem Pfahl, ohne weitere Erläuterung – entdeckte ich erst, nachdem ich »Ordnance Survey« als geografische Koordinate eingestellt hatte, den 1750 von dem Königlichen Astronom James Bradley definierten britischen Nullmeridian, den der Britische Topografische Dienst seit 1791 und bis heute für Landkarten verwendet. Zweifellos befanden sich alle Markierungspunkte in England auf dem alten britischen Nullmeridian, aber ich entschied mich dafür, konsequent dem offiziellen Nullmeridian zu folgen. Um sicherzugehen, telefonierte ich noch mit einem Geografieprofessor, der meine Entscheidung guthieß: Es gebe nur einen offiziellen Nullmeridian, sagte er, und der sei auf WGS84 festgelegt; in dieser Sache gebe es gar keinen Zweifel.

Ich nahm den Bus nach Süden, immer Richtung Süden. Geharkte Dörfer, bucklige Hügel, rothaarige Mädchen in Schuluniformen. Mein Ziel war die Meridianstadt Louth. Obwohl keine fünfzig Kilometer von Patrington entfernt, hatte die Inhaberin der Mill Lodge noch nie davon gehört. Ich folgte dem Nullmeridian vor allem dort, wo er Städte und Dörfer durchquerte, und erlaubte mir daher, das kleine Schild an einem Küstenpfad bei Cleethorpes außer Acht zu lassen, den Markierungspunkt, den der Meridian passierte und auf dem, so sah ich auf einem Foto im Internet, die Initiatoren offensichtlich in einem Anfall von Übermut die Entfernung von Cleethorpes nach New York, Moskau und zum Nordpol angegeben hatten. Aber ich empfand doch ein leichtes Schuldgefühl …

Der geografisch perfekte Nullpunkt in Louth machte viel wieder gut. Der Nullmeridian durchschneidet die Hauptstraße Eastgate etwa auf der Hälfte der Straße, genau zwischen dem Geflügelhändler A. Dales and Sons (mit der Konzession, auch Wild verkaufen zu dürfen) und Jackson's Butchers, »Lincolnshire Schweineschlachter des Jahres 1992« und seitdem fast jährlich. Bis 2001, danach waren keine Auszeichnungen mehr aufgeführt. Warum nicht? Andere Jury? Oder schmeckten die Würste von Jackson in den letzten Jahren nicht mehr wie zuvor? Den Inhaber konnte ich nicht fragen, das Geschäft war geschlossen.

In Louth hatte man sich Gedanken über den Nullmeridian gemacht. Auf der Trennungslinie zwischen dem Geflügelhändler und der Metzgerei lief ein Bronzeband über den Gehsteig: »Magnetismus – die Linie, die von Pol zu Pol unter unseren Füßen verläuft«, und auf der Fassade war anlässlich »des hundertjährigen Bestehens des Greenwich-Meridians am 26. Juni 1984« eine Gedenktafel angebracht worden. Der Trottoirstreifen aus Bronze erwies sich als der Textteil eines Projekts, zu dem noch drei andernorts in der Stadt aufgestellte Skulpturen gehörten. Sie trugen Titel, die in etwa »Suchen«, »Sich eine Übersicht verschaffen« und »Lösung« bedeuteten. In der Gedankenwelt der bildenden Künstler Les Bicknell und Laurence Edwards stand der Nullmeridian für »eine stählerne Linie, die auftaucht und auf ihrem Weg durch Louth von hier nach irgendwo verschwindet und dabei in aller Stille um die Welt zieht und Spuren der unsichtbaren Strukturen hinterlässt, die unsere Gesellschaft zusammenhalten«.

Auf der anderen Straßenseite verlief die Trennungslinie der östlichen und westlichen Hemisphäre zwischen der »Qualitätsreinigung« Marje und Milano's Pizza & Kebab. In die Hauswand war eine Gedenkplakette in Form eines lang gestreckten Kompasses mit einem Flugzeug und einem Zweimaster darauf eingemeißelt. Auf dem Trottoir wurde der Nullmeridian genau wie auf der anderen Straßenseite durch ein bronzenes Band markiert. Über dem Milano's lehnte eine Frau aus dem Fenster. Ich fragte sie, wie es denn sei, genau auf dem Nullmeridian zu wohnen. Sie antwortete nicht. »Finden Sie es etwa unangenehm?«, schob ich noch nach. Doch sie blieb bei ihrem Schweigen, dann ruckte der Kopf zurück, das Fenster schloss sich, und sofort wurden auch die geblümten Gardinen zugezogen.

Louth ist ein altes Städtchen mit zwei öffentlichen Toiletten und einem Museum, worin ein von dem Maler, Berichterstatter und methodistischen Abstinenzler William Brown produziertes Stadtpanorama hängt. Die Anzahl an Tandoori-Restaurants, Pizzerias, Fish-and-Chips-Läden und Kneipen schien mir außergewöhnlich groß, bezogen auf die Einwohnerzahl, genau wie die – vielleicht nicht zufällige – Anzahl von Bierbäuchen und Hängebusen.

Am Ende der Eastgate befand sich das Restaurant Tai Pan. Allerdings gab es dort keine Thai-Küche, wie ich zunächst annahm, sondern chinesische Küche. Tai Pan bedeutet »Oberster Führer«, verriet mir der Inhaber, und ist (auch im Deutschen) der Titel eines weltberühmten Romans des britisch-amerikanischen Autors James Clavell, der in Hongkong spielt. »Viele Leute hier im Ort haben noch nie davon gehört und denken genau wie Sie, dass wir Thais wären.« Der Gastwirt las eine Hongkonger Zeitung, die sich voll und ganz der Kulturrevolution widmete: Interviews mit Opfern des Terrors und grauenhafte Fotos von Misshandlungen und Leichen. Er wohnte schon seit 25 Jahren in England, »aber dein Herz bleibt dort, wo du herkommst«. In seinem Fall in einem Dorf unweit von Hongkong. »Heute ist es eine

Stadt. Alle alten Häuser wurden abgerissen und mussten Hochhäusern weichen.«

In Louth standen keine Hochhäuser, wohl aber viele Häuser aus der Zeit um 1900 oder noch früher. In der vom Nullmeridian durchschnittenen Hauptstraße zeigten die Schaufenster Blümchennachthemden, WC-Haltegriffe, Gehstockgummis, Badeanzüge mit Rosenmuster und Damentaschen. Es gab auch ein Piercingstudio, neben dem Büro der Britischen Herzstiftung. Plakate lenkten die Aufmerksamkeit auf Ikebana-Wettbewerbe und die in Kürze bevorstehende Hochwasserkatastrophenübung.

Ich bezog Quartier in einem Hotel am Ende der Hauptstraße. Es war ein von dem Architekten und Künstler Thomas Espin erbautes *Folly*, ein für das neunzehnte Jahrhundert typisches bizarres Gebäude mit einem derart großen Garten, dass er der größte, wenn auch nicht öffentlich zugängliche Stadtpark von Louth war. In der kleinen Gartenlaube, einer exakten Kopie des Hauptgebäudes, befand sich Espins Grab. Er war mit dem Gesicht in Richtung seines geliebten Bauwerks begraben. Er hatte nie geheiratet und sei, »Gerüchten zufolge«, sagte die Hotelinhaberin Shelley Hugill, »einer anderen Art von Liebe zugetan gewesen«.

Dieses Landhaus war eine sogenannte imitierte gotische Staffage, überwiegend aus Teilen des ursprünglichen Rathauses von Louth erbaut.

Sie zeigte mir ein altes Foto, auf dem zwei Herren vor dem Landhaus stehen, sich auf ein Gitter stützend, während im Hintergrund ein ungeheuer großer Gärtner mit einem viktorianisch aussehenden Gerät Gras mäht.

Abgesehen von der laminierten und in einem goldfarbenen Rahmen steckenden Gebrauchsanweisung für den Fernseher war das Hotel geschmackvoll eingerichtet. Ich nahm im Speisesaal Platz, wo neben mir eine Gesellschaft von vier Herren und vier Damen das gleiche Fünfgängemenü verzehrte wie ich, sie jedoch unter lautem Gelächter. Zuerst hatten sie im Garten einen Aperitif getrunken; die in Blazer gewandeten Herren im Stehen, die Damen im Sitzen; die Frauen unter sich und die Männer unter sich. Weil der Geschäftsführer mich ihnen vorgestellt hatte, befürchtete ich einen Augenblick lang, man erwarte von mir, dass ich mich zu ihnen an den Tisch setzte, aber nein, beeilte sich der Geschäftsführer zu erklären, so war das nicht gemeint.

Ich machte mir Sorgen über den algerischen Teil der Meridianreise. Normalerweise bekam der Antragsteller binnen weniger Tage, spätestens binnen einer Woche, ein Visum, aber irgendetwas schien gleich gründlich schiefgegangen zu sein. Während ich in Louth dabei war, neue Nullpunkte zu registrieren – Bussteig zwei des Busbahnhofs, eine Oberschule, ein unordentlicher Parkplatz, wo es verbrannt roch –, hatte mich Madame Suad von der Algerischen Botschaft in Den Haag auf meinem Mobiltelefon angerufen. Sie teilte mir mit, dass mein Antrag auf ein Visum zu »den zuständigen Autoritäten in Algier« weitergeleitet worden sei und es »im Interesse meiner Angelegenheit« am besten wäre, dem algerischen Botschafter in Den Haag meine genauen Pläne in einem persönlichen Brief darzulegen. Welche Dörfer und Städte ich besuchen wolle, an welchem Tag und in wessen Begleitung? In welchen Hotels ich übernachten werde?

Ich schrieb dem Botschafter umgehend einen Brief, in dem ich meinen Plan, dem Nullmeridian zu folgen, erneut darlegte, aber diesmal ausführlicher. Von Alicante aus würde ich die Fähre nach Oran nehmen und von dort in das auf dem Nullmeridian liegende Fischerdorf Stidiá weiterreisen. Danach schnurstracks gen Süden in die kleine Stadt Hacine und weiter auf der »Grande Route« quer durch die Sahara zur algerisch-malischen Grenze bei Bordj-Mokhtar. Die Hotelliste könne ich noch nicht vorlegen, denn diese Angaben würde ich von meinem algerischen Reisegefährten erhalten. Doch was ich auch versuchte, es gelang mir nicht, ihn ans Telefon zu bekommen, und meine E-Mails blieben unbeantwortet.

Ich dachte nach, schrieb ab und zu eine Notiz und machte mich inzwischen über die diversen Gänge des Menüs her. Noch immer konnte ich den Leuten, die ich unterwegs traf, nicht genau erklären, *warum* ich dem Nullmeridian folgte, aber ich merkte wohl, dass er in meiner Gedankenwelt immer mehr zu einem festen Orientierungspunkt wurde. Die Linie blieb unsichtbar, aber in Louth mit seinen Gedenktafeln und Bronzebändern auf dem Gehsteig bekam er für mich einen Hauch von Greifbarkeit.

An einem Montag sollte ich nach Boston weiterreisen, zu meinem nächsten Ziel. Falls es überhaupt öffentliche Verkehrsmittel gab, dann sicher nicht an diesem Tag, erklärte mir die Hotelinhaberin. Denn es sei Summer Bank Holiday, und dieser Feiertag hätte denselben Status wie ein Sonntag, was bedeutete: keine Züge und keine Busse. Zu meiner Verblüffung bot sie mir an, mich kurz mit dem Auto hinzubringen. In den meisten Hotels wäre so etwas sicher undenkbar, aber die Besitzer Paul und Shelley Hugill waren ein besonderes Paar. Paul war ein südafrikanischer Chefkoch, der seine britische Frau in Südafrika kennengelernt hatte und mit ihr nach England ausgewandert war. Er schuftete wie ein Irrer, sieben Tage die Woche. »Er schläft nachts nur drei Stunden«, erzählte eine ältere Frau, die in dem Hotel putzte. »Und manchmal ist er plötzlich weg. Dann ist er zwei Tage spurlos verschwunden, schläft in seinem Auto und benimmt sich überhaupt ein bisschen merkwürdig.«

Mit Shelley und ihren beiden Kindern auf der Rückbank fuhr ich in das Marktstädtchen Boston. Ich stellte Fragen über die Region und über ihr Leben als Hotelinhaberin, fragte aber nicht, was ihr Mann Paul trieb, wenn er verschwunden war. Sie setzte mich bei einer Pension zwei Kilometer außerhalb des Zentrums ab. Das Haus lag an der Landstraße, der Verkehrslärm drang ungehindert durch mein Zimmerfenster herein. Am nächsten Morgen erwies sich die Dusche als kalt, das gekochte Ei beim Frühstück war sonderbar hart, und der Kaffee hatte einen be-

fremdlichen, derart bitteren Geschmack, dass er eigentlich unge-
nießbar war.

In den Tagen danach frühstückte ich im Moon Under Water,
einer Kneipe in der Innenstadt. An der Tür hing ein Zettel mit
den »Wochenendkleidungsvorschriften«: keine Baseballcaps oder
andersartige Kopfbedeckungen, die nicht die Billigung des »Tür-
teams« finden konnten, keine Werktagskleidung, Trainingsan-
züge oder Fußballshirts. Während der Woche lungerten Männer
mit kahl geschorenen Schädeln und schläfrigen Augen an der Bar
herum, in Jogginghosen oder kurzen Hosen, sodass auch ihre
Beintätowierungen gut zur Geltung kamen.

Das Moon Under Water hatte seinen Namen nach dem gleichnamigen Essay, den George Orwell 1946 im *Evening Standard* über
seine ideale Kneipe veröffentlicht hatte: In dieser Kneipe wäre die
Einrichtung »stur viktorianisch«, und es dominierte »die gedie-
gene, angenehme Hässlichkeit des neunzehnten Jahrhunderts«.
Das Personal bestünde aus »Damen mittleren Alters«, die alle
Kunden mit Namen kennten und jeden, egal welchen Alters oder
Geschlechts, mit »dear« ansprächen. Ein großer Vorteil sei,
meinte Orwell, dass diese Kneipe »im Gegensatz zu fast allen anderen« nicht nur Shag und Zigaretten verkaufe, sondern auch
Briefmarken und Aspirin. Am Ende des Artikels stellte er fest, es
gebe Kneipen, die eine oder maximal zwei dieser oben genannten
Anforderungen erfüllten, aber er wolle »den kritischen und ent-
täuschten Leser« doch wissen lassen, dass es eine solche Kneipe
wie das Moon Under Water leider nicht gebe.

Boston, aus dem die puritanischen Gründer der amerikanischen Stadt Boston, Massachusetts, stammen, liegt am Fluss The
Witham, der in der Stadt *The Haven* genannt wird und Gezeiten
kennt. Einst war Boston eine Hansestadt und ein bedeutender Hafen, heute aber ist die Stadt vor allem für zwei illustre Rekorde
bekannt: Die britische Stadt hat den höchsten Anteil an Immigranten und den höchsten Anteil an dicken Einwohnern. Es ist

eine schmuddelige Stadt mit einer Unmenge halb zerfallener Fabrikgebäude, mit Häusern, die zum Kauf angeboten werden, und mit im Entstehen begriffenen Neubauten. Das Symbol Bostons ist *The Stump*, ein stumpfer Turm, der kilometerweit zu sehen ist.

Der Nullmeridian, den ich durch eine Wanderung am Fluss entlang zu finden suchte, durchquert die Stadt im äußersten Osten. Das Wasser hatte in dieser Jahreszeit seinen Tiefstand erreicht, die Ufer waren mit einer dicken schwarzen Schlammschicht bedeckt, und da und dort ragte ein halb verrottetes kleines Boot hervor. Ich fand einen Weg, der jedoch nach etwa zwei Kilometern aufhörte, und danach wurde es unmöglich, auf dieser Seite des Ufers weiterzulaufen. Genau in diesem Augenblick rief meine Mutter an. Mir ging es natürlich gut, auch wenn ich mich in Wirklichkeit deprimiert fühlte, ohne sagen zu können, warum, und ich hatte noch immer Probleme mit meinem GPS-Empfänger. »Bist du in dem Buch wieder der einsame Mann?«, fragte sie plötzlich. Ich versicherte ihr, dies sei absolut nicht der Fall, danach war mein Akku leer, und die Verbindung brach ab.

Die Augen starr auf das Display meines Navis gerichtet, gelangte ich bald in einen Vorort. Dort wanderte ich, in Erwartung einer Seitenstraße, die einfach nicht kommen wollte, eine lange Verkehrsstraße entlang. Es war Sonntagnachmittag, und eine steife Brise wehte. Bevor ich zu meiner Reise aufbrach, dachte ich, dass man einem Mann, der murmelnd auf einen kleinen Apparat späht, nachstarren würde, aber ich hatte nicht bedacht, dass auf der ganzen Welt Leute telefonieren oder simsen und ich deshalb absolut nicht auffiel.

Ich nahm endlich die erste Seitenstraße rechts ab und fand den Nullmeridian in der Eastwood Road Nummer 50, der linken Hälfte eines Doppelhauses, das zum Verkauf stand. Die Nachbarn hatten eine Satellitenschüssel, aber bei Hausnummer 50 gab es noch eine Antenne auf dem Dach. Ich lief weiter, bog in die erstbeste Seitenstraße nach rechts, danach wieder nach links, in die Meridian Road. Meinem GPS zufolge verlief der universale (WGS84) Nullmeridian mitten durch das Haus mit der Nummer 23. Vor Hausnummer 12 stand, zwischen Vorgarten und Gehsteig, auf dem alten britischen Nullmeridian ein kleines Denkmal auf einem Sockel. Die Gedenktafel hatte das Hauptpostamt gestiftet »Zur Erinnerung an die Ausgabe einer Sonderbriefmarke anlässlich der Hundertjahrfeier des Greenwich-Meridians«.

Ich verlor den Nullmeridian vorübergehend aus den Augen, als er hinter einer Mauer verschwand, fand ihn aber auf einem mit Gittern eingezäunten Baugelände wieder, auf dem ein gelber Bagger und eine Mormonenkirche zu sehen waren. An dieser Stelle, wo die Stadt aufhörte und die Felder anfingen, begriff ich, wie der Rest meiner Reise aussehen würde. Immer wieder würde ich mich notgedrungen vom Nullmeridian entfernen müssen, um anschließend wieder Kurs darauf zu nehmen, bis ich ihn schließlich wiedergefunden hätte.

Aus dem Bedürfnis, das Verborgene sichtbar zu machen und festzuhalten, entstand mein Nullpunktritual. Ich legte meinen Rucksack auf das Mäuerchen der Neubauwohnung gegenüber vom Baugelände und kramte meinen Fotoapparat heraus. Mit der linken Hand hielt ich den Apparat so weit wie möglich von meinem Gesicht entfernt, formte mit Daumen und Zeigefinger der rechten Hand eine Null und drückte ab. Die Selbstporträts mussten folgender Anforderung genügen: dass sowohl die von meinen Fingern gebildete Null wie mein ganzes Gesicht und die Umgebung auf dem Bild waren. Später hielt ich gelegentlich noch ein Blatt Papier in die Höhe, auf das ich mit schwarzem Filzstift den Orts- oder Straßennamen und die Koordinaten geschrieben hatte. Meist sah ich trübseliger aus, als ich mich fühlte.

Boston hatte das ultimative Bahnhofsrestaurant. Die Atmosphäre erinnerte an ein Wohnzimmer; es standen Sessel herum, und das Radiogerät war auf ein leichtes Musikprogramm eingestellt, das unterbrochen wurde von Gesprächen mit Hörern. »Wenn du das Glück hast, jünger als einundzwanzig auszusehen, wird man dich beim Bestellen von Alkohol bitten, nachzuweisen, dass du über achtzehn bist«, verkündete ein Plakat. Von mir hatte man nichts dergleichen verlangt, aber das schien mir nur logisch für jemanden, der eine Lesebrille brauchte, um die Speisekarte entziffern zu können.

Zwischen Boston und London gibt es keine Dörfer oder Städte, durch die der Nullmeridian verläuft, also war London mein nächstes Ziel. So würde ich zwar einen vom Nullmeridian gekreuzten Kinderbauernhof außerhalb von Boston auslassen, aber mein Schuldgefühl hielt sich in Grenzen. Man gewöhnt sich an Kompromisse. Ich trank einen Schluck von meinem Kaffee. Das Mädchen an der Bar hatte blondes Haar, ein fröhliches Gesicht und kleine, feste Brüste. Ich stellte mir vor, wir wären verheiratet. Bevor sie morgens zum Bahnhofsrestaurant aufbrach, würde ich für sie Rühreier backen. Sie würde nie alt, dick oder schwanger. Ab und zu würde sie mich betrügen, aber darüber wüsste ich Bescheid. Tagsüber würde ich durch Boston streifen, an den Docks entlang und an dem schmutzigen Fluss. Abends, wenn sie nach Hause käme, zöge ich ihr die weiße Bluse aus, Werktag für Werktag. Ein etwa sechzigjähriger Mann kam ins Restaurant. Er hatte extrem lange, spitze Koteletten und küsste das Mädchen auf den Mund. Sie sei müde, hörte ich sie sagen, mehr konnte ich nicht verstehen.

Mein nächstes Ziel war Waltham Forest, im äußersten Nordosten von Groß-London. Der Schalterbeamte im Bahnhof von Boston hatte den Namen noch nie gehört und wusste auch nicht, wie ich dorthin kommen könnte. Er riet mir, über Grantham und King's Cross nach Waltham Cross zu reisen. Wo das lag, wusste er genauso wenig. »Aber wenn Sie erst einmal in King's Cross sind, kommen Sie ganz von selbst dorthin. In London gibt es überall Busse, die überallhin fahren.«

Der Nullmeridian ist ein Symbol für die ganze Welt, aber in all seinen Details vor allem auch ein britisches Phänomen, und zwar nicht nur wegen des Namens Greenwich, mit dem er für alle Zeiten verbunden ist. Geografisch ist der Nullmeridian in Großbritannien ausschließlich englisch. Vom Nordpol aus verläuft er, ohne Land zu berühren, an den Shetland-Inseln entlang, lässt Schottland aus und beschränkt seine Anwesenheit in Großbritannien auf den Osten von England.

Der Zug fuhr durch die Überreste der industriellen Revolution: kahle, schmale Straßen mit einfachen Arbeitersiedlungen neben aus Backstein erbauten Fabrikkomplexen aus dem neunzehnten Jahrhundert. Ein asiatisch aussehendes Mädchen mir gegenüber schminkte sich mithilfe eines Taschenspiegels, holte anschließend einen Brief aus ihrer Handtasche und drückte mit ihren frisch geschminkten Lippen zwei Küsse darauf. Danach faltete sie den Brief wieder sorgfältig zusammen, setzte die Kopfhörer ihres iPods auf und steckte sich einen Kaugummi in den Mund.

Nach sechsmaligem Umsteigen erreichte ich den Londoner Stadtteil Leyton. Ich lief die Hauptstraße hinauf und hinunter, konnte aber nirgendwo eine Übernachtungsmöglichkeit finden. Dies gelang dann im nahe gelegenen Stratford. Das Hotel befand sich einen Steinwurf vom Nullmeridian entfernt.

Die Trägheit der Provinzstädte Louth und Boston gehörte der Vergangenheit an, Menschenscharen bevölkerten die Straßen im Zentrum von Stratford: alteingesessene Engländer, Bengalen, Pakistani, Sri Lanker, Jamaikaner und Nigerianer als Exponenten der britischen Kolonialgeschichte, Polen und Litauer als Vertreter des neuen Europa. Frauen in Burka gingen an den Terrassen von Speiselokalen vorüber, auf deren Speisekarten Foccacia und Panini standen. Die Gehsteige waren voller Sikhs, Frauen (mit Dekolletés bis zu den Brustwarzen) und ordentlich gekleideten schwarzen Familien, die aussahen, als ob sie auf dem Weg zur Kirche wären. Ich sah eine dicke Frau mit tätowierten Armen und

35

einer Kippe im Mundwinkel, die ihren Sohn an einem Gängelband führte und ihn wie einen Hund weiterzog, wenn er etwas aufheben oder irgendwohin rennen wollte.

Auf dem Gehsteig war ein Bus des Arbeitsamts geparkt. Vor den Schildern mit Jobangeboten drängte sich eine Menge Interessierter: Straßenbauarbeiter, Leute fürs Telefonmarketing und Buchhalter gesucht, aber bei der islamischen Schlachterei Iqra Halal Meat auch Darmentferner und Ausbeiner.

Das Herz von Stratford besteht aus einer unübersichtlichen Straßenkreuzung, in deren Mitte eine verirrte Kirche steht. Der ungepflegte kleine Friedhof fungierte als Grünanlage; zwischen ein paar verwitterten Grabsteinen lagerten Inder im Gras, und schwarze Männer tranken Bier. Links und rechts toste der Verkehr. An den Marktständen gegenüber der Kirche konnte man T-Shirts, Gürtel und Armbanduhren kaufen. Auch mit Radiogeräten und CSs wurde dort gehandelt.

Stratford besaß viele Afro-Friseursalons, es gab *extreme nail studio's*, Pfandhäuser, Wettbüros für Pferderennen, Läden mit litauischen, russischen und polnischen Aufschriften und auffallend viele Matratzenläden. In Stratford standen Moscheen, Hindutempel und christliche Kirchen aller möglichen Konfessionen. Hier und da fand sich ein traditioneller Pub. Viele Speiserestaurants und Imbissbuden waren »halal«, sogar das Bahnhofsrestaurant.

Aus dem – privatisierten – Postamt gegenüber der Kirche schallte indische Musik, und es war immer gerammelt voll, denn das Unternehmen befriedigte die unterschiedlichsten Bedürfnisse. Gleich am Eingang gab es eine Schreibwarenabteilung, in der man auch Zeitungen und Zigaretten bekommen konnte. Ein Turbanträger verkaufte Telefonkarten, Abonnements und Mobiltelefone. Der Bereich des Postamts hatte sechs Schalter. Am gefragtesten war das Wechseln und Verschicken von Bargeld und der Versand von Päckchen und Einschreiben in Länder wie Benin, Bangladesch oder Sierra Leone.

Stratford und große Teile Ost-Londons sind ethnisch so gemischt wie die Außenbezirke von Paris, aber in den Londoner Vorstädten mengt sich die Bevölkerung offensichtlich viel leichter. Unter die Immigranten mischen sich immer mehr einheimische Doppelverdiener, was den Preis der oft verwahrlosten Häuser heftig in die Höhe treibt. Tagsüber wimmelt es nur so auf den Straßen, aber am Abend ist es in dem Viertel beinahe menschenleer und wirkt ein wenig düster. Nach einigen Tagen begann ich die Obdachlosen zu erkennen.

Der Nullmeridian führt genau über den Meridian Square direkt vor dem ultramodernen Bahnhof von Stratford, wo unter anderem die Züge nach Paris abfahren. Auf dem Platz steht die Time Spiral, eine sechs Meter hohe Uhr, die auf eine spiralförmige Stahlskulptur aufgesetzt ist. Dem Künstler Malcolm Robertson zufolge ist sein Meridianmonument ein Bild, »in dem von allen Seiten gebogene Wände auf einen zentralen Punkt zurasen, dort verschmelzen und eine stabile Spiralstruktur bilden, die permanent nach oben und außen gerichtet die Aufmerksamkeit des Betrachters auf sich zieht«. Die Meridiansäule solle »ihre Energie aus der Umgebung« beziehen und so »ein starkes, visuelles Zeichen einer dynamischen Einheit« bilden. In Wirklichkeit lungerten dort ein paar Stadtstreicher herum, und ein Strom von Pendlern bewegte sich, auf dem Weg zu den elektronischen Ticketbarrieren des Bahnhofs, von der östlichen in die westliche Hemisphäre. Kein Mensch warf einen Blick auf das Denkmal, höchstens auf die Uhr ganz oben.

Ich trank Kaffee in einer direkt neben dem Nullmeridian gelegenen Bar im Zentrum von Stratford. Am Tisch neben mir saßen vier Jamaikaner, zwei Männer und zwei Frauen, etwa dreißig Jahre alt, und ich hörte einen von ihnen sagen, dass er immer Heimweh nach Jamaika habe; der andere behauptete, bei ihm sei es anders. »Drei Wochen Urlaub auf Jamaika reichen mir völlig, maximal, dann will ich wieder nach London zurück.«

Eine junge Frau mit blondiertem Haar saß allein an einem Fenstertisch und telefonierte. »In der letzten Nacht kaum ein Auge zugemacht«, schnappte ich auf. »Erst gegen fünf Uhr ... Nein, das ist das Problem, vielleicht vier Euro pro Tag.« Überstürzt stand sie auf und verschwand.

Ich schlug die Zeitung auf und las über eine nach Stratford ausgewanderte junge Polin, die monatelang vermisst gewesen und verzweifelt von ihrer Mutter gesucht worden war. Schließlich hatte ein Autofahrer, der an einer Schnellstraße außerhalb von London kurz zum Pinkeln angehalten hatte, sie gefunden. Sie war verbrannt. Ihr Körper war bis zur Unkenntlichkeit entstellt, doch DNA-Untersuchungen bestätigten, dass es sich um das vermisste Mädchen handelte. Sie war in der Hoffnung auf eine bessere Zukunft nach England aufgebrochen und in die Hände des falschen Mannes gefallen. Sie zog in Ost-London von einer Adresse zur nächsten und erzählte ihrer Mutter, sie werde von ihrem Freund misshandelt. Ein Jahr vor ihrem Tod hatte sie plötzlich in Polen bei ihrer Mutter vor der Tür gestanden: erschöpft, abgemagert und zu Tode verängstigt. Sie blieb einige Monate zu Hause, aber der Mann begann sie telefonisch zu terrorisieren, und das Mädchen kehrte nach Stratford zurück. »Es ist mir nicht gelungen, sie zurückzuhalten, sie wollte nicht hören«, sagte ihre Mutter dem Journalisten. Als sie das letzte Mal anrief, ein paar Wochen vor ihrem Verschwinden, sagte sie, dass sie bedroht werde und jemand sie ermorden wolle. Sie riet ihrer Mutter, das Haus zu verbarrikadieren, »denn wenn ich nicht gehorche, drohen sie, auch dir etwas anzutun«.

In derselben Zeitung war auch die Nachricht zu lesen, dass der in Stratford wohnende fundamentalistische Imam Scheich Abdullah al-Faisal auf freien Fuß kommen solle, nachdem er die Hälfte seiner neunjährigen Haftstrafe abgesessen hatte. Er war verurteilt worden, weil er in der Öffentlichkeit Osama bin Laden gepriesen, zum Mord an Juden aufgerufen und den Einsatz chemischer Waffen propagiert hatte, um »Ungläubige auszurotten«, und weil er islamische Mütter aufgefordert hatte, ihren Kindern Spielzeugwaffen zu geben, um sie auf den Dschihad vorzubereiten. Am nächsten Tag nahm die Londoner Polizei in Stratford und benachbarten Stadtvierteln Dutzende von Menschen fest, die verdächtigt wurden, Anschläge auf transatlantische Passagierflüge zu planen.

2

Diese Liebe wird niemals vergehn

Ich beschloss, von Stratford aus den Nullmeridian in Ost-London zu erkunden, und zwar von Norden nach Süden. Chingford war der nördlichste Punkt Groß-Londons, durch den der Nullmeridian führte. Ich wusste, dass auf einer Anhöhe namens Pole Hill zwei Meridiansäulen stehen sollten. Von dort aus kann man das achtzehn Kilometer entfernt liegende Observatorium von Greenwich ausmachen.

Von Stratford aus nahm ich den Zug zur Station Lea Bridge Road. Danach weitere Züge, Busse und U-Bahnen. Am längsten saß ich auf dem Oberdeck eines Doppeldeckers, der sich zur Rushhour durch den Verkehr zwängte, und verfolgte dabei mit meinem GPS die Koordinaten. Schließlich kam ich in Chingford an, aber von Pole Hill hatte dort noch nie jemand gehört, und es war auch auf keinem einzigen Plan verzeichnet. Ein älterer Herr, wie sich herausstellte, ein pensionierter Postbote, war meine Rettung. Pole Hill? Er musste kurz nachdenken, und ich sah ein Leben voller Postleitzahlen und Straßennamen durch seinen Kopf schießen. Dann nannte er mir drei Buslinien, die mich alle nach Pole Hill bringen konnten. Bei der dritten Haltestelle aussteigen, vor Kings Head Guesthouse, und dort sei die Straße, die ich entlanggehen müsse. »Hinauf, immer weiter hinauf, bis zum höchsten Punkt, dann kommen Sie ganz von selbst dort an.«

Das Guesthouse lag an einer viel befahrenen Straße, aber als ich den Anweisungen folgte und links in die erste Straße einbog, hatte ich das Gefühl, in ein Dorf zu geraten. Viktorianische Häuser mit

Erkern, überall Bäume und singende Vögel. Die Straße führte steil bergauf, und auf halbem Wege entdeckte ich auf dem Gehsteig ein von der Gemeinde angebrachtes, kreisförmiges Markierungszeichen, das die Stelle kenntlich machte, wo der Nullmeridian die Straße schnitt. Ganz oben auf dem Hügel, wo die Luft auf einmal anders, nach Wald und Pflanzen, roch, lag linker Hand ein verkrautetes Feld, dahinter begann der Wald, dort lag mein Ziel. Ich kam an einem Mann vorüber, der auf einer Bank saß und rauchte. Am Ende des Wegs wurde es mit einem Mal heller. Rechts von mir sah ich die zwei Säulen, links, tief unter mir, lag London, dessen enorme Ausdehnung sich mir von hier aus wunderbar darbot: Die Häuser reichten, eingehüllt in ein diffuses Licht, bis zum Horizont. Das Observatorium von Greenwich war nicht zu sehen.

Ein GPS-Empfänger oder Navigationssystem greift auf mindestens drei von den 27 für diesen Zweck in den Weltraum geschossenen Satelliten zu und gibt den internationalen Referenzmeridian auf den Meter genau an. Vor der Errichtung der Meridiansäulen bestimmten dagegen Astronomen die Position des Nullmeridians mithilfe sogenannter Dreiecksmessungen und Teleskopbeobachtungen.

Auf Pole Hill standen zwei Säulen, die deshalb dort errichtet worden waren, weil vom Greenwich-Observatorium aus Pole Hill eben der höchstgelegene sichtbare Punkt war und die Astronomen so ihre Teleskope problemlos genau auf null Grad Länge einstellen konnten. Die kleinere Säule markierte den noch immer in Großbritannien verwendeten Nullmeridian. Sie war aus Zement und trug lediglich die kryptische Inschrift BSM 3276 → OS. Auf der anderen Säule, diese war aus Granit, konnte man lesen, dass sie 1824 aufgestellt worden war und sich nach dem geografischen Nordpol ausrichtete, wie er vom Transit-Teleskop im Greenwich-Observatorium gesehen wurde. Die Gedenktafel war mit rosa Graffiti beschmiert, aus denen sich in einem phonetischen Londoner Straßenslang entziffern ließ: »Bonnie war hier, an dem Tag, als Nevin von der Schule flog. Total daneben, der Typ.« Ich machte ein paar Fotos, aber weil der universale Nullmeridian auf einem hundert Meter weiter gelegenen bewaldeten Abhang zu finden war, kam diese Stelle trotz der beiden Meridiansäulen für das Nullpunktritual nicht infrage.

Pole Hill liegt am äußersten Rand von Groß-London: Smog und Verkehr waren weit weg. Der Wald hinter den Säulen gehörte

51° 34' n.B.
London/
Leytonstone

schon zur Grafschaft Essex, doch ab und zu tauchten Spuren der im Tal liegenden Metropole auf: eine Kette vorbeirasender Mountainbiker, ein Mann in Anzug und Krawatte mit Kopfhörern, der fragte, ob er wohl zum Bahnhof komme, wenn er immer geradeaus ginge, und zwei Joggerinnen, die die größere Meridiansäule als Stütze für ihre Dehnübungen missbrauchten. An diesem Tag wurde ich bestimmt auf zahllosen Monitoren gesichtet: Mann mit Rucksack sucht mit GPS-Empfänger Koordinaten. Das CCTV (Closed-Circuit Television) in London ist weltweit das größte zusammenhängende Kameraüberwachungssystem: Ein Fußgänger wird im Schnitt 300-mal am Tag von einer Kamera festgehalten.

Ich folgte der Nullgradlinie zurück in die kilometerlange Leyton High Street und die Lea Bridge Road. Diese Straßen boten Hoffnung auf ein besseres Leben: Es gab Gemüsegeschäfte, Restaurants und Imbissbuden mit Lebensmitteln und Gerichten aus Kaschmir, Zypern und Polen. Das Schaufenster eines Telefonladens gab über eine Liste von Ländern, für die ein besonders billiger Tarif galt, Einblick in die ethnische Herkunft der Bewohner Leytons: Afghanistan, Algerien, Ghana, Indien, Jamaika, Kaschmir, Litauen, Marokko, Nigeria, Pakistan, Polen, Tschechien, Zimbabwe, Zypern.

Der – britische – Nullmeridian – er wurde auf der Höhe des Restaurants UK Pizza mit einem Kreis auf dem Gehsteig markiert – verlief ein Stück weiter mitten durch das auf Grillgerichte aus Kaschmir spezialisierte Restaurant Roti Roti und südlich davon über den römisch-katholischen Saint Patrick's Cemetery. Hinter dem Eingang warteten ein geparkter Leichenwagen und eine Reihe schwarzer Begleitfahrzeuge. Die Fahrer standen in kleinen Grüppchen beisammen und unterhielten sich leise, in der Kapelle wurde eine Totenfeier abgehalten. Ich bedeckte mein Navigationsgerät mit der Hand, denn ich wollte nicht den Eindruck erwecken, dass ich zwischen den Gräbern simse oder telefoniere. Sobald ich glaubte, aus dem Blickfeld der Männer mit den schwarzen Anzügen zu sein, holte ich es wieder hervor.

Der Friedhof war zwischen Bahngleisen und der A12 eingeklemmt, auf der der Verkehr sechsspurig vorbeiraste, aber dennoch war es ruhig. Genau auf dem Nullmeridian liegt Patrick John Rohan begraben, der 1978 mit 58 Jahren verstarb. Er teilt das Grab mit seiner Frau Rosetta Florence Rohan, die 69 Jahre alt wurde. Neben ihnen ist das Grab von »Baby Evelyn«.

Weitaus am berühmtesten auf St. Patrick's ist das Grab von Mary Kelly. Sie war das fünfte und letzte Opfer von Jack the Ripper, dem berüchtigten Londoner Serienmörder aus dem neunzehnten Jahrhundert. Um zu ihr zu gelangen, musste ich zunächst an Müllbergen entlang, wo ein paar Blumen und Pflanzen vor sich hin dünsteten. Unmittelbar dahinter stand die Skulptur eines jungen Fußballspielers mit einer Sechzigerjahrefrisur, in halblanger Hose, die Arme angeberisch verschränkt, einen Fuß auf dem Ball. David John Raleigh Jr., »ein großer Sportler, der Junge mit der nicht erzählten Geschichte«. Gestorben 1960, mit vierzehn Jahren. Drei Gräber weiter markierte ein einfaches Holzkreuz Kellys Grab. Der Grabstein »in liebevoller Erinnerung an Marie Jeanette Kelly« trug die Inschrift:

Niemand außer der einsamen Seele
kann meinen Kummer verstehn
Diese Liebe wird niemals vergehn

Über Mary Kelly ist nicht viel bekannt. Ihre Familie wurde nie gefunden, und nicht einmal über ihr Aussehen weiß man recht Bescheid, da sie sowohl als Blonde Mary, Schwarze Mary wie als Rotschopf bekannt war. Sie soll attraktiv gewesen sein, und liebestoll. Es steht fest, dass sie arm wie eine Kirchenmaus war und von der Prostitution lebte. Sie war eine starke Trinkerin, und wenn sie betrunken war, sang sie irische Lieder; aber auf dem Strich konnte sie auch unangenehm oder aggressiv werden.

Sie wurde am 8. November 1888 ermordet und am nächsten Morgen vom Vermieter in ihrer kleinen Kammer gefunden. Ihre Kollegin Mary Ann Cox erklärte, sie habe sie Viertel vor zwölf nach Hause kommen sehen, in Begleitung eines Mannes, und habe sie *A Violet from Mother's Grave* singen hören. Sie sang noch immer, als Cox aus dem Haus ging, um Freier zu suchen. Nachbarn erklärten später, um vier Uhr morgens hätten sie jemanden »Mord« schreien hören, dem jedoch weiter keine Aufmerksamkeit geschenkt, »weil wir in East End öfter mitten in der Nacht solche Schreie hören«.

Vom Autopsiebericht wird einem heute noch übel. Mary Kelly wurde in einer bizarren Weise zerhackt: Überall lagen Organe und Körperteile, ihr Herz fehlte, und das ganze Zimmer war voller Blutlachen. Jack the Ripper wurde niemals gefunden, doch wahrscheinlich war Mary Kelly sein letztes Opfer.

Neben ihrem »öffentlichen« Grab – Nummer 66, Reihe 66, Abteilung 10 – standen ein paar Vasen, einige mit frischen, andere mit Plastikblumen, zwischen vier rechteckigen Marmorplatten lagen eine kleine Jesusfigur und eine Katze: Auch im einundzwanzigsten Jahrhundert war ich nur einer von vielen Besuchern.

Ost-London ist zweifellos das am dichtesten bebaute und bewohnte Gebiet, das der Nullmeridian durchquert. Hier wurde er vermessen und in Karten eingearbeitet, von hier aus begann sein Siegeszug um die Welt. Obwohl der größte Teil der Strecke noch vor mir lag, hatte ich schon jetzt den Eindruck, dass der Nullmeridian in England am sichtbarsten war: nicht allein im Greenwich-Observatorium, seiner Wiege, sondern auch an anderen Orten in Form von Gedenktafeln, Säulen, Markierungspfählen, Kreisen, Straßen, Plätzen, Schulnamen und sogar Laserstrahlen.

Ich folgte dem Meridian weiter durch die Calderon Road: viktorianische Häuser mit Erkern und winzigen Vorgärten, die fast vollständig von zwei großen Müllcontainern aus Plastik eingenommen wurden. In dieser Gegend markierten da und dort grüngelbe Kreise auf dem Gehsteig den (britischen) Nullmeridian, auf der Straße gingen Inder, Araber und, wie nicht zu übersehen war, Sudanesen. Die New Testament Assembly Church war auf »Lebenshilfe und Beratung in Lebensfragen« spezialisiert; und Pastor David W. Greaves bot neben dem (zweimaligen) »Feiern von Gottes Anwesenheit« am Sonntag jeden Montag Zusammenkünfte für Jugendliche an unter dem Motto »Das Heranreifen von Gotteskindern«. Ein Stückchen weiter gab es den Sahara-Grill, das russische Gemüsegeschäft Globus, einen islamischen Buchladen, Tamahal *cash-and-carry & halal meat* sowie ein Geschäft, das, wie das Ladenschild verriet, auf polnische, litauische und internationale Lebensmittel spezialisiert war.

Im algerischen Café du Métro, wo ein großer Teil der Besucher merkwürdigerweise aus Indern bestand, kam ich mit dem Mann am Tresen ins Gespräch. In Leyton wohnten ziemlich viele Algerier, sagte er, aber vor allem viele andere Minderheiten. Er sei nicht der Besitzer, betonte er, »denn dann stünde ich heute nicht hier an der Bar«. Er sei auch in den Niederlanden gewesen. »Die Coffeeshops, das kapier ich einfach nicht. Hasch ruiniert einem doch das Gehirn.« Er sagte, es sei schwierig gewesen, in den Niederlanden eine Arbeitserlaubnis zu bekommen, und außerdem sei es dort so kalt gewesen, dass »im Winter die Flüsse zufroren«. England dagegen sei das Land der tausend Möglichkeiten. »Hier kann man arbeiten, sich eine Existenz aufbauen.« Ich kaufte eine kleine

Flasche Wasser und ein pappsüßes Gebäck, das ich eigentlich auf einer Bank in einer Grünanlage verspeisen wollte, aber weil ein weißer Mann mit drei frei herumlaufenden Pitbulls und einem angeleinten Rottweiler seine Hunde ausgerechnet dort ausführen wollte, wanderte ich noch ein bisschen weiter.

Das letzte Stück Nullmeridian nördlich der Themse führte durch das Lea Valley. Dem folgten nacheinander ein kaum zugängliches, teilweise brachliegendes Industriegebiet, eine der größten Rieselfeldanlagen von London, mehrere Entwässerungskanäle und ein im Bau befindlicher Bahnhof. Der Nullmeridian kehrte in Blackwall, einem Neubauviertel mit Sozialwohnungen, in die bewohnte Welt zurück, wo er zu meiner Freude plötzlich wieder sichtbar wurde, als er in Form eines Bronzebandes hinter einem Bretterzaun zum Vorschein kam.

51° 29' n.B.
London/
Greenwich

Ich passierte eine Baustelle und einen Spielplatz, auf dem überwiegend schwarze Kinder spielten. Die ganze Strecke bis zum Fluss war mit noch niedrigen Bäumchen bepflanzt, und jedem zweiten Baum folgte ein streng gestalteter, halbhoher Laternenmast. Der Meridian war mit kleinen, quadratischen Steinwürfeln bis zum Ufer markiert, wo eine Windrose angebracht war. Am Ufer ragten zwei halbrunde Wohnblocks und Baukräne empor. Offensichtlich wurden noch höhere Gebäude errichtet. Hier machte die Themse eine scharfe Biegung, in der Ferne sah man bewaldete, mit Häusern bebaute Hügel. Der Himmel war wolkenlos, und die Sonne schien gleißend auf den Fluss, aber es wehte eine steife, kalte Brise.

Auf der Greenwich-Halbinsel am südlichen Ufer der Themse folgte ich einem bereits 1731 angelegten Uferweg. Der Fluss mäanderte so sehr, dass der Nullmeridian von dieser Seite aus gesehen die Halbinsel zweimal kreuzte, um schließlich auf Höhe der East-India-Metrostation ans Ufer zu treten.

46

Der erste Nullpunkt auf diesem Ufer befand sich neben den vier hohen Schornsteinen eines stillgelegten Elektrizitätswerks. Im Wasser stand eine riesige Längsbuhne auf Betonpfählen, außerdem eine verrostete Stahlkonstruktion, mit der das Öl für das E-Werk befördert worden war. Im neunzehnten Jahrhundert lagen hier im Fluss noch viele Segel- und Ruderboote, doch nun bot die Themse einen merkwürdig leeren Anblick. Am anderen Ufer ragten moderne Hochhäuser auf, an den Ufern wuchsen Schmetterlingssträucher, und ich begegnete keiner Menschenseele.

Die zweite Meridianpassage fand ich am völlig verlassenen Millennium Dome mit seinem Dach aus segeltuchartigem Hightech-Kunststoff. Das, wie der ehemalige Premierminister Tony Blair es ausgedrückt hatte, »berühmteste Gebäude des dritten Jahrtausends«. Der Laserstrahl, der den Greenwich-Meridian beleuchten sollte, war erloschen. Kreisförmig in den Boden eingelassen waren Gedichte aus allen Ländern, die der Meridian kreuzt, doch wurden sie von einem meterhohen, fast einen Kilometer langen blauen Zaun verdeckt. Mit viel Mühe konnte ich durch das Drahtgitter gerade noch den Kreis von Algerien erkennen.

Am Wasser ragte eine Meridianmarkierungssäule empor, der Aufschrift zufolge eine der tausend Meilensäulen, die eine schottische Bank »anlässlich des Zustandekommens des nationalen Radroutennetzwerks« hatte aufstellen lassen. Am Ende des Wegs gab es ein ökologisch vorbildliches Neubauviertel in frischen Farben, das in ein endlos großes Gebiet mit teils verlassenen, vollgemüllten Industrieanlagen und Lagerschuppen überging. Als ich zu einer Bushaltestelle kam, nahm ich den erstbesten Bus, der hielt; mir war völlig egal, wo er hinfuhr.

3

Vom Finden der richtigen Zeit

Jeder Kapitän braucht die genauen Koordinaten – Längen- und Breitengrade –, um die Position seines Schiffes bestimmen zu können. In der unermesslichen Weite der Ozeane sind Sonne, Mond, Planeten und Sterne wegen des Fehlens fester, natürlicher Orientierungshilfen die einzigen verfügbaren Bezugspunkte.

Der Breitengrad kann festgelegt werden, indem man den Abstand zwischen der Sonne oder bestimmten Sternen misst, beispielsweise – auf der nördlichen Halbkugel – zwischen dem Polarstern und dem Horizont. Doch da sich die Erde um ihre eigene Achse dreht, ist es viel schwieriger, auf hoher See den Längengrad zu bestimmen. Die Geschwindigkeit, mit der die Erdumdrehung stattfindet – 360 Grad in 24 Stunden bzw. 1 Grad in 4 Minuten –, bestimmt den Abstand einer Länge zu einem Referenzpunkt. Mit anderen Worten: Jeder Zeitunterschied von vier Minuten zwischen der Ortszeit auf See und der Ortszeit im Heimathafen eines ausgefahrenen Schiffes bedeutet einen Längengrad Unterschied. Stellt ein Kapitän auf See fest, dass es in diesem Augenblick zwölf Uhr mittags ist (weil die Sonne direkt über ihm steht), und weiß er, dass es zum selben Zeitpunkt im Abfahrtshafen vierzig Minuten später ist, dann befindet sich sein Schiff 10 Längengrade (10-mal 1 Grad von 4 Minuten) westlich davon.

Aber woher wusste eine Schiffscrew im siebzehnten Jahrhundert, wie spät es im Heimathafen war? Mechanische Uhren, selbst die damals modernen Pendeluhren, erwiesen sich als ungeeignet. Sie vertrugen den Wellengang nicht, waren empfindlich gegenüber Temperatur- und Feuchtigkeitsschwankungen und zeigten daher nur annähernd das richtige Ergebnis. Doch ein Irrtum um nur 1 Grad konnte den Unterschied zwischen einer wohlbehaltenen Fahrt oder dem Schiffbruch auf den Klippen bedeuten. Die europäischen Länder versuchten mit aller Macht, das Problem der Längengradbestimmung auf See zu lösen, denn wer die Meere kontrollierte, beherrschte die Welt. Mit diesem Ziel bauten Frankreich und England Observatorien, später folgten ihnen unter anderen Russland, Deutschland, Italien und Spanien. Dennoch lösten nicht die Observatorien das Längengradproblem, sondern Erfinder. Dem Engländer John Harrison gelang es in der zweiten Hälfte des achtzehnten Jahrhunderts, Schiffsuhren zu konstruieren, die sich sowohl der rauen See als auch den extremen Temperaturschwankungen gewachsen zeigten.

Der englische König Charles II. erteilte den Auftrag zum Bau eines Observatoriums mit benachbarter Wohngelegenheit für den »Royal Astronomer« John Flamsteed, das 1675 auf dem höchsten Punkt von Greenwich Park fertiggestellt wurde: ein perfekter Standort wegen des ungehinderten Blicks über den Londoner Himmel. Viel Geld stellte Charles II. jedoch dafür nicht zur Verfügung. Die Baukosten des Gebäudes beliefen sich insgesamt auf nicht mehr als 500 Pfund – der Ertrag aus dem Verkauf alter Pulvervorräte. Um zu sparen, erhoben sich die Gebäude auf den Fundamenten einer Burgruine. Was dazu führte, dass die Mauern des Observatoriums zu Flamsteeds Missfallen 13,5 Grad in westliche Richtung vom tatsächlichen Norden abwichen, und damit auch vom Meridian. Deshalb verlegte er ab 1676 seinen Beobachtungsposten in eine Scheune hinten im Garten. 43 Jahre lang schob er jede Nacht die Dachluken auf, um mit seinem Transit-Teleskop die Sternenbahnen festlegen zu können. Dieses Instrument war eigens dafür konstruiert, die Höhe eines Himmelskörpers festlegen zu können, was in Verbindung mit der exakten Bestimmung der Zeitpunkte für die Passage des entsprechenden Sterns seine

Koordinaten ergab. Diese Fakten sammelte er in Tabellen, die für die Positionsbestimmung von Schiffen verwendet wurden. Flamsteed platzierte sein Transit-Teleskop auf eine »Meridianmauer« aus Backstein. Der damalige – nur für Briten und britische (See-) Karten gedachte – Greenwich-Meridian lief exakt durch die Mitte des Fadenkreuzes im Teleskop in Flamsteeds Scheune.

Sein Nachfolger Edmond Halley verschob, weil seine neuen Instrumente mehr Platz benötigten, den Greenwich-Meridian um 1,85 Meter nach Osten. Damit begann eine Tradition, jedes Mal, wenn neue Teleskope zum Einsatz kamen, die vorhandene Aufstellung, und bisweilen sogar das ganze Gebäude, Richtung Osten zu erweitern, wodurch das Fadenkreuz des Teleskops und damit auch der Greenwich-Meridian verschoben wurde.

Im Jahr 1750 versetzte James Bradley den Nullmeridian, bezogen auf den von Halley, um elf Meter in östliche Richtung, und 1851 fügte der Royal Astronomer George Airy noch einmal 5,79 Meter hinzu, und dennoch wird der Bradley-Meridian bis zum heutigen Tag in britischen topografischen Karten verwendet.

George Airy war als langweilig und schrecklich penibel verschrien. Bereits während seines Studiums notierte er ungefähr jeden Gedanken, der ihm durch den Kopf schoss, und jede Ausgabe, die er tätigte, bis zu seinem Todestag. Er war der Typ Mann, der in seinem Observatorium eine leere Schachtel nicht wegwarf, sondern exakt mittig ein Etikett mit der Aufschrift »LEER« aufklebte. Kein Mann für spektakuläre Entdeckungen oder neue Theorien also, sehr wohl aber ein idealer Beobachter, der jahrein, jahraus mit mechanischer Präzision seine astronomischen Tabellen zusammenstellte.

Nach gut 45 Jahren pflichtgetreuer Beobachtungen zog er sich mit zwei seiner Töchter in ein kaum 200 Meter vom Observatorium entferntes Haus zurück, wo er den Rest seiner Tage verbrachte. Der Lohn der Ewigkeit sind zwei nach ihm benannte Krater: einer auf dem Mars und einer auf dem Mond. Dennoch ist sein

Beitrag zur Weltgeschichte noch täglich fühlbar: Es war sein Meridian, der vierte in der britischen Geschichte, der schließlich, weil er zur Zeit der Nullmeridian-Konferenz im Jahre 1884 der übliche war, der Referenzlängengrad für die ganze Weltkugel wurde und – vermutlich für alle Zeiten – auch die Basis des universalen Zeitzonensystems.

Die Symbolfunktion von Greenwich als Zentrum der Weltzeit wurde in manchen Kreisen verachtet. 1894 verübte der 26-jährige französische Anarchist Martial Bourdin einen – misslingenden – Anschlag auf den Raum im Observatorium, wo die Mutteruhr, die die »mittlere« Greenwich-Zeit anzeigt, aufgestellt war: der erste Terroranschlag der britischen Geschichte. Am 15. Februar 1894 hörten die Mitarbeiter des Observatoriums Thackeray und Hollis am Nachmittag Viertel vor fünf eine »heftige, gellende Explosion, der ein Geräusch wie von einer durch die Luft fliegenden Granate folgte«. Superintendent Thackeray, der verantwortliche Leiter für »diverse astronomische Berechnungen«, rief seinem Kollegen zu: »Mister Hollis, das ist Dynamit! Halten Sie den Zeitpunkt fest!« Im Observatorium war das kein Problem, und so konnte die Polizei später mit Sicherheit festlegen, dass sich die Explosion genau um 16 Uhr 51 Greenwich Mean Time ereignet hatte.

Die beiden Männer rannten aus dem Gebäude und sahen, wie ein herbeigeeilter Parkwächter einen stark blutenden Mann festhielt. Er war schwer verwundet; ihm fehlte eine Hand, und er hatte ein Loch im Bauch, war aber noch in der Lage zu sprechen. Eine halbe Stunde darauf starb er im Krankenhaus. Untersuchungen ergaben, dass er auf dem Weg zum Observatorium gewesen war, aber weil der Sprengstoff, den er bei sich trug, zu früh explodierte, endete seine Aktion in einer ungewollten Selbsttötung. Seine Motive wurden nie klar ersichtlich, doch da feststand, dass er zu einer Gruppe internationaler Anarchisten gehörte, scheint es plausibel zu sein, dass er einen Anschlag auf den Eichpunkt der universalen Zeitmessung und der beginnenden Globalisierung verüben wollte. Man vermutete, dass er sich gegen eine von den Behörden festgelegte Einheitszeit auflehnen wollte, weil sie keinen Raum mehr für das individuelle Erfahren von Zeit ließe.

Der Anschlag rief in England große Empörung hervor. Am Tag von Bourdins Begräbnis gingen vor allem dessen Gegner auf die Straße, die gegen eine Handvoll anwesender Anarchisten eine drohende Haltung an den Tag legten. Berittene Polizisten trieben die Menschenmenge auseinander. Als einer von Bourdins Freunden am Grab eine Rede halten wollte, kam er nicht weiter als bis zu den Worten »Freunde, Anarchisten, Genossen!«, bevor ihn die Polizei vor das Friedhofstor expedierte. Der Anschlag wurde erst richtig berühmt, nachdem sich Joseph Conrad davon 1907 zu seinem Roman *The Secret Agent (Der Geheimagent)* hatte inspirieren lassen.

Im neunzehnten und zwanzigsten Jahrhundert war das Observatorium von Greenwich für das große Publikum vor allem das Symbol der Zeit. Seit 1833 war die Sternwarte mit dem ersten visuellen Zeitsignal der Welt ausgerüstet: Jeden Mittag um 13.00 Uhr ließen die Astronomen vom Observatorium aus einen orangefarbenen Zeitball fallen, sodass auf der Themse die Chronometer auf den Schiffen exakt gleich gestellt werden konnten. Der etwas merkwürdige Zeitpunkt ein Uhr wurde gewählt, weil die Astronomen um zwölf Uhr zu sehr mit der Beobachtung des Meridiandurchgangs beschäftigt waren, im Grunde mit dem Finden der richtigen Zeit.

Das Zeitsignal von Greenwich führte zu einer Kettenreaktion von Zeitbällen, Kanonenschüssen und Glockenläuten überall im Lande. 1837 begann das Observatorium, allen wichtigen Chronometermachern in London die Greenwich Mean Time, die mittlere Greenwich-Zeit, zu liefern: Diese persönliche Dienstleistung erbrachte John Belville; nach seinem Tod übernahm seine Witwe diese Aufgabe und nach deren Pensionierung die Tochter Ruth. Diese »Zeitfrau« verifizierte jeden Montag die Zeit im Observatorium und reiste dann mit einem vom Uhrmacher John Arnold hergestellten großen Taschenchronometer in ihrer Handtasche, den sie zärtlich Arnold nannte, nach London.

Neben dem Eingangstor zum Observatoriumsgelände hängt seit 1851 eine elektrische 24-Stunden-Uhr: Oben am Zifferblatt steht die o für Mitternacht und unten die römische Ziffer xii für 12.00 Uhr Mittag. Das Anbringen dieser Uhr symbolisierte das Zeitalter, in dem das Greenwich-Observatorium unter der Leitung von George Airy die Grundlage der Londoner, der britischen, der europäischen und der Weltzeit bildete. Er arbeitete einen Plan aus, nach dem alle Uhren im Observatorium synchron liefen und die exakte Zeit über Telegrafenverbindungen anderen Observatorien übermittelt wurde. Jede Nacht wurde die Normaluhr des Observatoriums mithilfe des Passageninstruments anhand des Laufs einiger heller Sterne neu gestellt. Diese Mutteruhr gab Impulse an eine große Zahl von »Tochteruhren« weiter, darunter an die 24-Stunden-Uhr am Eingangstor. Sechs überirdisch verlegte Telegrafenkabel transportierten die Zeitsignale zum Bahnhof von Greenwich und von dort über Bahntelegrafenleitungen zu anderen Bahnhöfen, Postämtern und später auch über ein Unterseekabel zum europäischen Festland.

Zeit wurde zum britischen Exportprodukt: 1860 erreichten die Greenwich-Signale Indien und 1866 die Vereinigten Staaten. Dieses System hielt sich bis 1964 und war der – abweichenden – französischen pneumatischen (Signal-)Technik überlegen, bei der wegen der verzögerten Druckzunahme in den Röhren die am weitesten von der Mutteruhr entfernten Uhren hinter den Uhren zurückblieben, die sich in größerer Nähe befanden. Letztendlich wurde die tatsächliche Festlegung der Zeit dennoch zum französischen Sieg: Die in Großbritannien noch immer so bezeichnete Greenwich Mean Time wurde 1972 von der Internationalen Atomzeit abgelöst. Computer in den Laboratorien des Internationalen Büros für Maß und Gewicht in der Pariser Vorstadt Sèvres legen seither die Weltzeit fest, indem aus den Signalen von 200 über die Welt verteilten Atomuhren der Durchschnitt gebildet wird.

In dem Versuch, doch noch etwas von der verlorenen Zeit gutzumachen, beschloss der Bürgermeister von Greenwich 1984, in seiner Stadt den Rekord für den am schnellsten zugestellten Brief der Geschichte aufzustellen. Zur Feier des hundertjährigen Bestehens des Greenwich-Meridians ließ er einen Brief an seinen Kollegen, den Bürgermeister des kleinen Ortes Greenwich an der amerikanischen Ostküste, per Concorde – einem inzwischen aus dem Verkehr gezogenen superschnellen Flugzeug – zustellen. Die Concorde brauchte dafür vier Stunden. Einschließlich Transport vom und zum jeweiligen Flughafen kam der Brief wegen des Zeitunterschieds und der rasend schnellen Zustellung noch am selben Tag und zum selben Zeitpunkt an, an dem er verschickt worden war.

In den Vereinigten Staaten heißen neun Städte Meridian, und Meridian ist der Name eines Produzenten von Pilzen in Weißweinsauce und anderer Produkte ohne Hinzufügung von Gluten oder Laktose, aber auch einer Softwarefirma, einer internationalen Hotelkette, einer Plattengesellschaft, eines Fernsehsenders, eines Weinbergs, einer New Age Coverband und einer Investmentgesellschaft; in Kanada heißt ein 118 Kilometer langer Weg entlang einer aufgegebenen Bahnstrecke so, in Neuseeland ein Produzent von grünem Strom, während »Meridiano Zero« in Spanien der Name einer ökologischen Organisation ist und in Italien sowohl der Name eines Verlags als auch einer neonazistischen Skinhead-Bewegung.

Aber Greenwich ist weitaus die meridionalste Stadt der Welt: Das vor Ort gebraute Bier heißt Zero Degrees, die Wochenzeitung nennt sich *The Meridian,* und der öffentliche Raum ist übersät mit Meridian-Gehsteigplatten, Meridian-Sonnenuhren, Meridian-Gedenktafeln, Meridian-Bändern, Meridian-Säulen,

Meridian-Obelisken und Meridian-Laserstrahlen. Das Observatorium mit seiner charakteristischen Kuppel preist sich selbst als »das Zentrum von Zeit und Raum« an, in dem benachbarten Geschäft sind meridionale Bücher, Stifte, Anstecknadeln, Adressbücher, Whiskygläser und Spielkarten käuflich zu erwerben. Vor der Tür steht ein Automat, der nach dem Einwurf einer Pfundmünze eine Urkunde ausspuckt mit dem Datum und der Zeit in Stunden, Minuten und Tausendstelsekunden, zu welcher der Besucher den Nullmeridian besucht hat. In Greenwich ist Zeit ein Geschäft.

Dennoch kommt es einem komisch vor, dass ausgerechnet eine Anhöhe in einem alten Park in einer Londoner Vorstadt das Zentrum der Weltzeit und das Symbol der Teilung in die beiden Hemisphären sein soll. Als 1960 das Observatorium umgesiedelt wurde und die Gebäude museale Funktionen bekamen, wurde der Meridian von einem Bronzeband markiert, das von Pfadfindern sauber gehalten wurde. Später wurde die Bronze durch einen Lichtstreifen mit – auf beiden Seiten – den Koordinaten von sechzig Städten ersetzt. Nachts markiert ein grüner Laserstrahl den Meridian über eine Entfernung von gut fünfzehn Kilometern in Richtung der Grafschaft Essex. Der Nullmeridian im Observatorium wird derzeit von der britischen Tageszeitung *The Times* gesponsert, sodass, wie eine französischsprachige Tageszeitung säuerlich anmerkte, »der Brennpunkt des Raums zum Eigentum von Rupert Murdoch geworden ist.«

4

Navigationsbereit

Direkt vor dem Haupteingang des Observatoriums – wo zur Verwirrung manch eines Besuchers alle vier britischen Nullmeridiane der Geschichte markiert sind – gibt ein Gittertor Zugang zu einem älteren Meridianzeichen, einem Band auf dem Boden. »Was soll das denn sein?«, hörte ich eine betagte deutsche Frau ihren Mann fragen.

»Das ist auch wieder der Multimeridian«, antwortete er. »Das Ding geht hier weiter.«

Im Inneren des Observatoriums befinden sich überall tickende Uhren, und obwohl die meisten davon Repliken sind, hängen dort trotzdem viele Überwachungskameras. Ein Führer in Blazer mit Goldknöpfen gab Erklärungen und führte die Besucher durch die verschiedenen Räume. Der in einem Leuchtkasten ausgelegte Nullmeridian im Garten stieß auf das größte Interesse. Tagtäglich lassen sich durchschnittlich 4000 Besucher aus der ganzen Welt davor fotografieren, meist mit ernster Miene und mit gegrätschten Beinen. Die meisten denken wohl, dass sie so mit einem Bein in der östlichen und mit einem Bein in der westlichen Hemisphäre stehen, doch das ist nicht der Fall: Im einundzwanzigsten Jahrhundert ist George Airys Nullmeridian aus dem Jahr 1851 nicht mehr die Trennlinie zwischen den Halbkugeln. Deshalb zeigte mein auf den geografischen Standard WGS84 eingestellter GPS-Empfänger auf dem Meridian im Garten des Observatoriums auch nicht nur Nullen, sondern 00° 00' 05.6'' w. L.: immerhin eine Differenz von gut 102 Metern zum universalen Nullmeridian.

Mit meinem Navi in der Hand wanderte ich Airys Nullmeridian entlang und durch den Souvenirladen wieder aus dem Observatorium heraus, bis zu der fahlbraunen Hotdog-Bude The Honest Sausage. Dort war er: der universale Nullmeridian. Unsichtbar wie immer kam er hinter einem eingerüsteten Gebäude hervor, genau auf der Höhe des Verkehrsschilds »Pay & Display 9.00 a.m. – 6.00 p.m. or until park closure if earlier«. Er verlief auf dem großenteils autofreien Parkweg und tauchte beim Zaun eines Teepavillons wieder auf, neben einem grünen Abfalleimer, dessen Aufschrift verkündete, dass er ausschließlich für Hundekot bestimmt sei.

Der Nullmeridian führte weiter durch den Greenwich Park, durchquerte bei dem von London verschluckten ehemaligen Pestdorf Blackheath die viel befahrene Shooter's Hill Road und passierte darauf den Bahnhof Hither Green, ungefähr an der Stelle, wo 1967, als der Zug von Hastings nach London Charing Cross entgleiste, 49 Tote zu beklagen waren. In der Grafschaft Surrey querte er die Autobahn M25 und streifte dann den Pendlerort Oxted, danach die Felder von West-Sussex südwärts.

Die nächste vom Nullmeridian durchquerte Stadt nach Greenwich hieß Lewes. Dort fand ich Unterkunft in einem »Bed and Breakfast«, betrieben von einem siebzigjährigen Ehepaar. Die Frau hatte die Leitung, und er servierte morgens im Garten das überaus reichhaltige Frühstück, wobei er zu Krawatte und Sakko eine Schürze trug. Mein Schlafzimmer war ungewöhnlich sauber und hatte ein angenehmes Bett, befand sich jedoch direkt neben dem Schlafzimmer des Ehepaars, was ich ein wenig unangenehm fand: Intimität muss man sich selbst aussuchen können. Außerdem roch das ganze Haus nach Hund, obwohl in der Wohnung keine Haustiere waren. Trotzdem schlief ich wie ein Bär, nach zwei Wochen Ost-London taten mir die Stille, das offene Fenster und die frische Landluft gut.

Lewes ist ein altes Marktstädtchen mit einer Burg aus dem elften, Häusern aus dem achtzehnten, siebzehnten und sogar aus dem fünfzehnten Jahrhundert sowie zahlreichen Antiquitätengeschäften. Fast an jedem Haus erklärt eine Gedenktafel, wer dort seit dem vierzehnten Jahrhundert gewohnt hat. Der ortsansässige Makler dagegen bot Häuser in Frankreich an: »Kaufen Sie sich Ihre eigene Villa im Languedoc.«

50° 52′ n.B.
Lewes Ich besuchte einen Pub, wo Mutter und Tochter das Zepter schwangen. Acht Sorten Ale vom Fass und sechs Sorten Lager, ein Poolbillardtisch hinten im *saloon*, Teppich auf dem Boden, Männer mit Bäuchen in allen Formen und Formaten, in Sandalen und kurzen Hosen, obwohl es draußen nicht mehr als vierzehn Grad Celsius hatte. Neben mir saßen eine korpulente Frau mit blondierten Locken und ein viel jüngerer Mann, weshalb ich annahm, dass es sich um Mutter und Sohn handle, bis sie sich zu streicheln begannen.

In der Hauptstraße, gleich neben der Brücke über die Ouse, steht noch immer das Haus – so war es natürlich an der Wand zu lesen –, in dem 1555 zehn der siebzehn Protestanten eingesperrt worden waren, die man am nächsten Morgen direkt vor der Haustür auf den Scheiterhaufen warf, »treu bis in den Tod«. Gerade dieser Geschichte wegen feiert Lewes die traditionelle Bonfire Night, die vor allem im Zeichen des Mordes an den »protestantischen Märtyrern« steht, besonders temperamentvoll. Verkleidet als Wikinger, Mongole, Zulu (mit schwarz bemaltem Gesicht) oder als Indianer, tragen die Teilnehmer der Bonfire-Umzüge Fackeln und meterhohe Strohpuppen mit sich, die verbrannt werden: Papst Paulus V. aus dem Jahre 1605, aber auch Politiker unserer Tage. Manche schwenken »Tod für Rom«-Fahnen.

Der Nullmeridian durchquert Lewes im westlichen Teil des Zentrums. Beim Raumausstatter E. E. Goacher hatte man »zur Feier des 300-jährigen Bestehens des Königlichen Observatoriums und des Europäischen Denkmaljahrs« ein kleines angerostetes, ovales Schild in die Mauer eingelassen. Für den aufmerksamen Betrachter wurde auf dem Gehsteig noch ein Extraschild angebracht mit der Beschriftung »Greenwich Meridian« und einem Pfeil in Richtung einer Regenrinne. Die Backsteinmauer einer dahinter liegenden Scheune zeigt auf einer freien Stelle zwischen zwei Pergolen einen Kreis mit einer schematischen Karte von Südostengland und dem Verlauf des Nullmeridians – sehr bemüht, wenn auch offensichtlich dilettantisch gemalt.

In Nummer 109 befindet sich The Meridian, eine mit dem Schild »Hier werden Kater verkauft und verabreicht« versehene Kiezkneipe, mit einem Poolbillardtisch und »Sunday roast«. Der Inhaber Frank Hudson erzählte, dass der Laden früher einen anderen Namen hatte. »Als wir herausfanden, dass das Lokal auf dem Nullmeridian liegt, haben wir den Namen geändert, aber das hat bisher noch keinen einzigen zusätzlichen Kunden hergeführt.«

Hudson war überrascht, als ich ihm sagte, dass der universale Nullmeridian in Wirklichkeit etwa hundert Meter entfernt verlaufe. Das wollte er doch mit eigenen Augen sehen. Deshalb lief ich kurz darauf mit meinem GPS in der Hand und ihm im Schlepptau durch die Straße, gefolgt von acht weiteren Kneipenbesuchern. Zu seinem Entsetzen stellte sich heraus, dass der Nullmeridian die Straße ausgerechnet vor der Tür seines Konkurrenten kreuzt. Danach fragte ein Mann in kurzer Hose und mit Tätowierungen auf den Armen – er war in Begleitung seiner Frau, und beide waren angetrunken –, ob ich nicht die Theorie von den verschiedenen Nullmeridianen »kurz zu Papier« bringen wolle, »dann kann unsere Tochter in der Schule ein Referat darüber halten«.

Am nächsten Tag war ein Teil der Hauptstraße gesperrt. Dutzende von Leuten standen herum und betrachteten ein jahrhundertealtes Gebäude, das zum Teil ausgebrannt war und abgestützt wurde. Das Feuer war am Vortag in der Wohnung eines Mitglieds der Bonfire-Gilde ausgebrochen, das offenbar auf seinem Dachboden große Vorräte an Feuerwerk und Fackeln gelagert hatte. Die 63-jährige Nachbarin hatte mit ihrem neugeborenen Baby in den Armen gerade noch flüchten können. Beide blieben unversehrt, das Baby hatte sogar einfach weitergeschlafen. Die Frau war die Kinderpsychiaterin Patti Farrant, Großbritanniens älteste IVF-Mutter. Die Schwangerschaft war in einer russischen Klinik nach einer IVF-Behandlung mit Eizellen, die von einer anonymen osteuropäischen Spenderin stammten, zustande gekommen. Patti Farrant hatte sich gegen aufflammende Kritik mit dem Argument verteidigt, dass Männer mit siebzig oder manchmal gar mit achtzig Jahren noch Kinder zeugen könnten. Heute, wo es medizintechnisch möglich sei, dass auch ältere Frauen schwanger würden, sei es sexistisch, ihnen diese Möglichkeit vorzuenthalten. Farrant war mit einem zwei Jahre jüngeren Mann aus Lewes verheiratet, der »eine unglückliche Kindheit« gehabt hatte und kinderlos geblieben war. »Ich wollte ihm das Glück schenken, ein eigenes Kind umsorgen zu können«, sagte sie in einem der seltenen Interviews, die sie der britischen Presse nach ihrer Entbindung gewährte. »Es ist nie zu spät für eine glückliche Kindheit. Dieses Baby schenkt meinem Mann die Möglichkeit einer Art Erholung und Genesung.«

Das letzte Dorf auf dem britischen Teil des Nullmeridians war Peacehaven, und weil der Meridian hier im Meer verschwand, war es ein magischer Nullpunkt, den ich zu Fuß von Lewes aus erreichen wollte. Das bedeutete, dass ich von 50° 52′ nach 50° 47′ n. B. laufen musste, eine Strecke, die nach einem Online-Rechenprogramm, das ich auf meinem Minilaptop zurate zog, in Luftlinie 9 Kilometer und 266 Meter betrug. Ich folgte dem South Downs Way, der sich über Felder und Wiesen zu einer Hochebene schlängelte – durch eine ausgedehnte Kalkhügellandschaft mit da und dort einem Bauernhof.

Hinter dem Dörfchen Kingston hörte man in weiter Ferne das

Rauschen einer Schnellstraße, das danach allmählich wieder ver-
klang. Westwinde jagten die Wolken vor sich her, auf den Feldern
blühten Glockenblumen, Klee und gelbes Labkraut. Ein paarmal
sah ich einige Kilometer vor mir einen weiteren Wanderer – weiße
Beine unter einer kurzen Kakihose –, doch dann verschwand er
immer wieder für lange Zeit aus meinem Blickfeld. In der Ferne
lagen drei Dörfer, das linke höher in der Hügellandschaft und das
am weitesten rechts liegende ein Stück tiefer. Ich wusste, dass ich
nicht weit vom Kanal entfernt war, doch er war noch nicht zu
sehen. Die Aussicht reichte kilometerweit, nirgendwo war mehr
eine Menschenseele zu erblicken.

Plötzlich tauchte am Horizont das Meer auf. Der Nullmeridian
war zwar ständig ganz nah, aber ich hatte ihn noch nicht gequert,
als mein GPS aus unerklärlichen Gründen Paris und Nancy mit den
entsprechenden Koordinaten anzeigte. Vor allem zu Beginn der
Reise wollte es mir einfach nicht gelingen, das Gerät in den Griff
zu bekommen, und es gab immer wieder unverständliche Mittei-
lungen von sich wie »Kompass umgestellt « oder »navigationsbe-
reit«. Einmal hatte ich das Ding in einem Wutanfall mit aller Kraft
in meine Tasche geknallt, wo es auf meinem Fotoapparat aufgeschlagen war. Es gab einfach viel zu viele Wahlmöglichkeiten, zu
viele Einstellungen, mit denen ich eigentlich nichts zu tun haben
wollte. Das Einzige, was mich interessierte, war der Längengrad,
und dabei ging es mir ausschließlich um die Nullpunkte: Nichts
war spannender, als den Zähler langsam auf 00° 00' 00.0" zurück-
wandern zu sehen. In dem Weiler Telscombe hatte ich es dann
wieder geschafft, den Zähler und den richtigen Standort auf den
Schirm zu bekommen: Der magische Nullpunkt rückte näher.

Vor 1916 gab es Peacehaven nicht. Im Jahr zuvor hatte Charles
Neville einen Streifen herrenloses Land gekauft, das er vermark-
ten wollte. Ganz der Sohn eines Arrangeurs von Veranstaltungen,
überlegte er sich etwas Revolutionäres, um sein Grundstück an
den Mann zu bringen. Er veranstaltete ein Preisausschreiben, um

einen Namen für die neue Stadt zu finden, und es gelang ihm, die überregionale Tageszeitung *The Daily Mail* dafür zu interessieren. Der Gewinner sollte ein Grundstück im Wert von hundert Pfund geschenkt bekommen; außerdem sollten weitere fünfzig Preisträger ebenfalls je ein Grundstück im Wert von fünfzig Pfund erhalten. Die Aktion wurde ein Riesenerfolg: 80 000 Briten schickten ihre Vorschläge ein.

Daraufhin erhöhte Neville die Anzahl der »Zweiten Preisträger« auf 2400, doch weil er die Parzellen nur zur Verfügung stellte, wenn die Gewinner vorab die Überschreibungsgebühren gezahlt hatten, warf ihm *The Daily Mail* Betrug vor und strengte einen Prozess gegen ihn an. Die Zeitung bekam schließlich in letzter Instanz recht, aber bis dahin hatte Neville schon genügend Werbung bekommen, und das gratis: Binnen weniger Jahre hatte sich Peacehaven von einem langen, unbebauten Krautacker zu einer Stadt ausgewachsen, die größer als die Kreisstadt Lewes war.

50° 47' n.B.
Peacehaven Noch heute kann man die Entstehungsgeschichte von Peacehaven an der geografischen Struktur des kleinen Ortes ablesen: rechteckige Grundstücke zu beiden Seiten der Küstenstraße.

Der Gewinnername für die neue Siedlung lautete New Anzac-on-Sea, nach dem »Australian and New Zealand Army Corps« (abgekürzt ANZAC), das im Ersten Weltkrieg während der sogenannten Dardanellen-Kampagne mit den Alliierten gegen die Türkei gekämpft hatte. Dieser kurze Krieg, bei dem auf beiden Seiten etwa 200 000 Gefallene zu beklagen waren, endete in einer vernichtenden Niederlage für die Alliierten. Keine besondere Empfehlung für einen, der Grundstücke verkaufen möchte. Deshalb beschloss John Neville schon binnen Jahresfrist, seine neue Siedlung in Peacehaven umzubenennen.

Ein von wilden Blumen gesäumter Kiesweg führte zur Valley Road. In dieser ersten Straße am Ortseingang von Peacehaven wurden neue Häuser gebaut und Hecken geschnitten, dort wuchsen Palmen. Die niedrigen Einfamilienhäuser waren allesamt mit einem Namen und einer Alarmanlage versehen. In einigen Vorgärten waren Rosenbeete angelegt, doch in den meisten stand an diesem Sonntag ein Auto.

Am Meer angekommen, lief ich nach Nordwesten über die hohen Klippen, tief unter mir lag der Strand. Ich hatte mir vorgestellt, es würden viele große Frachtschiffe vorbeifahren, aber ich sah nur ein paar Segelboote. Unterwegs begegnete ich zwei Frauen, die mit Wanderstöcken und Sonnenbrillen bewaffnet Etappe für Etappe die ganze Küste von England abliefen. Auf dem Weg zu dem weißen Meridianmonument, das in der Ferne aufragte, überquerten wir ein wogendes Feld mit übermäßig vielen roten Hundekoteimern, einem Picknicktisch und einem Fußballtor ohne Netz. Ein drei Platten breiter Fußweg führte zum höchsten Punkt des Kliffs, auf dem der mit einer grünen Weltkugel gekrönte weiße Obelisk stand. Das 1936 enthüllte Denkmal, das aufgrund der Küstenerosion bereits zweimal hatte umgesetzt werden müssen, war dem in jenem Jahr verstorbenen britischen König George v. gewidmet und »von den Einwohnern errichtet, um der wohltätigen und erlauchten Herrschaft ihres geliebten Königs zu gedenken und Peacehavens Lage auf dem ersten Meridian von Greenwich zu markieren«.

Auf der Rückseite war eine lange Liste mit Namen von Städten in ehemaligen britischen Gebieten in Übersee und deren Koordinaten verzeichnet, unter anderem von Canberra, Kapstadt, Delhi, Wellington, Valetta, Freetown, Rangoon und Halifax. In den Obelisk war eine kleine Nische eingearbeitet, durch die man hindurchsehen konnte. In der Nische lag eine leere Minipackung schwarzer Johannisbeersaft.

Ich starrte über den Nullmeridian in die Ferne: Genau gegenüber musste in der Normandie der Badeort Villers-sur-Mer liegen. Der Horizont war mit dem Himmel zu einem unscharfen, farblosen Streifen verschmolzen, Möwen scherten über die Klippen. Ich fröstelte.

5

Geografie der Ewigkeit

Bereits im zweiten Jahrhundert n. Chr. erwähnte der griechische Geograf Claudius Ptolemäus den Ärmelkanal, und zwar als *Oceanus Britannicus*. Seine Weltkarte bedeutete eine Revolution des Bildes, das sich die Menschheit von der Erde gemacht hatte.

Die Babylonier sahen 3000 Jahre v. Chr. die Welt noch als eine Auster, die von unten und oben von Wasser umgeben war. Für die alten Ägypter war die Erde ein schwimmendes Ei, das in der Nacht vom Mond beschützt wurde.

Geschichte ist eine Widerspiegelung des menschlichen Verhaltens und der Wahrnehmung der Landschaft, in der der Mensch lebt: die Meere, die Buchten, die Felsen, die Ebenen, die Wälder und die Berggipfel, von denen er umgeben ist, die Niederschläge und die Winde, denen er ausgesetzt ist. In der Geschichte der Kartografie ist das auch der Fall: So basierte das Weltbild der Ägypter auf der Annahme, dass der Nil der Basismeridian der bewohnten Welt sei.

Die griechische Philosophie war durch ein Idealbild symmetrischer Beziehungen gekennzeichnet, das sich auch in den fünf Klimazonen ausdrückte, in die die Erde aufgeteilt war. Die beiden Gebiete im ganz äußersten Norden bzw. Süden – die kalten, unfruchtbaren Zonen – und der mittlere – tropisch heiße – Teil galten als unerträglich, nur die zwei gemäßigten nördlichen und südlichen Zonen wurden für bewohnbar gehalten. Diese beiden besiedelten Regionen der Welt nannten die Griechen »die Oikumene«. Unter dem Einfluss von Pythagoras bildete sich die Vorstellung von der Kugelgestalt der Erde heraus. Aber bis auf den heutigen Tag fragt man sich, wie er mit dem ihm zur Verfügung stehenden Wissen zu dieser Erkenntnis kommen konnte. Sie bedeutete zugleich das Ende des geozentrischen Weltbildes: Pythagoras' Jünger vertraten die Ansicht, die Erde sei ein Planet wie der Jupiter oder die Venus und nicht das Zentrum des Weltalls.

Seit der Weltkarte des Eratosthenes begann die Erde immer mehr Gestalt anzunehmen. Um ca. 200 v. Chr. erfand er als Erster eine Karte mit Längen- und Breitengraden. Die Weltkarte des Eratosthenes umfasste grob gerechnet Europa, Asien und Afrika. Je näher an seiner eigenen Lebenswelt, desto detaillierter und genauer war seine Karte. Er verwendete einen Nullmeridian, den er in Alexandrien, seinem Wohnort, verortet hatte, aber seine Karte enthielt viele falsche Annahmen und Spekulationen. Gleichwohl vermutete er, dass es vielleicht möglich wäre, hinter dem Ende der bekannten Welt mit dem Schiff nach Indien zu segeln. Er schrieb, dass »diejenigen, die über den Atlantischen Ozean segelten, sagen, dass ihre Reisen über die äußerste Grenze hinaus nicht von irgendeinem Kontinent behindert wurden, oder weil das Meer eine weitere Durchreise nicht zuließe, sondern allein von Not und Einsamkeit«.

Die erste wirklich gelungene und folgenreichste Weltkarte der Geschichte entwickelte Ptolemäus im zweiten Jahrhundert n. Chr. Der im Römischen Reich lebende griechische Astronom, Mathematiker und Geograf zeichnete als Erster eine Weltkarte, wobei er Längen- und Breitengrade in einem 360°-System anordnete. Ptolemäus behielt das in Griechenland gängige Konzept der bewohnten Welt bei, die nur die Hälfte der nördlichen Halbkugel umfasste, und er ließ Raum für unbekannte Gebiete: die Terra Incognita. Damit bildete sein Werk die Grundlage für Entdeckungsreisen viele Jahrhunderte später und für die moderne Geografie. Sein geografisches Hauptwerk *Geographike Hyphegesis* (Handbuch der Geografie) dokumentierte alle Informationen und die Techniken, die man brauchte, um insgesamt 27 Karten zu produzieren, darunter eine Weltkarte mit einem Äquator, mit Meridianen und Breitenparallelen. Die Karten gaben ein klares, detailliertes Bild der den Bewohnern des Römischen Reichs in seiner Blütezeit bekannten Welt – die sich von den Shetland-Inseln im Norden bis an die Nilquellen im Süden und von den Kanarischen Inseln im äußersten Westen bis nach China und Südostasien im Osten erstreckte.

Verzerrungen der Wirklichkeit waren in seiner Weltkarte vor allem in der Größe Asiens zu finden und an den Rändern der afrikanischen Westküste. In den Karten waren keinerlei Grenzen oder Straßen verzeichnet. Wohl aber Küstenlinien, längere Flüsse, Berge, Städte und Inseln. Jede Karte war genordet, auf den Norden hin ausgerichtet, bei wichtigen Städten gab er den Zeitunterschied zu seinem Wohnort Alexandrien an. Ptolemäus verwendete Längen- und Breitengrade genau so, wie sie noch heute in jedem Navigationssystem und auf jeder Landkarte zu finden sind. Als Erster berechnete er die Breitengrade vom Äquator aus; die Längengrade maß er von einem Nullmeridian am äußersten westlichen Rand seiner Weltkarte aus, weiter westlich als jeder andere Punkt auf dem europäischen Festland oder in Afrika: von El Hierro, der kleinsten und westlichsten der Kanarischen Inseln. Eine logische Entscheidung, denn dort hörte die – ihm bekannte – Welt auf. Westlich des Kanarischen Archipels, den die Phönizier bereits sechs Jahrhunderte v. Chr. erreicht hatten, begann nach Homer, bei dem Geografie und Mythologie ineinander übergehen, das absolute Nichts, die Hölle. Die Grenze von Land und Wasser war eine Übergangszone: Dort war es gefährlich, aber es war auch ein Ort der Kommunikation und Erleuchtung.

Die Inseln im Atlantischen Ozean waren jahrhundertelang Gegenstand von Mythenbildung und Legenden. Die Elysischen Felder, die Gärten der Hesperiden, Atlantis, sie alle befanden sich im äußersten Westen, am Rande der Welt, dort, wo die Sonne unterging, »nah beim Mondkreis, wo die Luft reiner ist«. Das Leben nach dem Tod manifestierte sich im unterirdischen Jenseits oder überirdisch, im Himmel bei den Sternen, dem Mond und der Sonne, in Form einer langen Reise nach Westen auf einem Fluss oder auf den Wellen des Meeres. Es waren klassische Metaphern, um sich mit dem unvermeidlichen Tod zu versöhnen. Und wie Ptolemäus die Lage von Orten, Bergen und Flüssen auf Berechnungen und Beobachtungen von Reisenden gründete, so situierte er seinen Nullmeridian ohne wissenschaftliche Kriterien an den äußersten Westrand der Welt, ins Land der Abendröte.

Ptolemäus' geografisches und kartografisches Konzept und sein Wissen über die Erde gerieten nach dem Fall des Römischen Reichs in Vergessenheit und blieben in Europa, namentlich durch den Einfluss der katholischen Kirche, dreizehn Jahrhunderte lang verborgen. Eine vollständig erhaltene Weltkarte aus dem dreizehnten Jahrhundert, die im englischen Hereford in der Kathedrale hängt, ist das Symbol des mittelalterlichen Weltbildes: Dort spielt sich die Geschichte der Erde unter dem allwissenden Auge Gottes ab. Jerusalem ist das Zentrum dieser Karte, und sie ist nach Osten hin ausgerichtet. Manche Karten aus dieser Zeit sind schematisch angelegt, andere enthalten ein Sammelsurium historischer und religiöser Gestalten, exotischer Pflanzen und Menschenrassen, aber in allen Fällen waren solche Karten nicht für die Navigation gedacht und wurden in keiner Weise den wirklichen geografischen Verhältnissen gerecht.

Als Europa langsam, aber sicher aus der mittelalterlichen Finsternis erwachte, kamen bessere Karten in Umlauf, immer auf der Grundlage des alten Prototyps von Ptolemäus, dessen Werk, vermittelt durch arabische Übersetzungen, erneut wiederentdeckt wurde. Keine einzige seiner Karten ist erhalten geblieben, aber weil er in seinem Handbuch der Geografie anhand der mit Koordinaten versehenen Ortsnamen genau erklärte, wie seine Karten zusammengestellt waren und welche kartografische Projektion er verwendet hatte, konnten sie auch dreizehn Jahrhunderte später reproduziert werden. Die berühmteste dieser Karten wurde 1482 in Ulm gedruckt, ergänzt um neu entdeckte Gebiete.

Auf den meisten Karten war der Nullmeridian nach der Vorgabe von Ptolemäus im äußersten Westen eingetragen. Einige dieser Meridiane liefen über die Kanarischen Inseln, meist über El Hierro, das auch als Ferro bekannt war, bisweilen über La Palma oder über den Gipfel des Teide, des 3000 Meter hohen Vulkans auf der kanarischen Insel Teneriffa. Der niederländische Kartograf und Atlantenverleger Joan Blaeu wehrte sich gegen die Unsicherheit bei der Verortung von Nullmeridianen und plädierte für »den Gipfel von Teneriffa«, weil er ihn für den höchsten Berg der Welt hielt. Portugiesische Kartenmacher legten dagegen schon seit dem Ende des fünfzehnten Jahrhunderts beharrlich Nullmeridiane über ihre noch weiter westlich als die Kanarischen Inseln liegenden Besitzungen Madeira, die Azoren oder die Kapverdischen Inseln.

All diese Nullmeridiane verliefen ungefähr im selben Gebiet, und das änderte sich nicht, bis Kolumbus 1492 zufällig Amerika entdeckte. Von da an wurden die Ränder der Alten Welt die Übergangsgebiete zur Neuen Welt, und der Nullmeridian von El Hierro oder von Inseln in dieser Region bildete die natürliche Trennlinie zwischen den zwei Welten oder, wie es der niederländische Geograf Abraham van der Aa noch 1839 formulierte, »den Punkt, wo, schier ohne Unterschied, auf allen Karten, die Halbkugeln getrennt werden, was daher auch der Grund war, dass nicht nur die Alten, sondern auch unsere berühmtesten Geografen immer über diesen Punkt den ersten Meridian gezogen haben«.

Dennoch war das Chaos schon seit Langem offensichtlich. Die wichtigsten Seefahrernationen begannen allesamt, auf ihrem eigenen Nullmeridian zu bestehen, der überdies immer weiter vom westlichen Teil des Atlantischen Ozeans abwich. Die Niederlande und – anfangs – auch Frankreich hielten an den Kanarischen Inseln fest. 1676 zeichnete der Engländer John Seller eine Karte der Grafschaft Hertfordshire, deren Publikation dem Rest der Welt gänzlich entging, die jedoch – viel später – zu weltweiter Bedeutung gelangen sollte: Sein Nullmeridian verlief zum ersten Mal nicht über eine abgelegene Ozeaninsel, sondern mitten durch London.

GROSSBRITANNIEN

N o r d s e e

NIEDERLANDE

DEUTSCH-
LAND

BELGIEN

LUXEMBURG

Ärmelkanal

Amiens

49° 19' n.B.

Villers-sur-Mer
Saint-Vaast-en-Auge

Reims

Nancy

Paris

Seine

Argentan
Fontenai-les-Louvets
Pacé

Rennes

Neuvillalais
Saint-Benoît-sur-Sarthe

Le Mans

Orléans

Mosel

Château Sénéchal

Nantes   Parnay   Saix

Tours

Dijon

Bourges

SCHWEIZ

Chalandray

Poitiers

FRANKREICH

Bizon

737 km

Melleran

A t l a n t i s c h e r
O z e a n

Champmillon

Clermont-
Ferrand

Lyon

Bardenac

ITALIEN

Rioux-Martin

Bordeaux

La Roche-Chalais
Saint-Seurin-sur-l'Isle
Puynormand

Les Salles-de-Castillon

Rhône

Montagoudin

Saint-Hilaire-de-la-Noaille

Saint-Sauveur-de-Meilhan

Bourdelles
Romestaing

Nizza

Campagne-d'Armagnac

Hères

Toulouse

Tarasteix

Marseille

Toulon

Ibos
Bourréac

Artigues   Juncalas

Luz-Saint-Sauveur

42° 41' n.B.

ANDORRA

SPANIEN

M i t t e l m e e r

N

S

0   100   200   300 km

6

Nullpunkt des Todes

Um zum magischen Nullpunkt auf der französischen Seite des Kanals zu gelangen, war ein Umweg entlang der englischen Westküste unvermeidlich. Züge und Busse brachten mich über Haywards Heath und den Weiler Washington zu der Hafenstadt Portsmouth, die, wie es der konservative Londoner Bürgermeister Boris Johnson ausdrückte, »deprimierendste Stadt von Südengland, voll von Drogen, Fettleibigkeit, Schlappschwänzen und Labour-Politikern«.

Ich bestieg die Fähre nach Caen, übernachtete dort und versuchte erneut, Verbindung zu Chahreddine Berriah aufzunehmen, meinem für Algerien erhofften Reisegefährten, der die Hotelliste an die algerische Botschaft hatte schicken sollen und es noch immer nicht getan hatte. Weil das Telefon der Tageszeitung, für die er arbeitete, möglicherweise abgehört wurde, rief ich ihn zu Hause an, aber offenbar war seine Nummer gesperrt.

Am nächsten Morgen nahm ich den Regionalbus nach Villers-sur-Mer, einem Badeort in der Normandie, wo der Nullmeridian auf das europäische Festland trifft. Nach einigem Suchen fand ich im Hotel Le Celtic ein Zimmer mit Aussicht auf weiße Wände und Blumenkästen voller Geranien. So lieblich die Aussicht war, so despotisch erwies sich die Inhaberin des Hotels. Am Morgen nach meiner Ankunft schimpfte sie mich aus, weil ich zu spät zum Frühstück kam. Meinen Einwand, dass ich durchaus verstünde, wenn ich meinen Anspruch darauf verloren hätte, was gar nicht weiter schlimm sei, dass aber das Verzehren eines Frühstücks doch

71

eher ein Recht als eine Pflicht sei, wischte sie ohne Pardon weg. Schon bei meiner Ankunft hatte sie mich informiert, sie wisse nicht, wie lange sie mir das Zimmer vermieten könne; und als sie es endlich wusste, teilte sie es mir folgendermaßen mit: »Am Donnerstag sind Sie hier verschwunden. Das Zimmer ist vergeben.«

Villers-sur-Mer war ein kleiner Touristenort, der sich in jeder Hinsicht von seinem Meridianpendant Peacehaven auf der anderen Seite des Kanals unterschied: Es war wärmer, es roch süßer – nach Crêpes und nach Flieder –, das Licht war weicher, man speiste um die Mittagszeit, es war eine Stunde später, und der Metzger hatte gekochten Rindskopf im Angebot. Die »Villersois« liebten kleine, kläffende Hunde, die sie an kurzen Leinen mit sich zerrten, und in den Restaurants diskutierten sie endlos über die verschiedenen, auf der Speisekarte angebotenen Fische und darüber, mit welchen Zutaten und auf welche Weise diese serviert werden mussten.

In Villers hatte man Dinosaurierknochen gefunden, weshalb die Gemeindeverwaltung auf dem Platz am Boulevard einen lebensgroßen, mit Pflanzen und Blumen bestückten Dinosaurier hatte aufstellen lassen. Im Zentrum gibt es normannische Fachwerkhäuser, und an der Küste sind noch Spuren des Badeortes zu erkennen, der hier in der Mitte des neunzehnten Jahrhunderts für die reichen Pariser Bürger geschaffen wurde. Dort stehen noch alte Villen mit Namen wie Florentine, l'Hiver, Marguerite und Trianon, die mit Türmchen, Vordächern, Friesen und Baldachinen verziert sind. Die meisten sind inzwischen in Apartments aufgeteilt.

Villers-sur-Mer war sich seiner Lage auf dem Nullmeridian bewusst. Es gab ein auf hauchdünne Crêpes spezialisiertes Restaurant Le Greenwich, und ein – aufgegebenes – Maklerbüro hatte einer alten Inschrift in zierlichen Buchstaben zufolge Agence du Méridien geheißen, die Apotheke nannte sich Pharmacie du Méridien und die Autowerkstatt gegenüber dem Hotel Garage du

Méridien. Ich fragte die Frau an der Rezeption, weshalb die Firma diesen Namen trage. »Hier heißt alles Meridian«, antwortete sie. »Die Apotheke, der Makler und vieles andere. Deshalb.« Ich machte mich auf die Suche nach dem magischen Nullpunkt. Er befand sich auf dem Boulevard, schräg gegenüber dem Kasino, und war nüchtern, aber geschmackvoll mit einer weiß gestrichenen niedrigen Betonmauer in Form eines Halbkreises markiert.

Die Greenwich-Meridian-Linie war mit blauer Farbe aufgemalt und teilte die Mauer in zwei Hälften. Auf dem Boden verlief die Linie weiter als Markierung aus blauen Kreisen, zwei davon auf den Gehwegplatten innerhalb des vom Denkmal gebildeten Halbkreises und sechs weitere auf der Promenade, Richtung Süden. 49° 19' n.B.
Villers-sur-Mer Zu meiner großen Freude befand sich diese Markierung fast auf dem universalen Nullmeridian und nicht 102 Meter daneben, wie es in England immer der Fall gewesen war. Dennoch gab es auch hier eine Differenz von 24 Metern, die ich mir nicht erklären konnte, auch nicht, nachdem ich mein GPS auf ED50 und ED79 eingestellt hatte, geodätische Referenzsysteme, die in vielen europäischen Ländern noch heute auf Landkarten verwendet werden.

Vor dem Denkmal stand eine Säule mit einem knallroten Fernrohr. Ich warf einen Euro hinein und blickte Richtung Horizont: Der Nullmeridian blieb unsichtbar, selbst mit einem Visio-Fernrohr.

Abends, um Viertel vor zehn, war Villers völlig ausgestorben. Nirgendwo brannte ein Licht, alle Fensterläden waren geschlossen, und man hatte den Eindruck, der Badeort sei von den Menschen verlassen.

Am nächsten Morgen fiel es mir schwer, mein Zimmer abzuschließen, das Schloss war schwergängig, und die Tür klemmte. Mein Nachbar, ein älterer Herr, hatte mit seiner Tür dasselbe Problem.

73

»Haben Sie auch Ihre Frau verloren?«, fragte er mich unverblümt.

»Nein, ich bin geschieden«, antwortete ich, obwohl das auch schon wieder fünfzehn Jahre her war.

»Man muss den Schlüssel zweimal umdrehen, wenn man weggeht«, sagte er. »Einmal bringt nichts. 42 Jahre. 42 Jahre waren wir zusammen.«

Ich sagte, das täte mir leid. »Aber das Leben geht weiter, wie schwer es für Sie auch sein mag.«

Er blieb im Gang stehen und schenkte mir kaum einen Blick. »Ich kann ohne sie nicht leben«, sagte er. »Mache ich nachts viel Lärm?«

Ich hatte ihn schnarchen hören. »Überhaupt nicht«, antwortete ich.

»Jetzt bin ich allein«, sagte er und ging die Treppe hinab. »Da kann man nichts machen.«

Ich wollte wissen, welche Rolle der Nullmeridian in Villers spielte, und weil mir erzählt worden war, dass die Direktorin der Kulturverwaltung der Gemeinde an der Organisation diverser meridionaler Aktivitäten beteiligt gewesen war, versuchte ich, sie zu sprechen.

Die Tür des alten normannischen Gebäudes hinter dem Rathaus, in dem ihr Büro untergebracht war, stand offen. Ich sah ein mannshohes Plakat aus Pappe, auf dem ein »Sandfestival und Musikshow auf dem Meridian« angekündigt wurde; über dem Bürostuhl hing eine Jacke, und der PC lief, doch kein Mensch war zu sehen. Ich beschloss, nach Saint-Vaast-en-Auge zu laufen, zum nächsten auf dem Nullmeridian gelegenen Dorf. Den Vorschlägen eines Wanderführers folgend, nahm ich den Chemin de Saint-Vaast-en-Auge und befand mich bald in einer grünen Hügellandschaft mit Obstbäumen und in weiter Ferne bellenden Hunden. Ich hatte einen wichtigen Durchbruch mit meinem GPS-Empfänger geschafft. Nach zahlreichen Versuchen hatte ich begriffen, dass man damit nicht nur Orte suchen konnte, sondern auch Straßen, Hotels, Restaurants, Postämter, Bahnhöfe und Sonderziele. In Saint-Vaast-en-Auge gab es keine »Sonderziele«, aber der Ort war verzeichnet. »Richtung Südwest« meldete der kleine Bildschirm plötzlich. Danach gab ich »Zeiger« ein, und als Belohnung tauchte ein kleiner Pfeil auf, der die Richtung anzeigte. Man konnte auch noch einstellen auf »Suche über Straßen« oder »Suche nicht über Straßen«. Im ersten Fall schickte mich das Gerät die Landstraße entlang, genau entgegengesetzt der Richtung, in der sich Saint-Vaast meiner Ansicht nach befand, und auf jeden Fall weiter vom Nullmeridian entfernt. Dabei tat sich ein weiteres Problem auf: War ein Fußweg durch den Wald auch eine Straße? Inzwischen kam ich an Schildern vorbei, auf denen Wanderrouten mit Pfeilen in verschiedenen Farben angezeigt waren. Unterwegs begegnete ich nur einem Menschen, einer Frau bei einem Bauernhof. Sie sagte, sie wohne zwar dort, aber von Saint-Vaasten-Auge habe sie noch nie gehört.

Nach dreistündigem Fußmarsch kam ich trotz Navi, Landkarte und Wanderführer zu meiner Verblüffung plötzlich wieder in der Avenue Charles in Villers-sur-Mer heraus, ohne auch nur in der Nähe von Saint-Vaast gewesen zu sein. Plötzlich fiel mein Blick auf eine Seitenstraße mit dem Straßennamen Vieux Chemin de Saint-Vaast-en-Auge. Die hätte ich also nehmen müssen. Zwei Stunden später gelangte ich doch noch an mein Ziel, nachdem mich unterwegs ein Bauer in die richtige Richtung geschickt hatte. Aber ich war nicht der Einzige, der sich dort verirrte – vier vorbeikommende Autofahrer fragten mich nach dem Weg.

Bis auf ein paar Meter stand das ehemalige Rathaus von Saint-Vaast-en-Auge genau auf dem Nullmeridian. Auf englisch- und französischsprachigen Tafeln war zu lesen, dass das kleine Haus heute als Gedenkstätte für die alliierten Soldaten diente, die am 6. Juni 1944 in Saint-Vaast beim D-Day umgekommen waren. Die

75

Tür war verschlossen, aber durch das Seitenfenster konnte man eine hölzerne Trennwand mit einem Foto von Artilleriekorporal William Whitney 4924410 sehen: einem Mann in Uniform, der lächelnd, aber mit dennoch ernster Miene in die Linse schaute. Auf einem braunen Tisch lag ein Ringbuch, aufgeschlagen auf einer Seite, wo mit großen Buchstaben safe in god's keeping stand. In dem Raum hing noch ein unscharfes, vergrößertes Passfoto des Artilleristen Douglas Stanley 5059287: »Er gab sein größtes Geschenk, sein geliebtes, unvollendetes Leben.«

Das kleine, neue Rathaus, der Bahnübergang, die Kirche aus dem fünfzehnten Jahrhundert und der Friedhof lagen nah beieinander, die Häuser der kaum hundert Einwohner standen verstreut in den Wäldern und waren von hier aus nicht zu sehen. Neben dem Friedhof erinnerte eine Betonsäule an alle namentlich genannten »Söhne von Saint-Vaast-en-Auge, die ihr Leben gaben für das Vaterland«. Vor dem Säulensockel lagen Bronzeblätter, ringsherum hatte man einen Zaun angebracht und eine gestutzte Ligusterhecke. Auf dem Friedhof befanden sich neben der Grabplatte der mit hundert und einem Jahr gestorbenen Aline Lefèvre, geborene Deschamps, die Gräber jener Fallschirmspringer, deren Fotos auch im alten Rathaus hingen, verteilt auf zwei gerade Reihen: zwölf Gräber. Saint-Vaast-en-Auge war ein Nullpunkt des Todes.

Am Ende des Tages trat ich abermals ins Büro der Direktorin für Kulturelle Angelegenheiten der Gemeinde. Diesmal war sie da. Sie hieß Sophie-Anne Millet-Dauré, und ihr »besonderes Interesse« galt dem Nullmeridian: Sie hatte beispielsweise beim Jahrtausendwechsel ein großes Festival auf dem Nullmeridian organisiert, bei dem Kinder Hunderte von Ansichtskarten mit guten Wünschen aneinandergeklebt und damit »die größte Ansichtskarte der Welt« gebastelt hatten, und auf der Nulllinie hatte man – genau wie in anderen französischen Meridian-Dörfern – eine Menschenkette gebildet »als Zeichen der Verbundenheit und Soli-

darität«. Aber das Außergewöhnlichste war dann doch die Seil-
tänzerin gewesen, die mitten auf dem Meer, genau auf dem Nullmeridian, auf einem durchsichtigen Seil getanzt hatte. »Sehr beeindruckend.«

In Villers, erzählte Madame Millet-Dauré, sei ein Verein gegründet worden, der in ganz Frankreich einen Parcours am Nullmeridian entlang markieren wollte, aber das war noch in der
Mache. Es gab auch ehrgeizige Pläne der Gemeinde, eine Städtepartnerschaft mit Greenwich zu organisieren, doch auch dazu war
es noch nicht gekommen. Wohl hatte sie in diesem Zusammenhang auf eine offizielle Einladung hin das Observatorium besucht,
und auch das sei »sehr beeindruckend« gewesen.

Das Meridianmonument am Boulevard war gut zwanzig Jahre
zuvor errichtet worden. Dass es eigentlich ein wenig mehr rechts
stehen müsste, war ihr bekannt. »Das wurde schon einmal von einem Geografen festgestellt, den wir hierher eingeladen hatten.«
Das Fernrohr stehe dort, meinte sie, »um besser nach Norden sehen zu können«.

Ich wollte wissen, was sie vom Nullmeridian hielt. »Nun, so
eine Linie ist ein bisschen abstrakt«, sagte sie. »Wozu ist das gut?
Als Villers 150 Jahre alt war, gab es hier nur Dampfeisenbahnen
und Leute in Badekleidung aus dem neunzehnten Jahrhundert.
Solche Dinge sind greifbar, eine Linie nicht.« Aber es träfe sich
gut: In einem Jahr würde beim jährlichen Sommerfestival von Villers auch dem Thema »Meridian« besondere Aufmerksamkeit gewidmet. Vielleicht hätte ich dann Lust, einen Abend lang von meiner Reise zu erzählen? Sie notierte sofort meinen Namen. Später fiel mir ein, dass ich vergessen hatte, sie zu fragen, in welchen
Disziplinen die Meisterpokale in ihrem Büro gewonnen worden
waren.

Am nächsten Morgen musste ich aus dem Hotel Le Celtic aus-
ziehen, wie es mir die Inhaberin angekündigt hatte. Als mir beim
Abrechnen herausrutschte, dass ich nächstes Jahr vielleicht zum

Sommerfestival zurückkehren würde, verschwand sie abrupt und kehrte mit einem Bildband zurück, der anlässlich des 150-jährigen Stadtjubiläums von Villers erschienen war. Sie blätterte ein bisschen und drehte das Buch dann zu mir herum. »Hier, sehen Sie.« Sie zeigte auf ein Foto vom Hotel und der vollzähligen Belegschaft. Sie selbst stand vorn, umgeben von der versammelten Mannschaft, ihr umfangreicher Korpus war in ein schwarzes Kleid im Stil des neunzehnten Jahrhunderts gezwängt.

Anschließend schlug sie die anderen Seiten auf. »Sehen Sie, hier ist der Friseur, er trägt zu diesem Anlass einen falschen Bart, denn Friseure dürfen eigentlich keinen Bart haben. Und die hier ist eine Ministerin aus Paris, ihre Eltern leben hier. Das ist ein Dachdecker und hier eine Frau, die für achtzehn Verwandte Kostüme geschneidert hatte. Ja, es ist viel los in Villers. Zu mir kommen oft Leute, die mich fragen, wo der Meridian ist. Die schicke ich immer zum Boulevard, dorthin, wo die Mauer eine Ausbuchtung hat, denn dort ist er. Die Garage gegenüber, Le Méridien, hatte ein Schild angebracht, aber das war plötzlich verschwunden. Und das Maklerbüro Le Méridien hat zugemacht. Was das angeht, nimmt das Interesse am Meridian ab. Und Sie wurden eingeladen, hier einen Vortrag zu halten? Von der Gemeinde?« Eine kurze Pause trat ein, draußen hörte ich die Müllabfuhr. »Wissen Sie, Sie können in Zimmer acht umziehen. Das hat kein WC, nur ein Waschbecken. Wenn Sie wollen, können Sie es kurz anschauen.«

Es war ein windiger, regnerischer Tag, als ich Villers verließ, ich trug alle Kleidungsstücke, die ich mithatte, übereinander, um warm zu bleiben. Lange Zeit wartete ich an der Bushaltestelle. Ich hatte Aussicht auf eine Blumenrabatte, die ohne Rücksicht auf die Farbzusammenstellung kunterbunt durcheinander bepflanzt zu sein schien, und auf eine kleine Palme, die sich im Herbstwind neigte. Auf dem Weg nach Caen passierte ich noch diverse andere Blumenrabatten: Ich befand mich an der Côte Fleurie, der Blu-

menküste, und war auf dem Weg nach Argentan, einer Provinzstadt mit 16 000 Einwohnern, die in der ganzen Region für ihre
gehäkelten Bettüberwürfe bekannt ist.

In Caen nahm ich den Zug nach Argentan. Nach zweieinhalb
Stunden Warten im Bahnhofsrestaurant musste ich noch rennen,
um den Zug zu erwischen, denn das Abfahrtsgleis war falsch angegeben. Das Abteil war total überfüllt, überall im Gang standen
Taschen, und die Scheiben beschlugen immer stärker. Draußen
huschten kahle Felder vorüber, und der Zug hielt nur ein Mal an
einem armseligen, verlassenen Bahnsteig.

In Argentan angekommen, zog ich ins Hotel Des Voyageurs,
genau gegenüber dem Bahnhof. Mein Zimmer hatte Aussicht auf
einen Parkplatz und eine asphaltierte Straße, ein Schild zeigte den
Weg zur Haftanstalt an. Im Fremdenverkehrsamt bekam ich ein
Faltblatt, in dem die Stadt in meiner Muttersprache angepriesen
wurde: »Argentan, geblühte Stadt, vereinigen die Vergangenheit
und die Neuheit« war da zu lesen. »Sollen Argentan entdecken
und einen Aufenthalt von Qualität in Normandie beurteilen.«

Die Stadt war in ihrer Geschichte vielfach Schauplatz von
Krieg und Zerstörung gewesen: Massaker an den Hugenotten in
der Bartholomäusnacht, Pestepidemien und Erdbeben. Im Zweiten Weltkrieg war hier ein französisches Konzentrationslager für
»unerwünschte Fremde« gewesen, vor allem für deutsche und ös-
terreichische Juden. Am 5. Juni 1944 wurden etwa achtzig Prozent der Stadt zerstört – bei von Augenzeugen als »dantesk« be-
schriebenen Bombardierungen – und anschließend lieferten sich
Deutschland und die Alliierten monatelange Schlachten. Heute
stehen noch zwei alte Kirchen, ein Festungsturm und eine Burg.
Es gibt einen »Platz der Ehemaligen Nordafrikakämpfer« und ein
großes Denkmal für die Widerstandskämpfer und Deportierten
des Zweiten Weltkriegs. Ich machte mich auf die Suche nach dem
Punkt, an dem der Nullmeridian den äußersten nordöstlichen Teil
der Stadt schneidet. Unterwegs machte ich Rast in einer Snackbar

79

und las in der Lokalzeitung, dass zwei nicht vorbestrafte Teenager wegen des Besitzes von ein paar Gramm Haschisch zu sechs Monaten Gefängnisstrafe ohne Bewährung verurteilt waren und ein Gefangener, der in seiner Zelle aus gemausten Kartoffeln Alkohol hatte herstellen wollen, einen Monat in Einzelhaft musste.

Auf der Nationalstraße näherte ich mich dem Ortsrand von Argentan, wo sich das eingezäunte Kasernengelände der »Elften Einheit der Dritten Legion der Mobilen Gendarmerie« nebst »Schwadron 23/3 der Motorisierten Brigade« befand. Mit seinen Dutzenden Gebäuden hatte das Gelände die Ausmaße eines kleinen Dorfes; auf dem Platz vor dem Eingang wehte die französische Fahne an einem überproportional hohen Mast, und man hatte einen Panzer aufgestellt.

Danach bog ich nach rechts in eine kleine Sackgasse namens Chemin de Cayenne ab, ging an dem rechteckigen Gebäude der Motorradwerkstatt »District Motos« vorbei, und plötzlich, auf dem Nullpunkt, wurde es schön. Ein paar große Gärten mit Blumen, Apfelbäume, ein altes Haus: die arkadische Normandie gleich hinter der Route nationale an einem trüben Samstagmorgen. Auf der anderen Straßenseite der D926, unmittelbar vor der Gemeindegrenze und auf der Höhe des Schilds »Bienvenue en Argentan, Welcome in Argentan, Herzlich Willkommen«, war der Nullpunkt auf einer in eine kleine Mauer eingelassenen Marmorplatte markiert, ein Geschenk des örtlichen Rotary Clubs. »meridien zero« stand in goldenen Lettern darauf, und eine Linie zeigte die Richtung nach Urou-et-Crennes (rechts) und Argentan (links): Der Nullmeridian durchschnitt genau die Grenze zwischen diesen beiden Gemeinden.

Ich spazierte noch ein wenig weiter, an den letzten Häusern der Stadt vorbei und an eingezäunten Schrebergärten. Hinter der Landstraße, im Stadtgebiet von Urou-et-Crennes, lagen Tennisplätze, wo es nach Pferden roch. Ich fand einen Nullpunkt auf dem Parkplatz der ein Stück weiter entfernten Pferderennbahn von Argentan. Der Parkplatz stand voller Lieferwagen und Anhänger. *A day at the races.* Alte Männer mit Mützen. Auch ein paar Frauen, und ein paar Dänen. Zocker. Einige standen am Rande der Bahn, aber die meisten hielten sich in einer kalten Halle auf, wo sie auf Plastikgartenstühlen die Rennen auf Fernsehschirmen verfolgten, ihre ausgefüllten Wettzettel vor sich auf dem Tisch. Es roch nach Hotdogs und Zigarren. Jede halbe Stunde fing ein neues Rennen an. Die Wettscheine waren für einen Laien völlig unverständlich, und mir wurde genauso wenig klar, weshalb in jedem Rennen die Namen der teilnehmenden Pferde mit demselben Buchstaben anfingen: Princesse Bourbon, Pin-up du Metz, Pantoum Thieben. Ich war nicht in der Stimmung, jemanden danach zu fragen, merkte mir nur den Sieger: Possession, in einer Zeit von genau einer Minute neunzehn Sekunden.

Am nächsten Tag – einem Sonntagmorgen – machte ich den Versuch, den Nullmeridian in südlicher Richtung zu finden. Vom Hotel aus folgte ich dem Schild zur Haftanstalt, zuerst an der Nationalstraße entlang, danach auf einer schmalen Landstraße. Die Sonne schien heftig, und mir wurde heiß. Ich hatte gehofft, der Nullmeridian würde mitten durch das Gefängnis führen, der absolute, definitive, totale Nullpunkt – aber er verfehlte es um Haaresbreite. Wohl verlief er ganz nah in einer Seitenstraße an zwei Neubauten entlang, die verloren in der leeren Landschaft standen. Neben der Garage des Eckhauses stand noch ein alter Wegweiser: Argentan 3,4 km. Im Garten hinter dem Haus hängte eine junge Frau Wäsche auf die Leine. Ich zeigte auf mein Navi und wollte erklären, warum ich hier stand, aber ich hatte meinen Satz noch nicht halb zu Ende gesprochen, da war sie schon im Haus verschwunden.

Frankreich war das größte europäische Land, das ich durchqueren musste. Villers-sur-Mer liegt auf 49° 19' n. B und Luz-Saint-Sauveur, das letzte Meridiandorf vor der spanischen Grenze, befindet sich in den Pyrenäen auf 42° 52' n. B.: Die beiden Dörfer sind 717 Kilometer Luftlinie voneinander entfernt. Die achtzig Kilometer von Villers-sur-Mer zum Provinzstädtchen Argentan hatten mich mit öffentlichen Verkehrsmitteln fast einen ganzen Tag gekostet. Dabei ist Argentan die größte und zugleich einzige Stadt auf dem französischen Teil des Nullmeridians. Die restliche Strecke bestand dann aus hügeligen Wiesen mit Kühen und Obstplantagen, Getreide- und Sonnenblumenfeldern, Weinbergen, Wäldern und nur ab und zu einem Dorf wie Montagoudin, Saint-Hilaire-de-la-Noaille, Château Sénéchal, Rioux-Martin, Romestaing oder Bourdelles. Ortschaften, die überhaupt nicht oder nur unter großen Anstrengungen mit öffentlichen Verkehrsmitteln zu erreichen waren. Auf diese Weise würde es Monate dauern, bis ich endlich in Luz-Saint-Sauveur ankäme. Schwierig war überdies: Ich folgte einer Linie, die schnurgerade verlief und sich nicht um die lokalen geografischen Bedingungen kümmerte, und schon gar nicht um Bus- oder Bahnverbindungen. Das sollte mir nicht noch einmal passieren: Zwei Stunden lang in der sengenden Sonne an der Landstraße entlangzuwandern, durch Vororte, Gewerbegebiete, Äcker und Weiler, um schließlich bei einem Haus zu landen, vor dem eine Frau Wäsche aufhängte und nichts von mir wissen wollte.

Mein Ziel war Fontenai-les-Louvets, aber ich beschloss, nicht weiter zu suchen, wie ich mit dem Bus dorthin kommen könnte. Am nächsten Tag verließ ich das Hotel Des Voyageurs, nahm den Zug in die nächste große Stadt, ins südlicher gelegene Le Mans, und mietete mir dort ein Auto. Ich fuhr siebzig Kilometer nach Norden zurück nach Fontenai, das merkwürdigerweise auf den beiden Ortsschildern, die den Anfang und das Ende des Ortes markierten, Fontenay geschrieben wurde. Es roch nach Äpfeln, und es war totenstill, bis auf einen gelegentlichen Schuss, von Jägern in den unendlichen Wäldern der Umgebung abgefeuert. Der erste Nullpunkt befand sich mitten im Gestrüpp am Wegesrand.

48° 31' n.B.
Fontenai-les-Louvets

82

In der halben Stunde, die ich dort verbrachte, fuhr ein einziges Auto Richtung Dorf und zwei andere in die Gegenrichtung. Der zweite Nullpunkt lag mitten auf dem Friedhof vor der Kirche. Auch hier blieb ich ein Weilchen, ohne auch nur einen Menschen vorbeikommen zu sehen. Das nächste Dorf war Pacé: 325 Einwohner, 49 Prozent mehr als in Fontenai. In dieser Hinsicht war ein Aufschwung zu verzeichnen. Der Nullmeridian verlief genau an der Bibliothek entlang, ein Stückchen hinter dem Schild »Halt nach 150 Metern. Für Kühe verboten«, das auf die nahe Autobahn nach Alençon zeigte, deren Lärm bis hierher zu hören war. Um die Ecke arbeitete eine Frau in ihrem Garten. Sie wohnte in einem Neubau und hatte noch nie vom Nullmeridian gehört, obwohl er mitten durch ihr Haus verlief. Ihr Vater, der gerade zu Besuch war, wusste besser Bescheid. »Ich bin Hobbyfunker«, sagte er. »Da hat man Ahnung von solchen Sachen.«

Ich machte rituelle Nullpunktfotos auf einer leicht abschüssigen, grasigen und mit Obstbäumen bestandenen Böschung neben einem ungestalten Neubau mit sandfarbenen Wänden und Fensterbänken aus Kunststoff, und schließlich auf einem verlotterten Gelände mit Hühnerauslauf, aufgestapeltem Kaminholz, einem Pferdeanhänger und einem Holzgestell, an dem bunte Wäsche zum Trocknen hing.

Ich fuhr den ganzen Tag weiter über endloses plattes Land: Traktoren, Blumen, Bauernhöfe, Hügel, Zypressen in der Ferne, kleine Dörfer mit einem Rathaus und einem Denkmal für die Gefallenen. Über die D21 kam ich nach Ségrie: eine Autowerkstatt, Häuser mit verrammelten Fensterläden, ein Informationsschild, eine Seitenstraße. Es war halb bewölkt, Ende September und noch warm. Ein altes Bauernpaar schnitt Sonnenblumen, eine goldene Glut senkte sich auf die Felder. Da und dort sah ich einen Obstgarten, der Weg schlängelte sich dahin. Neben mir lagen auf dem Beifahrersitz meine festen Attribute: eine detaillierte Landkarte mit dem gelb markierten Nullmeridian, das Navi, eine kleine Flasche Wasser, Notizbuch, Stift und Lesebrille. Ich näherte mich dem Nullmeridian. Ein Friedhof mit niedriger Steinmauer zur Straße hin, ein Traktor vor einem eingerüsteten Haus, eine kleine Jesusfigur.

In Vernie war das Meridiandorf Neuvillalais zum ersten Mal angezeigt. Eine Frau in Blümchenkleid und Schürze stützte sich

48° 09' n.B.
Neuvillalais

auf einen Stock und blickte mir nach. Ein paar Häuser, ein Blumenbeet, und schon hatte ich das Dorf wieder verlassen. Ein kleiner See, kein Verkehr. Wie hätte ich je mit öffentlichen Verkehrsmitteln hierherkommen sollen?

Ich näherte mich Neuvillalais, begann auf meinem GPS abzuzählen und wurde vom Auto eines Abwasserbetriebs mit eingeschaltetem Blaulicht überholt. Links abermals ein Bauernhof gleich neben der Straße, rechts ein bisschen weiter entfernt einige alte Bauernhöfe. Plötzlich befand ich mich auf der Rue du Méridien. Neben dem Rathaus – auf der Ecke zur Rue de Verdun – waren zwei Traktoren unter einem Vordach abgestellt, die Tür zum Sekretariat stand offen. Die Gemeindesekretärin war gerade dabei zu schließen. Neuvillalais stehe nicht schlecht da, erzählte sie. Das Dorf habe 467 Einwohner, und nach einer Zeit des Niedergangs stabilisiere sich die Einwohnerzahl, und zwar, »weil in den Städten alles teuer ist«, und auch, weil sich immer mehr kleine Dörfer zusammenschlössen. So betrieben zwei Dörfer aus der Umgebung gemeinsam mit Neuvillalais eine Schule – in drei separaten Klassenzimmern – und eine gemeinsame Müllabfuhr. Zum Abschied gab sie mir die Dorfzeitung mit, in der mehr über die Geschichte der dem Nullmeridian gewidmeten Weltkugel im Garten vor der Kirche stehe – eindeutig das Ergebnis kunstvoller Bemühungen von fleißigen Dorfbewohnern. »Es gibt zwei Nullmeridiane«, las ich. »Den von Paris und den von Greenwich. Letzterer verläuft durch unser Dorf.« Die mit Stahlbeton verstärkte Weltkugel trug Kontinente aus Pflanzen und ruhte auf einem abgesägten Baumstumpf. Neben ihr ragte ein Kriegerdenkmal empor: eine Säule mit dem behelmten Kopf eines Soldaten.

Ein Stück tiefer in der Rue du Méridien befanden sich genau auf dem Nullpunkt eine kleine alte Kirche und ein Friedhof mit großen Marmorkreuzen und Schalen voll künstlicher Blumen. Beim einzigen Dorfladen, dem Bar-Lebensmittelgeschäft-Weinhandlung-Restaurant-Bäckerei-Flaschenverkauf Le Méridien, begann, so sagte ein kleines Holzschild, ein zwölf Kilometer langer »Meridianweg«. Es war später Nachmittag, und ich hatte noch keine Bleibe, aber die Möglichkeit, zwei Stunden zu Fuß dem Nullmeridian zu folgen, ließ ich mir nicht entgehen. Ich parkte das Auto vor Le Méridien und machte mich auf den Weg.

Vom Friedhof aus schlängelte sich ein Landwirtschaftspfad durch die Felder. Er führte mich an einem Gemüsegarten vorbei, ich überquerte die leere Autostraße und wanderte auf einem Holzsteg über einen Wassergraben weiter: links braun-weiße Kühe, rechts Autoreifen. Keine Menschenseele weit und breit, doch es gab Spuren menschlicher Anwesenheit: alte Bauerngehöfte, einen Garten mit einer Rutsche und Schaukeln, eine Leiter an einer Mauer. Ich passierte einen Nullpunkt nach dem anderen, wobei ich jedes Mal ein Foto von mir schoss und dabei mit den Fingern eine Null zeigte. Der reinste Egotrip in dieser Einöde, aber diese Null war zugleich ein Punkt der Reinheit und Läuterung, Befriedigung eines Verlangens, das zugleich den Aufbruch zu einem wieder neuen Nullpunkt einschloss: Die Null war der Anfang und das Ende, die Null war unendlich. Ständig in der Ferne und manchmal auch in der Nähe ertönte Hundegebell, ich hörte Vögel und ab und zu mein Handy piepen, das vergeblich nach einem Provider suchte. Die mit Schildern markierte Meridianroute war mitunter steinübersät und einmal mit Stacheldraht verbarrikadiert, den ich zur Seite schieben musste. Ich spähte über das dunstige Land und bewunderte einen einsamen Baum, weil er ganz allein den Winden trotzte und überlebte.

Nachdem ich einen Waldweg hinter mir gelassen hatte, gelangte ich plötzlich an eine Stelle, von der aus ich rundherum etwa zwanzig Kilometer Aussicht hatte. Ein Hahn krähte, eine Heuschrecke prallte gegen mich, es herrschte Windstille. Auf den Feldern wuchsen Kartoffeln, Sonnenblumen, Raps, Hirse und Getreide. Gleich hinter dem Örtchen La Rivière störte ein Traktor mit hochgezogener Scheibenegge die Stille. Den Nullmeridian fand ich auf einem einsamen Weg mit Elektrizitätsmasten wieder: Gehöfte rechts und links und in der Ferne ein Getreidesilo. Es war bereits Abend, aber noch immer wärmte die tief stehende Sonne die Felder. Bei einem Bauernhof kam ich zum nächsten Nullpunkt inmitten Tausender frei laufender Hühner. Drei Hunde begannen aggressiv zu bellen: Einer war angebunden und sprang gegen den Zaun, die beiden anderen rasten auf mich los, wollten aber zum Glück nichts weiter von mir. Danach landete ich in der Nähe eines weiteren Nullpunkts und sah auch die Kirchturmspitze von Neuvillalais; doch jedes Mal, wenn ich meinte, ich hätte das Ende erreicht, bog die Straße wieder ab.

Zurück im Le Méridien, saßen nunmehr vier Männer auf Barhockern, die Inhaberin stand hinter dem Schanktisch. Das Lokal habe schon früher Le Méridien geheißen, sie habe es zusammen mit ihrem Mann vor nicht allzu langer Zeit übernommen, erzählte sie. »Ich stamme nicht von hier und muss den Meridian erst noch entdecken.«

Der Mann auf dem Barhocker neben mir, der an seinem Pastis nippte, hieß Jean-Claude Martin und wohnte in der Rue du Méridien. Von der Weltkugel und dem Meridianzeichen im Kirchgarten wusste er nichts. Klar, er wohnte schräg gegenüber, »aber dorthin komme ich nie, und wenn ich vorbeilaufe, schaue ich auf die andere Seite. Ich bin nicht gläubig, es gibt keinen Gott.« Ich sagte, dass er nichts versäumt habe, denn der eigentliche Nullpunkt befinde sich, laut meinem Navi, erst ein Stückchen weiter, auf dem Friedhof. Das wunderte ihn nicht. Alles sei ein einziges großes Komplott, müsse ich wissen, zu dem sogar die Wetterleute in den Nachrichten gehörten. »Wenn sie Sonnenschein vorhersagen, dann regnet es in Neuvillalais.« Er war seit zehn Jahren von seiner Frau geschieden und hatte seitdem seine Kinder nicht mehr gesehen. »Sollte ich sie je wieder treffen, dann greife ich zum Maschinengewehr.« Jean-Claude Martin hatte offenbar nicht viel Glück im Leben, das war klar. Er war Zimmermann gewesen, hatte davon ein Rückenleiden behalten und bekam jetzt Rente. Zu wenig Rente. Auch das ein Komplott. Der Regierung. Der Juden. Hitler hatte seine Arbeit nicht vollenden können, das sei die Ursache aller Probleme.

»Finden Sie mich sympathisch, Monsieur Martin?«, fragte ich. Nun wurde es totenstill im Café Le Méridien.

»Er ist auch einer«, flüsterte einer der Gäste, noch bevor ich etwas hatte sagen können. Martin war einen Augenblick still, aber nicht lange. Er hätte nichts gegen Juden im Allgemeinen, das müsse ich ihm glauben, seine Wut richte sich ausschließlich gegen französische Juden. »Die Bar ist geschlossen«, sagte die Inhaberin daraufhin energisch. »Alle raus.« Martin zog ab, die Inhaberin und ihr aus dem Nichts herbeigeeilter Mann entschuldigten sich. »Jean-Claude ist ein Antisemit, aber er hat nur eine kleine Rente, und wir geben ihm jeden Tag eine Mahlzeit. Allerdings unter einer Bedingung: keine rassistischen Sprüche, denn das Le Méridien ist für jeden da.«

7

Die Mutter aller Nullmeridiane

»Wir untersagen jedem Steuermann, Hersteller von Seekarten und geografischen Globen, abzuweichen vom alten Meridian, der durch den westlichsten Teil der Kanarischen Inseln verläuft, oder diesen gegen einen anderen auszutauschen.« Mit diesem Befehl mischte sich der französische König Ludwig XIII. 1634 höchstpersönlich ein in das Problem der Festlegung eines natürlichen Ausgangspunktes für Längengrade, wie es ihn für die Breitengrade in Gestalt des Äquators bereits gab. Auch unter den tonangebenden europäischen Astronomen und Mathematikern dieser Zeit behielt der Nullmeridian von El Hierro vorläufig noch seine jahrhundertealte Stellung bei.

Später verwendeten die Briten einen Nullmeridian, der durch das Observatorium von Greenwich verlief, während sich Frankreich und viele nicht angelsächsisch orientierte Länder sowohl auf Paris als auch auf El Hierro kaprizierten. Letzten Endes begann mit den Meridianen von Greenwich und Paris ein Kampf um die Welthegemonie, der zwei Jahrhunderte andauern sollte. Im siebzehnten, achtzehnten und neunzehnten Jahrhundert waren Frankreich und England Rivalen auf dem Gebiet der Astronomie, der Geografie, der Navigation und der Vermessungskunde, wobei sie sich in gewisser Hinsicht wie die Griechen in der klassischen Antike zu den Römern verhielten. Die Engländer waren, wie die Römer, auf eine Ausdehnung ihres Einflussbereichs und ihres Territoriums aus und legten vor allem Wert auf die praktische Umsetzung der Wissenschaft – eine Haltung, die schließlich zur englischen Vorherrschaft über die Weltmeere, zur Entstehung des britischen Empire und zur industriellen Revolution führte. Die Franzosen beschäftigten sich dagegen, genau wie die alten Griechen, überwiegend mit den Prinzipien und Grundlagen der Wissenschaft an sich. So war Frankreich lange Zeit Vorreiter in den theoretischen Aspekten der Geografie und der wissenschaftlichen Kartografie, einer Disziplin, die aus der Mathematik und der Astronomie hervorgegangen war.

Die klassische Methode, durch Festlegung des zugehörigen Längen- und Breitengrades jeden Fleck der Erde wissenschaftlich zu bestimmen, blieb unverändert, doch statt sich dabei auf vage Annahmen und Reiseberichte zu verlassen, standen inzwischen neue Instrumente wie Sextanten und genaue Uhren zur Verfügung. Mit ihnen konnten zu Land wie zu Wasser die Koordinaten bestimmt werden. Die Franzosen wurden darin wahre Meister.

In einem heroischen Versuch, den Umfang der Erde festzustellen, war ein Teil der französischen Nullmeridianstrecke – zwischen Amiens und Paris – bereits im sechzehnten Jahrhundert von dem Arzt, Astronomen, Mathematiker und Philosophen Jean-François Fernel vermessen worden. Mithilfe eines mechanischen »Tickers« zählte er die Zahl der Umdrehungen eines Rades an seiner Kutsche. Da er wusste, dass die beiden Städte einen Breitengrad voneinander entfernt lagen, und indem er die Zahl der Radumdrehungen mit 360 Grad multiplizierte, kam er zu einer – nicht einmal so schlechten – Schätzung des Erdumfangs. Der Astronom Jean Picard führte die gleiche Messung zwei Jahre nach der Gründung des Pariser Observatoriums ein weiteres Mal durch, aber diesmal genau entlang des französischen Nullmeridians und mithilfe der von Niederländern erfundenen, viel zuverlässigeren Methode der Dreiecksaufnahme oder Triangulation. So wurde die Lage des Meridians von Paris immer genauer festgelegt, obwohl Frankreich noch zwei Jahrhunderte lang auf seinen Seekarten offiziell den Nullmeridian von El Hierro beibehielt.

Das Observatorium und die Königliche Akademie der Wissenschaften waren Initiativen von König Ludwig xiv. – mit dem Beinamen Sonnenkönig und selbst ernannter Stellvertreter Gottes auf Erden –, der so seinen Untertanen die nötigen Mittel zur Verfügung stellen wollte, damit sie sich zu seinem Ruhm und seiner Ehre in der Astronomie vervollkommnen konnten. Außerdem wollte er sein Königreich genauer kartieren lassen, aber die Ergebnisse fielen anders aus als erwartet ... Sie führten zu einer Korrektur um 2,5 Längengrade zwischen Paris und Brest. Die daraufhin überarbeitete Karte von Frankreich verkleinerte das Königreich Ludwigs xiv. dermaßen, dass er seufzte, seine Landvermesser hätten ihm mehr Territorium abgenommen, als seine Heere ihm je erobert hatten.

In der Aufklärung im achtzehnten Jahrhundert setzte sich in ganz Westeuropa die Idee durch, dass die Natur und die Erde die Grundlage von jeglicher Messung zu sein hätten. Eine an die Natur gekoppelte Längeneinheit sollte universal und neutral sein und jeden zum Mitbesitzer der Erde machen. Das sei ein »schöner und großer Gedanke«, schrieb der Niederländer Jean Henri van Swinden, Vorsitzender der internationalen Gelehrtenkommission, die die definitive Länge des neuen Längenmaßes festlegen sollte. Das Problem sei die Erde selbst, schrieb er 1802 in seinen *Abhandlungen über vollkommene Maasze und Gewichte (Verhandeling over Volmaakte Maaten en Gewigten)*: Sie sei »geen volmaakte kloot«, also kein vollkommener Erdball, wie man lange Zeit wohl gedacht und erhofft hatte, sondern ein unregelmäßiger Planet mit abgeflachten Polen. Dennoch müsse es möglich sein, ein universales Längenmaß festzulegen, das auf dem Erdumfang basiere: das vollkommene, direkt von der vollkommenen Natur abgeleitete Maß.

Einheit und Einheitlichkeit passten nahtlos zu den Idealen der Französischen Revolution. Daher kam eine dazu eingesetzte Kommission französischer Gelehrter auf die Idee, ein einziges Längenmaß zu definieren, das reproduzierbar wäre und an das andere Maße und Gewichte gekoppelt werden könnten. Dieses neue universale System sollte dezimal sein: Voilà, die Geburt des metrischen (Dezimal-)Systems unter dem Motto »Für alle Zeit, für alle Völker«.

Ein Meter war nach der vorgeschlagenen Definition der zehnmillionste Teil eines halben Meridians, also des Abstands vom Äquator bis zu einem der Pole. Um eine gesicherte Distanz zu berechnen, aus dem das Ganze extrapoliert werden konnte, war es nötig, einen Bogen von etwa zehn Breitengraden abzumessen. Am geeignetsten wäre ein halber Meridian mit einem Ausgangs- und einem Endpunkt auf Meereshöhe, der durch ein Gebiet verliefe, das bereits kartiert und zugänglich war, und sich am besten auf halber Strecke zwischen Pol und Äquator befand. Der französische Nullmeridian wurde – zwischen Dünkirchen und Barcelona – all diesen Anforderungen gerecht. Dass der größte zu vermessende Teil dieses Meridians durch Frankreich verlief, sahen die französischen Initiatoren ganz im Gegensatz zu den Engländern selbstverständlich nicht als Problem.

Die tonangebenden Astronomen und Landvermesser Jean-Baptiste Delambre und Pierre Méchain erhielten den Auftrag, die Meridianmessung durchzuführen. Sie verwendeten dafür die von Gemma Frisius, einem niederländischen Mathematiker, erfundene Methode der Dreiecksaufnahme oder Triangulation. Sie geht von der mathematischen Eigenschaft aus, dass, wenn der Beobachter den Abstand zwischen zwei auf einer Linie liegenden Punkten – der Basis – misst und zugleich den Winkel der Punkte nach einem dritten Punkt bestimmt, er den Abstand zu diesem dritten Punkt berechnen kann. Mithilfe eines relativ einfachen Beobachtungsobjekts, etwa eines Kirchturms oder eines Aussichtsturms, kann also eine große Distanz bestimmt werden, vor allem, wenn die vermessenen Dreiecke miteinander vernetzt werden, sodass eine Kette von Dreiecken entsteht.

Im Sommer 1792 brach Delambre von der Küste bei Dünkirchen Richtung Süden auf, und Méchain reiste für den südlichen Streckenabschnitt zur Mittelmeerküste. Méchains Teil war kürzer, aber schwieriger: Er musste die Pyrenäen überqueren. Unterwegs gerieten die beiden mehrmals in große Schwierigkeiten – Méchain wurde verletzt, Delambre verhaftet –, aber sie zogen sich jedes Mal mit der schier unglaublichen Geschichte aus der Affäre, sie seien gerade dabei, die Entfernung zwischen Dünkirchen und Barcelona zu vermessen.

Insgesamt dauerte ihre Mission sieben Jahre, viel länger als ursprünglich geplant. 1801 wollte das Französische Büro für Längengrade die Meridianmessung, auf der Strecke südlich von Barcelona, noch ein Stück weiterführen. Méchain übernahm die Aufgabe, vermutlich, um den Rechenfehler zu vertuschen, den er bei seiner früheren Expedition gemacht hatte, ohne dies je seinem Kollegen Delambre oder sonst jemandem mitzuteilen – eine Sache, die ihm große Schuldgefühle auflud und ihn bis an die Grenze des Wahnsinns trieb. Während seiner neuen Mission bekam er Malaria und starb schließlich in der ostspanischen Hafenstadt Castellón de la Plana, die ironischerweise exakt vom 40. Breitengrad und dem Greenwich-Nullmeridian durchschnitten wird.

Als erstes Land der Welt führten die Niederlande im Jahr 1820 den Meter als Längenmaß ein. Erst 1840 schrieb man in Frankreich das metrische System vor, nachdem Napoleon es zunächst wegen des Widerstands der Bevölkerung gegen die neuen Maße wieder abgeschafft hatte. Seit 1875 fand das metrische System, außer in den englischsprachigen Ländern, weltweite Anerkennung. Im Jahr 1889 stellte man einen aus neunzig Prozent Platin und zehn Prozent Iridium produzierten definitiven Prototypen des Meters zur Verfügung. Die Teilnehmer der ersten Konferenz für Maße und Gewichte bekamen per Los je eine Kopie zugewiesen.

Mithilfe von Satelliten ist es heutzutage möglich, einen Meridian sehr präzise zu berechnen. Und dabei stellt man verblüfft fest, dass trotz der relativ simplen Instrumente, die im ausgehenden achtzehnten Jahrhundert zur Verfügung standen, und trotz der Rechenfehler die Abweichung von Delambre und Méchain nur 0,023 Prozent beträgt.

Der französische Nullmeridian verläuft – auf 2° 20' 14" oder gut 170 Kilometer östlich des Greenwich-Meridians – durch Frankreich, Spanien, Algerien, Mali, Niger, Burkina Faso und Benin. Der wichtigste topografische Unterschied zum Greenwich-Meridian besteht darin, dass er Großbritannien links liegen lässt und als letztes Festland vor der Antarktis ein französischsprachiges Gebiet – Benin – und nicht eine ehemalige britische Kolonie – Ghana – durchquert. Ein weiterer großer Unterschied liegt darin, dass der französische Nullmeridian in Europa durch eine Vielzahl überwiegend französischer Städte verläuft, darunter Dünkirchen, Paris, Perpignan und Barcelona, während der Greenwich-Meridian in Frankreich nur kleinere Ortschaften miteinander verbindet.

Der Verlauf des französischen Nullmeridians ist faszinierend. Er verbindet den nördlichsten und den südlichsten Zipfel Frankreichs, was nicht per definitionem so hätte sein müssen, da er in erster Linie als Nord-Süd-Linie durch die Hauptstadt – Paris – gezogen wurde. Er führt auch, im Abstand von 25 Kilometern zum geografischen Mittelpunkt Frankreichs, genau durch die gotische Kathedrale der Stadt Bourges, ein Bauwerk, das älter als der Meridian ist. In gewissen esoterischen Zirkeln misst man der geografischen Form Frankreichs und der Lage des französischen Nullmeridians darin besondere Bedeutung bei. Wer eine Frankreichkarte ausbreitet, sieht, dass das Land die geometrische Figur eines Sechsecks besitzt, das genau in der Mitte vom französischen Nullmeridian geschnitten wird. Daraus kann man auch ein Hexagramm bilden, einen Stern mit sechs Spitzen, der aus zwei symmetrisch gegeneinander gezeichneten, gleichseitigen Dreiecken entsteht, ein unter dem Namen Davidstern bekanntes Symbol, das auch im Okkultismus und im Islam eine Rolle spielt. »Hexagone« ist das französische Wort für Sechseck und zugleich ein Spitzname für Frankreich, wie man auf der nationalen Seite der französischen Ein- und Zweieuromünzen sehen kann, auf denen ein von einem Sechseck umgebener, stilisierter Baum abgebildet ist.

Frankreich hat seinen eigenen Nullmeridian niemals wirklich aufgeben wollen: nach Jahrhunderten der französisch-englischen Kriege galt die Einführung des Greenwich-Meridians als eine nicht aufzuhaltende, unumkehrbare britische kartografische Invasion des eigenen Territoriums. Aber Frankreich sah sich 1884 unter großem Druck dennoch gezwungen, zusammen mit dem Rest der Welt den Greenwich-Meridian als internationalen Nullmeridian zu akzeptieren. Obwohl die nationale Zeit schon früher an das neue, weltweite 24-Stunden-Zeitzonensystem angepasst worden war, ging Frankreich erst in der Nacht vom 9. auf den 10. März 1911 offiziell zur Greenwich Mean Time über, nach der Annahme eines Gesetzes, in dem stand: »Die gesetzliche Zeit in Frankreich und Algerien ist ab sofort die mittlere Sonnenzeit des Pariser Observatoriums, verzögert um 9 Minuten und 21 Sekunden.« Das Wort Greenwich tauchte in der französischen Gesetzgebung an keiner Stelle auf, denn mit dem Ende der astronomisch bestimmten Greenwich Mean Time 1978 wurde die »verzögerte Zeit« auch in Frankreich durch die Atomzeit, die sogenannte Universal Time Coordinated (UTC), ersetzt. Der letzte französische Beitrag zum weltweiten Zeitzonensystem ist die Namensgebung: Die Abkürzung UTC stellt einen Kompromiss zwischen dem französischen »Temps Universel Coordonné« (TUC) und dem englischen »Coordinated Universal Time« (CUT) dar.

Seit 1914 ist der Greenwich-Meridian auf französischen Seekarten verzeichnet, aber noch immer sind die renommierten, vom Nationalen Geografischen Institut IGN herausgegebenen topografischen Frankreichkarten mit doppelten Längengraden versehen, die sowohl hinsichtlich des »Internationalen Meridians« wie des

Pariser Meridians berechnet wurden, was in einer einzig in Frankreich verwendeten und noch aus der Französischen Revolution stammenden Dezimalskala von 400 statt von 360 Grad zum Ausdruck gebracht wird.

Erst in jüngerer Zeit taucht auf Meridianmarkierungsschildern das Wort Greenwich auf. Im einundzwanzigsten Jahrhundert hat es den Anschein, als würde Frankreich von zwei Nullmeridianen geschnitten: Auf beiden Linien machen die Städte und Dörfer auf ihre besondere geografische Lage aufmerksam. Dieser Dualismus äußert sich auch in der Sprache: Der Greenwich-Meridian heißt »le méridien« und der eigene, französische Meridian, die Mutter aller Nullmeridiane, »la méridienne«.

8

Jedem seine eigene Frisur

Saint-Benoît-sur-Sarthe wurde nirgendwo angezeigt, erst an der allerletzten Abzweigung. Das Dorf bestand aus vier Straßen, einer Kirche, einem Friedhof und etwa dreißig Häusern. Eine kugelrunde Frau mit Brille und Blümchenkleid wohnte, ohne es zu wissen, auf dem Nullmeridian. Ihre Tochter und ihr Schwiegersohn waren gerade zu Besuch. Demnächst würden auch sie nach Saint-Benoît ziehen, das Haus müsse allerdings erst noch gebaut werden, erzählten sie. »Ein Stück weiter entstehen noch mehr neue Häuser, und wir bekommen jetzt im Dorf auch Kanalisation«, sagte die Frau im Blümchenkleid. In Saint-Benoît sei es »außerordentlich ruhig«, und das glaubte ich ihr gern. Ihr Nachbar Philippe Klein, berichtete sie, wisse alles über die ruhmreiche Geschichte des Dorfes, »vom elften Jahrhundert bis heute«. Ich müsse gar nicht klingeln, denn er sei nicht da, das stünde fest. »Mittagessen tut er immer bei seiner Mutter in La Suze-sur-Sarthe. In anderthalb Stunden ist er zurück.« Ich wanderte zum Fluss und erkundete anschließend das Dorf: eine Welt aus Blumenkästen und Krähen.

Philippe Klein war 48 Jahre alt und lebte mit seinen fünf Hunden in einem Haus aus dem Jahr 1476. Er war Vorsitzender des Vereins Saint-Benoît, und in dieser Funktion stand ihm ein großes Archiv zur Verfügung. Im Dorf wohnten derzeit 152 Menschen, berichtete er. Seit 1809 war es keine selbstständige Gemeinde mehr. Der Bürgermeister von Saint-Benoît hatte sich damals geweigert, drei Männer dem Heer zu überlassen, weil er sie selbst für

die Ernte brauchte. Daraufhin ließ Napoleon die Gemeinde aufheben und dem nahe gelegenen Chemiré-le-Gaudin zuschlagen;
deshalb mussten die drei Männer doch noch einrücken.

Klein legte mehrere Stapel Papier und Fotokopien aus einer alten Enzyklopädie auf den Tisch. Darin stand über Saint-Benoît,
dass es aus »ein paar ziemlich schmuddeligen Sträßchen« bestehe,
die ein Dreieck bildeten, mit der Kirche in der Mitte: »Sie ist sehr
klein und hat nichts Bemerkenswertes außer der Seitentür an der
Südseite, deren Bogengesims mit einem Sternenband geschmückt
ist.« Das Dorf war eine Gründung von Benediktinermönchen und
lag auf einer der Pilgerrouten nach Santiago de Compostela.

Ich folgte Klein zu der romanischen Kirche aus dem zwölften
Jahrhundert, die 1958 geschlossen, aber vor einigen Jahren für Be-
erdigungen, Hochzeiten, Taufen und Weihnachtsfeiern wieder-
eröffnet worden war. In der Kirche lag der Grabstein eines Kreuz-
ritters, und es standen auch ein paar jahrhundertealte bemalte
Christusfiguren dort, mit Plastik abgedeckt, »gegen die Mäuse-
kötel«. Auf die Mauern waren Fresken gemalt, darunter eine seltene Darstellung von »Die drei Lebenden und die drei Toten«.
Diese mittelalterliche Legende, die als nicht christliche, möglicherweise arabische Vorläuferin des »Danse macabre« oder als To-
tentanz gilt, zeigt drei Ritter, denen drei Gerippe gegenüberge-
stellt sind. Sie sind durch ein Kreuz voneinander getrennt. Die
Darstellung symbolisiert die Vergänglichkeit des Lebens. In einigen Fassungen der Legende begegnen die drei Adeligen ihren eigenen, in Verwesung übergegangenen sterblichen Hüllen, und die
Toten rufen den Lebenden zu: »Was ihr seid, waren wir einst, was
wir sind, werdet ihr sein.«

Klein führte mich auch auf den alten Friedhof, den man, genau
wie die Kirche, jahrzehntelang hatte verlottern lassen, »auch dank
eines antiklerikalen Bürgermeisters«. Einige Gräber waren mit
Schildern als im »Zustand der Verwahrlosung« befindlich gekennzeichnet. Sie würden geräumt werden, wenn sich nicht binnen

drei Jahren ein Verantwortlicher melde. Im Sturm waren alte Bäume umgestürzt und hatten etliche Grabplatten zertrümmert, der Schaden war noch nicht völlig behoben. In vielen Gräbern lagen junge Frauen. »Im Kindbett gestorben«, sagte Klein. »Ihre tot geborenen Babys und die früh verstorbenen Kinder liegen hier in der Ecke, auf dem Kinderfriedhof.« Wir gingen zurück. »Saint-Benoît war seit alters her ein Bauerndorf«, sagte er. »Aber in den Sechzigerjahren des vergangenen Jahrhunderts wanderten die Bauernkinder nach La Suze-sur-Sarthe und in größere Städte ab, um in den Fabriken Arbeit zu suchen, und das Dorf war so gut wie erledigt. In der schlimmsten Zeit wohnten hier noch 47 Menschen. Aber Leute wie ich sind an den Geburtsort ihrer Großeltern zurückgekehrt, und heute ist das Dorf wieder voller Leben.«

Alles verlaufe wie in Wellen, nur die Heiligenbilder seien definitiv verschwunden. »Jede Hauswand im Dorf hat eine Nische, in der eine manchmal jahrhundertealte Skulptur des Heiligen Benedikt stand, mit einem geweihten Palmzweig dahinter«, erzählte Klein. »Aber heute sind diese Nischen leer. Fast alle Skulpturen wurden gestohlen, an einem einzigen Wochenende. Deshalb auch wird die Kirchentür zugeschlossen.«

Das nächste Dorf auf dem Nullmeridian war Chateau Sénéchal. Kein Schloss weit und breit, wohl aber die N23, die den Weiler gnadenlos teilte. Nur auf der einen Straßenseite stand ein Ortsschild, daneben lag ein überfahrener Igel. Ein Schild am Ortsausgang fehlte: Der Anfang des Dörfchens war also zugleich sein Ende, an sich eine schöne Eigenschaft für einen Nullpunkt. Drei alte Bauernhöfe, allesamt auf derselben Straßenseite, standen zum Verkauf, dahinter lag ein Gelände mit Tausenden gackernder Perlhühner, und von der Route Nationale war nur noch wenig zu hören.

Der nächste bewohnte Ort auf meiner Karte, durch den der Nullmeridian führte, hieß Parnay, ein Dorf an der Loire. Auf der

Grenze von Parnay und der Stadt Saumur stand auf dem Nullpunkt ein handgemaltes Schild. Links das Wappen von Greenwich und rechts das Wappen von Saumur und eine in einen Kreis gezeichnete Karte von England, Frankreich und Spanien, auf der zwei Orte mit einer roten Linie verbunden waren: Greenwich und Parnay. »Ici le méridien o°« stand darüber; dazu Piktogramme mit einer fröhlichen Sonne und mit Mond und Stern. Undeutlich ließ sich 1911 erkennen, das Jahr, in dem Frankreich offiziell die Greenwich-Zeit eingeführt hatte.

47° 08' n.B.
Saix

»Der Mensch tut alles, um die Zeit zu vergessen«, sagte ein Mann im benachbarten Bistro. Er hieß Pascal Queniot, war von kleiner Statur, rauchte Gauloises ohne Filter und entschuldigte sich für seine undeutliche Aussprache, die auf »eine Kombination von Trunkenheit und Kieferentzündung« zurückzuführen sei. Das auf dem Nullmeridian basierende Zeitzonensystem war seiner Ansicht nach »ein Komplott der Atommafia, die uns eine 24-Stunden-Ökonomie aufdrängt, einzig und allein, um Atomstrom zu verkaufen«. Er war auch ein Gegner der Sommer- und Winterzeit. »Komm ich um die Mittagszeit nach Hause, dann muss das Licht an. Und warum ist es zwei Uhr mittags, wenn die Sonne direkt über meinem Kopf steht, und nicht zwölf Uhr wie früher?« Das erforderte eigentlich eine ausführliche Antwort, für die Queniot nicht die Konzentration und ich nicht die Zeit hatte.

Ich fuhr weiter nach Saix in der Region Poitou-Charentes, vorbei am Truppenübungsplatz des Zweiten Kavallerieregiments aus Fontevraud, spezialisiert auf die Bekämpfung nuklearer, biologischer und chemischer Angriffe. Schilder warnten vor »Militärmanövern«, und es war verboten, die Straße zu verlassen.

Saix war ein schlammiges, schmuddeliges Dorf mit dem Nullpunkt gleich neben dem Fußballplatz, der Boden bestand aus einer Art Lehm, der nicht mehr von den Schuhen abging. Eine alte Kirche, ein Kindergarten mit im Freien spielenden Kindern, ein verfallenes Rathaus mit eingeworfenen Fensterscheiben und ein

99

neues schräg gegenüber mit einer Informationstafel, auf der Antwort auf die möglicherweise dringende Frage »Wohin mit toten Vögeln?« gegeben wurde. Dort hing auch eine Übersicht mit den Terminen der geplanten Schießübungen auf dem Truppenübungsplatz und – den Einwohnern von Saix lag das Schießen offenbar im Blut – eine Liste der ausgestellten Jagdscheine.

Auch in Chalandray verlief der Nullmeridian über einen Fußballplatz. Es gab zwar noch ein Tor, aber der Platz war heruntergekommen. »Dort wird nicht mehr gespielt«, sagte der 84-jährige Fernand Desmiers. Er hatte sich kurz aufgerichtet, um mich anzusehen, und bückte sich dann wieder, um Pilze zu sammeln. »Nelkenschwindlinge kann man an ihren gelb-braunen Kappen erkennen. Ich koche sie oder verarbeite sie in Omelettes. Im Wald hier in der Nähe gibt es noch viel mehr Sorten, die meisten sind essbar, außer dem Grünen Knollenblätterpilz, der sieht aus wie ein Champignon, ist aber unglaublich giftig. Ich habe auch einen Gemüsegarten, in dem ich alles Mögliche anbaue: Zucchini, Mohrrüben, Salat. Meine Frau ist vor zehn Jahren gestorben, jetzt mache ich alles selbst, auch kochen. Ich habe zwei Töchter: Eine wohnt zwanzig Kilometer weiter an der Route Nationale, die andere auf Kreta.«

Desmiers Arbeitsleben hatte mit zehn Jahren begonnen. »Bei einem Bauern, dreißig Tage im Monat für sechzig Francs. Danach war ich zwanzig Jahre lang Knecht in einem Getreidesilo, wo ich hundert Kilo schwere Säcke schleppen musste. Dann warf mich mein Chef hinaus. Warum? Weil ich für ihn den Laden bescheißen sollte, aber ich habe meine Ehre: Kriminell will ich nicht sein.« Danach war er bis zu seiner Pensionierung noch fünf Jahre lang Fernfahrer. »Belgien, Italien, Spanien, bin halt überall hingefahren.« Desmiers wohnte fast sein ganzes Leben in Chalandray. Er meckerte noch ein bisschen über Algerier, »die sich nicht anpassen wollen«, aber ich solle das richtig verstehen, er sei absolut kein Rassist, »denn ich habe ja gegen die Deutschen gekämpft«.

Chalandray ringe um seine Existenz, meinte er. »Die Route Nationale 149 ist eine Katastrophe. Sie ist die einzige Verbindung zwischen Nantes, Poitiers und Limoges, und die ganzen Lastwagen donnern hier mitten durchs Dorf. Der Verkehr hört nie auf. Sehen Sie nur, dort der Tennisplatz, völlig überwuchert. Nein, Chalandray ist halb tot. Jetzt wollen sie hier eine Rapsölfabrik bauen, aber ich glaube denen kein Wort. Da wird nichts draus.«

Chalandray hat sich in Sachen Meridian angestrengt. Am Meridianplatz stand die Meridianschule, und die Bäckerei-Patisserie hieß Le Méridien. Der Nullmeridian überquerte rechtwinklig die Nationalstraße, die das Dorf von Osten nach Westen zerschnitt. An der Stelle war eine schlichte, aber schön gestaltete Skulptur aufgestellt, mit dem Text »Ici passe le méridien de Greenwich«.

Bizon stand in allerkleinster Schriftgröße auf meiner Karte der Region Poitou-Charentes und wurde derart von meinem knallgelb markierten Nullmeridian überdeckt, dass der Name kaum zu lesen war. Der alte, abgelegene Ort war lediglich über eine kleine Nebenstraße zu erreichen. Er bestand aus ungefähr sechs Bauernhöfen und lag in einer flachen Landschaft, in der Ferne ragten Strommasten auf, und die Krähen krächzten laut. Der Nullmeridian führte über drei jahrhundertealte Gräber mit unentzifferbaren Inschriften. Ein großer Teil von Bizon schien von einem bösartig blickenden, knurrenden Hund kontrolliert zu werden, der sich mitten auf die Straße stellte und offenbar nicht vorhatte, mich durchzulassen. Ich schoss schnell ein Nullpunktfoto und fuhr weiter, Richtung Melleran. Dort verlief der Nullmeridian direkt neben dem Schild, das die Gemeindegrenze markierte, und ganz nah an einer Friedhofsmauer entlang. Dunstiges Licht zog über die Kornfelder, dann und wann blitzte die Sonne durch die Wolken. Von Weitem hörte ich einen Traktor. Auf der Straße lag Mist, und ich musste die Fliegen von mir wegscheuchen.

Am Nullpunkt kam mir eine betagte Frau entgegen, mit einer

Tasche voller Pflanzen und einer Schippe in der Hand. Sie wusste nicht, dass sie auf dem Nullmeridian ging, wohl aber, dass Melleran »einschließlich der es umgebenden fünf Dörfer« an die 500 Einwohner hatte und eine alte Kirche, deren Fresken vor vierzig Jahren gestohlen worden waren. »Garantiert ins Ausland verkauft«, meinte sie. »Aber ich sehe die Wandmalereien noch immer vor mir: So ein Fresko ist doch die Seele von Jesus Christus.«

Sie öffnete das schmiedeeiserne Friedhofstor, während ich weiter dem Nullmeridian folgte und entdeckte, dass er mitten durch das auffallend große Rathaus führte. Wie die geschlossenen grünen Fensterläden verrieten, war es heute geschlossen. Zurück beim Friedhof, sah ich durch das Tor die Frau vor sich hin murmelnd vor einer Grabplatte knien und in der Erde wühlen, neben sich auf dem Boden die Plastiktüte mit den Pflanzen.

Ich fuhr weiter nach Champmillon, einem Bauernnest, wo der Nullmeridian unmittelbar neben der Kirche vorbeiführte. Gegenüber spielte eine Gruppe sich unglaublich ähnlich sehender Männer – dicke Nase und eine gedrungene Gestalt – laut johlend Pétanque, eine Art Boule. Ich hielt mich nicht lange auf, es wurde Abend. Ich fühlte mich immer mehr wie ein Handelsreisender in Sachen unsichtbare Nullpunkte. Jede Nacht tastete ich in einem anderen billigen Hotelzimmer nach dem Lichtschalter. Ich schlief auf harten, verdreckten oder knarzenden Matratzen in durchhängenden Betten und durfte von meinem Fenster aus auf Parkplätze, Wassertürme oder Sonnenblumenfelder sehen. Doch nach dem Blitzbesuch in Champmillon hatte ich die Aussicht auf ein Bett im Haus des Freundes eines Freundes eines Freundes, der in Bardenac Geograf war, einem Dorf, das der Nullmeridian nur streifte.

Sylvain Brisa hatte okzitanisch-katalanische Wurzeln und wohnte in einem mittelalterlichen Gebäude, über der Grundschule des Ortes. Er arbeitete für einen Verband von fast hundert Gemeinden, die unter anderem in den Bereichen Müllverarbeitung, Bibliotheken, Kinos und im Straßenbau eine gemeinsame Politik verfolgten. Selbst die kleinsten Orte kassierten Gemeindesteuern und verwalteten das Standesamt. Für solche Angelegenheiten sei das Rathaus von Bardenac zwei Nachmittage pro Woche geöffnet, erzählte Sylvain. »Die Gemeinde ist auch für Polizeifragen zuständig. Bei einem Mord rufst du den Bürgermeister an.«

Kein Land in Europa hat mehr Gemeinden als Frankreich: insgesamt 36.783, das ist fast die Hälfte der Gesamtheit aller Gemeinden in allen Ländern der Europäischen Union. Ungefähr zehntausend französische Gemeinden haben weniger als 200 Einwohner, die kleinste bewohnte Gemeinde ist Rochefourchat mit einem einzigen Einwohner, gefolgt von Leménil-Mitry, Rouvroy-Ripont und Majastres mit jeweils zwei Einwohnern; sechs französische Gemeinden haben überhaupt keine Einwohner: Sie wurden bei der Schlacht von Verdun 1916 total zerstört und wegen der Unmengen nicht explodierter Munition und der verseuchten oder aufgerissenen Erde niemals wiederaufgebaut. Um die Erinnerung an diese Tragödie am Leben zu halten, werden noch immer bei jeder Wahl ein Bürgermeister, zwei Stadträte und drei Gemeinderatsmitglieder ernannt.

Früher gab es noch mehr Gemeinden, erklärte Sylvain, doch zwei Reformen hatten einige Tausend wegrationalisiert. Im Mittelalter war Frankreich das am dichtesten bevölkerte Land Europas und zählte mehr als 60 000 Pfarrgemeinden. Meistens bestanden sie aus der Kirche, den Häusern darum herum und dem dazugehörenden Grund und Boden. Während der Französischen Revolution wurden am 17. Oktober 1793 – nach dem republikanischen Kalender der 10. Nebelmonat des Jahres 11 – die Verwaltungsbefugnisse der Kirche mit einem Federstrich abgeschafft und alle mit der Kirche verbundenen Behörden durch Gemeinden ersetzt.

Sylvain Brisa hatte sich nie klargemacht, wie dicht der Nullmeridian an seinem Haus vorbeiführte, und trotz der späten

Stunde war er »ziemlich aufgeregt« und bestand darauf, dass wir uns auf die Suche nach dem nächsten Nullpunkt machten. Um Mitternacht verließen wir das Schulhaus und standen zwei Straßen später schon außerhalb des Dorfes in pechschwarzer Nacht. In der Ferne erleuchteten Blitze den Himmel, aber Donner war nicht zu hören. Der Sternenhimmel war überwältigend, in der weiten Umgebung von Bardenac gab es keine Lichtquellen. »Bei klarem Wetter kann man die Lichter von Bordeaux sehen«, sagte Sylvain. »Das ist achtzig Kilometer von hier entfernt.«

Beim Lichtschein des Navis und von Sylvains Handy stolperten wir zunächst über den morastigen Acker eines Weinbauern nach unten, aber notgedrungen fast parallel zum Nullmeridian, deshalb bewegte sich die Anzeige kaum Richtung null. Also stiegen wir wieder zur Straße hinauf, und von dort aus näherten wir uns schneller. Wir fanden einen Nullpunkt unmittelbar neben einer Zypresse und einer Nische mit einer hölzernen Marienfigur: Sylvain zufolge ein magischer Ort. Er zeigte mir, wie der Nullmeridian weiter verlief, berücksichtigte dabei die Nord-Süd-Richtung, aber es war nichts zu sehen außer dem weißen Band der Milchstraße.

Am nächsten Morgen verabschiedete ich mich von Sylvain und fuhr nach Rioux-Martin weiter, dem nächsten Dorf auf dem Nullmeridian. Ich machte meine rituellen Fotos auf einem Waldweg und an einem mit Efeu bewachsenen Hexenhäuschen mit Fensterläden. Im Zentrum des sorgfältig gepflegten Dorfes wartete eine Gruppe mit Wanderstöcken, um unter der Führung eines Wanderführers Pilze zu suchen, wie uns eine ältere Frau in altmodischen Bergstiefeln erzählte. Danach rief sie gebieterisch: »Jean! Hol das Gedicht von Daniel Reynaud. Schnell!« Bevor ich mich versah, war Jean – bestimmt dreißig Jahre jünger als sie – mit einer Fotokopie des Gedichtes wieder zurück. Sie begann es zu deklamieren und schon bald strömten ihr die Tränen über die Wangen.

»Er ist tot, ich habe ihn gut gekannt«, sagte sie. »Er war die Stimme der Region.« Sie sah sich nervös um und eilte mit schnellem Schritt zu den Pilzsuchern.

In La Roche-Chalais weckte der Wegweiser »Camping/Wassersportzentrum/Greenwich-Meridian« mein Interesse. Ich folgte der schmalen Straße in angegebener Richtung und stellte fest, dass nichts zu sehen war. Am Ende des Sträßchens stand in entgegengesetzter Richtung wieder ein Wegweiser mit der Aufschrift »Greenwich-Meridian«. Die Schilder zeigten also auf etwas, das nicht da war, was natürlich stimmte. Allmählich packte mich die Meridianmattigkeit, und ich begann, die Liste der zu besuchenden Dörfer herunterzurattern. Es war Sonntag, und ich lungerte den ganzen Nachmittag in einer Bar-Tabac in Saint-Seurin-sur-l'Isle herum. Auf dem Boden schnarchte ein Hund, ab und zu schreckte er hoch und ließ sich dann ein paar Schritte weiter wieder fallen. Männer mit Schildmützen verfolgten auf zwei Bildschirmen die Ziehung der Lottozahlen beziehungsweise die Pferderennen. Das Lokal wurde von einem Ehepaar geführt: Sie war für den Alkohol und die Rauchwaren zuständig, ihr Ehemann kümmerte sich um die Glücksspieler.

Der Nullmeridian kreuzte die Nationalstraße auf der Höhe von zwei Müllcontainern. Die Gemeinde Puynormand beherbergte den Schnittpunkt des 45. Breitengrads und des Nullmeridians auf den Feldern gleich neben der Autobahn nach Bordeaux, ein besonderer Ort, der genau auf halber Strecke zwischen Nordpol und Äquator lag und daher auf jedem Globus und jeder Weltkarte auf einen Blick zu finden war.

44° 36′ n. B.
Saint-Hilaire-
de-la-Noaille

Das ebenfalls in der Gironde gelegene Les Salles-de-Castillon konnte sich zweier Menhire und eines Dolmen rühmen. Hier verlief der Nullmeridian zwischen den Weingärten. Stundenlang kutschierte ich durch eine dicht bepflanzte Hügellandschaft. Die Trauben waren fast reif.

Saint-Hilaire-de-la-Noaille (312 Einwohner) war das erste von vier Dörfern in der Gironde, die wie aufgefädelte Perlen direkt untereinander und exakt auf dem Nullmeridian lagen. Die anderen drei waren Montagoudin (145 Einwohner), Bourdelles (107 Einwohner) und Hure (439 Einwohner).

Der Nullmeridian verlief mitten durch das Blumenbeet vor dem Rathaus von Saint-Hilaire, wo Bürgermeister Louis Negro sich an diesem Tag mit »dem Schulproblem« beschäftigte. Saint-Hilaire ginge es gut, und die Bevölkerungsanzahl sei nach Jahren der Stagnation wieder steigend, berichtete er. »Die Leute arbeiten in Bordeaux und pendeln mit dem Zug hin und her. Man schätzt das Leben auf dem Lande wieder. Das hat zur Folge, dass wir inzwischen sogar fünf Klassen haben, und die passen nicht in das vorhandene Gebäude.« Negro hatte wie viele in dieser Gegend italienische Wurzeln. Im Ersten Weltkrieg waren so viele Soldaten gefallen, dass es einen Mangel an heiratsfähigen Männern gab. In den Zwanziger- und Dreißigerjahren des vergangenen Jahrhunderts wurde dieses Defizit mit italienischen und spanischen Männern ausgeglichen. »In meinem Fall war auch meine Mutter Italienerin«, sagte Negro, »aber ich bin hier geboren.«

Neben dem Rathaus lag die »Impasse du 19 mars 1962«, eine Sackgasse, die laut Erläuterung auf dem Straßenschild nach »dem Waffenstillstand in Algerien« benannt war – das Ende des algerischen Unabhängigkeitskriegs, der 1954 begonnen und Hunderttausende Algerier und 30 000 Franzosen das Leben gekostet hatte. Das schien mir der passende Moment, um meinen avisierten algerischen Reisegefährten Chahreddine Berriah wieder einmal anzurufen. Dieses Mal bekam ich ihn endlich ans Telefon, und in der Tat, es war kein Zufall, dass ich ihn nicht hatte erreichen können: Man hatte ihn erneut wegen Beleidigung des Staatsoberhauptes verhaftet und danach sein Telefon gesperrt: »Das ist hier normal.« Angeblich sollte sein Prozess drei Tage vor meiner Ankunft in Oran stattfinden.

Berriah war ein Optimist. Er hatte schon einmal wegen eines kritischen Artikels acht Monate Haftstrafe ohne Bewährung bekommen, war aber nach eingelegter Berufung auf freiem Fuß geblieben. Das würde auch dieses Mal wieder »hundertprozentig« der Fall sein. Die Liste der Hotels, in denen wir übernachten würden, habe er inzwischen an die algerische Botschaft in Den Haag geschickt. Ich dankte ihm, war aber keineswegs beruhigter. Die al-Qaida im islamischen Maghreb schwang immer drohendere Reden und rief dazu auf, »Franzosen und Spanier vom heiligen Boden des Islam zu vertreiben«. Ich wusste, dass die algerische Justiz inzwischen gegen die Herausgeber der französischsprachigen Tageszeitung *El Watan* vorging, bei der Berriah arbeitete, und auch gegen die Herausgeber der größten arabischsprachigen Zeitung *El Khabar* geklagt hatte, und dass der Chefredakteur der verbotenen Zeitung *Le Matin* schon anderthalb Jahre lang wegen »Verunglimpfung des Präsidenten« im Gefängnis saß. Ein französischer Fernsehjournalist, der eine Reportage über illegale Immigranten machen wollte, war zwei Tage zuvor in Algerien geschnappt worden, genau in dem Gebiet, wo der Nullmeridian verlief. Ich bereute es immer mehr, dass ich mit einem Journalisten reisen sollte: Als normaler Tourist wäre ich vielleicht ohne Probleme ins Land gekommen. Aber es gab kein Zurück mehr, das Einzige, was ich tun konnte, war, mich auf die Suche nach dem nächsten französischen Nullpunkt zu machen.

Nachdem ich zweimal ein Fußballfeld überquert hatte (Saix und Chalandray), führte mich der Nullmeridian nun in der Gironde zweimal durch das Rathaus (Saint-Hilaire und Montagoudin) und zweimal über den Friedhof (Saint-Hilaire und Bourdelles). In Saint-Hilaire holte ich mir eine Beule, als ich, den Blick auf mein Navi gerichtet, gegen das eiserne Kreuz am Friedhofseingang knallte. Viele große graue Familiensarkophage aus Marmor, oft mit denselben Namen: Bondey, Monnereau, Bartluzzi. In Mont-

44° 35' n.B.
Montagoudin

agoudin war vor das montagmorgens und dienstagnachmittags geöffnete Rathaus ein selbst gebasteltes Holzschildchen an einen Baum genagelt: »Méridien de Greenwich, longitude 0° 00', latitude 44° 35'«. In Bourdelles lag der Nullpunkt gleich hinter dem Friedhofseingang zwischen den an der Mauer abgestellten blauen Plastikvasen für »Naturblumen« und »Kunstblumen« und neben den Gräbern von Kléber Cecilia (1910–1977) und Fernande Cecilia (1913–2005). Auch hier viele italienische Namen: Rossi, Roncalli, Chiuppa, und ein Denkmal für die Gefallenen: neun im Ersten Weltkrieg und einer im Zweiten. Sowohl in Saint-Hilaire wie in Bourdelles und Hure hieß der Platz vor oder neben dem Rathaus Place du 19 mars 1962. Laut Isabelle Vigau, der Gemeindevorsteherin von Hure, hatten viele Männer aus der Region damals in Algerien gekämpft, und die Erinnerung an den Krieg sei noch lebendig.»Ich habe viel darüber gelesen«, sagte sie,»und ich glaube nicht, dass sich die Franzosen dort gut benommen haben.«

Vigau war eine schöne, schlanke Frau mit langem schwarzem Haar und einer geheimnisvollen Ausstrahlung; aus ihrem Dekolleté blitzte gerade noch der obere Rand eines schwarzen Spitzen-BHs heraus. Wie in vielen anderen Dörfern nahm auch in Hure die Einwohnerzahl langsam, aber sicher zu, berichtete sie in einem ziemlich leiernden, schleppenden Französisch. »Die Leute in den Städten haben Angst oder können die hohen Mietpreise nicht mehr aufbringen und ziehen in die Dörfer. Hier herrscht noch die traditionelle Provinzmentalität der Wein- und Viehbauern. Die Städter fliehen auch vor der Anonymität, aber die holt sie hier wieder ein, denn jeder schirmt sein Haus mit Hecken und Zäunen ab.« Sie selbst war im Haus neben dem Gemeindesekretariat aufgewachsen. Die zerfallenden Dorfstrukturen würden durch das Eintreffen junger Leute aus Bordeaux wieder zu neuem Leben erweckt, berichtete sie. Inzwischen wohnten hier auch pensionierte Engländer und Niederländer. »Neuankömmlinge sind mehr als willkommen, aber sie müssen sich schon anpassen. Leider wollen sie oft nur bellende Hunde und krähende Hähne hören. Sie ärgern sich über die Dorfjugend, die auf ihren Mopeds herumrast, aber gleichzeitig wollen alle einen ADSL-Anschluss haben.«

Marmande war auch in dem hier gesprochenen Gascognisch – ein dem Katalanischen verwandter okzitanischer Dialekt – als Marmanda auf den Ortsschildern angegeben. In Frankreich war der Nullmeridian die Route des Alkohols: In der Normandie verlief er durch Calvados und später unweit von Cognac und Bordeaux, danach durch Bergerac, und jetzt näherte ich mich Armagnac.

Über einen Schulhof in Hure erreichte ich Saint-Sauveur-de-Meilhan. Dort querte der Nullmeridian ein Feld mit einer meterhohen Plastikweinflasche auf einem Betonsockel, dann führte er weiter durch einen Nadelwald und direkt an der Kirche vorbei. In Romestaing verlief er ein Stück in derselben Richtung wie die Nationalstraße, aber ich machte mir nicht die Mühe auszusteigen. Stundenlang bretterte ich weiter über lange, schnurgerade Straßen durch den östlichen Teil von Les Landes de Gascogne (Las Lanas de Gasconha), den größten Pinienwald Europas, und anschließend auf schmalen Sträßchen ohne Wegweiser geradewegs zur Metropole Campagne-d'Armagnac (167 Einwohner), das der Nullmeridian auf meiner Landkarte passierte. Plötzlich lenkte gleich neben dem Rathaus ein bescheidenes Schild an der Hauptstraße meine Aufmerksamkeit auf eine Frühstückspension, Le Méridien. Bevor ich mich versah, hatte ich ein Zimmer im Nebengebäude eines Hauses aus dem Jahr 1800, das früher einem Weinbauern als Lagerraum gedient hatte.

Die Inhaberin meinte, der Nullmeridian führe mitten durch ihr Wohnzimmer, aber mein Navigationssystem widersprach dem und sagte, er überquere die Hauptstraße ein paar Häuser weiter. Viele Touristen kämen nicht ins Le Méridien, erzählte die Inhaberin. Ein Stückchen weiter könne man schon noch ein bisschen etwas sehen, aber wenn die Touristen erst einmal auf die Hauptstraße von Campagne-d'Armagnac geraten seien, brausten sie meistens schnell durch den Ort. Im Dorf gab es noch einen alten Waschplatz zu besichtigen und ganz in der Nähe ein mittelalterliches Schloss. »Aber, na ja, das Schloss ist schon seit Jahren geschlossen, leider.« Ihr Mann Jean-Michel Moal war nach eigenen Angaben kein Rassist oder Populist, wohl aber »gegen Leute, die nicht arbeiten wollen«. In Campagne-d'Armagnac hatten sich nach dem Ersten Weltkrieg viele Italiener niedergelassen, berichtete er, 1936 kamen die Spanier wegen des Bürgerkriegs und nach dem Zweiten Weltkrieg die Portugiesen – aus wirtschaftlichen Gründen. »Mit all diesen Leuten haben wir nie Probleme gehabt, na ja, vielleicht ein paar, aber im Allgemeinen sind sie reibungslos in der Gesellschaft aufgegangen. Das ist mit Nordafrikanern anders, Monsieur. Die wollen das nicht.«

Moal selbst war Bretone; seine Eltern waren, wie er es bezeichnete, ins Languedoc »emigriert«. »Bretonen haben mehr Verwandtschaft mit den Engländern als mit den Okzitaniern. Sie sprechen eine andere Sprache und haben total andere Bräuche, während sich Okzitanier, Provençalen, Katalanen und Spanier ähnlich sind. Basken dagegen, das ist wieder eine andere Geschichte: Die wollen nichts mit ihrer Umgebung zu tun haben. Sie sind sehr aufeinander fixiert und heiraten immer untereinander. Manchmal halten sie Dorffeste ab und rufen dann durch ein Megafon aus, ob der Besitzer eines falsch geparkten Wagens sein Auto bitte wegfahren könne. Dann schauen alle wie ein Mann zu dem hin, dem das gilt. Die Absicht ist eindeutig: Er ist hier unerwünscht.«

Hères war ein altes Dorf, das im Kern aus zwei Hauptstraßen bestand, ein paar Wassergräben, einem offenen Abwasserkanal, einer Kirche mit Denkmal für die Gefallenen (ein gekreuzigter Jesus als Krönung), einem Friedhof, ein paar alten Bäumen mit di-

cken Stämmen, einer Bushaltestelle und einer schäbigen Verkaufs-
stelle für Butangasflaschen. Die Mutter der Inhaberin war 83 Jahre
alt, sah aber jünger aus. Die Einwohnerzahl von Hères nehme immer mehr ab, erzählte sie. Die Gastwirtschaft und der Krämer-
laden seien bereits geschlossen, die Kirche habe keinen eigenen
Pfarrer mehr.

Die Frau war bei ihrer Tochter zu Besuch und wusste von der
Existenz des Nullmeridians im Dorf, obwohl er nirgendwo angeschrieben war. Ihre Tochter lebte mit ihrer 97-jährigen Schwiegermutter zusammen, die mit Hut vor dem Haus auf einem Stuhl
saß. Sie war blind, hörte aber noch gut. Oder war es genau umgekehrt? Ich wusste es nicht mehr, kaum war die Mutter der Inhaberin wieder im Haus verschwunden. Auf jeden Fall blieb die alte
Frau völlig reglos sitzen, als ich an ihr vorüberging und sie grüßte,
aber das gab keinen Aufschluss.

Ich war inzwischen in den Pyrenäen angekommen, nicht weit
von der spanischen Grenze, und hatte zwei Karten des Gebiets:
meine letzte französische Karte Midi-Pyrénées und eine weniger
detaillierte namens Este de España, in der der gesamte spanische
Teil des Nullmeridians verzeichnet war, von den Pyrenäen bis zur
Costa Blanca. Beide Karten waren ziemlich aktuell. Merkwürdigerweise verlief auf der französischen Karte der Nullmeridian
deutlich an dem – französischen – Dorf Tarasteix entlang, auf der
Spanienkarte aber lief er mittendurch. Beim nahe gelegenen Juncalas war es genau umgekehrt: Nach der spanischen Karte wurde
der Ort nicht und nach der französischen wohl vom Nullmeridian
durchschnitten.

Eine Erkundung erbrachte, dass mein GPS am Eingang von Tarasteix 00° 00' 17.2" w. L. anzeigte; in der Dorfmitte kamen noch
einmal gut sechs Bogensekunden dazu. Die Entfernung zwischen
dem Ende der Gemeindegrenze von Tarasteix und dem Nullmeridian betrug in etwa 400 Meter, ein Unterschied, der zu groß war,
um mit einem falsch eingestellten geografischen Datum erklärbar

zu sein: Auf der Spanienkarte war der Nullmeridian einfach ein
Stück zu weit links eingezeichnet. In Wirklichkeit verlief er durch
ein brachliegendes Feld, auf dem vier schwarz-weiß gescheckte
Kühe unter einem vereinzelt stehenden Baum Schatten suchten.
Die Landschaft war hügelig; Tarasteix und Umgebung lagen auf
ca. 300 Höhenmetern; in der Ferne sah man die Ausläufer des
Hochgebirges.

In Ibos verlief die Rue des Pyrénées nahezu in ihrer gesamten
Länge auf dem Nullmeridian, sodass ich ihn zum ersten Mal über
ein längeres Stück zwischen meine Räder nehmen konnte. Es gab
auch eine Rue de Greenwich, und ich fand einen Nullpunkt auf
der Höhe einer Wandnische, in der vergittert eine mit rosa Blumen
geschmückte Marienfigur stand. Ibos zählte 3000 Einwohner,
eine Zahl, die schnell stieg, weil das Dorf allmählich im Groß-
raum von Tarbes aufgegangen war, einer Stadt mit 50 000 Einwohnern.

Plötzlich sah ich das Schild: Gewerbegebiet Le Méridien. Ich
folgte den Angaben, fuhr an einem Maisfeld vorbei aus dem
Dorf und landete bei der Abzweigung zu dem Komplex. Dort
parkte ich mein Auto und ging zu einem zwei Meter hohen blauen
Kunststoffschild mit der Aufschrift Le Méridien; darunter hing
eine Reklame für ein Gartenzentrum, einen Baumarkt, eine Autowerkstatt und eine Tankstelle, und ich machte ein Foto. Ein Stück
entfernt standen noch viel mehr Meridianschilder, die meisten
von der Ladenkette Leclerc. Obwohl das Gewerbegebiet Le Méridien sicherlich anderthalb Kilometer vom Nullmeridian entfernt
war, konnte ich nach all den Wochen meiner Besuche in kleinen
Dörfern und Weilern, nach der mühseligen Suche nach versteckten Nullpunkten auf Friedhöfen oder in Kornfeldern in diesem
reizlosen, fast total asphaltierten Komplex voller Parkplätze,
Kreisverkehre und pappschachtelförmiger Firmengebäude nicht
aufhören, Selbstporträts unter den riesigen Reklameschildern zu

schießen und dabei das Nullzeichen anzudeuten und ein Lächeln zu versuchen.

Nachdem es mir unter »Weitere Optionen« gelungen war, den Höhenmesser auf den Bildschirm zu bekommen – eine der wenigen Wahlmöglichkeiten in meinem Navi, die ich verstand – konnte ich feststellen, dass die Stelle, wo der Nullmeridian das Pyrenäendorf Bourréac direkt gegenüber der Kirche querte, auf einer Höhe von exakt 500 Metern lag. Die Namen auf dem Friedhof klangen schon spanisch: Vergez, Noguez, Abadie, Tapie. In Bourréac sprach ich mit niemandem, denn es war niemand zu sehen. Kein Wunder, das Dorf hatte nicht mehr als siebzig Einwohner, doch das ein Stück weiter liegende Artigues war zweifellos die kleinste vom Nullmeridian berührte selbstständige Gemeinde der Welt: die letzte Volkszählung hatte 29 Einwohner registriert. Der Nullpunkt befand sich in 640 Metern Höhe. Ich sah einen Mann mit Mütze, der vom Traktor aus mit seltsamen Geräuschen versuchte, die Raubvögel aus einem Feld zu verscheuchen und mir ein nicht allzu einladendes Nicken zuteilwerden ließ.

In Juncalas, dem vorletzten Meridiandorf vor der spanischen Grenze, verlief der Nullmeridian mitten auf der Hauptstraße, an der zwei alte Frauen in einem Garten voller Blumen saßen und plauderten. Sie hätte schon einmal vom Nullmeridian gehört, sagte die eine. »Es ist bei der Brücke, vielleicht können sie Ihnen dort mehr Informationen geben.« Ich ging zu der kleinen Brücke, unter der ein Bergbach schnell zu Tal stürzte. Schön und gut, aber mein Navianzeiger zeigte nicht auf null. Der Nullmeridian führte mitten durch das Dorfzentrum, vorbei am Rathaus, an der Bushaltestelle und am Wegweiser zum benachbarten Wallfahrtsort Lourdes. Ich kam mit einer 95-jährigen Frau ins Gespräch, die Französisch mit starkem spanischem Akzent sprach. Ihre Muttersprache sei Bigorinisch, ein gascognischer Dialekt. »Das ist unsere eigene Sprache«, sagte sie, »aber die in Pau sprechen wieder ein

bisschen anders. Wir hier sagen dazu: Jedem seine eigene Frisur.«
Sie sei noch bei guter Gesundheit, berichtete sie. »Ich bin nur ein
bisschen vergesslich. Mein Sohn hat in der Fabrik gearbeitet, aber
er ist schon tot. Ich wohne bei meiner Tochter und habe drei En-
kelkinder.« Sie fragte, wer ich sei, und ich erklärte ihr den Sinn
meines Vorhabens. »Wissen Sie«, sagte sie, »es gibt Reisende, und
es gibt Leute, die bleiben. Ich bleibe. Aber wir können alle etwas
voneinander lernen.«

42° 52' n.B.
Luz-Saint-
Sauveur Luz-Saint-Sauveur ist der Ausgangspunkt für die Bezwingung des
Tourmalet, einer berühmten Etappe der Tour de France. Unterwegs zu diesem letzten französischen Meridiandorf überholte ich
regelmäßig Grüppchen von Radrennfahrern: schwitzende Männer in den besten Jahren, mit Käppis oder Helmen auf dem Kopf,
in grellfarbenen, glänzenden Radlerhosen. Das Verwaltungsge-
biet von Luz reicht von 677 Metern bis zu einer Höhe von mehr
als 3000 Metern und besteht aus verschiedenen Zentren, aber das
Hauptdorf liegt in einem Tal, von dem aus man rundherum sehr
hohe Berggipfel sieht.

Ich liebe die Übersicht: Den Blick von einem Berggipfel kann
ich genießen, aber Täler finde ich begrenzend und beklemmend.
Vielleicht ist das der Grund, weshalb ich den Nullmeridian nur
unter größten Mühen finden konnte, fast auf der Grenze zum
Nachbardorf Esterre.

In Luz war die Hölle los. Das jährliche »Fest des Koteletts« war
in vollem Gange. Die tausend Einwohner und eine Unmenge aus-
wärtiger Besucher feierten das Ende des Sommers und den Tag,
an dem die Bauern nach einem Brauch aus dem vierzehnten Jahrhundert die Schafe von den Abhängen ins Tal treiben, um sie zu
verkaufen oder zu schlachten. Abends gab es eine Feier im Pizze-
ria-Bowling Le Txoko: An langen Tischen aßen ein paar Hundert
Menschen Muscheln, Pizza oder Lammkoteletts. Auf einer Bühne
spielte eine Akkordeonband spanische und französische Musik in

schnellen Dreivierteltakten. Ich fühlte mich als totaler Außenseiter und war außerdem absolut nicht in Feststimmung: Es sah immer mehr so aus, dass es nichts würde mit meinem algerischen Visum.

Ohne dass es mir jemand mitgeteilt hätte, begriff ich, dass mein Visumantrag beim algerischen Inlandsgeheimdienst in Algier gelandet war. Mein avisierter Reisegefährte Chahreddine Berriah hatte sogar noch mit der Botschaft telefoniert, aber seiner Meinung nach würde in Algerien im kommenden Monat »keinerlei Entscheidung welcher Art auch immer« gefällt werden, denn dann war Ramadan.

Die Kotelett-Feiern dauerten das ganze Wochenende. Tagsüber gab es Eselrennen auf der Hauptstraße. Behelmte Teilnehmer aus allen siebzehn Dörfern aus dem Tal von Pays Toy machten mit. Es gab auch Wettkämpfe für Hirtenhunde, Schafschurwettbewerbe, Schafprämierungen und musikalische Einlagen der Sängergruppen Eths Micalets und Eths Amassats de Bigorra.

Luz ist die Hauptstadt der Region Pays Toy, in dem die höchsten Gipfel der französischen Pyrenäen liegen. Ihr – gascognischer – Wahlspruch lautet: »Un Toy noun cragn qué Diou, et péricle, e erà lid.« (Ein Toy glaubt nur an Gott, Donner und Lawinen.) Das Wort »toy« bedeutete ursprünglich »Junggeselle« und wurde schließlich zur Bezeichnung für alle Bewohner der Region. Außerhalb von Luz steht »toy« für »Kleines«, und noch weiter entfernt, im Tiefland, wie die Toy es bezeichnen, bedeutet es »Bauerntrampel« oder »Tolpatsch«.

Eine Frau, die »Koordinatorin bei einer Gebäudereinigung« war, erzählte, dass ihre Eltern noch Okzitanisch miteinander sprächen, sie selbst könne es jedoch nur verstehen, aber nicht sprechen. »Aber meine vierjährige Tochter schon.« Die Vorschulkinder von Luz-Saint-Sauveur sprechen in der Schule morgens Okzitanisch und am Nachmittag Französisch, erklärte sie. »Damit unsere Sprache nicht verloren geht.« Sie hielt es für eine gute

Initiative, obwohl ihrer Meinung nach Okzitanisch gar keine eigene Sprache war. »Jedes Tal spricht seinen eigenen Dialekt.« Überall im Dorf marschierten Blaskapellen, es gab Bierzapfanlagen und Stände mit regionalen Spezialitäten. Am zweiten Abend wurde in einem Zelt auf dem Platz des 8. Mai ein großer Ball veranstaltet, und nachts zogen lallende Männer mit schwarzen Baretts und roten Halstüchern in Gruppen durch die Straßen.

Nach dem Ende der Kotelett-Feierlichkeiten erreichte ich über den 2114 Meter hohen Col du Tourmalet und den darauf folgenden Col d'Aspin die Grenze. Von dort aus nahm ich Kurs auf das spanische Dorf Nerín, in einem Versuch, einen neuen persönlichen Nullmeridian-Höhenrekord aufzustellen.

9
Der Wettstreit um den wahren Nullmeridian

Der älteste und weltweit verwendete Nullmeridian der Geschichte – der von El Hierro – lief über eine Insel, die seit Anfang des fünfzehnten Jahrhunderts im spanischen Einflussbereich lag. Ironischerweise sorgten die Spanier selbst indirekt für die Erkenntnis, dass El Hierro nicht wie angenommen das Ende der Welt und folglich der logische Ort für einen Nullmeridian war, nämlich mit der Entdeckung der »Neuen Welt« durch Kolumbus. Er trat seine vier Entdeckungsreisen nach Amerika ausgerechnet von den Häfen der Kanarischen Inseln aus an und nutzte ebenfalls den Meridian von El Hierro, um die zurückgelegten Etmale zu zählen. Vor dem Aufbruch zu seiner zweiten Reise nach Amerika verbrachte er siebzehn Tage auf der Insel, auf bessere Winde für seine Flotte wartend. Während seiner Entdeckungsreisen versuchte er, mithilfe astronomischer Beobachtungen die Position seines Schiffes in Bezug auf den Nullmeridian zu bestimmen, aber wenn er vermutete, es käme Land in Sicht, vertraute er vor allem seinem Wissen vom Meer: Wellengang, Salzgehalt, Wrackholzaufkommen und Seebodenproben, die er nehmen ließ.

Als es nach der Erfindung einer zuverlässigen Schiffsuhr möglich wurde, Längengrade anhand von Zeitunterschieden genau zu bestimmen, blieb die Frage: Länge – bezogen worauf? Für Landkarten und das Festlegen der sogenannten mittleren Sonnenzeit verwendeten im Lauf der folgenden Jahrhunderte immer mehr Länder lokale Nullmeridiane, die meist durch ihre Hauptstadt oder durch das nationale Observatorium gezogen waren. So ver-

lief der niederländische nationale Nullmeridian durch den Wester-
toren in Amsterdam, der dänische durch Kopenhagen, die zwei
italienischen durch Rom und Pisa, der deutsche durch Ulm, der
russische durch Pulkovo bei Sankt Petersburg, der amerikanische
durch Washington, der portugiesische durch Lissabon, der spanische durch Madrid, der belgische durch Brüssel, der indische
durch die heilige Stadt Ujjain und der chinesische durch das Tor
des Himmlischen Friedens in Peking. Auf Seekarten zirkulierten
weltweit insgesamt mehr als zwanzig Nullmeridiane, darunter neben dem von Paris, Greenwich oder El Hierro auch der von Cádiz,
Rio der Janeiro, Amsterdam, Lissabon und Pulkovo. Oft nahmen
die Seefahrer nach jedem Zwischenstopp den Auslaufhafen als
neuen Nullmeridian, sodass im Logbuch des einen Schiffes, das
von Europa nach Südamerika unterwegs war, manchmal bis zu
zehn Nullmeridiane zu finden waren, was eine immer größere
Verwirrung stiftete.

Der französische Astronom und Mathematiker Pierre-Simon
Laplace gehörte mit zu den Ersten, die sich für einen allgemein-
gültigen Nullmeridian einsetzten. Er plädierte schon im Jahr 1800
dafür, dass alle europäischen Nationen sich darauf einigten, die
geografische Länge vom selben Meridian aus zu berechnen, statt
jeweils ihre eigenen Observatorien zu verwenden. Er wollte einen
Meridian, der von der Natur selbst vorgegeben war, zur Grundlage machen – eine derartige Vereinbarung würde zu einer Einheitlichkeit führen, wie sie beim Kalender erreicht wurde. Laplace
äußerte sich natürlich nicht dazu, wo sich dieser »von der Natur
vorgegebene« Nullmeridian befand, aber die Notwendigkeit, sich
auf einen allgemein verbindlichen Nullmeridian zu einigen, hatte
er richtig eingeschätzt: Das Aufkommen der Eisenbahnen, Telegrafenverbindungen und Dampfschiffe läutete ein neues Zeitalter
ein, in dem die Welt kleiner wurde und Einheitlichkeit auf dem
Gebiet der Zeit- und Ortsbestimmung unvermeidlich geworden
war.

Am Ende des neunzehnten Jahrhunderts fand eine Reihe internationaler geografischer Konferenzen statt, auf denen Wissenschaftler versuchten, sich auf einen universalen Nullmeridian zu einigen – zumindest für die Verwendung auf Seekarten. Die definitive Festlegung des Nullmeridians für die ganze Welt sollte 1884 auf einer von den Vereinigten Staaten einberufenen Internationalen Meridian-Konferenz in Washington geschehen. Diese Konferenz hatte einen Meridian auszuwählen, »der als allgemeine Länge von null Grad und als Basis für eine von der ganzen Welt akzeptierte Zeit« dienen sollte. Diese historischen Beschlüsse sollten die definitive Globalisierung der Geografie einläuten, und damit die von Zeit und Raum.

Amerika lud alle Länder, mit denen es diplomatische Beziehungen unterhielt, ein, mit maximal drei Vertretern teilzunehmen an der Internationalen Meridian-Konferenz, die vom 1. Oktober 1884 an in Washington, D.C. stattfinden sollte. Insgesamt leisteten 26 der angeschriebenen Länder der Einladung Folge, auch wenn der dänische Vertreter Carl Steen Andersen Bille nie auftauchen sollte. Natürlich waren die Weltmächte Russland, Großbritannien, Frankreich, das Deutsche Reich, die Vereinigten Staaten, Japan, das Ottomanische Reich und Brasilien vertreten, aber unter anderen auch die Niederlande, das Königreich Hawaii, Paraguay, Liberia und Santo Domingo (die heutige Dominikanische Republik) schickten Abgesandte.

Die meisten der 41 Vertreter waren Diplomaten oder Militärs, nur eine Minderheit bestand aus Wissenschaftlern, darunter waren vier Observatoriumsdirektoren, dreizehn Gesandte und Diplomaten, acht Vertreter des Heers oder der Marine, zwei Ingenieure, ein Eisenbahndirektor, ein Mitglied einer Grenzkommission und ein Obergeodät. Italien und Schweden schickten einen Grafen, Österreich-Ungarn und Deutschland einen Baron, das Vereinigte Königreich, Japan und Frankreich einen Professor. Diese Gesellschaft, die auch Beschlüsse über ein Zeitzonensystem und das Prinzip des »universal day«, des universalen Tages, fassen sollte, traf sich dann im Lauf eines Monats zu acht Sitzungen; der Abschlussbericht über das Ergebnis der Beratungen war mehr als 200 Seiten stark.

Was die Konferenz auch erbringen würde, eins stand von vornherein fest: Die Entscheidung für einen neuen Nullmeridian würde eine Männersache werden, denn kein einziges Land schickte eine Vertreterin. Von den Kongressteilnehmern blieb ein vor den Säulen des Weißen Hauses aufgenommenes Gruppenfoto erhalten: 39 Männer (die Vertreter der Niederlande und von El Salvador fehlten), Schnurrbärte, Bärte und Hüte, ein paar zusammengefaltete Regenmäntel und drei Spazierstöcke.

Bei den Eröffnungsfeierlichkeiten sprach der amerikanische Außenminister die Hoffnung aus, dass die Konferenz »für die zivilisierte Welt zu befriedigenden Lösungen« kommen werde. Admiral Rodgers ergänzte im Namen der Vereinigten Staaten, sein Land werde, obwohl es sich »über mehr als 100 Längengrade erstrecke« und »mehr als 12 000 Meilen Meeresküste« habe, nicht darauf drängen, dass der Nullmeridian über sein Territorium verlaufen solle. Unmittelbar nach Beendigung seiner Rede fragte ein französischer Gesandter den Vorsitzenden der Konferenz, ob alle auf Englisch verfassten Reden und eingebrachten Anträge auch ins Französische übersetzt werden könnten. Der französischen Anregung wurde einstimmig entsprochen, obwohl es erst zwei Wochen nach Beginn der Konferenz gelingen sollte, einen geeigneten, des Französischen mächtigen Stenografen zu finden.

Die Annahme eines universalen Nullmeridians reichte aber noch nicht aus, um dem Chaos in den Koordinaten der Land- und Seekarten ein Ende zu bereiten. Einige Länder folgten noch immer der Tradition von Ptolemäus und berechneten Längengrade von 0 bis 360 Grad, andere verwendeten östliche und westliche Länge und zählten vom Nullmeridian aus jeweils 180 Grad nach zwei Richtungen. Schweden schlug vor, Längengrade in einer

Richtung von Ost nach West zu zählen, Spanien dagegen von West nach Ost. Schließlich war der Umstand ausschlaggebend, dass England und »ein großer Teil der zivilisierten Welt« schon nach der englischen Regel – nach zwei Richtungen – Längengrade berechneten. Überdies waren, wie der britische Vertreter Frederick Evans bemerkte, »Lage und Grenzen der überseeischen Kolonien nach dieser Methode bereits festgelegt«. Mit sechs Gegenstimmen nahm die Konferenz eine Resolution an, in der festgelegt wurde, dass Längengrade von nun an in zwei Richtungen gezählt werden sollten, wobei die östliche Länge einen positiven und die westliche Länge einen negativen Wert repräsentierte. Die Länder oder Gebiete rechts und links des Nullmeridians lagen damit auf der östlichen bzw. der westlichen Halbkugel.

Die Vereinigten Staaten schlugen gleich zu Beginn der Konferenz vor, den Meridian von Greenwich als internationalen Nullmeridian zu übernehmen, wie es schon ein Jahr zuvor von Wissenschaftlern auf einer Konferenz in Rom vorgeschlagen worden war. Frankreich war dagegen, über diese Resolution abzustimmen. Der französische Delegierte Jules Janssen brachte vor, dass in Rom »ausschließlich Fachleute« getagt hätten und die Washingtoner Konferenz eine viel breitere Basis habe, »weshalb wir das Vorrecht haben, Philosophen und Kosmopoliten zu sein und nicht nur für die Gegenwart, sondern auch für die am fernsten entfernte Zukunft die Belange der Menschheit mitzubedenken«.

Der Pariser Astronom Pierre Jules César Janssen war Direktor des Pariser Observatoriums, des neuen astrophysikalischen Instituts. Der spätere Mitentdecker des Heliums konnte aufgrund eines Unfalls in seiner Kindheit sehr schwer gehen, doch das hinderte ihn nicht, an den abgelegensten Orten wie auf dem Mont Blanc oder in Indien Feldforschung zu betreiben; 1870 entwischte er während des Deutsch-Französischen Kriegs per Heißluftballon aus Paris, weil er in Oran eine Sonnenfinsternis miterleben wollte. Frankreich hatte angesichts der herrschenden Auffassungen auf der Konferenz von Rom und wegen der Position Großbritanniens als Herrscher der Weltmeere vermutlich längst für sich den Schluss gezogen, dass eine Verpflichtung auf den Meridian von Paris keine Chance hätte, und beschloss daher, auf jeden Fall zu verhindern, dass Greenwich diese Ehre zuteilwürde. In einer flammenden Rede behauptete Jules Janssen, in der Geschichte der Menschheit seien zahllose Versuche unternommen worden, sich auf einen universalen Nullmeridian zu einigen. Dies sei seiner Ansicht nach aus zwei Hauptgründen gescheitert: einem geografischen und einem moralischen.

Als geografischen Grund bezeichnete er die Schwierigkeit, den exakten Längengrad einer abgelegenen Insel wie El Hierro festzulegen. Daher hätten verschiedene Länder den Nullmeridian schließlich auf dem Festland gezogen, insbesondere durch Hauptstädte und Observatorien. Hier machte Janssen in seiner Argumentation einen listigen Schachzug. Der alte Meridian von El Hierro habe einen rein geografischen und neutralen Charakter, behauptete er, wodurch er sich als erster internationaler Meridian empfehle. Daraufhin hätten ihn französische Kartografen – um zu einer runden Zahl zu kommen – auf 20 Grad westlich von Paris festgelegt. Diese, so Janssen, »beklagenswerte Simplifizierung« raube diesem Nullmeridian vollständig seinen prinzipiell neutralen Charakter: Er sei nicht mehr unabhängig, »sondern de facto der Meridian von Paris, aber in Verkleidung«. Das sei auch der Grund gewesen, weshalb ihn die Engländer nie akzeptiert hätten und lieber ihren eigenen Greenwich-Meridian beibehielten.

Die zwei am häufigsten verwendeten Nullmeridiane – der von Paris und der von Greenwich – seien »aufs Geratewohl« gewählt, »ohne auch nur irgendeine Beziehung zur Lage der Kontinente«. Damit sei, Frankreich zufolge, der Keim für den moralischen Niedergang des Nullmeridians als geografisches Phänomen gelegt und er zum Spielball von Nationalstolz entartet. Janssen plädierte daher für einen Unterschied zwischen Observatoriums-Meridianen und einem universalen Nullmeridian mit einem geografisch-hydrografischen Charakter. Seiner Ansicht nach seien Observatoriums-Meridiane als Grundlage für die lokale Zeitmessung geeignet, für topografische Erkundungen in der Umgebung und als Standard, mit dessen Hilfe die Observatorien miteinander Informationen austauschen könnten: Kurzum, sie hätten einen nationalen Charakter.

Der universale Nullmeridian dagegen solle ausschließlich auf der Basis geografischer Überlegungen ausgewählt werden. Für den Pariser Professor kamen zwei Standorte infrage, die als Grundlage für die Berechnung eines solchen Nullmeridians dienen könnten: die Azoren, weil sie sich genau wie die Kanareninsel El Hierro auf der Schnittfläche der Alten und der Neuen Welt befinden, oder die Beringstraße, die eine natürliche Scheidelinie zwischen den Kontinenten Asien und Amerika bilde.

Nach einer Lobeshymne auf den französischen Beitrag zur Geschichte der Geografie, der Kartografie und der Geodäsie erklärte Janssen, Frankreich sei trotz dieser glorreichen Vergangenheit bereit, »die exklusive Verwendung des Meridians von Paris durch unsere Seefahrer nach zwei Jahrhunderten« aufzugeben und damit zugleich den erforderlichen Austausch von mehr als 2600 Seekartendruckstöcken und 600 auf dem französischen Nullmeridian basierenden nautischen Handbüchern zu akzeptieren. Frankreich sei wegen seines »aufrichtigen Verlangens nach dem allgemein Guten und seiner Leidenschaft für den Fortschritt« zu dieser »großen Tat schwerer Selbstaufopferung« bereit.

Die Verortung eines Nullmeridians in einem Ozean passte nahtlos zur Tradition der klassischen Antike und hatte den französischen Delegationsmitgliedern zufolge überdies den Vorteil, dass eine Länge von 0 Grad nicht mit einem bestimmten Land identifiziert werden könne und damit eine wirkliche Neutralität besitze. Nationalstolz sei, so meinten sie, niemals ein guter Ausgangspunkt.

»Soweit ich folgen konnte«, befand Professor Adams, einer der Delegierten aus Großbritannien, basiere der französische Vorschlag für einen neutralen Nullmeridian »nahezu vollständig auf sentimentalen Überlegungen«. Das französische Problem, Hunderte von Seekarten ersetzen zu müssen, werde nicht dadurch geringer, dass auch andere Länder, die den Greenwich-Meridian verwenden würden, zu dieser Maßnahme gezwungen wären. Er bemerkte, dass für eine exakte Festlegung eines Nullmeridians ein astronomisches Observatorium vor Ort erforderlich sei, und das wäre auf den von Frankreich vorgeschlagenen Standorten auf den Azoren oder der Beringstraße nicht vernünftig realisierbar; wenn das jedoch nicht geschehe, sei der Nullmeridian nicht mehr als ein »gesetzliches Hirngespinst«, das nichts mit 0 Grad zu tun habe.

Der britische Vertreter Evans ergänzte, der auszuwählende Nullmeridian müsse »wegen der Präzision, die die moderne Wissenschaft verlangt«, per se durch ein »erstrangiges astronomisches Observatorium« verlaufen, was alle Pläne, einen Meridian »über einen Gipfel, durch ein monumentales Gebäude, über eine Insel oder eine Meeresstraße« zu ziehen, von vornherein ausschließe. Für Großbritannien kämen nur die Observatorien von vier Städten infrage: die von Paris, Greenwich, Berlin oder Washington. Es sei »ein Irrtum«, sich ausschließlich auf ein geografisches Kriterium zu beziehen: Längengrade würden nun einmal astronomisch festgelegt. Länge sei Länge, sagten die Briten, und es könne nicht sein, dass ein erstklassiger astronomischer und ein zweit- oder drittklassiger geografischer Nullmeridian entstünden.

Kapitänleutnant zur See William Sampson argumentierte im Namen der Vereinigten Staaten, den Meridian von Paris »wegen der hektischen Betriebsamkeit der Stadt, der Beben und der Beleuchtung« als nicht geeignet anzusehen. Das Greenwich-Observatorium dagegen liege »inmitten eines staatlich kontrollierten Parks« und sei dadurch »vor Lärm- und Lichtbelästigung gefeit«.

Der französische Vorschlag für einen neutralen Meridian, »der ausschließlich gewählt werden müsse, um der Wissenschaft und dem internationalen Handel zu Diensten zu sein, und der insbesondere keinen großen Kontinent berühren dürfe – weder Europa noch Amerika«, wurde nur von Brasilien und Santo Domingo unterstützt, die übrigen einundzwanzig anwesenden Länder stimmten dagegen.

Danach kam das *pièce de résistance*, der Höhepunkt der Konferenz, zur Abstimmung: die amerikanische Resolution, die zu »der Annahme des Meridians, der durch die Mitte des Transitinstruments im Observatorium von Greenwich verläuft, als Anfangsmeridian für die geografischen Längenmaße« führen sollte.

Der einflussreiche britische Astronom Sandford Fleming, dem wir das Zeitzonensystem verdanken und der auf der Konferenz der Vertreter des britischen Kronlands Kanada war, erbrachte einen wichtigen Diskussionsbeitrag durch die Präsentation einer Tabelle mit Schifffahrtsstatistiken, aus der hervorging, dass, ausgedrückt in Tonnage, bereits 72 Prozent der Weltschifffahrt den Greenwich-Meridian handhaben und sich die restlichen 28 Prozent auf mehr als zehn verschiedene Nullmeridiane verteilten: acht Prozent der Kapitäne verwendeten den von Paris, vier Prozent Neapel, drei Prozent Cádiz, El Hierro bzw. Christiania (Oslo) und der Rest unter anderen Pulkovo, Stockholm, Lissabon, Kopenhagen oder Rio de Janeiro.

Der britische Delegierte Evans ergänzte noch, dass 1883 insgesamt 157 325 auf dem Greenwich-Meridian basierende Seekarten gedruckt und verkauft worden seien, wovon ein Fünftel von Zwischenhändlern aus Österreich, Frankreich, Deutschland, Italien, Russland, der Türkei und den Vereinigten Staaten abgenommen wurde. Überdies seien in diesem Jahr mehr als 15 000 britische nautische Almanache verkauft worden.

Der spanische Gesandte Juan Valera verlas eine kurze Erklärung zum Abstimmungsverhalten, in der er darlegte, von seiner

Regierung beauftragt worden zu sein, für den Greenwich-Meridian zu stimmen,»dass aber Spanien diesen Vorschlag in der Hoffnung akzeptiere, dass England und die Vereinigten Staaten ihrerseits das metrische System einführen würden«. Dabei beließ er es, seine Beherrschung des Englischen reiche für eine vollständige Rede nicht aus, ließ er mitteilen. In einem zwei Tage darauf verfassten Brief an die spanische Regierung ventilierte er viel expliziter und pathetischer seinen Standpunkt.»Aus Bescheidenheit und weil ich es für nicht opportun erachtete, habe ich unsere glorreiche maritime Vergangenheit unerwähnt gelassen«, schrieb er dem spanischen Staatsminister.»Mir schien, die versammelten Gelehrten würden durchaus begreifen, dass Spanien die Liebe zu seiner eigenen nationalen Geschichte dem Gemeinwohl geopfert hat, unter Mitberücksichtigung der Vorherrschaft Großbritanniens in unserem Jahrhundert, da, wäre eine glorreiche Vergangenheit ausschlaggebend gewesen, kein anderes Land als Spanien das Vorrecht gehabt hätte, sein Observatorium mit dem Meridian auszeichnen zu dürfen.«

Das französische Delegationsmitglied Lefaivre reagierte bitter.»Es ist offenkundig, dass der Greenwich-Meridian nicht wissenschaftlich bestimmt wurde und dass die Entscheidung für ihn keinen Fortschritt für die Astronomie, die Vermessungskunde oder die Schifffahrt bedeutet«, konstatierte er. Er gab zu, dass aus den von Großbritannien vorgelegten Rapporten hervorginge, dass der britische Meridian von der Mehrheit aller Schiffe verwendet werde.»Der Greenwich-Meridian gehört zu einem Reich, das eine Ausdehnung von 20 Millionen Quadratkilometern hat und eine Bevölkerung von 250 Millionen Menschen, einem Reich mit 40 000 Schiffen mit 370 000 Mann Besatzung, mehr als alle anderen Flotten zusammen. Nun, meine Herren, wenn Sie diese Umstände – die einzigen, die hier angeführt wurden – mit berücksichtigen, ist es dann nicht unbestreitbar, dass Ihre Entscheidung von der materiellen Überlegenheit und der größeren Handelsmacht bestimmt wurde? Die Wissenschaft ist dann nur ein niederer Vasall, um die heutigen Großmächte zu ehren und deren Erfolg zu krönen, aber Sie sollten niemals vergessen: Nichts ist so flüchtig wie Reichtum und Macht.«

Frankreich, so legte Lefaivre dar, werde dessen ungeachtet seine Tradition opfern und sich ohne finanzielle Kompensation vom Pariser Meridian verabschieden. In Anbetracht des »internationalen Fortschritts« sei es »zu diesem doppelten Heroismus« bereit. Der amerikanische Abgeordnete Thomson reagierte auf die französischen Bedenken gegen die »Unwissenschaftlichkeit« von Greenwich mit der Bemerkung, »dass der eine Meridian nicht wissenschaftlicher sei als der andere, aber der eine sich für praktische Zielsetzungen mehr eigne als der andere, und ich denke, dass Greenwich zur letztgenannten Kategorie gehört«.

Im Laufe des Nachmittags des 13. Oktober 1884 wurde der historische Beschluss gefasst, den Greenwich-Meridian als universalen Nullmeridian anzunehmen. Alle auf der Konferenz vertretenen Länder stimmten dafür, außer Frankreich und Brasilien, die sich der Stimme enthielten, und Santo Domingo, das als einziges dagegen stimmte. Der dominikanische Autor, Journalist, Politiker und Diplomat Manuel de Jesús Galván zeigte sich während der gesamten Konferenz mit einer Gegenstimme und drei Enthaltungen als kritischstes Delegationsmitglied. Vier Wochen lang hielt er den Mund, doch in der allerletzten Sitzung bat er ums Wort, um sein Abstimmungsverhalten zu erläutern. Santo Domingos negative Abstimmung bei der wichtigsten Resolution der Konferenz, so legte er dar, sei eine gänzlich logische Schlussfolgerung aus dem von den anderen Ländern abgelehnten französischen Vorschlag eines neutralen Nullmeridians.

»Santo Domingo, das im Hinblick auf den Greenwich-Meridian selbst keine unmittelbaren Interessen hat, war hinsichtlich des (…) Vorschlags von Frankreich zur Neutralität verpflichtet, einer Nation, die als eine der herausragendsten auf dem Gebiet des intellektuellen Fortschritts bekannt ist«, sagte Galván, der einige Zeit in Paris gelebt und dort auch studiert hatte. »An dem Tag, an dem eine allgemeine und einhellige Übereinstimmung in Fragen von allgemeinem wissenschaftlichem Interesse existieren wird, wird in der Republik von Santo Domingo aus ganzem Herzen ein Hosianna erklingen, in einer Republik, die immer bereit ist, der Entwicklung der Zivilisation offen ihre Zustimmung auszusprechen.«

10

Die Drohung der Null

Ein Auto verringerte das Tempo, und der Fahrer fragte aus dem Seitenfenster, ob ich vielleicht Hilfe bräuchte, aber nein, ich kniete nur neben meinem Wagen, um einen Nullpunkt aufzunehmen. Gleich neben dem schmalen Sträßchen plätscherte ein Bergbach, und tief unten strömte ein wild reißender Fluss. Es roch nach Nadelbäumen, Vögel zwitscherten, die Dämmerung brach herein, und ein blaues Licht fiel auf die hohen Pyrenäengipfel in der Ferne. Ich notierte Höhe, Zeitpunkt und Koordinaten und fuhr weiter nach Nerín. Das uralte Bergdorf hatte nur eine Handvoll Einwohner, doch Jahr für Jahr wurden hier zwei Dorffeste gefeiert: Mariä Himmelfahrt und »Karneval im Februarschnee«.

Seit einigen Jahren gab es etwas außerhalb des Dorfkerns ein kleines Hotel, eigens für Bergsteiger. Im Sommer wohnten 34 Menschen in Nerín, erzählte der Hotelinhaber Juan Palacio, im Winter dagegen habe das Dorf nur neun Einwohner: das Ehepaar Palacio und deren zwei Söhne und noch eine fünfköpfige Familie im Ortskern. Ein einsames Leben, aber früher war es dort noch abgeschiedener, denn das Dorf war bis in die Siebzigerjahre des vergangenen Jahrhunderts hinein nur mit dem Esel oder zu Fuß erreichbar. »Hier gab es nichts«, berichtete Palacio, der in Nerín aufgewachsen war. »Die Leute lebten von dem, was sie anbauten. Das Einzige, womit man überleben konnte, war Viehzucht. Aber in dieser Einöde funktioniert das nicht, wenn es nur einen einzigen Bauernbetrieb gibt mit einem einzigen Bauern, es geht nur, wenn alle mithelfen.«

Atlantischer
Ozean

FRANKREICH

ANDORRA

42° 41' n.B.

Nerín
Jánovas   Radiquero
Adahuesca   Berbegal

León

Saragossa   Caspe

Salamanca   Fórnoles   Barcelona

Herbés   Tarragona
L'Avellà

Madrid ▣

SPANIEN   La Pobla   Tornesa
Almazora   Castellón de la Plana
La Platja   Ben-Afelí
Mallorca

PORTUGAL

Els Poblets   Beniarbeig

El Mascarat   38° 38' n.B.

Córdoba

Murcia

Sevilla   Granada   Cartagena

Málaga

Gibraltar   Mittelmeer   N
(brit.)   Ceuta
(span.)

S

Melilla
(span.)

MAROKKO

ALGERIEN

0   100   200   300 km

Ich mietete ein Zimmer in dem völlig menschenleeren Hotel. Draußen war es totenstill. Die Aussicht am nächsten Morgen war wie eine Ansichtskarte in grellgrünen Farbschattierungen: Wälder und Berge, keine Spur menschlicher Präsenz. Nerín liegt in 1281 Metern Höhe im Nationalpark Ordesa y Monte Perdido, der sich bis zur französischen Grenze erstreckt. Juan Palacio erklärte, dass man zu dem Nullmeridian hoch oben in den Bergen hinaufsteigen könne, und er gab mir eine alte Karte mit, auf der der »meridiano Greenwich« ordentlich eingezeichnet war: der höchste vom Dorf aus zu Fuß erreichbare Abschnitt des Nullmeridians. Die Route war nicht schwer. Geradeaus über ein ansteigendes, unbefestigtes Sträßchen. Beim Schild »Cuello Arenas« auf einen Pfad wechseln, der ein Stück weiter dann wieder auf das unbefestigte Sträßchen stößt. Später, an einem kleinen Steinhaufen, noch einmal ein Stück abkürzen. Zuerst sieht man alle Gipfel, später tief unten das Dorf Fanlo. Danach immerzu weiter aufsteigen bis zum Nullmeridian. So lautete die Erläuterung, die mir Palacio am Abend vor meinem Aufbruch in schnellem, aber verständlichem Spanisch mitgegeben hatte.

Ohne besondere Ausrüstung machte ich mich auf den Weg. Kurz darauf blickte ich von oben auf das Dorf: eine Kirche, ein kleiner Platz und etwa fünfzehn Gassen mit sehr alten, dicht an dicht gebauten Häusern, ein kompaktes Symbol menschlichen Ausharrungsvermögens. Schon bald zweigten ein paar Pfade ab, ohne dass ein Schild zu sehen gewesen wäre. Nach einer Weile passierte ich die Überreste des Totenackers von Nerín. Das ehemalige Dorf lag ein wenig höher, und da die Kirche im Unterdorf aus dem elften Jahrhundert stammte, musste es sich um eine uralte Siedlung gehandelt haben. Mein Höhenmesser zeigte 1340 Meter an. Nach einer Stunde Aufstieg befand ich mich noch immer gut eine Bogenminute – mehr als zwei Kilometer Luftlinie – vom Nullmeridian entfernt, und ich kam ihm einfach nicht näher. Ich ließ die kleine Kapelle Santa María hinter mir, einen Natursteinbau mit einem später angebrachten zierlichen Gittertor, dessen Flügel geschlossen waren. Inzwischen wanderte ich schräg über einen Berghang: Es gab keinen Weg, nur da und dort lagen ein paar aufgestapelte Steine als Markierung. Nach zwei Stunden Aufstieg fiel mir ein, dass ich völlig vergessen hatte, Proviant einzustecken oder auch nur eine Mütze gegen die sengende Sonne mitzunehmen; mein Wasservorrat dagegen erschien mir ausreichend.

42° 36' n.B.
Ordesa y Monte Perdido Ab 1647 Metern Höhe stakste ich durch Bewuchs, der aussah wie eine Art Moos, in Wirklichkeit jedoch aus höllisch stechenden Pflanzen bestand. Ich ließ die Baumgrenze hinter mir, und am Ende eines steinigen Abhangs lag vor dem Gattertor eines kleinen Schafpferchs ein Hirte und schlief. Er erwachte, als ich näher kam, ein kleiner, wettergegerbter Mann mit gebräunten, muskulösen Armen und einer weißen Mütze auf dem Kopf. Neben ihm lagen ein Häufchen Anmachholz und ein lila Rucksack. Er war einer von drei ledigen Brüdern aus Fanlo; seine Kleidung und sein Gesicht waren schmutzig, und er roch nach Schaf, doch das schien mir normal bei einem Hirten.

Dreißig Schafe hatte er noch zu hüten. »Ich bin hier der einzige Hirte«, sagte er. »Es wird immer trockener und die Sommer vor allem immer heißer. Brunnen und Flüsse versiegen: nicht gut für Schafe.« Er zeigte Interesse am Nullmeridian, wollte meine Karten sehen und studierte mein Navi. Ein intelligenter Apparat, meinte er. »Der Nullmeridian ist extra für die Flugzeuge«, sagte er. »Ja, hier kommt schon ziemlich viel rübergeflogen. Sie fliegen nach Paris und zu den Kanarischen Inseln, hat man mir gesagt. Sie folgen einer wichtigen Linie. Aber woher kommen Sie denn eigentlich?«

»Aus den Niederlanden«, sagte ich. »Dort gibt es keine Berge. Nur flaches Land.« Kurz darauf fragte er wieder: »Woher kommen Sie noch mal?«

Ich setzte meine Wanderung auf dem steil ansteigenden Pfad

fort, und nach einer Weile schaute ich aus großer Höhe auf den Hirten hinab. Dort wanderte er, auf einen Stock gestützt, zu einer Hütte, wo er den zweiten Teil seiner Siesta verbringen wollte: der einzige Mensch in einer grandiosen, bedrohlichen Landschaft. Auf einer Höhe von 2033 Metern erreichte ich den Nullmeridian. Ich notierte die Koordinaten: 42° 36′ 53.6″ n. B. und 00° 00′ 00.0″ w. L. In der Praxis waren Nullpunkte so gut wie nie konstant, weil der Abstand zwischen meiner Position und den drei Referenzsatelliten in 20 000 Kilometern Höhe alle paar Sekunden neu berechnet wurde. Das brachte einen Unterschied von einem Zehntel einer Bogensekunde mit sich, aber mit etwas Geduld oder durch Hin- und Herbewegen war es immer möglich, den Messwert genau auf null zu bekommen.

Zu Beginn meiner Reise hatte ich mich gefragt, was mein GPS wohl genau auf der Grenze zwischen den zwei Hemisphären anzeigen würde, und war zu der Feststellung gekommen, dass sich das Navi vermutlich immer zwischen westlicher Länge oder östlicher Länge entscheiden müsse. Vielleicht war es eine Frage von Bruchteilen von Millimetern. Nach dem internationalen Einheitensystem (SI) ist ein Yoktometer (0–24 = 0,000.000.000. 000.000.000.000.001 Meter) die kleinste offiziell festgelegte Einheit für Entfernungen. Ob mein Gerät wohl solch kleine Einheiten kannte? Bedeutete 0 Grad 0 Minuten 0 Sekunden westlicher Länge auf meinem Messpunkt auf 2000 Metern Höhe vielleicht, dass ich genau ein Yoktometerchen zu weit nach links lehnte? Oder war der GPS-Empfänger vielleicht so programmiert, dass ich mich selbst entscheiden musste?

Gibt es denn überhaupt 0 Grad? Es ist kein Wunder, dass die Null in Indien entstanden ist, denn sie passt ausgezeichnet in eine Kultur, die das Nichts verehrt, die Leere des Geistes, die zur Erleuchtung führt. Die Hindus nennen ihr Symbol für Null *sunya*, was so viel bedeutet wie »unbesetzt«, »verlassen«, »nichts« oder »leer«.

Die Araber übernahmen den Begriff und übersetzten ihn als *as-sifr* (»vakant« oder »Abwesenheit von etwas«), das sich über das mittellateinische *zephirum* zum englischen, spanischen oder italienischen *zero* (null) und in vielen Sprachen zur Benennung aller Zahlenzeichen von Null bis Neun entwickelte: die *Ziffer*.

Die Babylonier übernahmen als Erste die indische Null. Anfangs als Ziffer, um »nichts« anzudeuten, später auch als Recheneinheit in ihrem sechzigzahligen positionellen Zahlensystem. Aber die alten Griechen wollten keine Null. Sie passte nicht in eine auf Symmetrie und Logik basierende Denkweise. Wie konnte etwas »nichts« sein? Was war null Schaf oder null Weinkrug? Philosophen wie Aristoteles fanden die Null nicht nur unbegreiflich, sondern vor allem verwerflich: Die Null stand für Leere und Unendlichkeit und verstieß damit grundsätzlich gegen das griechische Weltbild, dessen Grundlagen feste Formen wie Punkte, Linien, Kreise, Winkel, proportionale Beziehungen und Endlichkeit waren. Die Null bedeutete einen direkten Angriff auf die Logik von Ursache und Wirkung. Nur Astronomen verwendeten in ihren Berechnungen die Null als Notation für Winkel und Kreise. So auch Ptolemäus, der das griechische Symbol für Null als Ausgangspunkt für den durch El Hierro gezogenen ersten Meridian seiner Weltkarte erwähnte. Er verwendete dafür eine Null mit einem Strich darüber, ein Symbol, das möglicherweise aus dem Buchstaben o-micron entstand, dem Anfangsbuchstaben von oudèn (οὐδὲν), dem griechischen Wort für »nichts«, das sich später zum heutigen Nullsymbol entwickelte.

Bei den Römern verschwand die Null völlig von der Bildfläche, eine Entwicklung, die in Europa das ganze Mittelalter über andauerte. Für die christliche Kirche war die Null ebenso bedrohlich wie für die Griechen. Gott war allumfassend, und es konnte nicht gleichzeitig etwas geben, das das Nichts repräsentierte. Gott hatte die Welt überdies aus dem Chaos des Nichts erschaffen, und die Null verkörperte die überwundene Nichtwelt. Aus Angst vor dem Vakuum, dem *horror vacui*, entwickelten die Griechen die Theorie des Äther, einer hohen Luftschicht, die im gesamten Weltraum vorkommt: ein unsichtbares »Etwas«, um das unerklärliche »Nichts« zu füllen, eine Vorstellung, die sogar der Physiker Isaac Newton teilweise begrüßte, weil er an ein »subtileres Medium als Luft« glaubte, ein Gedanke, der bis ins neunzehnte Jahrhundert Bestand haben sollte.

Über arabische Wissenschaftler in Südspanien, die das Werk des berühmten, in Bagdad lebenden persischen Gelehrten Mohammed ibn Musa al-Chwarizmi aus dem Arabischen ins Lateinische übersetzten, gelangte die Null im elften Jahrhundert nach Europa, aber es sollte noch Jahrhunderte dauern, bis sie in der Mathematik und im Alltagsleben völlig akzeptiert wurde. Und noch immer wird die 0 diskriminiert: Auf einem Telefonapparat oder einer Computertastatur steht sie hinter der 9 und nicht vor der 1, wo sie eigentlich hingehört. Gleichzeitig ist die Null beliebt, vor allem in runden Zahlen. Perioden werden in Dekaden gemessen (»die Sechzigerjahre«), in Jahrhunderten und Jahrtausenden. Die Null ist eine unentbehrliche, aber konstruierte Ziffer: Mit Ausnahme der Mayas (deren Symbol für die Null ein halb geöffnetes Auge war) begannen alle Völker in der Geschichte der Menschheit mit eins und nicht mit null zu zählen. Es gibt nur einen einzigen Moment, in dem die Null zum Zählsystem gehört, nämlich beim Rückwärtszählen, wie es bei einem Raketenabschuss der Fall ist: Sieben, sechs, fünf, vier, drei, zwei, eins, null! So bewegte sich beim Suchen nach dem Nullmeridian der Zähler auf meinem Navi ebenfalls zurück, bis beim Längengrad nur noch Nullen standen und der Nullpunkt erreicht war. Meistens schätzte ich, wie lange es dauern würde, und zählte die letzten Bogensekunden im Kopf ab, sodass ich sie nicht mit meiner Lesebrille von dem kleinen Display abzulesen brauchte.

Jedes Mal, wenn ich den Nullmeridian erreicht hatte, war es, als ob ich einen alten Freund wiederfände, auch wenn von der Trennung der beiden Hemisphären absolut nichts zu sehen war, ob ich nun an einer Landstraße stand oder auf einer Baustelle. Ein Längengrad von o Grad, o Minuten und o Sekunden durfte dann an sich nicht mehr sein als der Ausdruck eines unsichtbaren Nichts, aber all diese Nullen vermittelten den Anschein von Ordnung und gaben mir durch die physische Abgrenzung des Grenzenlosen ein Gefühl der Kontrolle über meine Welt.

Spanien ist ein leeres Land, das war gleich hinter der Grenze deutlich zu merken. Der Nullmeridian verläuft durch die drei Provinzen der autonomen Region Aragonien (Huesca, Terual und Saragossa) und durch zwei der drei Provinzen der Valencianischen Gemeinschaft (Castellón und Alicante). Ein Blick auf meine Karten mit den fluoreszierenden Meridianlinien lehrte mich, dass die Nulllinie in diesen Provinzen vor allem Berggipfel, Hochebenen und Stauseen überquerte und nur gelegentlich wie durch einen wunderlichen Zufall ein Dorf schnitt.

Jánovas war nach meiner Freytag & Berndt-Karte von Ostspanien das nächste Dorf südlich von Nerín, wo dieser Fall eintrat, aber meine Michelin-Karte kannte das Dorf nicht und mein Navi ebenso wenig. Über eine kurvenreiche, schmale Straße voller Schlaglöcher fuhr ich zu dem Bergdorf Fanlo und erreichte von dort aus auf einer etwas besseren, aber noch immer schlechten Straße den in einem Tal gelegenen Nullpunkt gleich nach der Ausfahrt nach Jánovas. Der Nullmeridian war nirgendwo angezeigt, dafür hingen praktisch direkt auf dem Nullpunkt zwei Transparente, auf denen »Rückgabe« gefordert wurde: JÁNOVAS RESTITUCIÓN und REVERSIÓN CON JUSTICIA. Die nicht asphaltierte Straße endete an den Steinpfeilern einer verschwundenen Brücke über den wilden Fluss Ara. Am anderen Ufer ragte ein hoher, schmaler Felsen empor, der den Zugang beschützte wie ein Wächter, und daneben sah ich ein verlassenes, halb zerfallenes Dorf liegen. Auf Kopfsteinpflaster holperte ich weiter zu einer Hängebrücke aus Holz, die über dem Fluss hin und her schaukelte. Auch ohne das auf dem Boden liegende Schild »Für Autos und Fahrräder verboten« hätte ich das Auto stehen lassen.

Ich überquerte den Fluss also zu Fuß und hatte nun eine bessere Sicht auf Jánovas. Aus der Entfernung wirkte es wie eine Ansichtskarte: liebliches Dorf in grüner Berglandschaft; doch bei genauerem Hinsehen war zu erkennen, dass jedes Haus eine Ruine war. Auf der linken Seite des Dorfes, am Abhang, ragte der Kirchturm empor, höher als die anderen Häuser und mehr oder weniger intakt. Ein steiniger Pfad führte zum ersten Haus. An einer durchbrochenen Mauer hing noch das Ortsschild, darunter eine leere Informationstafel. Ich lief durch die grasüberwucherten Gassen und Gässchen: Die Struktur des Dorfes war gut zu erkennen. Hausdächer gab es nicht mehr, die Fenster klafften als leere Höhlen. Einige Gebäude waren halb eingestürzt, aber viele Außenwände standen noch. Ein Haus hatte sogar noch einen Balkon, da und dort sah man Reste von blauem Stuck auf den Innenwänden. Von Innenhöfen her drängten sich Bäume durch Löcher in den Mauern nach draußen. Jánovas lag verlassen und der Natur übergeben da, aber die Seele des Dorfes war noch zu spüren. In der Kirche waren die alten ockergelben und roten Heiligenfresken nahezu verschont geblieben, obwohl Stroh auf dem Boden lag und das Gotteshaus, wie die Ziegenköttel verrieten, inzwischen als Stall diente. Der Friedhof neben der Kirche wirkte recht gepflegt. Einige Grabplatten stammten aus dem neunzehnten Jahrhundert oder waren noch älter, in der Urnenwand standen ein paar künstliche Blumen in einer Vase. Als Allerletzte hatte man Petra Lacort Villacamp beigesetzt, verstorben am 21. Januar 1962, mit 77 Jahren.

Zwei Informationstafeln beim nächsten Aussichtspunkt an der Landstraße erläuterten die Tragödie von Jánovas. Zusammen mit zwei anderen Dörfern war das Dorf zur Zeit des Franco-Regimes zwangsgeräumt worden, weil ein Stausee zur Stromerzeugung geplant war. Jánovas sollte unter den Wassermassen verschwinden. Den Bewohnern blieb keine Wahl: Gegen eine minimale Entschädigung mussten sie ihre Häuser räumen, ihr Land wurde enteignet. Die Enteignung und die Räumung hatten sich viele Jahre hingezogen: Sie begann Ende der Fünfzigerjahre, und erst 1982 waren die letzten halsstarrigen Bewohner ausgezogen. Die Brücke mit den Steinpfeilern und die Häuser wurden zerstört, um sicherzustellen, dass die Bewohner ja nie mehr zurückkehrten.

Jánovas wirke wie ein verlassenes Dorf, sei aber in Wirklichkeit ein enteignetes Dorf, schrieb die Betroffeneninitiative auf der Informationstafel. Hätte die Geschichte einen anderen Lauf genommen, dann wäre heute vom Aussichtspunkt aus ein Stausee zu sehen, doch der war niemals gebaut worden. Ebenso wenig waren Grund und Boden den rechtmäßigen Besitzern zurückgegeben worden, weshalb noch viele Jahrzehnte danach Prozesse gegen den spanischen Staat geführt wurden.

»Die Geschichte unserer Dörfer ist von der Tragödie gezeichnet, die uns zwang, unser Geburtshaus, unser Land, unsere Existenz und schließlich sogar unsere Wurzeln im Stich zu lassen, und das alles angeblich für das Wohl der Allgemeinheit«, schrieben die Wortführer der vertriebenen Familien. »Mehr als fünfzig Jahre sind seit den ersten Enteignungen vergangen, und noch immer kämpfen wir.« Um ihren Forderungen Nachdruck zu verleihen, feierten sie seit einigen Jahren inmitten der überwucherten Ruinen das traditionelle Ortsfest von Jánovas und begannen, das enteignete Land zu kultivieren. Vorläufig bildete eine Ansammlung von Erinnerungen aus verwittertem Backstein alles, was von Jánovas übrig geblieben war; dazu gehörten auch die Reste einer Mühle, die jahrhundertelang das Korn gemahlen, aber auch dem Dorf Strom geliefert hatte.

42° 10' n.B.
Radiquero

Das Rätsel meiner Landkarte war gelöst: Im Gegensatz zu dem, was die Legende glauben machte, waren die Fakten, die der Karte zugrunde lagen, mehr als vierzig Jahre alt. Aber hätte ich nur korrekte Karten oder allein mein Navi zur Verfügung gehabt, hätte ich Jánovas – das in jeder Hinsicht einen Nullpunkt bildete – niemals gefunden.

Radiquero ist ein altes spanisches Dorf, wie es im Buche steht: kleine, steile Gassen zwischen Häusern, die zum Schutz gegen Angreifer, die Hitze und die Winde ganz nah aneinandergebaut waren. Ich hatte den kleinen Ort nach einer langen Fahrt auf einer verlassenen, gewundenen Straße mit sensationellen Ausblicken auf eine Hügellandschaft voller gigantischer Bäume und Olivenhaine erreicht.

Außerhalb des höher gelegenen Ortskerns, genau dort, wo das Ortsschild Radiquero anzeigte, schnitt der Nullmeridian die Hauptstraße. Von dort aus führte er weiter durch ein Haus mit einer Fassade aus groben, unregelmäßigen Steinen und einem Flachdach, auf dem eine kleine Windmühle stand. Die Bewohnerin kam gerade mit einer älteren Frau des Weges, die ihre Mutter oder Schwiegermutter sein konnte. Sie hatte noch nie vom Nullmeridian gehört und wusste schon gar nicht, dass er durch ihr Wohnzimmer führte. Einen Moment hellte sich ihr Gesicht auf, als ich ihr erzählte, dass diese unsichtbare Linie von weit her kommend, vom Nordpol und London über ihr Haus in Radiquero bis in die Antarktis führte. Danach wusste ich nicht mehr so recht, was ich noch sagen sollte, und auch die Frau schwieg. Ich wünschte ihr noch einen angenehmen Tag, sie murmelte eine Antwort und verschwand mit der alten Frau hinter der Haustür.

Über Nullpunkte in der Nähe von Adahuesca – gelbbraune Hügel mit da und dort Olivenbäumen – und entlang der Straße nach Barbastro – gelbbraune Hügel mit da und dort Olivenbäumen – traf ich in Berbegal ein, einem Dorf auf einer Hochebene, von dem aus sich eine überwältigende Aussicht über die Gegend bot: gelbbraune Hügel mit da und dort Olivenbäumen. An den Rändern des runden Dorfes hatte man eine Meridianroute angelegt, einen Pfad, der teilweise dem Nullmeridian folgte und in alle vier Windrichtungen einen Blick auf die Region Somontano de Barbastro und viele Dutzende Weiler und Dörfer bot. In diesem Teil von Aragonien sprechen etwa zehntausend Menschen noch Aragonesisch, das derzeit kurz vor dem Aussterben steht – ein letzter Überrest des Mozarabischen, jenes Lateins, das zur Zeit der Maurenherrschaft über Spanien von den Christen gesprochen und in arabischer Schrift geschrieben wurde.

Weiter südwärts lagen über lange Zeit nirgendwo Dörfer auf dem Nullmeridian. Südlich von Villanueva de Sigena gab es nicht einmal mehr Straßen, sodass ich über einen Umweg auf der AP2 landete, der Mautautobahn Saragossa – Barcelona, die zwischen Peñalba und Candasnos den Nullmeridian kreuzt. Das Herannahen der Nullgradlinie wurde – als sei es etwas, worauf sich der Autofahrer vorzubereiten habe – bereits drei Kilometer vorher auf einem großen Schild mit einer Karte eines orange eingefärbten Europa angezeigt, über das ein weißer Nullmeridian verlief. Ich sah sofort die Möglichkeit, meinen persönlichen, auf der Landstraße im französischen Romestaing aufgestellten Nullmeridian-Geschwindigkeitsrekord zu brechen. Die *autopista* war leer, die Landschaft desolat, und die Oktobertemperatur betrug 25 Grad. Ich kam an einem zweiten Schild vorbei, anderthalb Kilometer vor dem Meridian, danach einem dritten, und eh ich michs versah, fuhr ich mit Tempo 130 unter einem Bogen durch, der quer über die Autobahn führte, genau auf dem Nullpunkt mit dem europäischen geografischen Datum aus dem Jahr 1979.

Die nächste Ausfahrt – Bujaraloz – gab es erst in 48 Kilometern Entfernung, aber ich zögerte keinen Augenblick, und kaum war ich dort angekommen, machte ich wieder kehrt. Diesmal passierte ich von Westen her das erste Greenwich-Schild, und danach das zweite, das ich nicht sah, weil ein Lastwagen mir die Sicht nahm. Kurz vor dem Erreichen des Nullmeridians machte die Autobahn eine Doppelkurve und verengte sich auf dem Gipfel

eines Hügels von drei auf zwei Fahrbahnen. Ich sah einen Strommast, das Sonnenlicht, das über die ausgetrockneten Böschun-
gen streifte, Kilometerstein 81, ein paar Wassersprühanlagen, ein
niedrig angebrachtes Schild, das die Region Bajo Cinca markierte, einen weiteren Kilometerstein, ein Viadukt, und erst nach
der Ausfahrtspur zur Tankstelle Los Monegros – geöffnet von
0–24 Uhr – realisierte ich, dass ich den Nullmeridian aus unerfind-
lichen Gründen übersehen, aber bestimmt einen neuen Rekord
aufgestellt hatte: Mit Tempo 150 war ich über den Nullmeridian
und unter dessen Visualisierungsbogen durchgebraust, ohne auch
nur das Geringste davon zu bemerken.

Bei Fraga-Nord wendete ich erneut und fuhr zum dritten Mal
auf den Nullmeridian zu. Die tief stehende Sonne schien mir direkt in die Augen, und ich musste in letzter Sekunde einen Tank-
wagen überholen, aber es gelang mir, meinen persönlichen Rekord, »so schnell wie möglich über den Nullmeridian fahren«,
schließlich auf 165 Stundenkilometer zu steigern. Der Angestellte
der Mautstelle in Bujaraloz, an der ich binnen einer halben Stunde zweimal aus derselben Richtung vorbeigefahren war, wirkte
einen Moment überrascht, verzog aber keine Miene.

Etwa dreißig Kilometer unbewohntes Gebiet weiter südlich lag
Caspe. An der Straße stand ein orangefarbenes Schild mit der
Aufschrift »Meridiano Cero« und zwei Piktogramm-Fischen mit
Angel und Gabel mit Löffel. Dass der Nullmeridian nicht durch
die Ortschaft verlief, war nichts Besonderes, denn fast alles, was
zu Caspe gehört, liegt außerhalb der geschlossenen Ortschaft.
Das Städtchen selbst zählt 8000 Einwohner, ist aber mit einer
Gesamtfläche von gut 500 Quadratkilometern fünfmal so groß
wie Barcelona und nach Madrid die größte Gemeinde Spaniens.
Caspe besteht fast vollständig aus dem Aragonischen Meer, nämlich dem Mequinenza-Stausee, der die Größe eines Binnenmeers
hat und bekannt ist für seine internationalen Angelwettbewerbe.

Auf der Speisekarte des Restaurants Meridiano Cero prangte die Pizza Meridiano: Mozzarella, Tomaten, Peperoni, Schinken und Zwiebeln. Der benachbarte Tennisplatz sei nach dem Nullmeridian benannt, erzählte der Inhaber, und als er später sein Restaurant eröffnete, habe er beschlossen, »diesen faszinierenden und bedeutenden Namen« beizubehalten.

Das nächste Meridiandorf südlich von Caspe war Fórnoles. Seine uralten ockergelben Mauern ragten urplötzlich inmitten weiträumiger Olivenhaine empor. Zu dem abgelegenen Dorf wand sich nur ein schmales, kurvenreiches Sträßchen, auf dem an manchen Stellen nur zwanzig Stundenkilometer gefahren werden durfte. Am Dorfeingang lag eine *balsa*, ein rundes, in den Felsen gehauenes Becken, in dem das Regenwasser gesammelt wurde.

Fórnoles liegt auf dem Gipfel eines Berges mit einem weiten Panoramablick. Der Ort besteht aus uralten Häusern, Scheunen und – teilweise verfallenen – Bauernhöfen. Die einzigen lebenden Wesen in den engen Gassen waren eine alte Frau und ein Kind, das einen jungen Hund an einem Strick führte. Ansonsten war es totenstill, bis ich hinter einer Tür Stimmen hörte und durch ein Fenster eine Art Kantine sah. Draußen stand nichts angeschrieben, aber nachdem ich die Tür geöffnet hatte, befand ich mich in der Bar Teleclub »Casa Nostra«, die mehr Ähnlichkeit mit einem Wohnzimmer hatte als mit einem Gasthaus. Die Zahl der weiblichen Besucher war null, das Durchschnittsalter der Männer über sechzig. Vier Männer saßen wie die Hühner auf der Stange nebeneinander und sahen fern, andere hockten an braunen Tischen, unterhielten sich oder spielten Karten. Es gab einen Kamin, an den Wänden hingen ein paar alte Bilder, und der Stammtisch wurde von einer in einem Wagenrad hängenden Glühbirne beleuchtet. Auf dem Bücherbrett lag ein ganzer Stapel einer Broschüre über alternative Projekte für die ehemaligen Kohlengruben der Region, eine davon in der Nähe von Fórnoles.

Ich wurde dem Bürgermeister Ernesto Serrat Conchello vorgestellt, der seinen Wohnsitz nicht in Fórnoles hatte. Das Kind, das ich auf der Straße gesehen hatte, war offenbar eines von nur drei Kindern des Dorfes. Deshalb gab es auch keine Schule. »In Spanien müssen dafür wenigstens fünf Kinder im Ort wohnen. Diese Zahl schaffen wir nicht mehr.« Neunzig Prozent der Bevölkerung von Fórnoles sei älter als 65, berichtete Serrat Conchello. Das Problem war, dass es keine Arbeit gab. Die Bergwerke waren schon vor langer Zeit geschlossen worden, genau wie die drei Olivenölfabriken. Das Einzige, was Fórnoles noch zu bieten hatte, waren Mandeln und Kaninchenfleisch.

In den letzten drei Jahren hatte der Bürgermeister drei Eheschließungen vorgenommen. »Das Ergebnis sind die drei Kinder. Aber das reicht nicht.« Eine Woche zuvor war eine 95-jährige Einwohnerin gestorben. »Nun sind nur noch 108 übrig.« Viele Dörfer in der Umgebung seien bereits menschenleer, aber Serrat Conchello wollte unbedingt verhindern, dass Fórnoles dasselbe Schicksal erlitt. Das Dorf hatte noch eine Kirche, den Teleclub und einen Laden. »Das absolute Minimum. Aber wir haben seit Kurzem auch ein Museum. Das lockt hoffentlich Besucher herbei.«

Der Bürgermeister ging voran und öffnete ein Stück weiter oben an der Hauptstraße die Tür des Geburtshauses von Braulio Foz, das kurz zuvor in ein Museum umgewandelt worden war. Ich hatte noch nie von diesem liberalen und antiklerikalen Schriftsteller aus dem neunzehnten Jahrhundert gehört, aber in Spanien ist er berühmt, und sein Roman *La vida de Pedro Saputo* aus dem Jahr 1844 genoss einst internationale Bekanntheit. In dem kleinen Wohnhaus wurden Gegenstände ausgestellt, die mit dem Schriftsteller zu tun hatten, aber auch Informationstafeln zu regionaler Bautechnik und Architektur sowie zur Gewinnung von Olivenöl. Und es gab ein »dem Greenwich-Meridian in der Welt und in Fórnoles« gewidmetes Zimmer, in dem eine antike Weltkugel auf Stützen aufgebockt war.

Fórnoles kämpfte um seine Existenz, das war klar, doch es hielt stand, bis zum Allerletzten.

Gleich neben dem Friedhof schoss ich auf dem Nullmeridian mein rituelles Selbstporträt und fuhr dann weiter nach Herbés, einem Meridiandorf, das Fórnoles ähnelt: Es hat 72 Einwohner, und es werden immer weniger. Das Dorf liegt isoliert in einem dünn besiedelten Gebiet, weit weg von der bewohnten Welt, und den einzigen Zugang bietet ein schmales, gewundenes Sträßchen. Doch nun zeigte sich ein großer Unterschied zu Fórnoles: Schlagartig wurde die Straße nach Herbés breiter, und die Fahrbahndecke war asphaltiert und nicht nur befestigt. Das geschah genau auf der Grenze zwischen Aragonien und der zur autonomen Valencianischen Region gehörenden Provinz Castellón und war vermutlich kein Zufall. Das »n« von Castellón war mit Klebeband verdeckt, sodass Castelló zu lesen war, die valencianische Bezeichnung für die Provinz.

Der Nullmeridian durchschnitt Herbés knapp außerhalb des Dorfkerns. In der Schlucht neben der Straße wuchsen Mandelbäume, auf Höhe des Nullpunktes und direkt beim handgeschriebenen Warnschild »Müllabladen verboten« befand sich eine illegale Müllkippe. Es stank faulig, Fliegenschwärme schwirrten in der Luft herum.

Im Dorf schleppte sich eine Frau mit Gehstock mühsam eines der steilen Sträßchen hinauf, eine andere, etwa 75-Jährige, stand mit umgebundener Schürze auf ihrem Balkon. Ich ging zur Kirche, die einen stumpfen Turm hatte, und setzte mich davor auf eine Bank. Gleich hinter dem Kirchplatz grasten Schafe, Tausende Vögel zwitscherten, jeglicher Verkehr fehlte, und kein Mensch war zu sehen oder zu hören. Eine Stunde später waren ein Auto und drei Menschen vorbeigekommen. Angesichts der hohen Dosis von Was-soll-ich-hier-eigentlich versuchte ich auf meinem Mobiltelefon nach Algerien und in die Niederlande zu telefonieren, aber es kam keine Verbindung zustande, welche Nummer ich auch wählte, also beschloss ich, mich aus dem Staub zu machen.

In dem fast 900 Meter hoch gelegenen Balneario de l'Avellà führte der Nullmeridian praktisch mitten durch die heilkräftige Quelle, die den Weiler zu einem bekannten Kurort und Hersteller eines schwefelhaltigen Mineralwassers machte.

Langsam, aber sicher näherte ich mich dem Mittelmeer. Auf der CV64, einer stillen Provinzstraße von Albocàsser nach Sant Pau, stand zu beiden Seiten der Straße eine braune Tafel mit der Aufschrift »Meridiano de Greenwich«. Das war bemerkenswert, denn zum allerersten Mal seit dem englischen Tunstall lag ein Meridianzeichen genau auf dem international anerkannten universalen Nullmeridian mit dem geografischen Datum WGS84. Zwischen den Mandelbäumen im Herzen der Provinz Castellón wich die Markierung des Nullmeridians nicht von den Koordinaten auf meinem GPS ab, und die internationale Ordnung schien hier endlich einmal vollkommen im Gleichgewicht zu sein: Hier war alles, wie es sein sollte.

40° 06' n.B.
La Pobla Tornesa

Ganz anders als beispielsweise etwa vierzig Kilometer weiter südlich, wo bei dem Dorf Puebla-Tornesa (auf Valencianisch und offiziell La Pobla Tornesa) in Höhe von 4,1 Bogensekunden des universalen Nullmeridians zwei enorme Meridianschilder neben der viel befahrenen Schnellstraße aufgestellt waren. Auf den gesamten Erdumfang bezogen war der Unterschied von ein paar Dutzend Metern natürlich vernachlässigbar. Außerdem stellte sich ja die Frage, wie breit der Nullmeridian als imaginäre Linie eigentlich war. Wenn man die Breite des Nullmeridians im Verhältnis zum Rest einer faltbaren Weltkarte berechnen wollte, auf der er eingetragen ist, wäre er vielleicht an die hundert Kilometer breit. Dennoch vertrug ich diese Untergrabung des Prinzips einer allumfassenden Ordnung nicht besonders gut, und mein unbehagliches Gefühl verflüchtigte sich erst, nachdem ich auf meinem Navi das geografische Datum von »universal« auf »European 1979« umgestellt hatte und ich mich neben dem dahinrasenden Verkehr der CV 15 plötzlich durchaus exakt auf einem Längengrad von 00° 00′ 00.0″ befand.

Die Nullmeridian-Markierung in La Pobla Tornesa bestand aus drei Teilen: einer kleinen, niedrigen Ost-West-Säule mit dem Wort Meridia und zwei großen Schildern zu beiden Seiten der Schnellstraße mit der Aufschrift »meridià de Greenwich, longitud 00° 00′ 00″ latitud 40° 07′ 01″«. Auffallenderweise trug die Tafel auf der einen Straßenseite nur die Worte »Ost« und »West« neben der abgebildeten stilisierten Weltkugel, das Schild auf der anderen Seite auch die Worte »Nord« und »Süd«. Die Worte für Meridian und die Windrichtungen auf der Säule und den Tafeln waren auf Valencianisch, das Sprachwissenschaftler nicht als eigene Sprache betrachten, sondern dem Katalanischen zuordnen. Das zeigte sich auch bei der Unterzeichnung des Europäischen Grundgesetzes in Rom, als der spanische Premierminister den Text auf Bitten der valencianischen Behörden außer auf Spanisch (Kastilisch) und den drei offiziellen spanischen Minderheitensprachen Katalanisch, Baskisch und Galizisch auch noch in einer eigenen Übersetzung ins Valencianische mitbrachte. Sie erwies sich als völlig identisch mit der katalanischen Fassung.

Die topografischen Charakteristika von Castellón de la Plana waren für einen Besucher nicht einfach auszumachen: Das Stadtzentrum liegt vier Kilometer von der See entfernt und geht in ein großes, unübersichtliches und teilweise verstädtertes Gebiet über, das aus Apfelsinenplantagen, Gewerbegebieten, Neubauvierteln, Maisfeldern und einem Wirrwarr von Verbindungsstraßen besteht. Im Hafendistrikt El Grao liegen der große Hafen und das angrenzende Industriegebiet, in das noch ein altes Fischerdorf eingeschlossen ist. Castellón wirkt wie das typische Produkt eines in Spanien nicht ungewöhnlichen chaotischen Urbanisierungspro-

zesses ohne echte Planung: für Außenstehende ein wahres Labyrinth. Es ist zwar eine Provinzstadt, aber in Sachen Nullmeridian
eine Metropole: Neben London ist es die einzige europäische
Stadt auf der Grenze der beiden Hemisphären. Nachdem ich monatelang nichts als französische und spanische Dörfer besucht
hatte, musste ich mich erst wieder an Fabriken, Ampeln, staubige
Schnellstraßen und Lärm gewöhnen.

Es war Mitte Oktober und noch heiß. Ich versuchte, kaum
hatte ich die Stadt erreicht, zum Nullmeridian zu fahren, und war
beinahe angekommen, als die Straße abrupt endete. Es gab keine
Möglichkeit, nach rechts oder links abzubiegen. Ich fuhr also ins
Zentrum zurück und bezog ein deprimierendes Hotelzimmer:
schmales Bett, Aussicht auf eine Brandwand direkt vor dem Fenster, Dusche ohne Duschkopfhalterung und ein Vorhang voller
brauner Flecken.

Nachdem ich nun die Mittelmeerküste erreicht hatte, blieb mir 40° 00' n. B.
in Spanien nur noch ein Stückchen vom Nullmeridian, der bei Castellón de la Plana
Benidorm eine Halbinsel berührte. Dann wollte ich von Alicante
aus die Fähre zu der algerischen Hafenstadt Oran nehmen, wo
mich mein algerischer Reisegefährte mit einem Landrover abholen sollte. Aber mir fehlte noch immer ein Visum im Pass, den mir
eine Freundin aus den Niederlanden bringen würde. Ich hatte
während meiner Reise regelmäßig eine Unmenge von Leuten kon-
taktiert, die vielleicht etwas für mich tun könnten, und dem Botschafter einen flammenden Brief geschrieben, doch das hatte alles
nichts bewirkt, und ich beschloss, nun zum letzten Hilfsmittel
zu greifen: dem Frontalangriff. Das passte doch zu einem Land
mit einer so blutigen Geschichte wie Algerien. Ich las mir noch
einmal den Text der algerischen Nationalhymne »Wir schwören«
durch, die zur Zeit des Aufstands gegen die französische Herrschaft komponiert worden war und deren letzte Zeilen der zweiten Strophe in etwa Folgendes bedeuteten:

Wir skandierten unsere Forderungen im Rhythmus
der Kanonen
Und schrien im Takt der Maschinengewehre
Dass wir beschlossen haben, dass Algerien leben möge.
Das sollt ihr bezeugen! Das sollt ihr bezeugen! Das sollt ihr
bezeugen!

Ich rief Chahreddine Berriah an, der vor Kurzem noch optimistisch gewesen war und mich beschworen hatte, dass er trotz seiner
Zusammenstöße mit der Justiz kein Klotz am Bein wäre, sondern
im Gegenteil »ein von den Behörden sehr geschätzter und allseits
bekannter Journalist«, der sogar schon einmal ohne Probleme
»Vertreter spanischer und italienischer Menschenrechtsorganisati-
onen« empfangen habe. Inzwischen war auch er davon überzeugt,
dass mein Visumantrag in eine Sackgasse geraten war, und er erbat
kampflustig meine Zustimmung, in seiner Zeitung *El Watan* über
mein »Problem« einen Artikel schreiben zu dürfen. Ich stimmte
zu, denn ich hatte nichts mehr zu verlieren. Zufällig war gerade
die von den »Journalisten ohne Grenzen« zusammengestellte
fünfte »Weltrangliste der Pressefreiheit« erschienen: Algerien
nahm darin den 126. Platz ein. Die Niederlande teilten sich mit
Finnland, Island, Norwegen und Schweden den ersten Platz, während Nordkorea – wo es den Beruf Journalist gar nicht gibt – als
168. Land und zugleich als Schlusslicht erschien. Algerien verdankte seine niedrige Position zweifellos der unsicheren Lage der
Journalisten und den juristischen Problemen, denen sie ausgesetzt
waren, obwohl das Land durchaus ein gewisses Maß an Pressefreiheit kannte.

Berriah telefonierte auch noch mit dem algerischen Botschafter
in Den Haag. Der ließ mitteilen, er könne nichts mehr für mich
tun: Mein Schicksal liege noch immer in der Hand »der befugten
Autoritäten in Algier«. Ich selbst sprach noch mit der Nummer
zwei der algerischen Botschaft – dem Ersten Botschaftsrat –, der

mit meiner Angelegenheit befasst war und dessen Namen ich erst nach langem Herumtelefonieren hatte herausfinden können. Angeblich bemühte er sich schon geraume Zeit, Bewegung in meine Angelegenheit zu bekommen. So habe er »diverse Male mit Algier gesprochen« und auch bereits mit der niederländischen Botschaft in Algier beratschlagt. »Ich kann auch nicht verstehen, warum sich alles so hinzieht«, sagte er. »Ich bin tief enttäuscht, und ehrlich gesagt bringt mich diese ganze Sache in Verlegenheit.« Ich fragte ihn, ob ich noch eine Chance hätte. »Solange das Visum nicht offiziell abgelehnt worden ist, gibt es Hoffnung«, meinte er.

Ich wandte mich an die niederländische Botschaft in Algier, wo mir der Erste Botschaftsrat versprach, beim Ministerium nachzufragen, wie es um meinen Visumantrag stehe, und wenn möglich diplomatischen Druck auszuüben.

Am Ende wandte ich mich auch noch an den prominentesten algerischen Journalisten, der mir antwortete: »Die bürokratischen Machthaber misstrauen Intellektuellen und Journalisten und tun alles, was in ihrer Macht steht, deren Einreise nach Algerien zu verhindern. Ich rate Ihnen, auf keinen Fall das algerische Staatsgebiet zu betreten – und schon gar nicht auf der Sahara-Route, die Sie nehmen wollen –, wenn Sie im Vorfeld nicht alles haben regeln können. Ich wünsche Ihnen viel Glück!«

II

Eine Provinzstadt auf
der Weltkarte

In Castellón kreuzte der Nullmeridian eine viel befahrene Verkehrsstraße, die das Stadtzentrum mit dem Hafen verband. Verloren stand zwischen ein paar Firmen und einer Aussegnungshalle auf einem verwilderten Grundstück neben zwei grünen Müllcontainern eine von Weitem nicht als solche erkennbare Meridianmarkierungssäule inmitten von herumliegenden Steinbrocken und verstreutem Abfall. Wahrscheinlich hatten nur sehr wenige Einwohner Castellóns das Meridianzeichen jemals wirklich gesehen, denn es gab keine Wohnhäuser in der Nähe, und die zweispurige Straße war ohne Gehsteige. Wegen der vorbeidonnernden Lastwagen etwas riskant, parkte ich mein Auto halb auf dem Randstreifen und notierte inmitten von Auspuffgasen und brennendem Müll die Fakten: Höhe: minus 14 Meter, Längengrad: 00° 00′ 01.9″. Auch als ich das geografische Datum in »European 1979« änderte, zeigte das Navi eine Abweichung von 2,2 Bogensekunden, und welches Datum ich danach auch ausprobierte, die trostlos graue Säule wollte einfach nicht am rechten Ort stehen.

Ich wischte ein bisschen Sand weg, um die Inschrift am Säulenfuß erkennen zu können. Der Text und die verwendeten Abkürzungen waren nicht besonders gut zu lesen, schienen mir aber in jedem Fall unrichtig, weil sowohl von in nördlicher Breite als auch in südlicher Breite ausgedrückten Entfernungen die Rede war, was an sich schon ein Ding der Unmöglichkeit ist, und weil überdies auf der nördlichen Halbkugel von »südlicher Breite«

keine Rede sein kann. Wenn ich die Angaben auf dem Gedenkstein interpretierte, schien mir Folgendes gemeint zu sein: »An dieser Stelle verläuft der Greenwich-Meridian auf 2620 Metern südlich des 40. Breitengrads, nachdem er 5000 Meter von diesem Punkt entfernt bei Almazora aus dem Meer kommend das Land erreicht hat. Der Rotary Club von Castellón, Dezember 1984.«

Am Abend streifte ich ein bisschen verloren durch die Innenstadt und dachte darüber nach, dass ich auf den algerischen Teil des Nullmeridian-Verlaufs möglicherweise verzichten musste. Hinsichtlich der dort erreichbaren und bewohnten Nullpunkte wäre das nicht gar so schlimm: Das Fischerdorf Stidiá, das Städtchen Hacine und ansonsten nichts als Leere auf vielen Hunderten Kilometern der nächstgelegenen Wüstenpiste. Ein Foto, das ich im Internet fand, zeigte ein Schild mit den Worten MERIDIEN DE GREENWICH auf Arabisch und Französisch. Der Pfeil darunter wies zu einem ausgetrockneten Wassergraben neben einer asphaltierten, zweispurigen Straße.

Ich landete in einem Lokal, wo die spanische Inhaberin María Jesús marokkanische Gerichte servierte und zu deren Spezialitäten auch Schokoladenprodukte zählten. Sie war nett, trug ein eng anliegendes schwarzes Kleid mit großzügigem Dekolleté, und ihre Schokoladenkreationen waren unwiderstehlich. Zwei lateinamerikanische Frauen halfen ihr, die Couscousgerichte, Tortenstücke, den Tee in Gläsern und andere Getränke herbeizutragen und wieder abzuräumen. Eine klare Arbeitsteilung schien es nicht zu geben. Alle drei nahmen Bestellungen entgegen, bedienten, unterhielten sich mit den Kunden, rechneten ab. Das Chaos wurde von Stunde zu Stunde größer; in der kleinen, neben der Toilette liegenden Küche hatte sich ein riesiger Berg Abwasch angehäuft. Nach der Sperrstunde luden sie mich ein, noch ein wenig zu bleiben. Ich erzählte, dass ich mich am nächsten Tag auf die Suche nach dem Meridianpark machen wolle, über den ich im Internet einen kurzen Bericht gelesen hatte. María Jesús wohnte schon ihr Leben lang in Castellón, von diesem Park hatte sie aber noch nie gehört. Kein Mensch, den ich fragte, schien etwas von der Existenz eines Meridianparks zu wissen, auf dem Stadtplan war er nicht eingezeichnet, und mein Routenplaner kannte ihn ebenso wenig.

María Jesús und ich tauschten Telefonnummern aus, und da mein Handy die eingetragenen Kontakte aus dem Adressbuch – auf Niederländisch – laut ansagt, wenn ich angerufen werde, produzierte die blecherne Roboterstimme aus meinem Gerät kurz darauf ein monotones »Maria-Jesus-Maria-Jesus-Maria«.

Tags darauf machte ich mich auf die Suche nach dem Meridianpark, der sich an einer ganz besonderen Stelle befinden musste: auf der Schnittfläche des Nullmeridians mit dem 40. Breitengrad. Im Internet existiert eine virtuelle Gemeinschaft, für die ein solches Koordinatenmuster beinahe religiösen Status hat. Die Anhänger des Projekts versuchen, gemeinsam alle Orte zu besuchen, an denen sich die ganzzahligen Längen- und Breitengrade kreuzen. Und warum? »Schnittpunkte sind interessant, weil sie die Willkür verkörpern, die der strikten Ordnung inhärent ist«, schrieb einer von ihnen. Für ihn war das Gradnetz, das über die Erdkugel gelegt wird, »eine offene Missachtung der Ordnung, die uns unsere Kultur aufdrängt«.

Auf der Erdoberfläche gibt es 64 442 Schnittpunkte von ganzzahligen Längen- und Breitengraden. Davon befinden sich 21 543 auf dem Land, 38 409 in Meeren oder Ozeanen und 4490 auf der Polkappe. Das klingt übersichtlich. Da aber bis ins Extrem eingehaltene Ordnung gerade oft zu Unordnung führt, haben die Schnittpunkt-Junkies komplizierte Regeln aufgestellt, um zu bestimmen, welche der Konfluenzpunkte (Schnittpunkte der Koordinaten) wohl und welche nicht für das Projekt infrage kommen. Es wurden »primäre« und »sekundäre« Konfluenzpunkte definiert. Primär bedeutet, dass es möglich ist, als Beweismaterial ein

Foto zu schießen, sekundär, dass dergleichen vor Ort nicht möglich ist – beispielsweise mitten im Ozean –, oder wenn es zwar einen Orientierungspunkt wie einen Berggipfel oder eine Insel in der Nähe gibt, es an diesem Tag aber für den Schnittpunktkontrolleur zu neblig war, um den erforderlichen Echtheitsnachweis erbringen zu können. Am heftigsten ringen die Schnittpunkt-Junkies bei der Ordnung ihres Systems mit dem »Polproblem«. Auf dem Äquator liegen die Meridiane am weitesten auseinander (111 Kilometer), danach nimmt die Entfernung zwischen ihnen mit jedem Breitengrad ab, bis es auf 1 Grad (89°) vom Nordpol oder Südpol entfernt kulminiert in einer Orgie von Schnittpunkten, fast alle zwei Kilometer voneinander entfernt. Aus diesem Grund hat die Gemeinde strenge, komplizierte Regeln entwickelt, um in diesen Gebieten die Anzahl der Schnittpunkte, die für die Registrierung infrage kommen, zu minimieren. Seit dem Zusammenschluss der Schnittpunktjäger wurden in 181 Ländern mehr als 5800 Konfluenzpunkte festgelegt, und das Ergebnis dieser Anstrengungen ist eine unendliche Fotosammlung von – hauptsächlich – Feldern, Wäldern und Wüsten. Meist sind es dramatisch uninteressante Abbildungen, auch, weil im Vordergrund oft nur gähnende Leere ist: Der hübsche Baum, der als Blickfang hätte herhalten können, stand ausgerechnet zehn Meter zu weit rechts oder links.

Der wichtigste Nullpunkt, der Schnittpunkt des Nullmeridians mit dem Äquator, befindet sich im Golf von Guinea, ungefähr 600 Kilometer vor der Küste Ghanas. Auf der Höhe dieser Explosion von Nullen wurde von einer deutschen Expedition ein Foto geschossen, das auch sonst wo hätte aufgenommen werden können. Es ist ein Foto vom Meer, nicht mit hohen Wellen oder besonders smaragdgrünem Wasser, sondern einfach ein Foto vom Meer, wie Meer eben aussehen kann: eine graublaue Wassermasse. Um acht Uhr morgens erreichten die Deutschen 00° 00′ 00.0″ n. B./s. B. und 00° 00′ 00.0″ ö. L./w. L., wo sie eine Kugel ins Meer warfen, die unter Hochdruck zum Vakuum gepresst mit einem Durchmesser von 25 Zentimetern und im Innern mit einem Druck von 0,000001 Bar »eine Annäherung an das Nichts« enthielt: die amtliche Einrichtung eines Nullmeridian-Äquator-Markierungszeichens in einer Tiefe von 5000 Metern.

Ohne den ehemaligen amerikanischen Präsidenten Bill Clinton hätte sich die Schnittpunktebewegung niemals voll entfalten können. Er gab am 1. Mai 2000 die in den Siebzigerjahren des zwanzigsten Jahrhunderts vom amerikanischen Militär entwickelte GPS-Technologie auch für nicht militärische Zwecke völlig frei, worauf die Vereinigten Staaten die absichtliche Verschlechterung der Satellitensignale einstellten. Heute kann jeder überall auf der Welt mit einem Navi im Pocketformat seine Position mit einer Genauigkeit von wenigen Metern bestimmen. In amerikanischen Kornfeldern fahren Traktoren herum, die mithilfe der GPS-Technologie unbemannt ihren Weg finden, und seit die neueste Generation von Mobiltelefonen eine standardmäßig eingebaute GPS-Funktion besitzt, wird es nicht mehr lange dauern, bis – 2000 Jahre nach Ptolemäus – jeder Fußgänger seine ständig neu berechneten Längen- und Breitengrade mit sich herumträgt. Nicht dass das überall erlaubt wäre: Es gibt noch immer Länder, in denen man GPS-Apparaten in der Hand von Privatleuten argwöhnisch gegenübersteht und wo deren privater Einsatz verboten ist.

»Normale Karten wissen nicht, wo Sie gerade sind«, warb ein Hersteller von Navigationsgeräten. Das stimmt, aber für meine Zwecke – das Auffinden des Nullmeridians – war auch eine topografische Karte unentbehrlich. Natürlich war es möglich, Koordinaten in mein GPS einzugeben und mich dorthin führen zu lassen – die sogenannte »Schatzsucherfunktion« –, aber da ich nie wusste, welchen Breitengrad ich ansteuern musste, hätte das in meinem Fall keinen Sinn gehabt. Grundsätzlich war der kürzeste Weg zum Nullmeridian, je nachdem, auf welcher Halbkugel ich mich befand, immer direkt nach Osten oder direkt nach Westen.

Doch der Nullmeridian war kompromisslos und regelmäßig unerreichbar, sobald er eine Mauer, einen Bauplatz oder einen Fluss querte.

Auf dem Weg zum Meridianpark fuhr ich lange über die Ferdinando-El-Católico-Straße, die später ihren Namen wechselte, und durch Außenbezirke mit Wohnblocks in Richtung des 40. Breitengrads. In der Ferne sah ich hohe Berggipfel aufragen, und plötzlich stand mitten in einem Kreisverkehr das erste einer Reihe zweisprachiger Schilder mit der Aufschrift »Meridianpark«. Sie leiteten mich aus der Stadt in das verlotterte Gebiet zwischen Stadt und Hafen, ich musste in eine schmale Seitenstraße einbiegen und landete in einer ländlichen Gegend mit Fincas, Orangenplantagen, Bougainvilleas, Palmen, versteckten Villen, Zäunen und offenen Abwasserkanälen. Ich fuhr bis zum Eingang des Parks. Obwohl es Sonntagnachmittag war, lag der Park völlig verlassen da. An einer großen Holztafel mit rotem Schutzdach hing ganz verloren in der Ecke die Ankündigung eines »Meridian-Volkslaufs«, im DIN-A4-Format, organisiert vom Verein Nachbarn des Meridians. Ein Pfad, neben dem meterhoch lila Oleander blühte, führte zum Nullpunkt. Dort hatte man einen verwitterten quadratischen weißen Betonpfeiler aufgestellt, seiner Form nach ein riesiger Ofenanzünder, mit spanischer Inschrift: »HIER KREUZEN SICH DER GREENWICH-MERIDIAN UND DER VIERZIGSTE BREITENGRAD. ANNO 1988.« Der Gestalter hatte sich für diesen besonderen Schnittpunkt auch einen passenden Namen ausgedacht: GRECUARENTA. Auf einem kleineren Schild war noch zu lesen: »Die Zerstörung dieses Markierungszeichens steht laut Gesetz unter Strafe.«

An den vier Seiten des Denkmals lagen Bronzeplatten mit den Worten GREENWICH, PARALELO, 40° und MERIDIANO. Daneben standen Bänke aus Beton, ohne Lehne, alle fünf verwaist. Auf dem Boden lagen zwei Zigarettenkippen. Der Abfalleimer war leer. Ein Hahn krähte, Hunde bellten, und in weiter Ferne hörte man die Landstraße. Der schmale, rechteckige Park lag Ostwest, und die zwei parallelen Wege waren genau am 40. Breitengrad entlang angelegt. Ich ließ meine Tasche am Denkmal stehen und erkundete den rechten Pfad. Auf halber Strecke stieß ich auf ein kleines weißes Haus mit grüner Tür, darüber eine abstrakte Kreuzigung. Der kleine, mit Lorbeerbäumen, Ulmen und Nesselbäumen bepflanzte Park endete an einem Wassergraben und einem mit Drahtgitter bespannten Tor. Dahinter konnte man zwischen den Bäumen die Umrisse einer Villa und zweier noch nicht fertiggestellter Häuser ausmachen. Ich setzte mich auf eine der Bänke an der Säule und überprüfte die Koordinaten: laut dem europäischen geografischen Datum aus dem Jahr 1979 stimmten sie exakt und signalisierten mit 0 Grad Länge und 40 Grad Breite ein nahezu ultimatives Ausmaß von Ordnung.

Ich saß bereits einige Stunden und schrieb, als ich Stimmen hörte. Es waren keine zufälligen Besucher, sondern der Künstler José Miguel Mas und seine Frau, die einem befreundeten Paar das von ihnen gestaltete Wandgemälde zeigen wollten. Mas lud mich ein, sie zu begleiten, und öffnete kurz darauf die Tür des kleinen Häuschens am Ende des Parks. »Die Kapelle der Heiligen Jungfrau Mariä Himmelfahrt«, sagte er. »Die erste Einsiedelei seit 1947, die in Castellón neu erbaut wurde.« Mas war eigentlich Bildhauer, und dies hier war sein erstes Wandgemälde. Die Heilige Jungfrau stand auf einer Säule, über ihr ein azurblauer Himmel voller Schäfchenwolken und Engel. »Die Engel finde ich nicht so gelungen«, bemerkte Mas' Ehefrau Mari Carmen Peral, »aber die Wolken sind schön geworden.«

Mas erklärte, dass der Verein Nachbarn des Meridians den Bau der Kapelle und die Renovierung des Parks initiiert habe, und er meinte, ich müsse unbedingt den Vorsitzenden Ramón Herrero Torres kennenlernen. Er selbst habe leider keine Zeit, aber beim Hinausgehen hielt er einen Passanten an und sagte ihm, wohin ich müsse. Der Mann war ein Orangenfarmer aus der Gegend und schien Herrero zu kennen. Er stieg in mein Auto, und gemeinsam fuhren wir auf dem Weg weiter, bis er in einer Sackgasse endete. Der Orangenfarmer bedeutete mir, vor einer Mauer mit einem massiv aussehenden elektrischen Schiebetor zu halten. Er drückte auf eine Klingel, erklärte, wer wir waren, und das Tor schob sich zur Seite. Ich fuhr über eine Auffahrt, an einem Teich mit sprudelnden Fontänen vorbei und hielt vor einem Landhaus mit diversen Anbauten und Laubengängen. In der angrenzenden Garage standen zwei Autos. Mein Begleiter verließ mich, und Ramón Herrero Torres lud mich in die Arbeitsküche ein. Er sei kein Orangenfarmer, stellte er sofort klar, sondern der Eigentümer eines Unternehmens, das auf die Anlage von Gärten und Grünanlagen spezialisiert sei. Der Orangenhain auf seinem Landgut sei »für den eigenen Bedarf«, genau wie der Gemüsegarten. Herrero war ein kleiner, unauffälliger Mann mit leiser Stimme; am Arm trug er eine große Uhr, und ihn umgab eine Wolke von Aftershave. Er hatte ein einnehmendes Wesen, offenherzig, dezidiert und ernsthaft, machte sich regelmäßig Notizen und führte zwischendurch verschiedene kurze Telefonate.

»Ich komme ursprünglich aus der Provinz«, erzählte er. »Als ich hierherzog, gab es nichts: keine Straßenbeleuchtung, kein Trinkwasser, keine Kanalisation.« Das hatte er alles anstoßen können. Der Meridianpark existierte zwar seit Jahren, aber Herrero hatte ihn verwahrlost vorgefunden: geschlossen, von Unkraut überwuchert und als Müllkippe missbraucht. Das alles hatte sich mit der Gründung des Vereins Nachbarn des Meridians geändert. Er holte eine Broschüre hervor, darauf abgebildet das Wandgemälde der Heiligen Jungfrau Mariä Himmelfahrt von José Miguel Mas.

»Wir geben jedes Jahr anlässlich der Feierlichkeiten, die wir an Mariä Himmelfahrt im Park organisieren, so ein Büchlein heraus. Diesmal beschäftigt es sich speziell mit der Einweihung der Kapelle.« Er schlug die Broschüre auf. Auf Seite eins war ein Foto

des stellvertretenden Bürgermeisters des Hafendistrikts El Grao.
Auf Seite zwei: ein Foto von Herrero. »Das bin ich«, sagte er zu
allem Überfluss. Herrero hatte Großes vor mit dem Meridianpark, ein Teil davon war bereits umgesetzt worden: Mit kom-
munaler Unterstützung hatte man Quittenbäume angepflanzt,
und der Meridian-Verein hatte Fahrradrennen organisiert, Paella-
Wettbewerbe, Tanzabende, Nachbarschaftsfeste, ein alljährliches
Patronatsfest für den heiligen Antonius – Schutzpatron der Gesundheit und der Tiere –, Männer- und Frauenfrühstücke an Mariä Himmelfahrt und ein traditionelles Sardinen-Grillfest. Auch
ein Fußballverein war inzwischen gegründet worden, Deportivo
Meridiano. Viele Aktionen waren geplant: eine drastische Erweiterung des Parks, ein ökologisches Informationszentrum für das
Sumpfgebiet, in dem der Schnittpunkt des Nullmeridians und des
40. Breitengrads lag, das Ausbaggern einer Lagune mit Vogelbrut-
inseln, die Wiedereinführung verschwundener Tier- und Pflan-
zenarten wie Zahnkarpfen und Rohrkolben sowie der Bau eines
Museums für traditionelle landwirtschaftliche Geräte. Doch damit noch längst nicht genug.

»Hier ist die einzige Stelle der Welt, wo sich der Nullmeridian
und der 40. Breitengrad kreuzen. Es ist ein Ort von weltweiter Bedeutung«, meinte Herrero. Es wirkte, als habe der 45-jährige Unternehmer nur auf mein Kommen gewartet. »Ihre Erfahrungen
bieten die Chance, Castellón definitiv auf die Weltkarte zu bringen. Ihr Buch wird in großen Stapeln in unserem Informationszentrum liegen. Ich kenne viele Unternehmer aus der Region. Ich
werde mit ihnen reden, und auch mit dem Bürgermeister und dem
Gouverneur, und ich nehme Ihnen ein paar Tausend Exemplare
ab.« Ein schöner Plan, aber da gab es noch ein Problem, wandte
ich ein: Das Buch würde in Niederländisch erscheinen. Herrero
sah mich verblüfft an. »Niederländisch? Ist das eine Sprache? Ich
dachte, dort spricht man Englisch.« »Es ist eine eigene Sprache«,
antwortete ich. »In den Niederlanden erscheinen Bücher auf Nie-

derländisch.«»Dann lasse ich es übersetzen, und die Unternehmer bezahlen ein bisschen mehr. Dazu ist es aber nötig, dass Sie hier zuerst einmal bekannt werden. Sie wissen alles über den Meridian, und das müssen Sie der Bevölkerung erklären. Ich werde das regeln.« Er brachte mich zur Tür und sah, dass ich einen Blick auf das Fußballfeld neben seinem Haus warf.»Mein kleiner Sohn liebt Fußball«, sagte er.»Eigentlich reicht auch ein Tor, aber ich dachte: Es ist Platz genug für ein ganzes Feld.«

Um halb neun am nächsten Morgen klingelte das Telefon in meinem Hotelzimmer, ich lag noch im Bett. Es war Herrero. »Können Sie in fünfzig Minuten im Park sein?« Ich sprang schnell unter die Dusche und fuhr ohne Frühstück zum 40. Breitengrad. Beim Denkmal auf dem Schnittpunkt hatten sich neun Personen eingefunden: der Vorsitzende Ramón Herrero Torres und vier andere Vorstandsmitglieder des Vereins Nachbarn des Meridians, ein Reporter und ein Fotograf der Zeitung El Mundo sowie ein Reporter und ein Kameramann des Regionalsenders Radio TV Castellón. Der Reporter war ein etwa sechzigjähriger Mann, der sich wiederholt am Wort»Greenwich«verschluckte, das er außerdem jedes Mal anders aussprach, manchmal blieb es ihm zwischen den Zähnen hängen, und man hatte den Eindruck, er müsse es ganz hinten in seiner Kehle losreißen. Um einzelne Teile später leichter montieren zu können, probte er verschiedene Einleitungen, die er jedes Mal mit der Feststellung begann, dass wir hier auf einem »unglaublich wichtigen Kreuzpunkt von Linien« stünden, »einzigartig in der Weltgeschichte«, und dass der »weltweit bekannte Greenwich-Meridian« hier einfach so vorbeiführe, »mitten durch Castellón, mitten durch diesen so wichtigen Meridianpark.« Vor laufender Kamera beantwortete ich in meinem besten Spanisch seine ratternden Fragen, setzte meine Unterschrift in das Goldene Gästebuch des Meridian-Vereins, bekam von Ramón Herrero eine Medaille umgehängt, auf der eine kleine Karte der Provinz Castellón mit zwei sich kreuzenden Linien und dem valencianischen

Text »associació de veïns del meridià« abgebildet war, und musste am Ende vor dem Wandgemälde der Heiligen Jungfrau Mariä Himmelfahrt posieren.

Nach der Zeremonie fuhr ich mit Herrero und zwei Vorstandsmitgliedern in seinem Wagen zu einem Lokal in der Nähe. Er war sehr zufrieden mit der PR, und ich dankte ihm für die Anstrengungen, die er auf sich genommen hatte. »Nur eine Frage der richtigen Leute«, sagte er lakonisch. Er hatte auch noch versucht, ein Treffen mit dem Bürgermeister zu arrangieren, doch der sei »leider verhindert«. Schließlich brachte er mich zum Parkplatz zurück, und ich blieb in der Morgensonne sitzen, um in dem wieder völlig menschenleeren Park noch ein wenig zu lesen. Nach einer Stunde schreckte mich das »Maria-Jesus-Maria-Jesus«-Signal meines Telefons auf. Kurz darauf kam sie angefahren, und wir hatten den Schnittpunkt des Nullmeridians und des 40. Breitengrads ganz für uns allein.

Der Nullmeridian verläuft nahezu parallel zur Küste von Castellón. Ich fand einen Nullpunkt direkt am Hafen, in einer engen Gasse, die durch eine unordentliche Gegend führte, mit da und dort einer Palme, Kornfeldern und einer illegalen Müllkippe. Unweit davon waren die kilometerlangen Areale des petrochemischen Industriegebiets El Serrallo zu sehen, mit zwei riesigen rotweißen Schornsteinen, die schon von Weitem den Horizont von Castellón markierten und verschmutzten. Ich stieg aus und hörte Tausende Vögel zwitschern und im Hintergrund das durchdringende Summen des benachbarten E-Werks. Die kleine Seitenstraße, in der ich das Nullpunktritual vollzog, endete vor einem Holzzaun. Ein Mann in kurzen Hosen kam angeradelt. Er wollte in seiner Zitrusplantage arbeiten. »Ich baue Clementinen an«, sagte er. »Die größeren Orangen wachsen besser in den Bergen. Wir haben hier ein ideales Klima: Ich kann das ganze Jahr über ernten. Das mache ich, solange es noch geht.« Er deutete auf den petrochemischen Komplex. »Sehen Sie, die Schornsteine dort hinten, die gehören zum alten E-Werk, aber der kleinere da, das wird das neue Werk. Alles dahinter ist petrochemische Industrie, Raffinerien und so weiter und so fort. Dort gibt es deutsche Firmen, japanische, spanische, und das geht schier endlos weiter.« Seine kleine Zitrusplantage grenzte an ein paar verwilderte Fincas. »Die wurden inzwischen alle von der petrochemischen Industrie aufgekauft«, berichtete er. »Gleich neben dem Kraftwerk und den Fabriken wohnen Menschen, dort wachsen noch Zitrus- und Olivenbäume, aber wir leben hier auf einer Zeitbombe. Ich harre aus, aber wie lange noch?« Er wusste, dass der Nullmeridian durch seinen Clementinengarten verlief. »Eine unsichtbare Linie, aber wichtig für jedes Schiff. Er verschwindet von hier in die Berge und führt dann dort weiter bis nach Barcelona. Mehr weiß ich nicht, aber meine drei Kinder gehen auf die Universität, die lernen ganz viel darüber.«

Ich fuhr weiter, um dem Nullmeridian bis zum Meer zu folgen, aber die Straße endete am Zaun des Industrieareals. Auf dem hermetisch geschlossenen Stahltor war zu lesen, dass Unbefugten der Zutritt untersagt sei. Ich kehrte um und geriet über nicht mehr nachvollziebare Straßen und Kreisel auf eine unbefestigte Straße voller Schlaglöcher, die an alten Fischerkaten vorbeiführte. Sie standen höchstens hundert Meter von dem petrochemischen Komplex entfernt. Die Straße wurde enger und streifte knapp zwischen den Häusern und undefinierbaren Bauten hindurch, ich sah Müllberge und Blumenbeete. Mein Auto mit dem französischen Kennzeichen erregte immer wieder Aufsehen: Hierher verirrte sich nur selten einer, der nicht hierhergehörte. Kurz vor den hohen, rot-weißen Schornsteinen verlief die Straße bei einem niedrigen kleinen Gebäude mit einem Loch darin buchstäblich im Sande. Mein GPS zeigte 0° 0′ 22.4″ an. Ich ließ das Auto stehen, lief über Bahngleise und überwand mithilfe einer Stahltreppe eine Bahnböschung. Plötzlich tauchte das Meer auf, und ich hatte eine weite Aussicht. Links konnte man den Hafen von Castellón sehen, auf einem Pier standen blaue Hebekräne, und ein Frachtschiff der Reederei Linea Messina lag dort vertäut. Die Fischerhütten hinter mir waren rundherum von dem gewaltigen petrochemischen Komplex eingekesselt, und es sah so aus, als könnten sie jeden Augenblick ins Meer geschoben werden. Auf der Böschung verlief ein Sandweg, über den Lastwagen Baumaterial herantransportierten und dann wieder zurückfuhren: Ein Stück weiter wurden eine neue Hafenmole und ein Pier angelegt.

Ich befand mich ganz nah am Nullpunkt und versuchte, ihn zu erreichen, aber der Zähler blieb lange auf 23 Bogensekunden hängen: Der Nullmeridian verlief noch immer parallel zur Küste. Bei siebzehn Bogensekunden wurde klar, dass es strikt verboten war, ohne Erlaubnis, und dazu noch ohne Helm, das Baugelände zu betreten. Ich kehrte zum Anfang des Sandwegs zurück, wo auf einem großen Schild zu lesen war: »Erste Bauphase des Projekts Südliches Hafenbecken: Binnendeich, erste Ausrichtung des Abschlussdeichs und des aufgeschütteten Geländes«. Der Verfasser des Textes hielt offenkundig nichts vom Abrunden, denn das Projekt war, wie das Schild verriet, zu 49,41 Prozent vom »Kohäsionsfonds« der Europäischen Union mit einer Gesamtinvestitionssumme von 33 278 399 Euro und 5 Cent mitfinanziert.

Ich studierte meine Karten, die hinsichtlich der Stelle, wo der Nullmeridian im Meer verschwindet, voneinander abwichen. Der magische Nullpunkt, zu dem ich wollte, war auf meinen Karten mit den Namen El Grau de Almassora, San Joan, Platja Ben-Afeli bzw. Playa de la Torre versehen, wobei sowohl spanische wie valencianische Bezeichnungen miteinander konkurrierten.

Ich fuhr nach Almazora/Almassora, dem an Castellón angebauten Küstenort an der Südseite des petrochemischen Industriekomplexes. In Strandnähe fanden ebenfalls zahllose Bautätigkeiten statt, und um mich in dieser neuen Baugrube zurechtfinden zu können, beschloss ich, mir zuerst einen Stadtplan beim örtlichen

Fremdenverkehrsamt zu besorgen. Die Hauptstraße ins Zentrum
war gesperrt, deshalb parkte ich mein Auto am Stadtrand. Das Fremdenverkehrsamt hatte geschlossen. Alles in Almazora hatte geschlossen, stellte ich fest, und noch schlimmer: Alles war verbarrikadiert. Den Zugang zu den meisten Straßen versperrten hohe, schwere Eisengitter, die Geschäfte hatten ihre Rollläden heruntergelassen, oder man hatte Holzfüllungen vor die Schaufenster genagelt. Der Anblick erinnerte mich an die bosnischen Städte, die ich in den Neunzigerjahren des vergangenen Jahrhunderts während des Kriegs besucht hatte und die sich so vor Granatenangriffen aus den Bergen geschützt hatten. Doch in Almazora herrschte ganz im Gegenteil Feststimmung: Man feierte überschwänglich das Fest der Heiligen Jungfrau Maria vom Rosenkranz, das im sechzehnten Jahrhundert von Papst Pius v. nach dem Sieg über die Ottomanen in der Seeschlacht bei Lepanto eingeführt worden war. In Almazora bedeutete das sieben Tage Essen, Trinken und Stierrennen.

Um sechs Uhr sollte wieder ein Stier durch die Straßen gejagt werden. Um diese Zeit verbreitete sich eine nervöse, aber heitere Stimmung. In einigen Straßen standen lange Tische, an denen Leute saßen und aßen, auf den Plätzen boten afrikanische Migranten an Ständen Sonnenbrillen und Taschen feil, in den Straßen wehten Fahnen, und überall ertönte Musik. Ich ging zur Plaza Mayor, die sich in eine Arena verwandelt hatte: Über den vergitterten Käfigen, in denen die Stiere warteten, hatte man Tribünen gebaut und auf dem ganzen Platz Sand ausgekippt.

Um halb sechs hatten erst wenige Menschen auf den mit Erdnussschalen übersäten, sandigen Holzbänken Platz genommen. Zwei ältere Frauen saßen bereits wartend da; sie wurden von einer jüngeren Frau auf Stilettos begrüßt, die eine goldfarbene Handtasche über der Schulter und in der Hand eine Plastiktüte trug, aus der eine nur teilweise in Packpapier gewickelte Schweinshaxe herausragte. Kurz vor sechs füllte sich der quadratische

Platz, von fern ertönte Blasmusik. Auf den mit spanischen Fahnen geschmückten Balkonen der Wohnblocks drängten sich die Zuschauer. Ein Tross Männer in weißen T-Shirts und mit roten Halstüchern betrat den Platz, gefolgt von Rivalen in anderen Farben. Dann führten Männer in weißen Hosen und violetten Hemden Arm in Arm einen Rundtanz mit Frauen auf, die Hüte und lange schwarze Röcke trugen.

Ein kräftig gebauter schnurrbärtiger Mann mit Goldringen an den Fingern, in Begleitung einer viel jüngeren, aufgedonnerten Frau mit blondierten Haaren, schubste mich wortlos von meinem Platz und gönnte mir trotz meiner Proteste keinen Blick mehr. Ich erkannte jetzt erst, dass die Tribünen unter den verschiedenen Vereinen aufgeteilt waren. In der Mitte der Haupttribüne – vor dem Rathaus – saßen der Bürgermeister und die Stadträte.

Ich sei im Bereich der Penya Almassora, mit dem Spitznamen »Die Schnecken«, gelandet, erzählte Jesús Hernandez, neben dem ich ein paar Reihen weiter hinten ein Plätzchen gefunden hatte. Er arbeitete in der Raffinerie. Die Küste von Alamazora stecke, so meinte er, in großen Schwierigkeiten. Früher schwemmte das Meer im Winter großflächige Stücke Strand weg, doch wuchs der Strand im Sommer wieder. Durch die Hafenerweiterung von Castellón und weil die Raffinerie das Meerwasser abpumpte, hatte sich der Strömungsverlauf verändert, sodass der Strand regelmäßig in den Wellen verschwand, ohne wieder zu wachsen, und so drohte Almazora zu ertrinken. Der Bau von Wellenbrechern sollte die Lage unter Kontrolle bringen. »Damit sind sie jetzt schon drei Jahre lang beschäftigt«, murrte Hernandez, »aber organisatorisch ist es hier nun mal eine Katastrophe.« Um die Orangenproduktion stehe es auch nicht gut, meinte er, wegen der außereuropäischen Konkurrenz. Trotzdem sei die Einwohnerzahl von Almazora in den letzten Jahren explodiert, vor allem durch die Ankunft rumänischer und marokkanischer Immigranten.

In der Zwischenzeit hatte man auf dem Platz den Stier losgelassen, und sechs Männer reizten das Tier mit roten Tüchern so lange, bis es wild genug geworden war. Dann öffnete jemand das Gatter, und der Stier stob davon, in die Straßen der Stadt. Jeder Verein kaufe seinen eigenen Stier, erklärte Hernandez. Der Stier der »Schnecken« stamme aus Portugal. Eine ganze Woche lang werde dreimal täglich ein Stier losgelassen. »Bis auf gestern, da waren es sechs gleichzeitig. Gestern hatten wir zwei Verwundete, davon einer sehr schwer. Aber Tote gibt es hier so gut wie nie.« Und zwar, laut Hernandez, weil Almazora »bedeutend weniger Schluckspechte« anzog als die Stierrennen in Pamplona. »Sie müssen unbedingt heute Abend um halb zwölf wiederkommen«, sagte er zum Abschied. »Dann bindet man den Stieren brennende Fackeln auf die Hörner. Ein wunderbarer Anblick vor dem dunklen Himmel.« Ich wollte aufbrechen, aber Hernandez folgte mir. »Passen Sie gut auf sich auf«, warnte er.

Um zu meinem Auto zu gelangen, musste ich ein Stück weit durch »die Zone«. Ich ging zu einem der vorübergehend angebrachten Zugangsgatter, die den Platz absperrten, und schaute durch die Gitterstäbe. Da und dort drängten sich Leute in Hauseingängen aneinander, ab und zu rannten junge Männer mit hohem Testosterongehalt vorbei. Die Straße roch nach Mist und Stierschweiß, über allem lag eine schneidende Spannung. Ich sah und hörte keinen Stier heranstürmen, schlüpfte durch die Gitter und rannte los, um bei der nächsten mit Gittern gesicherten Seitenstraße die Gefahrenzone wieder zu verlassen.

An diesem Abend sei beim Stierrennen in Almazora wieder ein Mann verwundet worden, stand am nächsten Tag in der Morgenzeitung: ein Rumäne, der nicht schnell genug die Beine in die Hand genommen hatte. Ich fuhr zum zweiten Mal in Richtung der verbarrikadierten Stadt und fand die Stelle, wo der Nullmeridian über den zwischen Castellón und Almazora gelegenen petrochemischen Komplex verlief. Das Gelände war auch auf dieser Seite mit Gittern eingezäunt, aber durch das Drahtgeflecht hindurch sah es aus, als schnitte die Nulllinie einen Öltank entzwei. Die Anlage bestand aus einem Meer von Öltanks, Fabrikzentralen, Schloten mit Abfackelköpfen und Schornsteinen mit roten, blinkenden Hindernisfeuern. Es roch säuerlich, und etwas schrillte. An dieser Seite hatte man kreuz und quer Häuser an die Zentrale angebaut, keine fünfzig Meter von den beiden hohen, rot-weißen Schornsteinen entfernt.

Über einen Umweg fuhr ich schließlich Richtung Ben-Afeli, zu dem Strand mit dem arabischen Namen, wo nach Jesús Hernandez' Hinweisen der Nullmeridian im Meer versinken sollte. Die Ben-Afeli-Straße schlängelte sich durch Orangenplantagen in einem verlotterten Gebiet, in dem überall gebaut wurde. Ich fand einen Nullpunkt auf der Avinguda del Meridià, einer halb fertigen Straße, die in einer Sandfläche endete. Darauf folgte ich den Schildern mit der Aufschrift »Playas«, um die Küste schließlich an einer Stelle zu erreichen, wo wegen des Baus eines Wellenbrechers reger Lastwagenverkehr zu beobachten war. Der Strand war voller Kieselsteine und mit Zäunen verbarrikadiert. »Zutritt für Unbefugte verboten«, warnte einladend das Schild. »Achtung, elektrischer Strom!« »Gefahr durch beladenen Kran! Helmpflicht!« Ein textloses weiteres Schild enthielt ausschließlich Piktogramme, die für sich sprachen: Gehörschützer, Staubbrillen, Handschuhe, Gasmasken, Stiefel. »Wir bitten um Verständnis für die Behinderungen. Wir arbeiten für Sie«, gaben das »Generalsekretariat für Landschaft und Biodiversität« und das »Generaldirektorat für Küsten« bekannt.

Aber noch war ich nicht am Ziel. Der Nullmeridian schien sich am letzten Streifen Land festzuklammern: Er durchquerte einen Apartmentkomplex und eine Minigolfanlage und erreichte erst nach etwa 400 Metern die andere Straßenseite des verlassenen Boulevards. Zur Markierung hatte man dort eine wunderbare Meridianskulptur aufgestellt, geschaffen vom »Gemeindearchitekten« Fernando Zaragoza: Als Basis diente eine runde Plattform aus Betonblöcken, darauf stand in der Mitte ein runder Sockel aus Natursandstein, der von einem Stahlgeländer auf Stahlsäulen umgeben war. Auf dem Sandsteinsockel stand eine quadratische Eisenplatte mit einer wellenförmig geschliffenen Öffnung, durch die man aufs Meer sehen konnte. Quer zu der Öffnung war eine Stahlplatte in Form einer Weltkarte angebracht. Auf der großen Platte waren auf Valencianisch die acht Meridianländer plus Antarktis und Nordpol eingetragen, wie auch die Breitengrade von unter anderem Greenwich (51° 28') und die vom Wendekreis des Krebses (23° 27'), dem nördlichsten Breitengrad, auf dem die Sonne einmal im Jahr senkrecht über der Erdoberfläche steht. Alles stimmte, bis auf den Breitengrad von Almazora selbst, dem die unmögliche Koordinate 39° 95' zugeteilt worden war.

Überraschenderweise war das Denkmal Pierre François André Méchain gewidmet, dem französischen Astronomen, der durch das Vermessen des französischen Nullmeridians bekannt geworden war. Genau an diesem Punkt – hier auf dem Greenwich-Nullmeridian – war er mit dem Schiff zu den ausgedehnten Sumpfgebieten der Provinz Castellón aufgebrochen, wo er seine letzten Meridianvermessungen durchgeführt hatte, denn er erlag am 20. September 1804 in Castellón de la Plana der Malaria.

Bevor ich die allerletzten Meter zu der Stelle zurücklegte, wo der Nullmeridian endlich im Meer verschwinden sollte, trank ich noch ein Bier auf der nicht Meridiano, sondern Mediterránea getauften Terrasse, unmittelbar gegenüber dem Denkmal. Mein Tisch stand auf einer Länge von 00° 00' 00.1''.

Der Nullmeridian führte quälend langsam über den hier zugänglichen Strand und erreichte, 150 Meter vom Denkmal entfernt, endlich die Wellen. Auf der anderen Seite des Boulevards wuchsen Palmen. Die frei stehenden Villen dort wirkten ausgestorben, auch auf dem Boulevard war weit und breit kein Mensch zu sehen. Von hier aus lief der Nullmeridian genau 125 Kilometer durch das Mittelmeer, bevor er – auf seinem Weg zum afrikanischen Kontinent – noch einen Teil der Costa Blanca passierte. In der Ferne sah man die beleuchteten Schiffskräne auf der Hafenmole von Castellón, links davon hoben sich die Schornsteine der petrochemischen Industrie wie gestochen gegen den blaugrauen Himmel ab. Wehmütig dachte ich an María Jesús, bei der ich mich froh und entspannt gefühlt hatte in dem sicheren Wissen, dass wir uns wahrscheinlich niemals wiedersehen würden. Ich betrachtete das Ergebnis meines rituellen Fotos: ein Mann mit forschendem Blick und Tintenklecksen auf der Hand, mit der er das Nullzeichen formt; im Hintergrund ein verlassener Kieselstrand im Abendlicht und ein ödes, endloses Meer.

Es sah aus, als würde der Nullmeridian die beiden Küsten nicht nur virtuell, sondern auch physisch miteinander verbinden. Einen Tag später stand ich auf einem kilometerlangen, sehr breiten und völlig menschenleeren Sandstrand, wo es nach Pinien roch. Der Punkt, an dem der Nullmeridian westlich von Els Poblets wieder auf das Festland stieß – die nördlichste Stelle der Costa Blanca –, unterschied sich in nahezu nichts von der Küste bei Almazora: Hebekräne, Lastwagen, die Sand transportierten, ein mit einem orangefarbenen Netz abgesperrter Strand. Der einzige Unterschied lag in den Verbotsschildern, die diesmal dreisprachig waren: »Prohibido el paso. Durchgang verboten. Access forbidden.« Den Informationstafeln der Auftraggeber zufolge ging es hier um »die Wiederherstellung der natürlichen Umgebung«.

Auf meinem Nullpunktfoto hatte ich einen ungemein traurigen Blick, aber ich weiß nicht, warum. An der Straße hinter dem Strand standen, versteckt hinter Palmen, Villen hinter weißen Mauern. Die wenigen Passanten sprachen Deutsch, Niederländisch oder Englisch. In den vier größten Städten dieser ins Meer ragenden Spitze des Festlands – Dénia, Jávea, Benisa und Calpe – sind zwischen dreißig und sechzig Prozent der Bevölkerung deutsche, niederländische, norwegische und britische *pensionados*, in den kleineren Dörfern an den Küsten wohnen noch viele Zehntausende mehr.

Ich fuhr schnell weiter nach Beniarbeig, im Landesinneren gelegen, wo ich den Nullmeridian an einem Ort vorfand, der auf der Liste der unattraktivsten Nullpunkte einen hohen Rang verbuchen könnte: eine enge, viel befahrene, lärmende Straße, auf der einen Seite eine riesige Baugrube, in der das neue Gemeindeschwimmbad entstehen sollte, und auf der anderen Seite ebenfalls eine Baugrube, wo »drei Wohneinheiten mit drei Zimmern und zwei Badezimmern« errichtet wurden wie auch »vier Maisonettewohnungen mit Aufzug und jeweils drei bzw. vier Zimmern und zwei Badezimmern«. Drei kräftig gebaute Bauarbeiter fragten, 38° 49' n.B.
Beniarbeig was ich denn suche, und wollten daraufhin auf meiner Landkarte und meinem GPS kontrollieren, wo der Nullmeridian ihre Baustelle durchquerte. »Hier in der Gegend erstickt man fast vor Niederländern und Deutschen, die unsere Wohnungen kaufen«, sagte einer. »Eine spanische Durchschnittsfamilie kann sich in Dénia kein Haus mehr leisten. Hier ist es ein bisschen preiswerter, aber immer noch teuer.« Weil die Küstenorte inzwischen unbezahlbar seien, versuche der Staat, Dörfer wie Beniarbeig attraktiver zu machen. »Deshalb wird das Schwimmbad dort gebaut.«

Beniarbeig, das, so weit das Auge reicht, von Zitronen- und Orangenhainen umgeben ist, wurde in seiner vollen Länge vom Nullmeridian durchschnitten. Auf dem Weg zu dem hoch gelegenen Piños wartete ein neuer Nullpunkt, mit einer überwältigenden Aussicht auf die Stadt Calpe, die ins Meer ragende Felsenspitze Peñon de Ifac und auf das Meer weit in der Tiefe. In Piños saßen Engländer, Niederländer und Deutsche vor einem Lokal. Die Engländer links neben mir unterhielten sich über »Investitionen von Hunderttausend Euro und mehr«. Der steinalte Deutsche auf der rechten Seite ruckte vorsorglich heftig an der Leine, sobald sein Hund eine Katze entdeckte. Mit seiner Tischnachbarin be-

169

sprach er die jüngsten Todesfälle, was ihn auch auf sein Eheleben brachte. Seine erste Frau sei plötzlich verstorben, schnappte ich auf. Dann kam seine zweite Ex aufs Tapet. Auch tot. Dann wechselten sie zum Thema Darmverschlüsse.

Die letzten Häuser am spanischen Teil des Nullmeridians lagen in Altea Hills: ein mit Schlagbäumen gesichertes Villendorf, das auf einen steilen Felsen gebaut war und eine schwindelerregende Aussicht auf das Mittelmeer bot. Ich sprach den Wachmann am Haupteingang in einem Ton an, als ob ich seit Jahren in den Hills wohnte, und er ließ mich ohne weitere Fragen durch. Die Straßennamen spiegelten die Herkunft der Bewohner: Oslo, Hamburgo, Heidelberg, Francia, Inglaterra, Bélgica, Dinamarca, Holanda, París. Der Asphalt auf den Straßen glänzte, die Trottoirs waren mit grünem, weich federndem Kunststoff belegt. Ich parkte und schlenderte weiter, es war totenstill, ich war der einzige Fußgänger.

Fast alle Häuser versteckten sich hinter Mauern und elektrischen Toren, da und dort erhaschte ich durch zwei Gitterstäbe einen Blick auf ein Schwimmbecken. Auf der niederländischsprachigen Website eines örtlichen Maklers fand ich später, was sich hinter den Mauern verbarg: »Luxusvilla mit vier Schlafräumen, drei Badezimmern, Spielzimmer, doppelte Garage und Aufzug. Separates Billardzimmer mit Durchblick zum beheizten Swimmingpool. Herrliche Aussicht auf die Bucht von Altea. Preis auf Anfrage« und »Villa mit großem Wohnraum auf dem Mainlevel, Küche, Office und Schlafzimmer en suite. Zwei überdachte Terrassen und Swimmingpool mit elektrischer Abdeckung und Fernbedienung. Erdgeschoss: vier Schlafzimmer mit zwei Badezimmern. Carport geeignet für vier Autos. Meeres- und Bergblick«.

Nur einige begnügten sich bei den Schutzvorkehrungen mit einem Aufkleber »Vorsicht bissiger Hund«, die meisten hatten die Firma Prosegur eingeschaltet, erkennbar an einem kleinen

Schild, darauf ein schwarzer Uniformärmel mit gelbem Firmenlogo. Der Ärmel gehörte zu einem Körper mit nicht vollständig sichtbarem Kopf: die stilisierte Umsetzung von Disziplin, Professionalität und Diskretion.

Der Nullmeridian durchquerte die Paris- und die Großbritannienstraße. Über einer unermesslichen Tiefe hatte ich zwischen den Pinien hindurch einen sehr weiten Blick über die Bucht mit ihren zwei Felseninselchen, eine Kette von Sandstränden, in der Sonne flimmernde Berggipfel, die Autobahn Alicante – Valencia und in der Ferne, wo der Himmel diesig wurde, die Hochhäuser von Benidorm und etwas näher am Meer die weißen Häuser des alten Altea. In meiner Mappe mit Meridiankuriositäten bewahrte ich neben einem Brechbeutel der Fluggesellschaft Meridiano auch den Flyer eines niederländischen Reisebüros auf, das unter der Überschrift »Altea, kostbare Perle an der Costa Blanca« zu vermelden wusste, dass das Städtchen »durch seine Lage auf der Mittagslinie von Greenwich das ganze Jahr über mit einem außergewöhnlich angenehm milden Klima gesegnet ist«.

Die Stelle, wo der Nullmeridian das europäische Festland verlässt, war von Altea Hills aus – vielleicht dem allerschönsten Nullpunkt Europas – gut zu sehen. Dort angekommen, stellte sich heraus, dass der Ort erheblich weniger romantisch war als etwa der Strand beim englischen Tunstall, wo der Nullmeridian aus der Nordsee auftauchend zum ersten Mal aufs Festland trifft. Gleich neben dem Dörfchen El Mascarat verlief er durch die Marina Greenwich: die Domäne von unter anderen Servicios Nauticos Meridiano und Restaurant-Grill-Pizzeria Meridiano Cero, aber vor allem die Heimat von gut 500 Jachten der Kategorie luxuriös bis sehr luxuriös.

Auf der Suche nach der Stelle, wo der Nullmeridian im Meer verschwindet, wanderte ich an den Werften entlang, wo ein paar Jachten gebaut bzw. repariert wurden, doch dann verhinderte eine

171

Betonmauer das Weiterkommen: Hinter einem Gitterzaun links von der Mauer fuhren Bagger hin und her. Hier wurde an der angekündigten Erweiterung des Jachthafens auf tausend Liegeplätze gearbeitet. Ein paar Monate später wurde dieses Projekt von Gerichts wegen gestoppt, denn die geplanten Piers würden für die Küste und das Ökosystem des Meeres immensen Schaden mit sich bringen. Dies vor allem durch die Vernichtung großer Felder *Posidonia oceanica*, einer einzigartigen Sorte Seegras, das unter Wasser gelb blüht. Manche dieser Felder sind Tausende Jahre alt.

Ein steifer Wind wehte, aber es war wolkenlos und warm. Ich ging an der Mauer entlang, schlüpfte unter dem Gitter durch und kletterte auf die Felsen. Hinter mir hörte ich mehrere Rufe, aber ich ließ mich nicht beirren: Der äußerste Nullpunkt in Europa musste festgehalten werden. Der allerletzte Felsen befand sich auf 38° 37′ 42.8″ n. B. Das Rufen verstummte, ich hörte nur noch die Warnsignale rückwärts fahrender Lastwagen und das Schwappen der See. Rechts stieg, an der Spitze einer Landenge, eine hohe Klippe aus dem Wasser auf, und noch weiter weg ragten Hochhäuser empor. Links lag El Mascarat, das aus langen Reihen gegen die Abhänge geklatschter einförmiger Apartmentblocks bestand, zum Teil noch eingerüstet. Unmittelbar neben dem Nullpunktfelsen stand ein kleiner weißer Leuchtturm. Es war verboten – wie eine Tafel verriet –, dort Müll abzuladen. Vor der Küste holten Fischer ihre Netze ein. Hinter dem Horizont musste Stidiá liegen, das algerische Fischerdorf, das ich vermutlich niemals sehen würde. Ich blieb auf den Felsen sitzen, bis die Sonne hinter den Bergen verschwunden war. Danach wanderte ich widerwillig zum Restaurant Meridiano Cero zurück und bestellte eine Tasse Kaffee. Den Nullmeridian-Kassenzettel hob ich für meine Sammlung auf.

Ich kam vom Kurs ab. Noch immer hatte ich kein Visum für Algerien. In wenigen Tagen sollte mein Pass gebracht werden, und wenn man mir doch noch ein Visum ausstellen wollte, würde ich es auf der algerischen Botschaft in Madrid abholen müssen. Wenn nicht, wäre ich gezwungen, von Madrid aus nach Mali zu fliegen.

Ich fuhr nach Alicante, um den französischen Mietwagen zurückzugeben; auf dem Weg dorthin kam ich durch allerlei Städte und Dörfer mit ursprünglich arabischen Namen – Altea, Benidorm, Alfaz del Pi, Almadraba. Auf der Autobahn kurz vor Alicante/Alacant tauchten große Schilder auf, die auf Spanisch und Arabisch den Weg zum Hafen wiesen, wo die Fähren nach Oran ablegten. Ich fuhr so schnell wie möglich vorbei, ließ das Auto am Flughafen stehen, nahm den Zug nach Madrid und zog im Stadtzentrum in das Apartment einer Freundin, die gerade im Ausland war. Mein Längengrad hatte ein beschämendes Niveau erreicht: 3° 42' 09" w.L.

Zwei Wochen lang versuchte ich aus der Sackgasse herauszufinden. Eine Kontaktperson drang sogar bis zu »den höchsten Regionen« des algerischen Geheimdienstes, des Militärs und der Polizei vor. Es war ihm gelungen, die Wege nachzuverfolgen, die meine Akte genommen hatte, und er wusste, auf wessen Schreibtisch sie gelandet war. Aber eine von den Franzosen ererbte Bürokratie in Kombination mit einem Regime, das autoritäre Züge aufweist, schien fatal zu sein: In einer solchen Konstellation wagt keiner, die Verantwortung zu übernehmen, und deshalb kam es zu keinem Ja, aber auch zu keinem Nein.

Chahreddine Berriah hatte Wort gehalten und in *El Watan* unter dem Titel »Die Verzweiflung eines niederländischen Schriftstellers« meinem Plan, am algerischen Nullmeridian-Streckenabschnitt entlangzureisen, einen Artikel gewidmet. Er erklärte, welche Versuche ich bisher – vergeblich – unternommen hatte, um ein Visum zu erhalten, was »in allen anderen vom Nullmeridian durchquerten afrikanischen Ländern nicht das geringste Problem« gewesen sei. »Van Cleef sagt, nie werde er den Wunsch aufgeben, auch den algerischen Teil des Nullmeridians zu bereisen, und er zeigt sich umso beunruhigter wegen des unbegreiflichen Stillschweigens, in das sich die algerischen Behörden hüllen«, schrieb Berriah, und er schloss seinen Artikel ziemlich pathetisch mit der Feststellung, »dass sich unser Land damit eine Chance hat entgehen lassen, in einem Werk von wissenschaftlichr Bedeutung eine wichtige Rolle zu spielen«.

Aus Algier kam nichts, es blieb still. Wohl führte der Artikel zu einer heftigen Debatte in einem algerischen Internetforum. »Schön zu lesen, dass so etwas auch einmal auf der anderen Seite vorkommt«, schrieb einer, der damit auf die Probleme anspielte, die viele Algerier bei der Beantragung eines Visums für Frankreich oder andere Länder der Europäischen Union erlebten. »Es wird schon einen guten Grund gegeben haben, ihm das Visum zu verweigern«, schrieb ein anderer. »Algerien ist ein souveräner Staat und hat genau dasselbe Recht, ein Visum zu verweigern, wie es die westlichen Länder bei Tausenden unserer Landsleute tun.« Einige Mitglieder des Forums suggerierten, ich hätte kein Visum bekommen, weil die algerischen Behörden nicht das Risiko eingehen wollten, dass ich entführt würde, wie es Ausländern in der Sahara wiederholt widerfahren war. »Wer ist dieser Alfred van Cleef denn eigentlich?«, reagierte »Hakimm«. »Vielleicht hat er sich die ganze Geschichte ja aus den Fingern gesogen.« Eine Unterstellung, die von »Gentelman« bestritten wurde. Die Verweigerung eines Visums fand er »nicht sehr zivilisiert«, und sie sei seiner Ansicht nach »vor allem unverständlich, weil sich Algerien nach einem Jahrzehnt der Gewalt gerade von seinem gewalttätigen Image lösen wollte«. »Dianaain« – mit der Cartoonzeichnung einer Frau als Absender – schrieb in zynischem Ton: »Diesem Mann ein Visum zu verweigern, soll mir sicher vorgaukeln, dass Algerien ein Paradies ist. Aber ich sehe nur seelenlose Mietskasernen und lange Menschenschlangen, die mitten in Algier auf miserable Taxis warten. Ich sehe Typen, die an den Wänden lehnen und nach hüftenschwenkenden Miezen schielen, ich sehe Spucke auf dem Gehsteig und bärtige Männer, die totenblass werden, sobald sich unsere Blicke begegnen!«

Mein Kontaktmann in der niederländischen Botschaft hatte auch so seine Probleme mit der algerischen Bürokratie. Sein Container mit persönlichen Dingen war von den Zollbehörden noch immer nicht freigegeben. Der Fastenmonat war gerade vorüber. »Ich habe auch schon in anderen islamischen Ländern gearbeitet«, sagte er, »aber hier tut sich im Ramadan wirklich absolut nichts.« Er erzählte, dass er »schon seit Wochen« mit meiner Angelegenheit beschäftigt sei und bereits mehrmals mit einem »unbeweglichen« Beamten des Innenministeriums gesprochen habe. »Zum letzten Mal, als alles wegen eines Feiertags geschlossen war. Welcher? Mal schauen. Am Tag der Revolution. Der Botschafter war gerade irgendwo eingeladen und ging schwer bewacht dorthin. Überall steht Polizei und Militär auf der Straße, in den letzten Tagen gab es drei Bombenanschläge. Die Regierungsgegner wollen offenbar kurz demonstrieren, dass sie noch da sind.«

Der Genickschlag kam, als wie geplant meine beste Freundin mit allem Erforderlichen aus den Niederlanden anreiste – mit Antibiotika, sterilen Nadeln, Malariatabletten, neuen Landkarten, einem Satellitentelefon –, allem, was ich für den afrikanischen Teil meiner Meridianreise brauchte, und um dicke Pullover, überflüssige Landkarten und meinen Minilaptop wieder mit zurückzunehmen. Sie hatte auch meinen Pass, in den alle benötigten Visa eingestempelt waren, mitgebracht. Ich schlug ihn auf und fand zu meiner Verblüffung ein seitengroßes algerisches Visum vor, das mit Kugelschreiber durchgestrichen und auf das in einer wütenden Handschrift »Annulé« geschrieben worden war.

Ich beschloss, nach Mali zu fliegen und anschließend über die Hauptstadt Bamako in den äußersten Norden der malischen Sahara bis zur algerischen Grenze zu reisen, um von dort aus wieder plangemäß dem Nullmeridian in südlicher Richtung zu folgen. Zwischen Spanien und Mali gab es keine direkte Flugverbindung, deshalb kaufte ich ein Ticket Madrid – Paris – Bamako. Nach Mitternacht kehrte ich in das Apartment zurück. Ich sah einen Passanten einen Joint rauchen und fragte ihn, wo ich in der Gegend Hasch kaufen könne. »Auf der Plaza Chueca«, antwortete er. »Dort stehen Dealer. Algerier.« Ich ging hin und fand drei junge Männer, die so aussahen, als gehörten sie zur gesuchten Berufsgruppe – eine richtige Einschätzung. Ich musste kurz warten, denn der junge Mann, mit dem ich sprach, schickte erst einen anderen los, um das Bestellte abzuholen. Wir wechselten ein paar Worte, und es stellte sich heraus, dass er tatsächlich Algerier war. Ich kaufte ein Gramm Haschisch und machte mich auf den Weg nach Hause. In diesem Viertel gab es jede Menge Kneipen. Nachts zogen viele Leute um die Häuser, und Prostituierte und Transvestiten gingen anschaffen. In einer dunklen Gasse passierte ich eine Gruppe junger Männer, die vor einem Schaufenster herumlungerte. Ich beschleunigte meine Schritte und lief weiter. Beim Apartmenthaus angekommen, drehte ich den Schlüssel im Haustürschloss, roch aber im gleichen Moment einen durchdringenden süßen Moschusduft und sah mich um. In wenigen Zentimetern Abstand stand ein dicklicher Junge, der hinter mir ins Haus huschte. An der Haustür war ein Türschließer angebracht, die Tür fiel ins Schloss. Der Junge ging an mir vorüber und wartete an der Treppe.

Ich musste in den ersten Stock, und obwohl ich die Nachbarn in den anderen Stockwerken nicht kannte, war schnell klar, dass er nicht ins Haus gehörte. Er war höchstens achtzehn, trug einen Wollpullover, schwitzte heftig und sah aus wie ein Nordafrikaner. Ob er Algerier war oder Marokkaner, blieb unklar, er stellte sich nicht vor. Jedoch hielt er mich plötzlich fest, ließ mich allerdings genauso schnell wieder los. Ich sagte, ich wolle vorbei und er solle das Haus verlassen, aber er bat mich seinerseits, seinen beiden Freunden die Tür zu öffnen. Ich schaute durch das kleine Fenster und sah zwei Köpfe hereinlugen. Jetzt verstand ich, was vor sich ging. Die drei waren mir gefolgt, aber weil sie nicht mit dem Türschließer gerechnet hatten, standen die anderen beiden noch vor dem Haus. Es blieb einen Moment lang still, keiner von uns bewegte sich. Ich überlegte, laut zu schreien, aber dann würde er vielleicht panisch reagieren. Also wiederholte ich meine Aufforderung. Der Schweiß tropfte ihm inzwischen vom Gesicht, und er bat mich flehentlich nochmals, seine beiden Kumpel hereinzulassen. Nach einem neuen Patt beschloss ich intuitiv, auf seinen Wunsch einzugehen und dabei zu versuchen, so schnell wie möglich auf die Straße zu rennen.

Genau in dem Augenblick, als ich die Haustür öffnete, packte mich der eine junge Mann von hinten am Genick, der zweite nahm mich in den Schwitzkasten, und der Dicke schüttelte meine Tasche aus. Nun begann ich, laut um Hilfe zu rufen. Sie schnappten sich das Bargeld aus meinem Portemonnaie und rannten davon, alle drei in dieselbe Richtung: Amateure. Ich zitterte, wurde danach aber ausnehmend fröhlich, als mir aufging, wie gut ich davongekommen war: Mein Flugticket nach Bamako, der Pass mit allen afrikanischen Visa, Scheckkarten, Mobiltelefon und Navi, alles lag auf dem Boden, das Hasch steckte noch in meiner Jackentasche. Ich war weit vom Weg abgekommen, und Algerien musste ich definitiv streichen, aber vom Rest meiner Reise konnte mich nichts und niemand mehr abhalten.

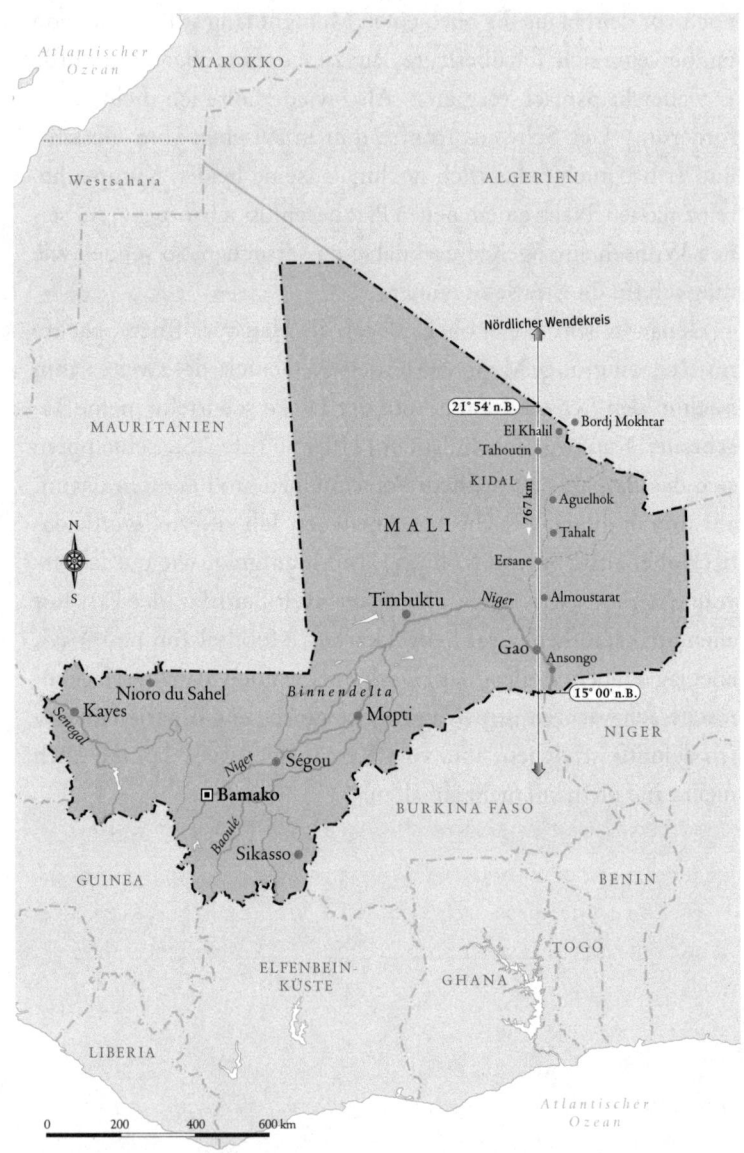

12

Bei bester Gesundheit

Es begann mit einem klagend ausgesprochenen, lang gezogenen
»Non«, das, je näher die Abflugzeit heranrückte, in etwas überging, das zwischen Weinen und Schreien lag. Alle Köpfe des bis
zum letzten Platz ausgebuchten Flugzeugs von Paris nach Bamako
drehten sich um und sahen einen großen, kräftig gebauten Mann,
der von acht Mitgliedern der Gendarmerie, unterstützt vom Kabi-
nenpersonal, in Schach gehalten wurde. Die Gendarmen berieten
sich mit einer Frau – offenbar einer Krankenschwester –, dem
Mann eventuell eine Beruhigungsspritze zu verpassen, aber das
geschah schließlich doch nicht. Zwei Männer drückten ihn darauf
von hinten nach unten, während eine Frau, die neben seinem Sitz
hockte, unablässig auf ihn einredete. Die Passagiere waren offenbar überwiegend Immigranten aus Mali, und die Situation drohte
zu entgleisen, als einige von ihnen aufstanden, um sich einzumi-
schen. Ein in ein traditionelles, langes Gewand – den *Boubou* – ge-
hüllter Mann rief, »dass sich niemand wie ein Hund behandeln lassen müsse«. Aber ein anderer Mann in makellosem Anzug meinte,
das Verhalten des protestierenden Mannes sei ganz im Gegenteil
»eine Schande für unser Land«. »Es ist sein Problem, wenn er als
Illegaler ausgewiesen wird, und darunter müssen wir Passagiere
nicht zu leiden haben.«

Der Kapitän tat anfangs so, als ob alles in Ordnung wäre. Er
entschuldigte sich für die »durch ein kleines Problem verursachte
Verzögerung« und fuhr dann fort mit der Ansage der Flughöhe
und der aktuellen Temperatur in Bamako: dreißig Grad Celsius.

Aber der ausgewiesene Mann hörte nicht auf zu schreien. Die Worte »non, non, non« und »mon enfant« kamen immer wieder vor, aber er versank hauptsächlich in lang andauernde Klagelaute, wobei ihm der Speichel aus dem Mund rann.

Neben mir saß eine umfangreiche Frau, die so viele Köfferchen, Jacken, Taschen und Tücher bei sich hatte, dass ihr Sitzplatz nicht einmal mehr für sie selbst ausreichte, als wir uns setzten. Ich hatte ihr geholfen, die Hälfte ihres Gepäcks ins Handgepäckfach zu stopfen, aber aus Platzmangel saß sie noch immer schräg in ihrem Sitz und drückte ihren linken Arm gegen meinen rechten. Sie wurde immer unruhiger. Angeblich litt sie unter Klaustrophobie und Migräne. Vor Bestürzung hatte sie einen Panikanfall erlitten und wollte das Flugzeug auf der Stelle verlassen. Ich stand auf und ließ sie vorbei. Sie nahm zwei ihrer Taschen mit, ließ aber noch alles Mögliche liegen. Eine Stewardess beruhigte sie und gab ihr einen Platz ganz vorn im Flugzeug.

In der Zwischenzeit fiel eine andere Frau in Ohnmacht. Ein Arzt eilte herbei, und abermals erhob sich ein Teil der Passagiere. Der Kapitän, von dem man schon eine Weile nichts mehr gehört hatte, kündigte zum zweiten Mal den Abflug an mit der Mitteilung, »dass die Besatzung alles tun wird, um Ihren Komfort und Ihre Sicherheit während des Flugs zu gewährleisten«. Obwohl sicher noch dreißig Fluggäste im Gang standen, forderte er alle auf, sich anzuschnallen. Die Besatzung dimmte das Licht, und damit gelang es, alle Passagiere zum Sitzen zu bewegen.

Ein Steward holte noch ein Köfferchen der Frau ab, die neben mir gesessen hatte, »denn darin sind ihre Medikamente«. Ich blieb mit fünf ihrer Umschlagtücher zurück, hatte aber einen leeren Sitzplatz am Fenster dazubekommen. Begleitet von einem Video mit den Sicherheitsinstruktionen und dem Geschrei des Ausgewiesenen, hob das Flugzeug schließlich mit anderthalb Stunden Verspätung ab. Der Mann beruhigte sich ganz allmählich. Die Häufigkeit und Intensität seiner Rufe nahm ab, bis er den Widerstand aufgab und den restlichen Flug mit leerem Blick schweigend vor sich hin starrte.

Ich stellte meine Uhr um: In Mali war es eine Stunde früher als in Spanien. Der Nullmeridian ist die Mutter aller Zeitzonen der Erde, daher war die Erwartung gerechtfertigt, dass in den acht Ländern, die der Meridian durchlief, die Uhrzeit überall die gleiche wäre. Die Wirklichkeit ist anders: Großbritannien, Mali, Burkina Faso, Togo und Ghana richten sich nach der koordinierten Weltzeit, Universal Time Coordinated (UTC+0), zu Unrecht – und vor allem in England – mitunter noch als Greenwich Mean Time (GMT) bezeichnet, aber Frankreich, Spanien und Algerien gehören der nächsten Zeitzone an, weshalb es dort eine Stunde später ist (UTC+1). Europa kennt überdies die Sommerzeit, die afrikanischen Länder nicht. Aus diesem Grund ist es während der Sommerzeit in Algerien genauso spät wie in Großbritannien, und in den afrikanischen Meridianländern ist es eine Stunde früher.

Der Mensch ist sein eigener Schatten. Vor Tausenden von Jahren entdeckte er bereits, dass er, wenn er sich in die volle Sonne stellte, schätzen konnte, wie weit der Tag vorangeschritten war. Nachdem die Sonne ihren höchsten Stand erreicht hatte, galt: Je länger der Schatten, desto später war es. Er konnte auch ein Stöckchen in der Hand halten, sodass der Schatten auf seinen Fingern einen Hinweis auf die Zeit gab. Diese Technik verfeinerte er durch die Erfindung der Sanduhr, der Wasseruhr, der Sonnenuhr und schließlich der mechanischen Uhr, die er nur noch gelegentlich stellen und aufziehen musste, damit sie automatisch die richtige Zeit anzeigten.

Im Mittelalter reichte es, dass die Kirchenglocken läuteten, wenn die Sonne ihren höchsten Stand erreicht hatte, wenn der Markt anfing oder wenn es Zeit war, mit der Arbeit aufzuhören. In allen Dörfern auf demselben Längengrad galt die gleiche Uhrzeit, westlich davon war es früher und östlich davon später. Je mehr sich der Lebensraum des Menschen erweiterte, umso mehr verlangte er nach einem einheitlichen Zeitmaß. So entstand im siebzehnten Jahrhundert die mittlere Sonnenzeit, wobei ein größeres Gebiet sich an dieselbe – mittlere, d. h. gemittelte – Zeit zu halten begann.

Die Teilnehmer Washingtoner Meridiankonferenz im Jahre 1884 entschieden sich für die Festlegung eines universalen Tags von 24 Stunden, der um Mitternacht in Greenwich begann, wenn auch mit der Ergänzung, »dass dieser nicht mit der Ortszeit oder Standardzeit kollidieren solle, wo diese erwünscht ist«. Die Erde wurde in 24 Bezugsmeridiane von jeweils 15 Grad bzw. 1 Stunde eingeteilt: 12 östlich und 12 westlich des universalen Nullmeridians in Greenwich. Die Grenze – die 180°-Linie – bildete die internationale Datumsgrenze.

Um sie einfacher notieren zu können, wurden die Zeitzonen mit Buchstaben versehen: Z (Zulu) ist die Universale Zeit (UTC+0), A (Alpha) ist Mitteleuropäische Zeit (UTC+1), und H (Hotel) ist Chinesische Zeit (UTC+8). Alle Gebiete 7,5 Grad östlich und westlich eines Bezugsmeridians gehören eigentlich zur selben Zeitzone, aber aus praktischen, historischen und politischen Gründen verlaufen die Zeitzonen als Zickzacklinien auf der Weltkarte.

In Europa gibt es die Vereinbarung, sich an die Zeitzone des nächsten Meridians östlich vom Nullmeridian zu halten. Die Niederlande liegen zwischen zwei Zeitzonenmeridianen und hielten bis 1940 an einer völlig eigenen Zeit fest: 19 Minuten und 32,13 Sekunden später als England und gut vierzig Minuten früher als Deutschland; seit 1937 abgerundet auf einen Unterschied zur Greenwich Mean Time von genau zwanzig Minuten.

Im Zweiten Weltkrieg führte Deutschland nach der Besetzung der Niederlande die Berliner Zeit und zugleich auch die Sommerzeit ein, sodass am 16. Mai 1940 die Uhren eine Stunde und vierzig Minuten vorgestellt werden mussten.

Seither gilt in den Niederlanden, in Übereinstimmung mit ihren Nachbarländern, die Mitteleuropäische Zeit, obwohl das Land dafür eigentlich zu weit westlich liegt. Dasselbe gilt auch für einen Teil von Frankreich und Spanien. In Galizien, im äußersten Nordwesten Spaniens, geht die Uhrzeit sogar zweieinhalb bis dreieinhalb Stunden der Sonnenzeit voran.

Als letztes Land führte Liberia Zeitzonen ein. Dort hinkte die Uhr bis 1972 ganze 44 Minuten und 30 Sekunden der Greenwich-Zeit hinterher, eine Differenz, die der Präsident an seinem Geburtstag aufzuheben beschloss.

Im Jahr 2004 verlegte Georgien die Zeitzone um eine Stunde vor, damit es nur noch vier und nicht fünf Stunden früher dran war als Mitteleuropa. Der venezolanische Präsident Hugo Chavez verlegte die Zeitzone seines Landes trotz Protesten der Bevölkerung um eine halbe Stunde vor, wodurch Venezuela als einziges Land Lateinamerikas eine fraktionale, eine gebrochene Zeitzone hat.

»Heute« beginnt auf der Inselrepublik Kiribati im Stillen Ozean, wo es auf den östlichsten Inselgruppen dreizehn bzw. vierzehn Stunden später ist als auf dem Nullmeridian von Greenwich, und der Tag endet im benachbarten Amerikanisch-Samoa, das auf der anderen Seite der internationalen Datumsgrenze liegt und wo es elf Stunden früher ist als in England. Auf Kiribati – dessen Inseln sich über drei Zeitzonen erstrecken – ist das ein voller Kalendertag, plus eine bis drei Stunden später als in Amerikanisch-Samoa.

Die Länder mit den meisten Zeitzonen (elf) sind Russland und – dank seiner überseeischen Gebietsteile – Frankreich. China – »das Land der Mitte« – entschied sich dagegen für gar keine Zeitzonen, wodurch im Winter im äußersten Westen des Landes der offizielle Arbeitstag mitten in der Nacht beginnt. Auch Indien kennt nur eine Zeitzone, die überdies fraktional ist: d. h. fünfeinhalb Stunden später als in Greenwich. Afghanistan hat ebenfalls eine fraktionale Zeitzonendefinition; der Zeitunterschied zwischen den beiden Ländern an der afghanisch-chinesischen Grenze beträgt dreieinhalb Stunden, das ist weltweit der größte Zeitunterschied zwischen zwei angrenzenden Staaten. Nur ein einziger unabhängiger Staat handhabt eine Dreiviertelstunden-Definition: Nepal (UTC+8 ¾).

Weil die frühesten und die letzten Zeitzonen um 26 Stunden differieren, gibt es jedes Kalenderdatum fünfzig Stunden lang irgendwo auf der Erde, und während eines Etmals, d. h. innerhalb von 24 Stunden, gibt es einen Zeitraum von etwas weniger als zwei Stunden, in dem drei Daten gleichzeitig vorkommen: Wenn es beispielsweise in Amsterdam Donnerstag früh 11.05 Uhr ist, ist es in Amerikanisch-Samoa Mittwochabend 23.05 Uhr und auf der kiribatischen Insel Kiritimati Freitagnacht 00.05 Uhr.

Auf den Polen, wo in der Zeit, in der die Sonne niemals untergeht, »die Einwohner von ihrem Schatten umkreist werden«, wie die alten Griechen meinten, sind die üblichen Definitionen von Zeit nicht zutreffend: Weil die Meridiane auf den geografischen Polen konvergieren, fallen dort alle Zeitzonen zusammen. Auf den Polen gibt es keine Zeit, oder, anders definiert, auf den Polen sind alle Zeiten gleich. In der Antarktis arbeiten alle dort einsatzbereiten wissenschaftlichen Stützpunkte für gewöhnlich mit der UTC oder manchmal mit der Ortszeit des Landes, zu dem sie gehören. Auf dem Nordpol ist das nicht der Fall: Im Prinzip ist es dort möglich, mit wenigen Schritten alle Zeitzonen zu durchschreiten. Der niederländische Künstler Guido van der Werve setzte mit einem Projekt, das er *The day I didn't turn with the world* nannte, diese Theorie in die Praxis um. 24 Stunden lang stand er, ohne seine Position zu verändern, auf dem geografischen Nordpol, dem Schnittpunkt des Nullmeridians mit dem 90. Breitengrad. Indem er sich mit seinem eigenen Schatten drehte – im Uhrzeigersinn, gegen die Drehrichtung der Erde – gelang es ihm, wie im Zeitraffer ein Etmal auf neun Minuten zu reduzieren.

Zeitzonen stellen einen Kompromiss dar zwischen der geografischen Lage eines Landes oder einer Region und der mittleren Sonnenzeit. Damit hat sich der Mensch von der wahren, von den Planeten bestimmten Zeit gelöst. Der kleine Zeiger der Analoguhr ist der einzige übrig gebliebene physische Kontakt mit der Natur: Um zwölf Uhr mittags zeigt er auf den Zenit.

Eine perfekte Zuordnung bei der Zeitbestimmung ist unmöglich. Sogar auf dem Äquator sind Tag und Nacht nicht exakt gleich: Dort ist es zwölf Stunden und sieben Minuten lang hell.

Bamako, die Hauptstadt von Mali, liegt auf gut 12 Grad nördlicher Breite, und die Sonne schien in dieser Zeit des Jahres – Anfang November – ungefähr elf Stunden und vierzig Minuten pro Tag. Der Tag war nicht völlig im Gleichgewicht, aber es ging schon ziemlich stark in diese Richtung, und die Zeitzonendefinition klang perfekt: UTC+0.

Ich zog in ein von Libanesen geführtes Hotel. Meine erste Aufgabe bestand darin, mir einen Sitzplatz im Bus in die gut tausend Kilometer östlich von Bamako liegende Wüstenstadt Gao zu erobern. Die Busreise sollte zwanzig Stunden dauern und am nächsten Morgen um acht Uhr beginnen. Ich trank Kaffee auf der Terrasse der Boulangerie Relax, einem Restaurant mit Bäckerei in französischem Stil, an einer viel befahrenen Straße und Treffpunkt für Expats, Entwicklungshelfer und Touristen. Und auch von Prostituierten, wie sich bald nach dem Eintreffen üppig geschminkter Frauen herausstellte, die sich allein an die Tische setzten – sehr ungebräuchlich in Mali – und sich von Ausländern oder Maliern auflesen ließen. Neben mir saßen zwei Kellner auf Stühlen und schliefen, während ein dritter sein Trinkgeld zählte.

Der Nullmeridian durchquert Mali weit im Osten des ausgedehnten, lang gestreckten Landes: Von der algerischen Grenze führt er zunächst durch die Sahara, anschließend durch die Stadt Gao, wo er den Fluss Niger kreuzt, und dann weiter durch die Sahelzone. Ich studierte die Strecke, die ich zurücklegen wollte, und überlegte, dass dies die letzte Gelegenheit war, mir noch eine detaillierte Karte für das Gebiet zwischen Gao und der Grenze mit Burkina Faso zu beschaffen, die ich bisher noch nicht hatte auftreiben können. Ich hielt ein Taxi an und machte mich mit dem Fahrer Abdulai Magasuba auf die Suche nach Landkarten. Er bat um umgerechnet 75 Cent Vorschuss, um Benzin tanken zu können, und stellte, um Treibstoff zu sparen, an jeder Kreuzung oder Ampel den Motor ab. Durch lärmende Straßen fuhren wir zunächst zur besten Buchhandlung der Stadt, doch die war – wie das Fremdenverkehrsamt – am Samstagnachmittag geschlossen. Abdulai sprach auf der Straße einen jungen Mann an, der sagte, die von mir gewünschte Karte sei »gar kein Problem«. Er stieg sofort ein und ließ das Taxi nach einer Viertelstunde vor einem Schmuckgeschäft halten. Er ging in den Laden und kam kurz darauf mit einem älteren Mann zurück; gemeinsam trugen sie eine eingeschweißte, etwa fünf Quadratmeter große Karte. Ich erklärte, dass ich eine andere Art von Karte meinte. Detaillierter und vor allem: faltbar.

Wir fuhren weiter, kreuz und quer durch die Stadt. Jedes Mal, wenn Abdulai und der noch immer mitfahrende Begleiter anhielten, mischten sich Neugierige ein, und das brachte schließlich den Erfolg. Diesmal war die Karte, mit der zwei Männer und ein kleiner Junge ankamen, durchaus zusammenlegbar. Oder besser gesagt: aufrollbar, denn sie war aus weichem Karton, wenn auch wie die vorherige im Klassenzimmerformat. Einer der Männer rollte sie auf. Auf der »Landkarte von Mali« waren ein Dutzend Städte eingetragen und bei jeder Provinz das wichtigste Tier: Kuh, Ziege, Fisch oder Kamel. Das Gebiet um Bamako war grün eingefärbt, und je weiter nach Osten, umso weniger Grün war zu sehen, bis die Karte schließlich in Gelbbraun endete: mit der Wüste. Dörfer waren nirgendwo auf der Karte eingezeichnet, aber Abdulai meinte, die gäbe es im Süden von Gao auch nicht.

Um halb acht Uhr morgens stand ich auf dem sandigen Busbahnhof, wo ich noch einen extra Gepäckschein kaufen musste. Der stotternde *reparateur* des Busses hatte kein Wechselgeld zur Hand. An einer der Buden kaufte ich eine Packung Kekse, aber der Verkäufer hatte offenbar ebenso wenig Wechselgeld und schickte einen Jungen los, um meinen 1000-CFA-Franc-Schein (anderthalb Euro) zu wechseln. Einer der Beifahrer schrieb mit Filzstift »Gao« auf meinen Rucksack. Zwischen vier Männern wartete ich auf einer Holzbank und scheuchte, unterstützt von einem mauretanischen Sonnenbrillenverkäufer, der neben mir saß, die Fliegen von mir weg. Hinter uns lagen drei an den Füßen zusammengebunde Hühner auf dem Boden. Die Fahrgäste waren ausschließlich Männer; einige trugen einen Boubou, die meisten ein Hemd. In kleinen Grüppchen unterhielten sie sich, ungeachtet ihrer ethnischen Abstammung. Viele Reisende begrüßten sich per Handschlag, obwohl sie sich nicht kannten. Dass keine Frauen mitfuhren, wunderte den Mann, mit dem ich ins Gespräch kam, nicht. »Frauen reisen nicht«, sagte er auf Französisch. »Sie verkaufen zwar die Fahrkarten, aber sie bleiben in der Stadt.«

Der Busbahnhof war die Domäne der Straßenverkäufer: Gürtel, Kleider, Kekse, Fliegenklatschen, Hemden, Taschentücher, Kaugummi und Lotterielose. Ein junger Tuareg in einem violetten Kaftan kaufte eine große, goldfarbene Armbanduhr, obwohl er bereits eine trug. Es kostete einige Mühe, alles Gepäck in oder auf dem Bus zu verstauen: in Plastik oder Jute verpackte Waren, aber auch ein langes Kanalisationsrohr aus Plastik. Als sich nichts mehr dazustopfen ließ, gelang es den Hilfskräften der Chauffeure, das restliche Gepäck mithilfe von Stöcken und mit Körpereinsatz doch noch in den Gepäckraum zu pressen. Jeder hatte vorher seinen Namen angeben müssen, und als endlich das ganze Gepäck verstaut war, griff einer der Fahrer zum Megafon und rief die Mitreisenden einen nach dem anderen namentlich auf, im Bus Platz zu nehmen. Beim Wegfahren stiegen im letzten Moment doch noch ein paar Frauen zu, und plötzlich kamen noch ein paar Männer angerannt, die sich von außen am Bus festklammerten. Bei einem Militärkontrollposten kurz hinter der Stadt wurden die »Außenmänner« zurückgeschickt. Daraufhin wurde der Bus von Dutzenden Frauen mit Tabletts auf den Köpfen gestürmt, die Taschenlampen, Eier, Bananen, Äpfel, Brote und Wasserflaschen zum Kauf anboten.

Die Straße nach Gao war zweispurig, perfekt asphaltiert und folgte in etwa dem Lauf des Niger: Ich fuhr genau auf dem Nullmeridian. Der Bus wurde abwechselnd von zwei Fahrern gesteuert, die insgesamt zehn Stunden fahren sollten. Die Vorderscheibe hatte ein Loch, und die Risse setzten sich sternförmig in alle Richtungen fort, aber die Scheibe war groß genug, um trotzdem ein ausreichend großes Sichtfeld zu bieten. Ich bedauerte es, mich nicht gleich hinter den Fahrer gesetzt zu haben, denn so war ich auf einem Platz gelandet, der nicht nach hinten gekippt werden konnte, obwohl der Sitz vor mir wohl nach hinten gelehnt war. Als einziger Passagier hatte ich den Vorhang nicht zugezogen und trotzte der sengenden Sonne, um hinaussehen zu können. Im Bus kamen verschiedene Reisende miteinander ins Gespräch, wobei sie sich verschiedener Sprachen bedienten: Der mauretanische Sonnenbrillenhändler sprach mit dem Tuareg Arabisch, andere bedienten sich des Bambara oder des Französischen.

Nachdem wir Bamako hinter uns gelassen hatten, wurde es ziemlich grün, manchmal wiesen Schilder »staatliche Aufforstungsprojekte« aus. Steinhäuser waren nach der Hauptstadt nicht mehr zu sehen, in einer ansonsten hauptsächlich leeren Landschaft stand da und dort eine Lehmhütte. Ab und zu passierten wir ein Dorf, dessen Anfang und Ende in der Regel durch eine hohe Fahrbahnschwelle gekennzeichnet war. Ich hatte die ganze Zeit noch kaum ein Wort mit meinem Nachbarn gewechselt, aber nun hielt er es für an der Zeit, dass ich ihm meine Adresse gäbe. Warum? »Man kann nie wissen«, lautete die Antwort. Regelmäßig hielt der Bus für eine kurze Pause, mitunter gab es dort eine Kleinigkeit zu essen. Um seinen Zeitplan zu halten, scheuchte der diensthabende Chauffeur die Passagiere danach ohne Pardon wieder in den Bus. Er hupte einmal, ließ den Motor an und fuhr los. Wer noch nicht eingestiegen war, musste rennen und wurde, während die Räder bereits rollten, hineingezogen. Während der kurzen Pausen ging der einzige Christ im Bus auf die andere Straßenseite, um zu pinkeln und danach eine zu rauchen, während sich die übrigen männlichen Reisenden – allesamt Muslime – neben den Bus auf den Boden warfen, um zu beten. Der Mann hinter mir kündigte an, dass er bei der nächsten Rast zwei Gebete sprechen werde, weil er mit einem in Rückstand geraten sei.

Die Straße war schnurgerade bis zum Horizont und führte durch eine öde Landschaft; es gab wenig Verkehr. Dennoch war diese wichtigste Ost-West-Verbindung für viele Unfälle berüchtigt, meist durch unglückselige Überholmanöver oder querendes Vieh verursacht. Es war noch keinen Monat her, als auf derselben Straße ein Autobus und ein Minibus auf der Höhe der Stadt San bei einem Ausweichmanöver zusammenstießen, und dabei hatte es 25 Tote gegeben.

Am Ende des Tages wurde die Landschaft noch trostloser, gewaltige Felsformationen am Horizont, rötliche Erde und eine nur noch auf Sträucher reduzierte Vegetation. Mit einer kurzen rotbraunen Glut brach jäh die Nacht herein. Bisweilen stoppte der Bus aus unerklärlichen Gründen ganz plötzlich. Dann schaltete der Fahrer die Lichter aus, und eine seiner vier Hilfskräfte verschwand in der Finsternis, um kurz darauf wieder zurückzukehren. Einmal brannte irgendwo eine kleine Gaslampe.

Nachts um vier erreichten wir den letzten Kontrollposten vor Gao, der genau wie alle anderen, die wir bis dahin passiert hatten, mit leeren Ölfässern an der Straße markiert war. Diesmal mussten alle Passagiere ihren Ausweis vorzeigen, als würden wir in ein anderes Land einreisen. So fühlte es sich auch an: In Gao war die

Nacht kälter. Bis vor einigen Monaten hatte an dieser Stelle nur eine Fähre über den Niger geführt, der hier Hunderte Meter breit war; die Fahrgäste hatten dort bis zum nächsten Morgen warten müssen, bevor die Fahrt weiterging. Nun gab es eine funkelnagelneue Brücke, von einem chinesischen Unternehmen gebaut und von der Islamischen Entwicklungsbank finanziert, unterstützt von einem großen Beitrag aus dem Iran. Die Brücke hatte moderne Peitschenmasten, die ein grelles weißes Licht auf die Umgebung warfen: eine Wüstenlandschaft mit vereinzelten Lehmhütten.

Weil ich wusste, dass ich mitten in der Nacht ankommen würde, hatte ich mit viel Mühe im Voraus ein Zimmer reserviert – im einzigen Hotel, das von Bamako aus telefonisch zu erreichen war. Einer der Fahrgäste meinte, es läge »weitab vom Busbahnhof«. Wenn jemand nach einer Busfahrt von gut tausend Kilometern etwas als »weit« bezeichnet, wird das schon der Fall sein, dachte ich und nahm ein Taxi. In einem heruntergekommenen japanischen Auto ohne Beleuchtung, das angeschoben werden musste, sobald der Motor aussetzte, erreichte ich um fünf Uhr morgens das Hotel Bel Air. Von einer Reservierung war dem Nachtportier, der vor dem Haus lag und schlief, nichts bekannt. Aber er zeigte mir ein sauberes Zimmer mit einer lärmenden Klimaanlage – Bettwäsche und Handtücher gab es nicht.

Am nächsten Morgen erschien Badi Agh Faradji, den ich mithilfe eines niederländischen Bekannten aufgespürt und mit dem ich schon vor Wochen Kontakt aufgenommen hatte, indem ich ihn auf seinem Satellitentelefon anrief. Badi war ein Tuareg aus dem in der malischen Sahara-Provinz Kidal gelegenen kleinen Ort Aguelhok, gehüllt in einen sandfarbenen glänzenden Kaftan und mit einem dunkelbraunen *tagelmust*, den er wie einen Turban um den Kopf gewickelt hatte. Er sollte mich durch die Wüste begleiten, in dieser gottverlassenen, von Aufständischen heimgesuchten Region eine absolute Notwendigkeit.

16° 16' n.B.
Gao

Kidal ist eines der heißesten und leersten Gebiete der Welt: Es gibt keine einzige asphaltierte Straße und nirgendwo einen Fluss; auf einer Grundfläche von gut der Hälfte Italiens wohnen ungefähr 80 000 Menschen. Die Hälfte der Bevölkerung lebt in der gleichnamigen Hauptstadt, der Rest ist nomadisch oder seminomadisch. Die abgelegene Provinz grenzt im Norden an Algerien, im Westen an die Region Timbuktu und im Osten an die Republik Niger, der äußerste Norden liegt 1800 Kilometer von der malischen Hauptstadt Bamako entfernt. Die Bevölkerung besteht überwiegend aus Tuareg, den legendären ursprünglichen Bewohnern der Sahara. Sie unterscheiden sich von den anderen Bevölkerungsgruppen Malis durch ihre helle Hautfarbe, die Berbersprache – das Tamasheq – und ihre Kultur; in den verschiedenen Ländern, in denen sie leben, haben sie sich in ihrem Kampf um Unabhängigkeit oder Autonomie wiederholt gegen die Zentralregierung erhoben. Tuareg sind die Namensgeber für die Sahara, die größte, heiße Wüste der Welt – die fast genauso groß wie Europa oder die Vereinigten Staaten ist. Sie nennen ihren Lebensraum in der Sahara *Ténéré*, was »die Wüste« bedeutet und durch die Übersetzung ins Arabische als »as-sahra« zu dem Wort Sahara führte.

In Kidal wütete in den Neunzigerjahren des vergangenen Jahrhunderts ein Krieg, der zwar mit einem Waffenstillstand endete, aber wenige Monate vor meiner Ankunft wieder aufgeflammt war. Tuareg-Rebellen verübten verschiedene Angriffe auf malische Militärposten, wobei sie Waffen erbeuteten und einige Male auch Regierungssoldaten erschossen. Kidal ist ein Zufluchtsort für eine mit der al-Qaida fusionierte algerische salafistische Bewegung, die für Entführungen von Ausländern sowie für Selbstmord- und Autobombenanschläge in Algerien verantwortlich gemacht wird. Tuareg-Rebellen wurden wiederholt beschuldigt, mit diesen algerischen Fundamentalisten zusammenzuarbeiten, was angesichts ihrer gemeinsamen Feinde, des algerischen und des malischen

Staates, nicht undenkbar ist. Tuareg sind dagegen gemäßigte Muslime, die einen relativ freien Lebensstil pflegen. Erwachsene Männer tragen einen Tagelmust, ein meterlanges Baumwolltuch – eine Kombination aus einem Gesichtsschleier und einem Turban –, Frauen dagegen höchstens ein Kopftuch. Die Allianzen in der Wüste sind nicht dauerhaft. Manchmal geraten Tuareg-Clans untereinander in Streit und gehen aufeinander los. Es war erst einen Monat her, dass es zu einer bewaffneten Auseinandersetzung zwischen der vereinten Tuareg-Widerstandsbewegung »Demokratische Allianz vom 23. Mai für den Wandel« und algerischen Salafisten gekommen war, wobei drei al-Qaida-Führer ums Leben gekommen waren.

Badi war in einem zwanzig Jahre alten Landrover in Gesellschaft von Arali Ag Awari Kan angereist, einem Achtzehnjährigen, der unterwegs für uns kochen sollte. Das Auto hatte eine Funkverbindung mit einer Reichweite von 500 Kilometern, und für Notfälle hatten wir beide ein Satellitentelefon dabei: Kidal hat kein Festnetz, und man hat so gut wie nirgendwo Empfang für Mobiltelefone. Vor unserem Aufbruch luden wir viele Dutzend Liter Wasser ein, Lebensmittel und eine Batterie Benzinkanister. Bei der Abrechnung im Hotel Bel Air bekam ich eine gestempelte Rechnung, auf der drei Übernachtungsmöglichkeiten angegeben waren: Zimmer mit Airco, Zimmer mit Ventilator oder Matratzenschlafplatz auf der Terrasse.

Um sechs Uhr in der Frühe brachen wir auf. Das Ende der asphaltierten Ausfallstraße war schnell erreicht, dann ging sie in eine Sandpiste über. Auf der anderen Seite des Niger und unweit von Gao passierte ich den Nullpunkt – zum ersten Mal seit der spanischen Küste –, und danach führte die Route einen halben Tag lang parallel zum Nullmeridian Richtung Norden. Zwischen Sand und Steinen behauptete sich da und dort ein Strauch: tapfere Akazien, die lang anhaltender Trockenheit und sengender Hitze gewachsen sind. Eine Sorte, die so gut wie kein Wasser braucht.

»Wenn es Winter wird, wachsen sie einfach im Sand«, sagte Badi. Berühmt war eine einzeln stehende Akazie auf etwa demselben Breitengrad im nigrischen Teil der Wüste. Sie galt als der isolierteste Baum der Welt, weil sie mindestens 400 Kilometer vom nächsten Baum entfernt stand. Wissenschaftliche Untersuchungen in den Dreißigerjahren des vergangenen Jahrhunderts konnten nachweisen, dass ihre Wurzeln bis zum Grundwasserspiegel in 35 Metern unter der Erdoberfläche reichten. Der Baum war sogar auf einer Karte mit dem Maßstab 1:400 000 eingezeichnet und hatte für die Tuareg eine religiöse Symbolfunktion, bis er 1973 von einem betrunkenen libyschen Lastwagenfahrer umgefahren wurde.

Stundenlang folgten wir der, meiner Landkarte nach, »abgesteckten Straße«, die nicht mehr als eine Sandpiste durch eine Ebene war. Dennoch handelt es sich um eine der wenigen Straßen von Kidal. Über eine Entfernung von mehr als 700 Kilometern führt sie von Gao bis zur algerischen Grenze. Meine zwei gänzlich sandfarbenen Karten des Gebiets zeigten eine zweite, unbefestigte Straße Richtung Tessalit im Norden, eine Nebenstraße nach Osten, eine Handvoll Kamelrouten, den Hauptort Kidal sowie fünf Dörfer, die in der Landschaft aus Berggipfeln, Bergwerkstollen, mit Sand bedeckten Zonen, *ergs* (Sandwüsten mit Dünenbildung), *barkhanes* (halbmondförmigen Sanddünen, die in Windrichtung entstehen) und *wadis* (ausgetrockneten Flusstälern) nur schwer zu finden waren.

Die Piste war leer, eine Staubwolke am Horizont deutete auf Gegenverkehr hin: meist Lastwagen mit Schachteln voller Datteln und verschleierten Männern, ab und zu ein Militärjeep mit einem Soldaten an einem automatischen Maschinengewehr auf einem Holzgestell auf der Ladefläche. »So bewegt sich das Heer fort«, sagte Badi. Gelegentlich passierten wir ein Hirsefeld: In diesem Landesteil Kidals ließ sich mit viel Mühe noch etwas anbauen. Vereinzelt konnte man in der Ferne Ziegen, Zebus oder Kamele erkennen und manchmal, einfach so im Nichts, die sich bewegende Silhouette einer einzelnen Gestalt, umringt von der Unendlichkeit.

Zur Mittagszeit wurde gegessen. Badi wartete, bis er ein paar Akazien sichtete, worauf er mit einem Ruck am Steuer die Piste verließ und in die Wüste fuhr. In puncto Fahrbahndecke machte das kaum einen Unterschied. Im Schatten des größten Strauchs breitete er eine kleine Matratze und ein Tuch aus, Arali machte Feuer und begann, Wasser für die Nudeln zu kochen. Der Sand war mit Koloquinten übersät, bitteren, gelbgrünen Früchten, etwa so groß wie die kleinen Melonen, die auf dem Boden wachsen. »Im Juni, Juli oder August kann es hier regnen«, sagte Badi. »Dieses Jahr gab es viel Regen, in anderen Jahren nicht. Wenn es regnet, dann fällt ein Sturzregen, der eine halbe Stunde dauert, und danach kann es wieder wochen- oder monatelang trocken bleiben, manchmal sogar Jahre. Nördlicher, Richtung Algerien, regnet es überhaupt nie.« Wo der Regen fällt, und ist es noch so wenig, wächst ein stachliges Gras, das die Tuareg laut Badi *ademoz* nennen und das sie an ihre Schafe, Ziegen und Zebus verfüttern.

Wir fuhren an Almoustarat vorbei, einer Ansammlung von Lehmhütten und Zelten inmitten von Sand. Zwei malische Gendarmen gestikulierten, dass wir anhalten sollten. Sie warfen einen Blick ins Auto und kontrollierten unsere Papiere. Die Straße nach Algerien ist eine wichtige Schmuggelroute, aber es ist keine große Sache, die Kontrollposten zu umgehen. Die flache Landschaft wurde hügeliger, da und dort eine kleine Erhebung, und der Sand war von Kies und Steinen durchsetzt. In weiterer Ferne ragten Berge empor.

»Ich mag die Wüste«, sagte Badi. »Hier bin ich aufgewachsen, und jedes Mal, wenn ich weg gewesen bin und wiederkomme, fühle ich, dass ich nach Hause komme. Das hier ist meine Landschaft, meine Leere.« Er war nie zur Schule gegangen, hatte sich aber in höherem Alter selbst Lesen und Schreiben beigebracht und sprach außer Tamasheq auch Arabisch und Französisch. »Ich bin als Nomade in einer adeligen Familie aufgewachsen, aber seit meinem zwanzigsten Lebensjahr sind meine Eltern und Verwandten sesshaft. Es war mein Vorschlag, unser Nomadenleben aufzugeben, denn es ist ungeheuer schwer, vor allem wegen des Klimas. Während der großen Trockenheit starb das Vieh, und es gab eine Hungersnot. Viele kamen um, auch ich habe Hunger gelitten. 1984 haben wir das Umherziehen aufgegeben und uns ein Haus gebaut.« Seine inzwischen verstorbenen Eltern konnten das neue Leben kaum ertragen. »Wegen der Verpflichtungen, die das Leben in einem Dorf mit sich bringt, und wegen der anderen Ernährung: Sie waren eine Kost aus Kamelmilch und Fleisch gewöhnt, in der Wüste isst man kein Obst oder Gemüse. Sie konnten auch kein Vieh mehr halten, dafür braucht man Platz.«

19° 27' n.B.
Aguelhok

Am Ende des Tages suchte Badi eine Stelle zum Übernachten. Die wichtigsten Voraussetzungen waren: Es musste in der Nähe Akazien für Brennholz geben, und der Boden durfte nicht allzu felsig sein. Ein Stück weiter standen zwei Zelte von Tuareg, von denen Badi ein junges Schaf kaufte, das sofort geschlachtet wurde. Alles wurde verzehrt: die Leber als Vorspeise, das Fleisch, die Knochen, und die Eingeweide bildeten den Hauptgang.

Unser Schlafplatz hieß Tahalt. Ich sah nichts als Leere um mich herum, aber für Badi war es anders. »Jeder Ort in der Wüste hat einen Namen, oft nach dem Clan, der dort umherzieht«, sagte er. »Wir wissen immer genau, wo wir sind, ein einzelner Strauch, eine Bodenerhebung oder ein Felsen reicht uns zur Orientierung.« Ich war der Einzige, der auf einer Matratze schlief, Badi und Arali lagen in ihren Kaftans auf dem Boden, eine Schafdecke über sich gezogen gegen die Kälte. Tagsüber hatte es etwa 35 Grad Celsius gehabt, doch mit Sonnenuntergang begann es abzukühlen, und nach Mitternacht wurde es eiskalt. Ich wechselte meine Sandalen gegen Schuhe mit Socken, zog alle Kleidungsstücke, die ich dabeihatte, übereinander an und kroch unter die raue Decke. Dennoch spürte ich die ganze Nacht über die Kälte, die aus der Erde aufstieg, und den eisigen Wind auf meinem Gesicht. Zum Frühstück gab es steinhartes Brot und *La vache qui rit*-Käse. Arali sorgte für eine Tasse Pulverkaffee. Die beiden Männer tranken Tee und aßen, was an geröstetem Fleisch vom Vortag übrig war. Die Reste des Schafs warfen sie hinten in den Landrover. Unterwegs sahen wir Tausende Zugvögel über uns hinwegziehen.

In Badis Wohnort Aguelhok – neunzig Kilometer östlich des Nullmeridians – stellte er mich seiner schwangeren Frau Mamou vor, seinem Sohn Omar und seinen vier Töchtern Mina, Nana, Zeina und Lella. Badi arbeitete in ganz Mali als Führer, und es war seiner vornehmen Abstammung zu verdanken, dass er zu den wohlhabendsten Einwohnern der kleinen Wüstenstadt zählte.

Ein kleines Gatter gab Zugang zu einem Innenhof, in dem sein Lehmhaus lag. Ein ständiger Strom von Menschen – und Ziegen – ging ein und aus: manchmal nur für einen kurzen Besuch. Männer, die auf Reisen waren, rollten abends ihre Matte aus und schliefen im Innenhof. Mitunter kam Badis Cousin vorbei, dessen Frau immer mit einer Spraydose bewaffnet war, aus der sie die anwesenden Männer mit einem süßen Duft besprühte. Im Innenhof gab es auch einen Wasserhahn für Wasser aus dem Dorfbrunnen und außerdem einen Verschlag mit einem Plumpsklo. Die Frauen kochten und aßen im Freien, die Männer hockten im Haus oder lagen auf Teppichen – es gab keine Möbel – und aßen alle zusammen aus derselben Schüssel Hirse oder algerische Nudeln mit Schaffleisch.

Seit zwei Jahren hatte Aguelhok Elektrizität: Jeden Abend von halb sechs bis elf. In den übrigen Stunden lieferte ein Generator in Badis Innenhof den Strom. Im Wohnzimmer stand ein mit einer Satellitenschüssel verbundener Fernseher, der den ganzen Tag auf die französischsprachige Ausgabe von EuroNews eingestellt war. Während die Männer – und ab und zu auch die Frauen – mit Zinnlöffeln oder mit der rechten Hand das Essen im Liegen verzehrten, schauten sie sich die Spiele der italienischen Fußballmeisterschaft oder Reklamespots über Unternehmensautomatisierung an. Dass EuroNews um halb zwölf die Nachrichten wiederholte, schien keinen zu stören, und der Bericht über die Pläne, den europäischen Führerschein zu vereinheitlichen, wurde anscheinend mit gleichbleibend großem Interesse zum dritten oder vierten Mal verfolgt.

Badi und seine Frau hatten ein Schlafzimmer im ersten Stock, der Rest des Hauses war öffentliches Eigentum: Dort übernachteten auch regelmäßig Besucher. Badis Kinder schliefen im Wohnzimmer oder in wechselnder Zusammensetzung im ebenfalls an den Innenhof grenzenden Zimmer. Auch hier nur Teppiche auf dem Boden und kahle Wände.

Aguelhok liegt »sechs Tage Kamelritt« nördlich von Gao entfernt: In einem Umkreis von Hunderten von Quadratkilometern gibt es sonst so gut wie nichts. Das Zentrum des Dorfes ist ein sandiger Platz mit einem Polizeiposten und einer Moschee. Ein handgeschriebener Wegweiser aus Holz zeigt auf die nächsten bewohnten Gebiete: auf die algerischen Städte Adrar (1045 km) und Reggane (895 km), den Grenzort Bordj Mokhtar (245 km) und das an derselben Straße liegende Städtchen Tessalit (95 km). Jeder Ortsname ist mit einem Pfeil versehen, der in dieselbe Richtung zeigt: geradeaus. Auf einer Mauer mit einem Pfeil in die entgegengesetzte Richtung stehen die Entfernungen zu den wichtigsten Städten in Mali, darunter der Hauptstadt Bamako (1650 km).

Mitten auf dem Sandplatz war ein Dreieck aus Steinen ausgelegt, mit einem Verkehrsschild, auf das mit zittrigen Buchstaben »STOP« geschrieben war. Manchmal stand dort ein Soldat in Uniform, den Kopf größtenteils unter einem schwarzen Schleier verborgen. Der Verkehr bestand aus einigen Lastwagen und Landrovern pro Tag: Mit einem normalen Personenwagen ist Aguelhok – oder jeder andere Ort in Kidal – so gut wie unerreichbar. Einen wichtigen Treffpunkt bildete die Zisterne aus Beton, wohin die Kamele zum Trinken geführt wurden und wo Kinder, ausgerüstet mit Kanistern und Schubkarren, Wasser mithilfe eines Flaschenzugs hochzogen.

Badi zeigte mir die vor dem Dorf angelegten Gemüsegärten: der ganze Stolz von Aguelhok. Man hatte kleine Bewässerungskanäle angelegt, die über nur eine Pumpe mit Wasser versorgt wurden. Ein Mann füllte die Pumpe mit einem Eimer nach. Er baute Salat, Tomaten und Zwiebeln an. »Die Wüste rückt jedes Jahr acht Kilometer näher«, sagte Badi. »Jedes Jahr wird es trockener. Derzeit bleibt es immer zwei Jahre nacheinander trocken, und im dritten Jahr fällt wieder Regen. Das ist zu wenig. Viehzucht hat hier keine Zukunft mehr.« Begeistert erzählte er von einem Projekt, das er sich überlegt und ausgearbeitet hatte: eine Dattelpalmenplantage auf einem fünf Hektar großen Gelände. Es fehlten nur noch die finanziellen Mittel. In Aguelhok gab es auch eine französische Entwicklungshelferin, die Musik- und Computerunterricht organisierte und von allen Einwohnern Passfotos machte, damit sie bei den Wahlen nicht zuerst die weite Reise bis nach Kidal unternehmen mussten, um sich registrieren zu lassen. »Konkrete Hilfe«, sagte sie. »Ich verteile keine Kugelschreiber.«

Ich wurde dem örtlichen Dorfvorsteher vorgestellt. Zusammen mit einem anderen Mann saß er auf einer kleinen Bank vor seinem Haus, beide waren verschleiert und trugen dunkle Sonnenbrillen. Mimi Uld Hafola war mit achtzig Prozent der Stimmen gewählt worden. »Das ist viel«, sagte er. »Es ist zwar vor allem eine symbolische und traditionelle Funktion, aber hier im Dorf habe ich das Sagen.«

Das Dorf zählt 750 Einwohner, doch in der ganzen Gemeinde Aguelhok – von Uld Hafola als »die Randbezirke« bezeichnet, aber immerhin eine Fläche von mehr als der halben Niederlande – halten sich in der Regel zwölftausend nomadische Viehzüchter auf. Die meisten Bewohner des Dorfkerns sind Tuareg, aber es leben auch Songhai und Bambara dort, die meisten von ihnen

Gendarmen und am Ort stationierte Soldaten. Am Rande von Aguelhok wohnen einige adelige Familien der Kounta, eines berber-arabischen Beduinenvolks. Sie leben mit den Nachkommen ihrer früheren schwarzen Sklaven zusammen. Die Kounta nehmen eine Sonderstellung im Dorf ein: Unter ihnen gibt es verschiedene *marabuts*, islamische geistige Führer, die sich abweichend von der offiziellen Lehre mit Heilungen, Beschwörungen und Zukunftsvoraussagen beschäftigen und große Autorität besitzen.

»Ich glaube absolut nicht an solche Sachen«, sagte Abdallah ben Hamou, ein junger Mathematiklehrer an der örtlichen Schule. »Aber diese Marabuts besitzen wirklich eine enorme spirituelle Kraft, sie beschützen auch die anderen in Kriegszeiten. Die Lage war hier vor einiger Zeit ziemlich unruhig, und das Militär hat unheimlich viel kontrolliert. Ein Soldat hielt einen Fahrer an, der keine Papiere bei sich hatte. Ein alter Marabut stand daneben. Er klatschte einmal in die Hände, und plötzlich hatte der Mann einen Ausweis. Das habe ich mit eigenen Augen gesehen, danach hatte ich eine Woche lang sehr große Angst.« Dann begann er, eine lange mythische Geschichte zu erzählen, die jeder in Aguelhok kennt: Die eifersüchtige Frau eines Marabuts lässt ihren Mann von einem Goldschmied aus Timbuktu beschatten. Am Ende stirbt der Marabut an einem Freitag und seine Frau eine Woche darauf. Der Goldschmied stirbt ebenfalls, nachdem ihn sein Kamel ganz in der Nähe des Marabut-Grabs abgeworfen hat. Seither ist das Grab des Marabut heilig. »Viele besuchen es«, erzählte ben Hamou. »Sie kommen auch von weit her. Aber man muss immer zuerst die Zustimmung von Scheich El Kabir erbitten, dem ältesten Sohn des Obermarabuts, dem Scheich der Scheichs. Wenn man das nicht tut, findet man das Grab nie, selbst wenn man seine Lage kennt. Ich bin auch einmal dort gewesen. Es liegt mitten in der Wüste und ist wie alle Gräber hier von einem Kreis aus Steinen umgeben. Darüber ist ein weißes Moskitonetz gespannt, aber das sieht man nicht: Im Gegenteil, alles ist ganz schwarz.«

Der Friedhof von Aguelhok ist nicht eingezäunt und liegt unmittelbar vor dem Dorf. Auch hier sind die Gräber mit Steinkreisen bezeichnet. Die Verstorbenen liegen mit dem Kopf beim größten Stein und in Richtung Mekka begraben. Einige Gräber sind mit Namen versehen, die meisten nicht. »Die Jahre 1973 und 1984 waren katastrophal für uns«, hatte mir Badis Cousin Gaye erzählt. »Viele sind verhungert, wer konnte, ist in ein anderes Land gegangen, um nie mehr zurückzukehren.«

Am anderen äußersten Dorfrand befindet sich noch ein einzelnes Grab, gleich neben dem Militärlager. »Es ist das Grab eines Mannes, den die Soldaten während des Kriegs zu erschießen versuchten, aber es erwies sich als unmöglich«, sagte Ben Hamou. »Man kann auf solche Leute schießen, aber man sieht nicht einmal Blut. Bis zu dem Augenblick, in dem sich der Mann nichts mehr aus dem Leben machte und sein Amulett wegwarf. Dann erst starb er.« Ich ging auf das Grab zu, wurde aber von einem Soldaten mit einem AK47 über der Schulter zurückgehalten. »Sie dürfen sich nicht dem Lager nähern«, sagte er. Aber er wollte mich »dringend« sprechen, allerdings außerhalb des Sichtfelds seiner Vorgesetzten. Wir trafen uns am nächsten Tag, im Kulturzentrum, einem kleinen Gebäude unweit des Heerlagers. »Es ist kein Militärlager, obwohl jeder es so nennt«, fing er an. »Es ist ein Sicherheitsposten. Wir sind zu acht, und wir sind verantwortlich für die Sicherheit des ganzen Gebiets zwischen Tessalit und der Stadt Kidal.« Er hieß Adama Sangasé, war 42 Jahre alt und Berufssoldat im malischen Heer.

In drei Kriegen hatte er gekämpft: im Grenzkrieg zwischen Mali und Burkina Faso 1985, der keine Woche dauerte, im Tschad als Soldat der Afrikanischen Friedenstruppe und in Kidal während des letzten Kriegs zwischen dem Regierungsheer und den Tuareg-Rebellen. »Gute Christen und gute Muslime führen keinen Krieg«, meinte er. »Im Krieg geht es immer um Geld und Macht. Aber ich bin optimistisch: Eines Tages wird hier Frieden herrschen.«Obwohl erst vor einer Woche zwei seiner Kameraden beim »Sicherheitsposten« in Kidal erschossen worden waren, war die Situation in Aguelhok seiner Meinung nach ruhig. »Wir haben hier keine Probleme mit der Bevölkerung, aber das Dorf liegt sehr isoliert. Ich bin in allen Ecken von Mali stationiert gewesen, und das hier ist der absolute Nullpunkt. Im Sommer ist es sengend heiß. Ich bin schon schwarz, aber von der Sonne bin ich noch viel schwärzer geworden.«

Und warum hatte er mich sprechen wollen? »Sehen Sie«, sagte Sangasé, »ich habe meine Frau und meine Kinder jetzt schon sechs Monate lang nicht gesehen. Ich verdiene mein Geld und habe verschiedene Auszeichnungen erhalten, aber wenn Gott will, dass ich ins Ausland gehe, muss ich es tun. Deshalb hätte ich gerne Ihre Adresse.«

In der Nacht schlief ich wieder auf Badis Innenhof, diesmal neben einem korpulenten, mit Gold behängten Mann in Boubou, der Abgeordneter der Regionalregierung von Tessalit und zugleich Bauunternehmer und Händler war. Er mischte auffallend viel Französisch in sein Tamasheq und hatte das allerneueste Satellitentelefon mit GPS-Funktion. »Das kann man in Europa oder Amerika noch gar nicht kaufen«, sagte er. »Es wurde in Südkorea produziert und über Dubai nach Algerien gebracht, wo ich es gekauft habe.«

Um so nördlich wie möglich wieder den Nullmeridian zu erkunden, brachen wir auf, nachdem wir uns neu verproviantiert hatten, Richtung Grenze, zusammen mit einem in ein traditionelles Indigogewand gehüllten Einwohner von Aguelhok als zusätzlichem Passagier. Er wollte nach Algerien. Der erste Teil der unbefestigten Wüstenstraße von Gao nach Aguelhok war durch ein Tal verlaufen und daher breiter, doch gleich hinter dem Dorf wurde die Route schwieriger, wegen der Felsen und der ausgetrockneten Flussbetten. Die Landschaft wurde noch verlassener, noch mehr Sand und Steine, noch weniger Bewuchs. Mit Aralis Hilfe hatte ich meinen Kopf mit einem Tagelmust umwickelt. Das war sicherer, weil ich so weniger wie ein Ausländer aussah, aber vor allem bewies der Gesichtsschleier seinen Nutzen gegen den Sand, der pikste und durch alles hindurchdrang. Schon nach wenigen Tagen waren meine Kleider und mein Rucksack braun vom Staub, der Sand in Nase und Kehle brachte mir ein unangenehmes Räuspern ein.

Ein paarmal begegneten wir einem Kameltreiber oder einem Landrover. Die übliche Begrüßung folgte einem festen Ritual, wobei derjenige, der zuerst vor Ort war, in hohem Tempo eine Reihe von Standardfragen auf den später Gekommenen abfeuerte, die ebenso monoton beantwortet wurden:

»Guten Tag.«

»Guten Tag.«

»*Majdjen.* Wie geht es?«

»*Algera.* Gut.«

»Woher kommen Sie?«

»Aus Aguelhok.«

»Wie geht es Ihrer Frau?«

»*Alkher ghas.* Bei bester Gesundheit.«

»Und den Kindern?«

»Bei bester Gesundheit.«

»Und dem Vieh?«

»Bei bester Gesundheit.«

»Gibt es Probleme?«

»Keine Probleme.«

»Krankheiten?«

»Keine Krankheiten.«

»Tote?«

»Keine Toten.«

Um die Mittagszeit erreichten wir Tarlit, ein einsames Dorf, wo wir auf der Suche nach zwei Nomadenfamilien von der Piste abfuhren. Ein Kameltreiber, den Badi unterwegs gesprochen hatte, wusste zu berichten, dass sie dort biwakierten. Wir fanden zwei Zelte, umgeben von einem Hag aus Zweigen. »Zwei Zelte sind zwei Familien«, sagte Badi. Er zupfte seinen Tagelmust zurecht und betrat eines der Zelte. Er kehrte mit einem Jungen und einem Mädchen zurück und bat uns, auf unseren Teppichen zu warten. Die beiden Teenies setzten sich zu uns, ohne ein Wort zu sagen. Nach einer halben Stunde brachte ein verschleierter Mann eine Schale mit Schafskutteln und kurz darauf eine Hirsemahlzeit – aus Algerien importiert im Tausch gegen Vieh – und Schaffleisch. Auch er schwieg.

13

Sechzig, die Zahl des Kosmos

Für den Norden von Mali und die Provinz Kidal galt eine offizielle Reisewarnung. Im Zusammenhang mit »Raubüberfällen, Entführungen und Mord« riet das niederländische Außenministerium »dringendst« davon ab, »auf dem Landweg in diese abgelegene Wüstenregion zu reisen«. Daher hatte ich frühzeitig Kontakt zu einem befreundeten niederländischen Diplomaten aufgenommen, um ihn zu fragen, wie er die Situation einschätze. »Darüber bin ich nicht besonders gut informiert«, sagte er. »Natürlich kenne ich den Fall der drei Niederländer, die vor einigen Jahren auf derselben Route, die du nehmen willst, von Algerien nach Gao unterwegs waren.« Er schwieg einen Augenblick, wie ich dachte, um ihre Telefonnummern oder Mailadressen herauszusuchen. »Sie sind tot, ermordet bei einem Raubüberfall.«

Ich suchte den Artikel im Archiv einer Tageszeitung und fand in meinem Bekanntenkreis zufällig jemanden, der eines der Opfer gekannt hatte. Die drei Männer waren seit Jahren befreundet gewesen und jedes Jahr in den Weihnachtsferien mit einem Gebrauchtwagen nach Westafrika gefahren, um ihn dort zu verkaufen. »Quer durch die Sahara, in maximal zehn Tagen. Sie machten das schon seit zehn Jahren, kannten das Gebiet und waren von Berufs wegen erfahrene Reisende in der Dritten Welt. Alle drei waren um die vierzig, verheiratet und Vater von zwei Kindern.«

Ich kannte nicht nur jemanden, der mit einem der Opfer befreundet gewesen war, ich hatte inzwischen auch unmittelbaren Kontakt mit dem Mann, der ihr Grab in der Wüste gefunden hatte: Er saß neben mir und steuerte seinen Landrover von unserem Picknickplatz bei den Nomadenfamilien wieder zur unbefestigten Straße nach Norden. Dass Badi in die Sache hineingezogen worden war, war kein Zufall. Er stammte aus einer adeligen Familie, sprach fließend Französisch, verfügte über Kontakte zu verschiedenen Tuareg-Clans, kannte das Gebiet wie seine Westentasche, besaß einen Jeep mit Funkverbindung und war in Kidal ein angesehener Führer für Ausländer wie für Malier.

Bevor man die Leichen der ermordeten Niederländer fand, galten sie schon zwei Wochen als vermisst. Die niederländische Botschaft schaltete damals Badi ein, er sollte helfen, sie zu finden. »Ein Hirte trat an mich heran, der einen roten Peugeot 505 mitten in der Wüste hatte stehen sehen. Er hatte nicht gewagt, sich dem Fahrzeug zu nähern. Ich bin sofort hingefahren und fand niederländische Ausweispapiere im Auto und noch am selben Tag, unweit von dieser Stelle, auch das Grab, in dem die Räuber die Leichen verscharrt hatten. Die sterblichen Überreste wurden dann in die Niederlande überführt.«

Aus Zeugenaussagen ging später hervor, dass der Autokühler der Niederländer in Tessalit den Geist aufgegeben hatte. Jemand hatte den Schaden provisorisch behoben und war dann zu ihnen ins Auto gestiegen. Noch in der Gesellschaft dieses Monteurs waren sie zum letzten Mal auf der Piste von Tessalit nach Gao gesehen worden. Auf der Höhe von Tarlit müssen sie dann ausgeraubt und ermordet worden sein.

Badi wurde von der Polizei mitgenommen, wo er, nach seinen eigenen Worten, 24 Stunden verhört und danach freigelassen wurde. Einer eingeflogenen niederländischen Sondereinheit gelang es, mithilfe von Spezialausrüstung das gestohlene Satellitentelefon aufzuspüren. Das Heer veranstaltete eine Treibjagd, und es gelang, die fünf Räuber festzunehmen. »Es handelte sich um zwei Araber aus Niger und drei malische Tuareg«, sagte Badi. »Ohne weiteres Verhör wurden alle fünf erschossen, kurz vor Gao.« Für

Badi war damit die Sache noch nicht zu Ende. »Der Clan der drei erschossenen Tuareg schickte Leute zu mir, die mich bedrohten. Weil ich bei der Suche nach den Vermissten geholfen und eine Aussage gemacht hatte, hielten sie mich für mitschuldig am Tod ihrer Verwandten. Ich musste hohe Anführer aus meinem Clan zu ihnen schicken, um zu vermitteln.« Die Bedrohungen dauerten zwei Jahre, bis es Badi gelang, sich durch Zahlung einer großen Geldsumme an die Vermittler »zur Vergütung ihrer Unkosten« freizukaufen.

19° 31' n.B.
Tarlit

Für Ag Awinawen, den Monteur aus Tessalit und Zeugen des Überfalls, ging die Sache schlecht aus. Anfangs war er geflüchtet, wurde später aber doch gefasst. »Er wurde schlecht behandelt und bei den Verhören schrecklich verprügelt«, sagte Badi. »Weil er Zeuge der Morde war, wurde er wegen Komplizentums zu zwei Jahren Gefängnis verurteilt. Ich glaubte an seine Unschuld und besuchte ihn regelmäßig im Gefängnis. Ich bat die Wachleute, ihn gut zu behandeln, und brachte ihm Geld, Zigaretten und Essen. Nach einem Jahr wurde er freigelassen, weil man herausgefunden hatte, dass er lediglich versucht hatte, das Auto der Niederländer zu reparieren, und in gutem Glauben gehandelt hatte. Nach seiner Freilassung war Ag Awinawen traumatisiert. Letztes Jahr ist er in Tessalit gestorben, unter anderem an den Folgen der Folterungen.«

Wieder auf der Piste bei Tarlit, deutete Badi in die Ferne. »Dort, bei dem höchsten der schwarzen Hügel, habe ich das Grab gefunden.« Ich nahm die Landschaft in mich auf: eine endlose Ebene mit sanften Hügeln – grün, gelb, braun, schwarz – aus Sand, Schotter, Kieselsteinen, Felsen und einsamem Hundszahngras, der Himmel darüber trüb von den weit entfernten Sandstürmen.

Bei Tessalit kam ein Lastwagen voll verschleierter Männer mit automatischen Gewehren auf der Ladefläche vorbei. »Rebellen«, sagte Badi. »700 von ihnen sind in einem Lager. Das Militär lässt sie in Ruhe, sie haben ein Abkommen.«

Tessalit ist das letzte Städtchen in Mali vor der Grenze und hat einen mythischen Ruf als Schmugglernest. Hier hatten die inzwischen mit al-Qaida fusionierten algerischen Salafisten eine Gruppe deutscher Touristen als Geiseln gefangen gehalten, die sie im algerischen Teil der Sahara entführt hatten. Am Ende konnten die Geiseln freigekauft werden, unter anderem dank der Vermittlung des Tuareg-Politikers, der auf Badis Innenhof übernachtet hatte. Wir ließen Tessalit auf dem Weg in den äußersten Norden unbeachtet liegen. Nach einem ganzen Tag unterwegs hatten wir außer dem Lastwagen der Rebellen noch drei andere Fahrzeuge gesehen: einen Landrover mit Panne, einen Lastwagen aus Algerien und einen stehenden Pick-up, dessen Insassen gerade dabei waren, ein Nachtlager zu bauen.

Wir übernachteten irgendwo bei einer einzelnen Akazie, an einer Stelle, die laut Badi unter dem Namen Oued d'Abashachshach bekannt war. Dort standen ein paar angebundene Kamele, aber es waren keine Nomaden in der Nähe. Es war windstill und ungeheuer leer. Mir war wieder kalt unter meinen Schafdecken. Schon den zweiten Tag in Folge hatte ich mich nicht gewaschen und spürte überall den Sand scheuern, meine Kleider waren verdreckt. Badi dagegen sah am nächsten Tag in einem strahlend weißen Gewand und mit einem goldbraunen Tagelmust wie aus dem Ei gepellt aus.

Der Punkt, wo jedes Wachstum aufhörte, lag hinter uns, und wir durchquerten eine flache, sandige Kiesebene, die sich ringsherum bis zum Horizont erstreckte. Keine Hügel, keine Felsformationen, keine Gebirge, Wadis oder Grasbüschel, nur eine alles umzingelnde, kompromisslose Leere. »Ich möchte dir etwas zeigen«, sagte Badi plötzlich. Er steuerte den Landrover von der Piste und hielt am Gerippe eines Autos. Fahrgestell, Dach, Türen, Fenster, der Boden und das Innenleben waren verschwunden, nur noch der Rahmen und ein Teil der Seitenflächen waren intakt. Die runde Form gehörte unverkennbar zu einem Citroën 2CV, ein

Überrest vergangener Zeiten, als auf dieser Route noch Trans Sahara Oldtimer Rallyes gefahren wurden. Was einst der Kofferraum war, beherbergte einen Stapel unbehauener weißer Steine. »Sieh mal«, sagte Badi und zeigte auf den Stein ganz links. Neben ihm ragte eine mumifizierte Hand auf: der Daumen gerade, die Finger leicht gebogen. Die Haut, die aussah wie altes Papier, war an den Knöcheln aufgerissen, wodurch der vertrocknete Knorpel zum Vorschein kam. Der Tote sei ein englischsprachiger Immigrant aus Westafrika, der zuletzt in Gao gesehen worden war. Von dort aus sei er per Autostopp zur Grenze aufgebrochen. An dieser Stelle sei er vor einem Jahr gefunden worden, sagte Badi.

»Es war Sommer und wahnsinnig heiß, bestimmt fünfzig Grad Celsius«, erzählte er weiter. »In diesem Gebiet gibt es keinerlei Schutz. Der Mann hatte bei dem Autowrack Schatten gesucht und ein Schild aufgestellt mit dem Text *I want to go to Spain*. Er ist an Austrocknung gestorben. Das geht schnell. Tuareg haben ihn gefunden und im Kofferraum begraben. Auf den Leichnam legten sie Pflanzen, Sand und Steine, das ist der Brauch. Wer verdurstet, verwest nicht. Deshalb ist der Körper intakt geblieben, und man sieht die Hand an der Stelle, wo der Sand weggeweht ist.« Die Leiche des Immigranten lag schon ein Jahr lang im Kofferraum des Wracks, aber laut Badi hatte sich noch kein Polizist blicken lassen. »Hier gibt es keine Gesetzesvertreter, und außerdem hat vermutlich niemand den Toten als vermisst gemeldet.«

Nachdem wir wieder weitergefahren waren, starrte Badi eine Zeit lang vor sich hin. »Durst«, sagte er dann, »Durst ist am schlimmsten.« Er hielt den Blick auf den aufstiebenden Sand gerichtet und erzählte, wie er einmal mit drei Männern und einer hochschwangeren Frau von Gao aus nach Norden unterwegs gewesen war. Die Wehen setzten ein, und um den Weg abzukürzen, fuhr er auf eine verlassene Nebenpiste. Das Auto blieb mit einem Motorschaden liegen. Kein Mensch würde sie je dort finden, deshalb wurde beschlossen, dass einer der Männer bei der Frau bleiben sollte mit dem ganzen Trinkwasser, das sie bei sich hatten – zwanzig Liter – und dem aus dem Kühler abgezapften Wasser. Die übrigen drei brachen ohne Wasser auf, um Hilfe zu suchen. Unterwegs schaffte es einer von ihnen nicht mehr weiter. »Wir mussten ihn zurücklassen«, sagte Badi. »Zu zweit liefen wir weiter und fanden schließlich ein Kamel, das uns das Leben rettete. Wir waren 24 Stunden am Stück gelaufen und hatten siebzig Kilometer zurückgelegt, wir waren völlig ausgetrocknet. Es gelang uns, das Kamel einzufangen. In seinem Magen waren etwa vier Liter Flüssigkeit, die haben wir abgezapft und bis auf den letzten Tropfen getrunken.«

Mit großer Mühe gelang es den beiden, Aguelhok zu erreichen und mithilfe des Militärs den am Auto zurückgebliebenen Mann und die Frau wiederzufinden, ebenso wie den Mann, den sie unterwegs hatten zurücklassen müssen. Alle drei waren noch am Leben. »Die Frau hat sofort nach ihrer Ankunft in Aguelhok entbunden«, sagte Badi. »Meine Haut blieb noch monatelang knochentrocken und schuppig, der Mann, der auf unserem Fußmarsch durch die Wüste zusammengebrochen war, hat bis heute Beulen und Schwellungen im Gesicht.«

Wir näherten uns dem Grenzgebiet. Es war wolkenlos und heiß. Hier war Niemandsland und der Herrschaftsbereich von Menschenschmugglern. Will man von Afrika aus auf dem Landweg nach Europa kommen, gibt es ein Netz aus Dutzenden von Routen, die afrikanische Länder miteinander verbinden. Sie laufen immer eng zusammen, bis drei Hauptrouten übrig bleiben: von Senegal, Guinea oder Mauretanien aus mit dem Boot zu den Kanarischen Inseln, von Marokko zu den spanischen Enklaven Ceuta und Melilla und über Libyen mit dem Schiff nach Malta oder zur italienischen Insel Lampedusa.

Mauretanien kann man von Mali aus über Algerien erreichen oder direkt aus dem Wüstengebiet nordwestlich von Timbuktu.

Die zweite Route verläuft über die Provinz Kidal durch die algerische Sahara und passiert im Nordwesten die algerisch-marokkanische Grenze. Seit Spanien seine Enklaven in Marokko mit meterhohen elektrischen Zäunen ausgerüstet hat, ist dort der Zustrom von Migranten drastisch zurückgegangen, wurde aber niemals völlig zum Stillstand gebracht. Die Libyenroute durchquert von Gao aus über Kidal den östlichen Teil der algerischen Sahara. In diesem Gebiet werden gefälschte nigerianische Markenzigaretten, Lebensmittel, Vieh, Elektronik, Kokain – aus Lateinamerika mit dem Schiff nach Westafrika transportiert – und Waffen nach Nordafrika geschmuggelt und von dort aus in die Europäische Union.

Auf meinen Karten gab es »internationale Grenzen«, »unmarkierte internationale Grenzen« und »strittige oder nicht festgelegte internationale Grenzen«. Das waren schnurgerade Zeichentischgrenzen, die auf einer nicht detaillierten Karte mit einem ziemlich riesigen Lineal gezogen sein mussten: Die Südwest- 21° oo' n.B.
El Khalil grenze von Algerien mit Mali und – zu einem kleinen Teil – Mauretanien bestand aus einem lang gestreckten, 1200 Kilometer langen Streifen. Auf der gesamten Strecke lag nur ein einziger Ort in Grenznähe: Bordj Mokhtar. Die Piste zwischen Gao und der algerischen Grenze war nicht nur Schmuggelroute und Ausfallstraße für algerische Kidnapper, sondern auch eine Hauptverkehrsader im organisierten Transport von illegalen Immigranten in die Sahara. Das war das Gebiet, wo mich Badi ohne große Probleme an irgendeinem Ort in der Wüste einem befreundeten Tuareg jenseits der Grenze hätte übergeben können, sodass ich illegal nach Algerien hätte einreisen können. Ich hatte tagelang über diese Möglichkeit nachgedacht, mich aber am Ende dagegen entschieden. Ich hatte nicht den Hauch einer Chance. Das größte Hindernis stellten die Straßenkontrollen von Militär und Gendarmerie dar: Das Problem war nicht, dass ich kein Visum hatte, sondern dass auf der ersten Seite meines Passes zwar ein Visum

eingestempelt, aber fett für ungültig erklärt worden war. Es hätte bedeutet, das Schicksal herauszufordern.

Badi steuerte den Landrover fünfzehn Kilometer vor der Grenze von der Piste runter und fuhr auf eine Nebenpiste. In einer lebensfeindlichen Umgebung, ohne jeden Schutz – hier gab es nichts als Sand und Stein – tauchte aus dem Nichts in der Ferne ein Dorf auf: El Khalil.

El Khalil gibt es nicht. Zumindest nicht auf dem Papier. Es ist auf keiner einzigen offiziellen Karte verzeichnet und untersteht keiner einzigen Regierung. In der Realität gibt es El Khalil aber seit einigen Jahren, und das Dorf bildet das Zentrum für den Handel mit Waffen und gestohlenen Autos, und es dient Menschenhändlern als Umschlagplatz für Illegalentransporte. In dem Dorf sah man Häuser im Rohbau, funkelnagelneue Wagen mit Vierradantrieb fuhren herum, und da und dort schlurften bewaffnete Männer durch den Sand.

Es war bekannt, dass der algerische Afghanistan-Veteran Mokhtar Belmokhtar alias Khalid Abu al-Abbas alias der Einäugige – das zweite Auge hatte er in Afghanistan verloren – sich hier aufgehalten hatte. Er war für Überfälle in der Wüste, für Diebstähle und Waffen- und Drogenschmuggel verantwortlich und wurde beschuldigt, bei al-Qaida im islamischen Maghreb eine Rolle zu spielen. El Khalil stand damals unter der Kontrolle des Tuareg-Rebellenführers Ibrahim Bahanga.

Der Mann im Indigogewand, der seit Aguelhok mitgefahren war, stieg aus und machte sich auf die Suche nach einem Lastwagen, der ihn nach Algerien mitnehmen konnte. Badi begleitete ihn und befahl mir, im Wagen zu bleiben. »Zu gefährlich.« Kurz darauf kehrte er zurück. »Ich will hier keine Minute länger als nötig bleiben«, sagte er und fuhr schnurstracks wieder aus der Siedlung heraus.

Zum ersten Mal, seit ich vor Wochen den Jachthafen im spanischen El Mascarat erreicht hatte, sollte ich nach einem Umweg über Madrid, Paris, Bamako, Gao und El Khalil endlich wieder der vorgenommenen Richtung folgen: nach Süden. Wir befanden uns auf 21° n. B. und 0° 58' ö. L. in ungefähr hundert Kilometern Entfernung vom Nullmeridian, den wir so schnell wie möglich erreichen wollten.

Auf einer meiner Karten war eine Piste eingezeichnet, die zu der abgelegenen Wüstenstadt Taoudenni führte und sowohl die Schmuggelroute nach El Khalil wie den Nullmeridian kreuzen musste, aber, wie ein verschleierter Mann versicherte, den wir unterwegs angesprochen hatten, diese Straße sei »nicht in Gebrauch« und sollte »auf jeden Fall« gemieden werden. Wir folgten daher lange der Schmuggelroute nach Timbuktu, die wie aus dem Nichts aufzutauchen schien und auf keiner meiner Karten eingetragen war. Wir würden den Nullpunkt zu einem späteren Zeitpunkt suchen.

Zweimal überholte uns ein Richtung El Khalil fahrender Lastwagen mit einem Tuareg am Lenkrad und einer offenen Ladefläche, auf der Dutzende schwarzer Männer – gehüllt in T-Shirts oder Windjacken – und einige Frauen zusammengepfercht waren. Sie standen ohne Schutzdach eng aneinandergepresst in der sengenden Sonne und wurden bei jedem Schlagloch wie ein einziger Klotz hin und her gerüttelt. »Menschen voller Hoffnung«, sagte Badi, »auf dem Weg nach Europa, aber die meisten schaffen es nicht: Sie werden ausgeraubt und erpresst, Hunderte von ihnen sterben in der Wüste.«

19° 42' n.B.
Tahoutin Plötzlich tauchte ein Kameltreiber mit seiner Herde auf. Badi fragte ihn, wo sich das Gelände am besten dazu eigne, die Piste zu verlassen und quer über Sand und Kies sechzig Kilometer Richtung Westen zu fahren, um dort auf den Nullmeridian zu stoßen. Eine Erklärung folgte, worauf Badi fragte: »Ist das hier oder weit weg?« »Hier«, antwortete der Kameltreiber. »Hier«, »in der Nähe« und »weit weg«, das waren dehnbare Begriffe in einer Landschaft ohne Ende: Es dauerte noch anderthalb Stunden, bis

wir die Piste verließen. An dieser Stelle hatte sich die Spur bereits zu einem großen, einige Kilometer breiten Weg erweitert, sodass sie zugleich die breiteste Straße der Welt und gar keine Straße mehr war. Mit dem GPS im Anschlag fuhren wir direkt auf den Nullmeridian zu, ab und zu zwischen Felsen hindurchlavierend, aber überwiegend in einer geraden Linie.

Auf 19° 42' 29" n. B. kamen wir zu meiner großen Freude in einem Gebiet mit Sand und Kieselsteinen und kargem, niedrigem Bewuchs endlich wieder zur Trennlinie der Erdhalbkugeln, die sich genau vor einem kleinen Hügel aus schwarzen Steinen befand. Es war vier Uhr nachmittags, die Sonne war noch nicht untergegangen, doch bereits hinter dem Hügel verschwunden, die Stille war ohrenbetäubend. Der Kameltreiber hatte von einem Nomadenlager in der Nähe gesprochen. Wir fanden es in einiger Entfernung, in einer Gegend, die bei den Tuareg als Tahoutin bekannt ist. Das Lager bestand aus drei großen weißen und einer Anzahl kleinerer Zelte sowie einiger Schutzdächer auf Holzpfosten; ein kleiner, offener Lastwagen stand geparkt, und es liefen Schafe, Ziegen, Kamele und Hunde herum. Die Gruppe zählte etwa fünfzig Personen – Tuareg und ein paar wenige schwarze »Schmiede« –, die allesamt zu ein und demselben Familienclan gehörten.

Familienoberhaupt Sidi Mohammed Hai Balla und seine Frau Ajadhat luden uns ins Hauptzelt ein. Auf einem Holzkohlenfeuer stand eine Kupferteekanne mit einer langen Tülle. Als das Wasser kochte, schüttete eine der Frauen eine Riesenmenge Zucker dazu und goss darauf den Tee aus immer größerer Höhe in ein kleines Teeglas, dann wieder zurück in die Kanne; das führte sie so lange fort, bis eine dicke Schaumschicht auf dem Tee stand. Wer sein Glas – in ein paar kurzen, schlürfenden Zügen – leer getrunken hatte, gab es zurück oder stellte es mit einem lauten Knall wieder auf das Tablett. Sobald die Kanne leer war, machten die Frauen neuen Tee.

Sidi Mohammed Hai Balla, ein zum Lachen aufgelegter Mann, nach seinen eigenen Worten »etwa siebzig Jahre« alt, lagerte, auf den rechten Arm gestützt, auf dem Boden. Er trug ein orangebraunes Gewand und hatte einen violetten Turban auf dem Kopf. Seine Stimme war heiser und leise, und er schnäuzte sich wiederholt die Nase in die Hände, worauf er den Rotz routiniert in den Sand wischte. Bei Hai Balla im Zelt saßen seine Frau, ein Sohn und einige seiner Enkelinnen, andere Clanmitglieder gingen ein und aus. Mit seiner ersten Frau hatte er zwei und mit der zweiten Frau drei Kinder. Er war von beiden Frauen geschieden und hatte sich danach mit Ajadhat wieder verheiratet, mit der er vier Töchter und fünf Söhne hatte. Ein Sohn aus seiner zweiten Ehe, acht seiner neun Kinder aus der dritten Ehe und seine Schwiegermutter sowie deren Familie gehörten mit ihren Partnern und Kindern zu dem Clan, mit dem er herumzog. Zum Clan gehörten außerdem drei kleine Familien von »Schmieden« (*Inaden*, wie sie auf Tamasheq genannt werden), die miteinander verwandt waren. Ihre Vorfahren waren schwarze Sklaven gewesen, doch das war noch in der Zeit, als die Tuareg die fünf wichtigsten Trans-Sahara-Kamelrouten kontrollierten. In Sprache und Kultur waren die Schmiede zu Tuareg geworden, obwohl sie innerhalb des Clans eine eigene ethnische Gruppe bildeten und sich nicht mit ihren früheren Herrschern vermengten. Alle Männer und Frauen aus ihrer Mitte waren Edelschmiede und stellten Familienschmuck her. Die Männer reparierten daneben auch Werkzeuge, fertigten Kamelsättel und schweißten Autozubehörteile.

Innerhalb eines Clans werden auch die Individuen einer bestimmen Klasse zugeordnet: *Imajaghan* (Adelige), *Imrad* (Lehnsleute), *Ineslemen* (Marabuts), *Inaden* (schwarze Schmiede), *Irawellan* (ehemalige Kriegsgefangene) und diverse Kategorien »freier Sklaven«. Adelige sind meist Händler und genießen seit alters her ein höheres Ansehen als diejenigen, die Land besitzen oder es bearbeiten. Ich fragte, zu welchem Clan die Mitglieder von Hai Ballas Familie gehörten, doch die Antwort auf diese Frage erwies sich als kompliziert. Sie waren von hoher Abstammung, aber das galt hier nur für ein bestimmtes Gebiet, in einer anderen Region waren sie dann wieder nicht adelig. Es folgte eine lange Ausführung über Clans, die in dem einen Gebiet lebten, ursprünglich aber aus dem anderen Gebiet stammten und sich auch noch untereinander vermischt hatten, woraus wieder neue Subclans hervorgegangen waren.

Die Hai Ballas waren laut Badi reicher als der Durchschnitt und besaßen außer Ziegen, Schafen und Kamelen auch einen Lastwagen, einen Landrover und seit Kurzem ein Satellitentelefon. Damit konnten sie in Notfällen Hilfe herbeirufen oder Kontakt zu Händlern in Algerien und Kidal aufnehmen. Sie hatten erst vor drei Tagen ihre Zelte am Nullmeridian aufgeschlagen und wollten hier ein paar Monate bleiben, bis das Vieh den gesamten kärglichen Bewuchs abgeweidet hatte. Danach würden sie weiterziehen, in ein Hunderte Kilometer entferntes Gebiet. Das Nomadenleben bedeutete, dass die Kinder nicht zur Schule gingen und die Familie Hai Balla analphabetisch war. Auch Arali, der uns noch immer begleitete, konnte seinen Namen nicht schreiben. Aber er meinte, das sei kein Problem. »Das Alphabet lernt man in einer Woche, und dann ist man gebildet.«

Das Hauptzelt der Hai Ballas ruhte auf gehobelten und gebeizten Pfählen; in den Ecken hing traditionelle Kleidung, die reich verziert war, unter anderem mit kleinen Spiegeln. Auf dem Boden lag ein dicker Teppich, ein Geschenk des ehemaligen libyschen Führers Gaddafi. Anlässlich des Geburtstages von Prophet Mohammed hatte er 1500 hochgestellte Persönlichkeiten zu einer Großveranstaltung nach Timbuktu eingeladen. Sidi Mohammed Hai Balla war einer der Geladenen, ebenso wie Badi. »Jeder wusste, dass Gaddafi immer Geschenke verteilte«, sagte Badi. »Diesmal bekamen die Anwesenden Zeltplanen und Teppiche geschenkt.«

Nach dem Festmahl – Hirse mit Schaf und Kutteln als Vorspeise – versammelten sich alle in einem Zelt am Rande des Lagers. Aus einem batteriebetriebenen Kassettenrekorder ertönte Tuareg-Wüstenblues, zu dem man tanzen konnte, der Akku des Lastwagens wurde abmontiert und an einen Scheinwerfer angeschlossen. Die meisten Männer trugen Indigokaftane und waren verschleiert, die Frauen und Mädchen waren in violette, blaue, rosarote oder gelbe Gewänder gehüllt. Die jungen Frauen trugen Tee auf. Männer und Frauen saßen bunt gemischt auf farbigen Decken im Kreis. Auch die Familien der Schmiede waren da, sie saßen beisammen. Immer, wenn zwei Leute zu tanzen begannen – Männer mit Männern, Frauen mit Frauen, manchmal auch gemischt, aber ohne sich zu berühren –, klatschten die anderen rhythmisch mit. Ich wurde zum Mittanzen eingeladen, zuerst von einem jungen Mädchen, das ein bisschen Französisch sprach, und später von einer Frau, die sich als ihre Mutter herausstellte. Ich hatte einen Fotoapparat bei mir, holte ihn aber nicht heraus. Bis mich einer der Männer bat, ein Foto von ihm zu machen. Danach wollten die anderen auch, vor allem, weil zu ihrer Begeisterung die Fotos sofort betrachtet werden konnten.

»Jetzt reicht es. C'est fini!«, rief einer der Männer nach einer Weile, und ich meinte, eine leichte Drohung in seiner Stimme zu hören. Sekundenlang verfielen alle in Stillschweigen. Ich steckte meinen Fotoapparat sofort ein. Später entschuldigte ich mich bei Badi, weil ich zu lange Fotos gemacht hatte. »Das war gar nicht das Problem«, sagte er. »Sie wollten es schließlich selbst. Der Fehler war, dass du genauso viele Fotos von den Schmieden aufgenommen hast wie von den anderen. Das war beleidigend, denn Schmiede stehen weiter unten in der Hierarchie.«

Es war später Abend. Ich hatte mir vorgestellt, dass es in der Sahara nachts stockfinster wäre, aber das Gegenteil war der Fall. Der überwältigende Sternenhimmel warf ein helles Licht auf den Sand und die spärlichen, stachligen Grasbüschel. In der Ferne waren die

Umrisse der kleinen Akaziengruppe sichtbar, bei der die Hai Ballas ihr Lager aufgeschlagen hatten. Sie hatten sich in ihre Zelte zurückgezogen, der Scheinwerfer war ausgeschaltet. Nur ganz selten blitzte eine Taschenlampe auf, aus dem Kassettenrekorder ertönten die letzten Fetzen Musik. Danach wurde es totenstill. Ich saß in einiger Entfernung neben dem Steinkreis, den Arali als Markierung des Nullpunktes gelegt hatte. Das kleine Zelt, in dem ich schlief, war so aufgestellt, dass ich der Länge nach genau auf dem Nullmeridian lag. Meine rechte Körperhälfte ruhte auf der östlichen und die linke auf der westlichen Halbkugel. Links und rechts von mir war die Erde in zweimal 180 Längengrade aufgeteilt, ausgedrückt in dem sechzigzahligen oder Sexagesimal-Zahlensystem, das Ptolemäus vor 2000 Jahren für das Koordinatensystem seiner Weltkarte benutzt hatte. Dieses ungewöhnliche Zahlensystem hatte er wiederum von den Babyloniern übernommen, die es bei ihren astronomischen und mathematischen Berechnungen verwendeten.

War es das Unbegreifbare der endlosen Weiten, von denen sie umgeben waren, was ihre Faszination für das Weltall auslöste? Fest steht, dass die Erfinder der Stadtmauer, des Rades, der Schrift, der Bürokratie, der Gefängnisse, der Postzustellung und des Weins als Erste in der Geschichte der Menschheit mit täglichen astronomischen Beobachtungen und dem detaillierten Kartieren des Sternenhimmels begannen. Über Tausende von Jahren notierten Generationen von Priesterastronomen den Stand und die Veränderung der Himmelskörper. So konnte das Periodische in den Bewegungen der Planeten festgehalten werden. Sie berechneten, dass es 46 Jahre dauert, bis der Planet Merkur erneut an eine bestimmte Stelle am Firmament zurückkehrt, und sie stellten fest, dass der Mars dafür 79 Jahre braucht. Die babylonische Berechnung der Dauer eines Sternenjahrs – der Periode, in dem die Sonne in Bezug auf einen bestimmten Fixstern einen kompletten Umlauf um die Erde macht – war phänomenal und nur 4,5 Minuten zu lang geschätzt. Sie sagten auch mit großer Genauigkeit Sonnen- und Mondfinsternisse voraus.

Babylonier glaubten, dass das Universum in Beziehung zur Erde entstanden und der Stand der Sterne zum Zeitpunkt der Schöpfung nicht zufällig gewesen sei, sondern eine göttliche Ordnung besitze. Sie teilten den jährlichen Sonnenlauf in zwölf Segmente von dreißig Bogengrad und sprachen den Sternbildern oder Himmelszeichen, die die Sonne durchläuft, eine besondere Bedeutung zu: die Erfindung des Tierkreises.

Die heiligsten Zahlen des Sexagesimalsystems, die die Astronomenpriester ihren Berechnungen zugrunde legten – 60, 600 und 3600 –, waren zugleich die Namen der wichtigsten Götter. »Anu« bedeutete nicht nur »Gott der Himmel«, sondern auch »sechzig«. Der ultimative magische Begriff im Sexagesimalsystem war »Sar«, das Wort für 3600 und zugleich für »alles«, »Gesamtheit« oder »Kosmos«. Der griechische Astronom Hipparchos von Nicäa verwendete Jahrhunderte später das babylonische Sexagesimalsystem bei seinen – nicht gänzlich erfolgreichen – Versuchen, die Längen- und Breitengrade aller wichtigen Orte mithilfe astronomischer Beobachtungen zu bestimmen, wobei er als Erster die Erde in 360 Nord-Süd-Meridiane einteilte. Ptolemäus übernahm dieses System und erweiterte es um Bogenminuten ($^1/_{60}$ Grad) und Bogensekunden ($^1/_{3600}$ Grad); er zählte die Länge ostwärts vom Nullmeridian von Hierro aus, wobei 180 der höchste Längengrad seiner Weltkarte war: Die andere Seite der Erde war ja noch nicht bekannt.

Das System, auch Stunden sexagesimal, d. h. in sechzig Einheiten einzuteilen, stammt aus der griechischen Antike. Erst im Mittelalter gingen die Worte »Minute« und »Sekunde« aus den beschreibenden Begriffen *pars minuta prima* (der erste kleine Teil) und *partes minutae secondae* (die zweiten kleinen Teile) hervor.

Der Umfang eines Kreises ist 360°, ein Längengrad von 15° 32' 43" entspricht 15 $^{32}/_{60}$ $^{43}/_{3600}$ Grad. Ein Digitalwecker, der

07:13:45 Uhr anzeigt, meldet de facto, dass es 45 plus 13 x 60 plus 7 x 60 x 60 Sekunden nach Mitternacht ist. So lebt das 7000 Jahre alte sumerisch-babylonische Sexagesimalsystem auch noch im einundzwanzigsten Jahrhundert in zwei grundlegenden Bedürfnissen des Menschen weiter: der Einteilung der Zeit (in Minuten und Sekunden) und der Bestimmung des Ortes (in Koordinaten).

Wir wissen nicht, warum Sumerer und Babylonier die Zahl sechzig anbeteten und sie zur Grundlage ihres mathematischen und astronomischen Rechensystems erhoben. Wir wissen aber, dass sie auf Tontafeln, unter Zuhilfenahme von nur zwei Zahlensymbolen, schwindelerregende Berechnungen durchführen konnten, wie das Berechnen der Wurzel aus 2 bis zur siebten Stelle hinter dem Komma.

1	2	3	4	5	6	7	8	9
𒁹	𒐖	𒐗	𒐘	𒐙	𒐚	𒐛	𒐜	𒐝

10	20	60	61	600	612	3600
𒌋	𒎙	𒁹	𒁹 𒁹	𒁹	𒌋 𒌋 𒐖	𒁹

1828	𒌍𒌋𒌋𒐘	30 (x 60) = 1800 + 28 (x 1)
4834	𒁹 𒎙𒌍 𒐘	1 (x 60²) = 3600 + 20 (x 60) = 1200 + 34 (x 1)

Einige Erklärungen für die Entstehung des Sexagesimalsystems beruhen auf astronomischen Phänomenen: Ein Jahr hat zwölf vollständige Lunationen, und eine Lunation dauert ungefähr dreißig Tage. Ein Vorteil der Zahl sechzig liegt darin, dass sie durch zwölf ganze Zahlen teilbar ist (1, 2, 3, 4, 5, 6, 10, 12, 15, 20, 30 und 60), während beispielsweise die Hundert nur durch neun Zahlen geteilt werden kann. Sechzig ist darüber hinaus das Ergebnis der Anzahl Monate eines Jahres (zwölf) multipliziert mit der Anzahl der mit bloßem Auge wahrnehmbaren Planeten (fünf). Das Sexagesimalsystem könnte auch aus dem Brauch hervorgegangen sein, dass ein Jahr von 360 Tagen als Kreis dargestellt wurde, bei dem jeder Grad einen Tag repräsentierte. Dagegen spricht allerdings, dass die Sumerer bis auf die Minute genau wussten, wie lange ein Jahr dauerte. Überdies wurden Zahlensysteme nie definiert oder erfunden: Sie entstanden im täglichen Gebrauch und gingen auf ältere Systeme wie das Fingerzählen (fünf- und zehnzahlig) oder das Finger- und Zehenzählen (zwanzigzahlig) zurück. Daher ist die Theorie viel plausibler, dass das Sexagesimalsystem nach einer Verschmelzung zweier Völker entstand: Das eine Volk verwendete das Fünf-Finger-Zählen, das andere das wegen seiner leichten Teilbarkeit häufiger vorkommende zwölfzahlige System. Um die Gewichte und Münzen des jeweils anderen ins eigene System umrechnen zu können, wurde die kleinstmögliche Zahl, durch die beide Systeme teilbar waren, als Recheneinheit verwendet: nämlich die Sechzig. Das sumerische Wortäquivalent für sechs ist »fünf plus eins« und für neun »fünf plus vier«: ein Beweis für die Existenz eines vorangegangenen Fünfer-Zahlensystems.

Hunderttausende Tontafeln liegen noch immer unter dem Sand, Tausende sind bereits ausgegraben, aber noch nicht entziffert, eine Aufgabe, die noch viele Generationen beschäftigen wird. Die Wüste ist der Anfang von allem: Vielleicht enthüllt eine einzige Tontafel, die noch gefunden werden muss, endgültig das Geheimnis der Sechzigzahligkeit des Kosmos.

Das Frühstück aus lauwarmen Schafskutteln lehnte ich ab, ein Glas frische Kamelmilch nicht. Am Landrover hing ein toter Schakal, mit dem Kopf nach unten. Er war mit den Beinen an einem Reserverad auf der Ladefläche festgebunden, aus seinem Maul tropfte das Blut. »Den haben die Hunde totgebissen, um unsere Ziegen und Schafe zu schützen«, sagte einer der Männer, die daneben standen. »Wir kochen ihn. Das Fleisch stopfen wir den Kamelen ins Maul und zwingen sie, es zu schlucken. Das wird sie vor Krankheiten schützen.«

Abends wurde abermals Tee getrunken und getanzt. Dieselben Kassetten, derselbe Scheinwerfer, dasselbe alles dominierende Blau der Tagelmusts und Kopftücher, dieselben tief eingefärbten Spuren der Indigostoffe auf einigen Händen und Gesichtern, dieselben Frauen, die in die Hände klatschten und zum aufreizenden Rhythmus der Gitarren des Wüstenblues das sich in den Hüften wiegende Tanzpaar mit immer schnellerem, höherem und schrillerem Li-li-li-li-li-li anspornten. Das Zelt am Rand des Lagers war das Café der Familie Hai Balla, wo sich jeden Tag nach Sonnenuntergang Brüder, Schwestern, Onkel, Tanten, Neffen, Nichten, Kinder, Schwäger, Eltern und Großeltern unter dem Licht einer einzigen Neonröhre trafen, wie eine Fata Morgana in der Finsternis einer freien, niemandem gehörenden Landschaft.

Am nächsten Morgen brachen wir auf, und so gut wie alle Hai Ballas winkten uns nach. Nach einer ganztägigen Fahrt in südliche Richtung trafen wir in dem abgelegenen Dorf Ersane ein, wo der Nullmeridian durch ein mit Akazien bestandenes Wadi verlief. Wir beschlossen, hier im Freien zu übernachten, jedoch nicht zu nah bei den Bäumen, denn in dieser Region drohte Gefahr von giftigen Schlangen. In einiger Entfernung standen zwei Zelte, und es dauerte nicht lange, bis ein Junge mit grünem Tagelmust kam, um uns zu begrüßen; kurz darauf folgte ihm ein älterer Mann mit grauem Bart, in ein weißes Gewand gehüllt. Er gehörte zum selben Clan wie die Familie, von der wir kamen, und Badi kannte ihn persönlich: »Ein Marabut mit besonderen Gaben.« Der ältere Mann sprach lange, während Badi ehrerbietig, aber mit einem nicht ganz unterdrückten Hauch von Langeweile zuzuhören schien. Beide spuckten regelmäßig, mit viel Kraft, Kautabak durch die oberen Schneidezähne. Der Marabut entschuldigte sich, dass er uns nicht, wie es angemessen wäre, empfangen könne: »Meine Frau und ich sind die Einzigen im Zelt. Die Kinder und ihre Familien sind mit dem Vieh unterwegs.«

Badi legte immer mehr Begeisterung für das Lokalisieren des Nullmeridians und die damit verbundenen Rituale an den Tag. Am nächsten Morgen war er sogar davon überzeugt, in der Ferne ein Nullmeridian-Denkmal zu sehen. An dieser Stelle war das unwahrscheinlich, und bei genauerer Überprüfung stellte es sich als eine Wasserpumpe heraus. Das Dorf bestand aus einer Ansammlung blockförmiger Lehmhäuser, aus zwei Schulgebäuden, einer Erste-Hilfe-Station und einer Moschee: ein fahlbrauner Betonklotz mit Lautsprechern auf dem Dach. Von den 5000 Einwohnern waren die meisten seminomadisch, viele von ihnen ließen die Kinder bei den Großeltern oder bei anderen Verwandten zurück, damit sie in die Schule gehen konnten. Die Schule besuchten 146 Schüler zwischen sechs und fünfzehn Jahren, berichtete der Schulleiter Messaoud Ould Najim. Ihm fehlten zwei Lehrer, aber sein größtes Problem bestand darin, dass die Eltern weit weg waren und es der Schule überließen, die Kinder zu ernähren. Auch für die medizinische Versorgung war die Schule zuständig. Das Essen für die Kinder wurde vom World Food Program, dem Welternährungsprogramm der Vereinten Nationen, bezahlt, aber sonst fehlte es der Schule einfach an allem. Vor dem algerischen Bürgerkrieg in den Neunzigerjahren hatte die Paris-Dakar-Autorallye in fünf Kilometern Entfernung vorbeigeführt, erzählte Najim. Heute kam nur noch einige Male im Jahr jemand von einem Impfprogramm ins Dorf oder ein Techniker, um etwas zu reparieren, mehr Besuch von Fremden gab es nicht. »Wir leben hier vollkommen isoliert und haben kaum Verbindung zur Außenwelt. In der Regenzeit ist das Dorf unerreichbar, dann sind alle Verbindungen unterbrochen.« Der Schulleiter wusste nicht, dass Ersane auf dem Nullmeridian lag, aber die Mitteilung machte ihn vor allem wütend. »Der Nullmeridian ist etwas für Menschen mit Landkarten, Parabolantennen und Satellitenschüsseln. Was sollen wir damit? Wir sehen hier die Flugzeuge nach Algerien oder Europa über uns hinwegfliegen und sind durch den Nullmeridian mit Gao verbunden, aber was bringt uns das?«

Der einfache Schuppen, in dem die Erste-Hilfe-Station des Internationalen Roten Kreuzes untergebracht war, wurde von Mohammed Ag Elmoubarek bemannt, einem 27-jährigen Krankenpflegeschüler. Als ich eintrat, lauschte er konzentriert einem altmodischen Funkgerät und machte Notizen in ein Heft. Eine krächzende, ständig von anderen Geräuschen überlagerte Stimme verlas auf Französisch ein Kommuniqué, in dem die Worte »Katastrophe«, »Epidemie« und »Vorsorgemaßnahmen« regelmäßig wiederkehrten. Ab und zu bat Elmoubarek, wobei er in einen kleinen Apparat schrie, um eine Wiederholung des Gesagten. »Epidemie 001«, sagte er, nachdem er alles aufgeschrieben hatte. »Der Kode für Cholera. Sie herrscht jetzt im Senegal und ist auf dem Weg hierher. Mein Rat an die Bevölkerung lautet, kein Wasser aus stehenden Gewässern zu verwenden und die Tiere von den Zelten fernzuhalten. Das Problem liegt darin, dass es sich um Nomaden handelt. Sie haben keinerlei Kommunikationsmittel und sind weit von hier entfernt.«

Elmoubarek war Krankenpfleger, fungierte aber de facto als Arzt. Er hielt Sprechstunden ab, untersuchte Patienten und verteilte Medizin gegen die am häufigsten vorkommenden Krankheiten: Malaria, TBC, Atemwegserkrankungen, Syphilis und Durchfall. Er beriet auch in Verhütungsfragen. Geburten übernahm er selbst, operieren konnte er nicht. Notfälle schickte er ins nächste

Krankenhaus nach Gao weiter, 150 Kilometer entfernt. Elmoubarek war ein Stadt-Tuareg aus Gao und machte seit einem Jahr ein Praktikum in Ersane. »Die Lebensbedingungen hier sind viel schlechter, als ich erwartet hatte«, sagte er. »Die Unzugänglichkeit und Größe des Gebiets machen es mir schwer. Ich habe keinen Empfang mit meinem Mobiltelefon, jeden Morgen melde ich die schlimmsten Fälle über Funk. Ich habe ein Motorrad zur Verfügung und einen Grundvorrat an Medikamenten, aber es sind immer zu wenig. Andere Hilfsmittel habe ich nicht, nicht einmal Elektrizität.«

Er erzählte, wie er vorging. Manche Patienten suchten die Ambulanz selber auf, aber häufig fuhr Elmoubarek mit seinem Motorrad zu ihnen. »Wenn ich irgendwo einen Patienten besuche, behandle ich die anderen im Zelt gleich mit«, sagte er. Er träumte davon, sich später einmal auf Mund- und Kieferchirurgie zu spezialisieren. Vorläufig blieb er auf seinem Posten in Ersane, für unbestimmte Zeit. »Wenn ich es aushalte. Die Patienten, die sich hier melden, hoffen, dass ihr Problem gelöst wird, aber oft kann ich nichts tun. Das ist schwer, es hat Momente gegeben, in denen ich kurz vor dem Zusammenbruch stand. Ich bin müde, aber vor allem quält mich die Einsamkeit.«

Abends kam der Marabut wieder vorbei. Er zog seinen weißen Boubou hoch, zeigte seinen Rücken, der mit roten Quaddeln übersät war, und fragte, ob ich vielleicht Medizin dabeihätte, die ihm helfen könnte. Ich musste passen, holte aber eine Tube Azaron und ein Töpfchen Talkumpuder aus meinem Rucksack und gab sie ihm. Der Aufforderung, ihn gleich damit einzureiben, kam ich nicht nach; das schien mir eher eine Aufgabe für seine Frau. Es war kalt, und ich schlief wieder in all meinen Kleidern unter meinen zwei Schafwolldecken. Auf ihnen haftete inzwischen eine klebrige Schicht grober rotbrauner Wüstensand, genau wie auf meinen Landkarten, der Seife und den Wasserflaschen. Meine

Reisegefährten sahen nach wie vor tadellos aus, aber ich wurde im Höchsttempo immer schmutziger.

Am nächsten Morgen fuhren wir stundenlang über die wenig befahrene Piste von Ersane nach Almoustarat, parallel zum Null-meridian, manchmal in weniger als einer Bogenminute Entfernung. Schließlich verließen wir die Straße und überquerten eine Ebene aus schwarzem Kies zum Nullpunkt. »Schwarzer Kies«, notierte ich. Etwa fünf Kilometer vor Almoustarat bekamen wir Probleme mit der Vorderachse des Landrovers. Die könne nur noch mit einem speziellen Schlüssel, den er aber nicht bei sich habe, provisorisch repariert werden, stellte Badi fest. Er schickte Arali los, damit er in Almoustarat Hilfe holte. Badi deutete über die Ebene und machte ein paar Angaben zur Orientierung. Zu meiner Überraschung ging der Junge ohne Wasser los. »Nicht nö-tig«, meinte er. Der Kofferraum des Autos stand offen, und das Schaffleisch, das wir am Abend essen sollten, lag in der glühenden Sonne. »Heute ist es nicht heiß«, behauptete Badi. »Das Fleisch ist in Ordnung, solange es nicht in Verwesung übergeht.«

Nach zwei Stunden näherte sich aus dem Nichts ein Mann mit einem rosa Schleier. »Ich habe euch schon länger stehen sehen«, sagte er, »aber ich hatte mich zuerst versteckt, weil ich sicher sein wollte, dass ihr nicht vom Zoll seid.« Er versprach, seinen verdeckt abgestellten Lastwagen zu holen und mit einem Mut-ternschlüssel zurückzukommen. Wir hörten einen Motor star-ten, und kurz darauf fuhr uns ein Lastwagen entgegen, der Mann mit dem rosa Schleier saß neben dem Fahrer. Die Ladefläche war mit Milchkannen vollgestellt, und auf ihnen standen fünf-zehn schwarze Männer in Windjacken. Der Chauffeur raste mit Höchstgeschwindigkeit vorbei.

»Den schnapp ich mir noch in Gao«, rief Badi, als sich die Staubwolke noch nicht einmal gesenkt hatte. »So etwas tut man hier nicht. Der war also nur losgeschickt, um zu kontrollieren, ob die Luft rein wäre für ihre Ladung Schmuggelwaren. Ich kenne

17° 16' n.B.
Almoustarat

ihn nicht, aber das wird er mir büßen.« Ich fragte ihn, warum der Lastwagen nach Süden fahre und nicht nach Algerien. »Das waren Illegale, die es nicht geschafft haben«, antwortete er. »Sie sind jetzt total blank. Sie haben ihr letztes Geld für die Heimreise in die bewohnte Welt ausgegeben, was immer noch besser ist, als im Grenzgebiet in der Wüste stecken zu bleiben.«

Plötzlich gelang es Badi, mit seinem Schraubenzieher die Mutter so anzuziehen, dass wir im Schritttempo weiterfahren konnten. Auf seine Intuition und Kenntnis des Gebiets vertrauend, fand er mitten durch das Nichts den Weg nach Almoustarat, obwohl ihm zwischendurch kurz Zweifel kamen.

Das Dorf bestand aus einer kahlen Fläche aus losem Sand und zwei Sonnenkollektoren, einem Schöpfbrunnen und kastenförmigen Lehmhäusern, die weit voneinander entfernt errichtet waren und meist nur an einer Seite ein kleines Fenster hatten. Da und dort standen auch Zelte. Die Häuser zeigten ein fahles Ockergelb, sodass das Dorf aus einiger Entfernung wie eine Mauer aus Sandburgen wirkte. In Almoustarat wohnten überwiegend Mauren: Berber, die in Aussehen und Kultur den Tuareg verwandt sind, aber Arabisch sprechen.

Gleich nachdem wir angehalten hatten, kamen von allen Seiten Männer herbeigelaufen, begleitet von johlenden kleinen Jungs. Arali sei schon wieder mit einem kleinen Lastwagen unterwegs zu der Stelle, wo wir die Panne hatten, berichtete einer von ihnen auf Arabisch. Vier Boubous – ein goldfarbener, ein blauer, ein roter und ein weißer – hockten neben dem kaputten Rad. Vor einigen Häusern saßen Leute im Sand, andere lehnten an der Wand. Im Sand lagen Kameläpfel und Ziegenköttel, einmal fuhr ein Lastwagen vorüber. Die Mutter, die offenbar überdreht war, konnte provisorisch befestigt werden. »Wenn wir nicht zu schnell fahren, müsste das bis Gao halten«, meinte Badi.

Nachdem Arali zurückgekehrt war, fuhren wir auf einer schlechten Piste weiter, die in der Nähe des Nullmeridians verlief und ihn, meiner Karte zufolge, in der Nähe von Agamor kreuzen sollte. Badi schaute mürrisch vor sich hin. Lange sagte er nichts, dann begann er zu erklären, warum er das Dorf lieber meiden wollte. Agamor wurde von Mitgliedern des Hamadi-Clans der Kounta bewohnt und war zum großen Teil verlassen, seitdem ein Teil der Bewohner wegen eines religiösen Konflikts in das »nahe gelegene« Almoustarat umgezogen war. Die zurückgebliebenen Anhänger des verstorbenen Marabut Hamadi waren laut Badi »die Schlechteren« und standen unter fundamentalistischem Einfluss, während »die Besseren« nach Almoustarat gegangen waren. »In Agamor sind die Frauen verschleiert, sie werden im Haus gehalten und sind von den Männern separiert. Gäste werden nicht so empfangen, wie es sich gehört.«

Das Dorf wirkte ausgestorben und ärmlich: ein paar Lehmhütten, ein paar vereinzelte Zelte, eine Ziegenherde. Badi machte klar, dass er sofort wieder aufbrechen wollte. »Ich weiß, dass die Leute hier keinen Wert auf Besuch legen. Unsere Anwesenheit ist hier nicht erwünscht.« Vielleicht hatte Badis Abneigung auch etwas mit einigen neueren, wenn auch wieder beigelegten bewaffneten Konflikten zwischen den Kounta und Tuareg in Gao und Timbuktu zu tun. Aber er schwieg sich darüber aus und lebte erst wieder auf, als wir bald außerhalb des Dorfs erneut auf den Nullmeridian stießen, in einer Ebene, die mit Koloquinten übersät war.

14

Der Obelisk von Gao

Für einen, der nach wochenlanger Reise durch die Sahara endlich mit heiler Haut in Gao eintrifft, wirkt die vom Nullmeridian durchschnittene alte Stadt am Niger wie eine Art Paris. Ein Markt! Restaurants! Ventilatoren! Betten! Trans-Sahara-Reisende, Händler aus ganz Afrika und Touristen begegnen sich von jeher in der Lounge des Hotel l'Atlantide im Herzen der Stadt, einem Gebäude aus der Kolonialzeit. Durch die Bürgerkriege in Algerien und Kidal war der Strom von Lastwagen, Landrovern, Motorrädern und Autos aus der Wüste nahezu vollständig versiegt. Das l'Atlantide zeigte zwar noch Spuren einer ruhmvollen Vergangenheit, hatte sich aber verwandelt in ein gammeliges Hotel in einer armseligen Stadt, die auf bessere Zeiten wartete. Links vom Eingangstor des Hotels stand eine kaputte Telefonzelle, rechts vom Eingangstor saßen Führer auf Stühlen bereit, um Fremden die Stadt zu zeigen. Ich konnte sie nur mit Mühe abschütteln, eine Szene, die sich zwei Wochen lang ständig wiederholte. Die Führer hatten schon seit Monaten oder Jahren nur wenig zu tun: Für sie war ich ein rares Gut, denn die Zahl der Gäste in dem riesigen Hotel war verschwindend gering.

Die niedrige ockerfarbene Fassade des Hotels zog sich in der Breite an der Straße entlang, die Oberseite war von Zinnen gekrönt. Auf der Rückseite befand sich ein großer Innenhof, in dem zwei Gartenstühle standen. Der Mann am Empfang führte das Hotel praktisch allein. Er gab mir ein Zimmer zur Straße, wo täglich ein Markt gehalten wurde.

Von meinem durchhängenden Bett aus konnte ich durch ein Loch in der Wand gleich neben der Klimaanlage direkt auf die Fischbuden auf der anderen Straßenseite sehen, und die Fischverkäufer sahen mich. Aber immerhin kam aus dem Wasserhahn ein dünner Strahl Wasser, und ich genoss es, mich wieder einmal richtig waschen zu können.

In der Nacht schwärmten Mücken durch das Loch ins Zimmer, ein Moskitonetz war nicht vorhanden. Bei meiner Ankunft hatte ich zwischen einem Zimmer mit Klimaanlage oder einem mit Ventilator wählen können. Meine Airco war von der Marke Ultra Silent, röhrte aber wie ein Staubsauger. Am nächsten Tag bat ich um ein Zimmer mit Ventilator. Die gebe es tatsächlich, sagte der Mann am Empfang, aber leider seien alle »in Reparatur«. Wenigstens konnte ich auf die andere Gangseite umziehen, sodass ich von den neugierigen Blicken erlöst war.

Gao liegt am Rande der Wüste; seine Blütezeit erlebte es im vierzehnten und fünfzehnten Jahrhundert, als es die Hauptstadt des Songhai-Reichs war und ein Zentrum von Handel und Wissenschaft. Die von Sandflächen eingeschlossene Stadt auf der Grenze zwischen Sahara und Sahel war Ausgangs- und Endpunkt einer der wichtigsten Kamelrouten, und von Gao aus öffnete der Niger den Zugang zu einem großen Teil Westafrikas. Später verlor die Stadt ihre Bedeutung. Erst während der französischen Kolonisation Malis zu Beginn des neunzehnten Jahrhunderts wurden der Hafen am Fluss erweitert und eine Handvoll Steinhäuser gebaut. Der französische Einfluss lässt sich noch heute in der ganzen Straßenanlage erkennen: lange, breite Sandwege – die meisten unbefestigt –, die wie ein Gitter über die Stadt gelegt wurden. Gao ist nach London, Castellón de la Plana und Tema in Ghana die größte Stadt auf dem Längengrad von 0. Die meisten Einwohner hatten noch nie vom Nullmeridian gehört oder wussten nicht, dass er durch ihre Stadt verläuft, aber zwei Leute schickten mich zu einem Kreisverkehr mit einem »Meridianobelisken«.

Das Gebiet um das Hotel war tagsüber zugewuchert mit Marktständen, und der kleine Hafen gleich dahinter bildete in dieser Jahreszeit, wo der Niger schiffbar war, das pochende Herz der Stadt. Der Verkehr bestand aus Fußgängern, Eselskarren, Mopeds aus China, ein paar Lastwagen und Landrovern, meist gehörten sie einer der internationalen Hilfsorganisationen, die in der Stadt ihre Stützpunkte hatten. In der ganzen Stadt lagen Müllhaufen, und die sandigen Straßen waren übersät mit weißen Plastiktüten. In einer Seitengasse tippte ein Mann unter einem Schutzdach an seiner Schreibmaschine für Analphabeten Briefe. Auf einigen Plätzen saßen Dutzende Menschen im Freien und sahen zusammen fern.

Jedes Viertel in Gao hat einen offiziellen Namen, den zwar keiner kennt oder verwendet, aber er steht auf den spärlich vorhandenen Schildern. Die Bevölkerung dagegen hält noch immer an der ursprünglichen französischen Distrikteinteilung nach Nummern fest. Bis ins Jahr 2004 kannte man in Gao weder Straßennamen noch Hausnummern. Seither tragen alle Straßen nach einem nicht durchschaubaren Prinzip eine Nummer, die ebenfalls keiner kennt. So gelang es mir nicht, den Obelisken zu finden, und um mir die Suche zu erleichtern, beschloss ich, ein Moped zu mieten.

Inzwischen hatte ich mich von Badi und Arali verabschiedet, die wieder nach Aguelhok zurückfuhren. Vorher jedoch hatte Badi mich Bilal vorgestellt, einem Stadt-Tuareg, der ein bisschen Französisch sprach. Wie viele Einwohner von Gao war er Analphabet und arbeitslos. Insgesamt hatte er in seinem Leben sechs Monate die Schule besucht. Er hatte mit Stadtführungen für Trans-Sahara-Reisende sein Brot verdient, aber diese Einkommensquelle war versiegt. Am nächsten Tag mietete ich ein altersschwaches chinesisches Moped von ihm, das Bilal wiederum von einem Freund geliehen hatte.

Inzwischen war ich besser vorbereitet und wusste, wo sich der Obelisk ungefähr befinden musste. Ich tankte an einer der unzähligen Buden, wo Männer oder Kinder Benzin verkauften, das sie mit einer Colaflasche in den Tank gossen, und fand einen einsamen Minikreisverkehr auf der Sandfläche, wo sich Straße 502 und Straße 321 kreuzten. Man hatte mir erklärt, beide Straßen seien asphaltiert, aber auf den ersten Blick war davon nichts zu sehen, weil sie unter Sandverwehungen lagen. Auf dem Kreisverkehr stand ein ockergelber Obelisk, umrundet von einer niedrigen Mauer. Auf der Spitze trug der Obelisk eine geborstene Kugellampe. Am Sockel hatte man in den vier Windrichtungen kleine, gusseiserne Lichtmasten befestigt. Die Verdrahtung baumelte lose herab, die Neonröhren fehlten. An einer der Ecken des leeren Sandplatzes gab es einen kleinen Verkaufsstand mit traditionellen Heilmitteln, und auf der anderen Straßenseite befand sich La Japonaise, ein Schuppen mit Autoteilen. Ich fand zwei verrostete Wegweiser: Der eine zeigte Richtung Kidal und zum Flugplatz, auf dem anderen, er lag auf dem Boden, war nichts mehr zu erkennen. Mein GPS zeigte 0° 02' 42.6" w. L. an, was bedeutete, dass der Kreisverkehr fast fünf Kilometer vom Nullmeridian entfernt war. Der Obelisk stand jedenfalls nicht an der richtigen Stelle, aber wie bei den anderen Meridianmonumenten, die ich gefunden hatte, gefiel mir, wie er das Unsichtbare sichtbar machte.

Auf dem Rückweg wollte ich ein paar neue Fineliner kaufen. Der Händler probierte einen nach dem anderen aus, drei Schachteln voll. Mit keinem einzigen konnte man noch schreiben. »Im Sommer ist es hier so heiß, dass diese Stifte austrocknen«, sagte er. Ich suchte zwei weitere Läden auf. Die gleichen Schachteln, die gleichen Stifte, das gleiche Resultat: alle ausgetrocknet. Danach knatterte ich nach La Source du Nord (Die Quelle des Nordens), zum bekanntesten Restaurant Gaos im Herzen der Stadt. An der Eingangstür hing ein Schreiben, in dem der saudische Scheich Ahmed, »Wächter des Mausoleums des Propheten Mohammed (Friede sei mit ihm)«, denjenigen, der seinen Kettenbrief nicht aufhängte, mit Hölle und Verdammnis und sogar mit dem Tod drohte. »Gestern gab es 6000 Tote, von denen keiner ins Paradies eintreten durfte, weil die Gläubigen den Bedürftigen nicht geholfen und die Frauen ihren Männern nicht gehorcht hatten und ihr Gesicht nicht bedeckt hatten«, war dort unter anderem zu lesen. Die Inhaberin des Restaurants war eine kräftige, schick gekleidete, kopftuchlose Frau, die sich jeden Abend von einem Auto mit Chauffeur nach Hause bringen ließ. »Sie handeln gegen das Wort des Scheichs«, sagte ich lachend, aber sie blickte unbewegt und wollte nicht erklären, warum der Aufruf des Geistlichen an ihre Tür gehängt worden war. Ich setzte mich auf einen der Plastikgartenstühle. Am Tisch neben mir saßen fünf in lange weiße Gewänder gehüllte Männer mit Turbanen, die in einem Mischmasch aus Bambara und Französisch lautstark in ihre Mobiltelefone sprachen, sich gleichzeitig miteinander unterhielten und zwischendurch ihr Beefsteak mit einem Berg grüner Dosenerbsen verschlangen, wenn sie nicht gerade zwischen ihren Zähnen stocherten. Ein Mann in weißer Windjacke setzte sich an meinen Tisch. Er sei Chauffeur auf Abruf, erzählte er. Manchmal sei er für die Belieferung des Heers im Einsatz, aber derzeit sei er ohne Auftrag. Er erwartete viel von der neuen Straße nach Niamey, der nigrischen Hauptstadt. Die Straße war so gut wie fertig und sollte Gao Richtung Osten erschließen. »In Niamey wohnen auch Songhai, wie hier in Gao«, sagte er. »Sie haben dort dieselbe Kultur wie hier und sprechen dieselbe Sprache. Dass es zwei Länder sind, liegt an der ehemaligen Kolonialmacht.«

Wir unterhielten uns über die unterschiedliche Art, in der Frankreich und England ihre ehemaligen afrikanischen Kolonien verwalten. »Den ehemaligen englischen Kolonien geht es in jeder Hinsicht viel besser«, meinte der Fahrer. »Denn der britische Kolonialismus war indirekt. Die Briten schützten ihre Interessen, ließen die Leute aber sich selbst regieren unter Beibehaltung ihrer kulturellen Identität. Bei den Franzosen war die Verwaltung direkt und von oben auferlegt. Deshalb sind unsere heutigen Politiker korrupter. In Mali herrscht Demokratie, eine Volksdemokratie, aber in der Praxis sind alle Stimmen gekauft.«

Der Obelisk ließ mich nicht los. Einige Leute wussten zu berichten, die Kugellampe auf dem Denkmal sei rot gewesen, andere blieben bei blau. Alle waren sich einig, dass die Lampe seit Jahren kaputt war. Ob es sich um einen echten Nullmeridian-Obelisken handelte, blieb vorläufig noch unklar, aber vielleicht würde ich beim Geografischen Institut in Gao eine Antwort auf diese Frage bekommen.

Der Topograf Ousman Aguissa war ein freundlicher Mann mit einer Generalstabskarte der Stadt vor sich. Er war gerade dabei, auf einem großen Bogen Grundstücksparzellen einzuzeichnen, im Zusammenhang mit Kaufverträgen von Häusern. Während der Hungersnöte in der Sahelzone in den Siebziger- und Achtzigerjahren des vergangenen Jahrhunderts waren Tausende nach Gao geflohen, und viele der Betroffenen lebten noch immer in Zelten. Die waren überall in der riesigen Stadt zu finden. Neben dem Institutsgebäude zählte ich schon um die fünfzehn Stück inmitten von Eselskarren und frei laufenden Ziegen: einige aus Pappe, andere aus Stroh oder Zeltplane.»Menschen in Zelten gibt es auf unseren Zeichnungen nicht«, sagte Aguissa.»Wir beschäftigen uns nur mit der bebauten Fläche.« Der Topograf hatte noch nie vom Nullmeridian-Obelisk gehört. Der herbeigeholte Direktor meinte, die Aufstellung des Obelisken sei »eine Initiative der Gemeinde jüngeren Datums« gewesen und er verwies mich ans Rathaus, nicht weit vom Institut.

Dort gelangte ich durch einen schmuddeligen, unordentlichen Raum, in dem Leute Formulare ausfüllten, zum Sekretariat. Sieben verschiedene Fotos des Staatsoberhaupts hingen an der Wand. Auf dem Aktenschrank lagen leere Schachteln und ein Schildchen mit der Aufschrift »Protocole d'amitié«; auf dem Boden sah ich einen Gebetsteppich. An einem kleinen Schreibtisch mit Plastikdecke saß eine sorgfältig geschminkte junge Frau mit Kopftuch und legte auf dem Computer Patiencen. Der Nullmeridian sagte ihr nichts, aber Bürgermeister Touré wisse, meinte sie,»auf viele Fragen« eine Antwort.»Er hat nur gerade sehr viel zu tun«, sagte sie und deutete dabei auf den angrenzenden Raum, wo auf wuchtigen Sofas etwa zwanzig Wartende saßen.»Kommen Sie in ein paar Tagen wieder, dann können Sie ihn sprechen.« Zur Vorbereitung bat ich um Einsicht in eventuelle Akten bezüglich des Obelisken im Gemeindearchiv. Der Gemeindesekretär hatte darauf eine klare Antwort.»Der Archivdienst hat nie funktioniert«, sagte er,»und was möglicherweise trotzdem an Dokumenten erhalten geblieben war, ist beim Bau des neuen Rathauses verloren gegangen.«

Der Nullmeridian verlief nicht durch das Zentrum, sondern schnitt Gao an der Ostseite, wo die Bebauung spärlicher wurde und die Stadt langsam, aber sicher in Wüste überging. Das Gebiet am Niger entlang, südlich von Gao, bestand im Winter aus tiefen, ausgetrockneten, unzugänglichen Wassergräben und Sümpfen. Der Nullmeridian führte aber auch durch den Fluss selbst, und dieser Wasser-Nullpunkt musste von Gao aus leicht erreichbar sein. Im Hafen lagen schlanke, oft mit arabischen Motiven bemalte Pirogen und motorisierte Pinassen. Kinder und junge Mädchen mit nackten Brüsten wuschen sich oder das Geschirr im Wasser an der Anlegestelle, wo auch Ziegen schwammen und der nahe gelegene Schlachthof seinen Abfall entsorgte. Das Ufer war weder gepflastert noch sonst wie befestigt; in dem losen Sand standen Eselskarren. Mitten zwischen den Ziegenköteln, Hundehaufen und herumliegendem Abfall wohnten Hunderte von Menschen in kleinen Zelten. Die meisten von ihnen versuchten, im Hafen ihr Brot zu verdienen. Einer von ihnen war Mahamdru Manmaïza Maïga, ein 27-jähriger Schiffer, der ein Bein nachzog. Er wollte mich zum Nullpunkt bringen.»Jetzt gibt es Arbeit, und es ist schön kühl«, sagte er.»In ein paar Monaten ist es hier knallheiß, und die Trockenzeit setzt ein. Dann ist der Fluss viel seichter, und im Hafen gibt es kaum noch etwas zu tun.« Mahamdru transportierte Waren und Fahrgäste auf längeren Strecken, stromabwärts bis Timbuktu und nach Süden bis Ansongo. Das Kreuzen des Nullmeridians in Sichtweite von Gao war ein leicht zu bewältigender Auftrag, den er dazu nutzte, seinem jüngeren Bruder die Kunst des Navigierens beizubringen. Ihr Vater besaß sechs Boote, und Mahamdru wählte für diesen Kurztrip eine ziemlich große Pinasse:»Kleine Boote sind riskanter.«

Der Niger war in dieser Jahreszeit am breitesten; eine kräftige, frische Brise wehte, und ich genoss das aufspritzende Wasser und vor allem die Abwesenheit von Sand. An den Ufern wuchsen Bäume und Sträucher, dahinter lag die Wüste. Wir fuhren stromaufwärts mit einem Tempo, das Mahamdru auf 7,5 Stundenkilometer schätzte, stromabwärts fuhr seine Pinasse fast doppelt so schnell. Unterwegs hielt er in einem kleinen Hafen, der noch immer Bac hieß, nach der Fähre, die es vor dem Bau der Brücke ermöglicht hatte, zum anderen Ufer zu gelangen. Für den Straßenverkehr war die neue Brücke von immenser Bedeutung: Die nächste Nigerbrücke gab es stromaufwärts in Bamako, fast 1100 Kilometer entfernt, stromabwärts befand sich die nächste Brücke 600 Kilometer weiter bei der nigrischen Hauptstadt Niamey.

Die Fähre von Gao war inzwischen außer Betrieb, aber es gab durchaus noch Pirogen, die Fußgänger und Vieh übersetzten. Ein kleiner Junge zerrte eine Ziege hinter sich her – ein Fuß hatte sich im Seil verfangen. An verschiedenen Stellen wuschen sich Frauen und Männer in dem Wasser.»Sogar Leute in der Stadt, die Zugang zu Wasser haben, waschen sich hier im Fluss«, sagte Mahamdru.»Sie wissen, dass es gefährlich ist, aber sie bleiben trotzdem dabei. Letztes Jahr herrschte hier die Cholera, ich kenne Leute mit Bilharziose. Ich wasche mich auch regelmäßig im Fluss und muss als Schiffer regelmäßig durchs Wasser waten.«

Mahamdru kaufte für die Tour eine Portion gekochtes Schafsfleisch von einer Frau, die neben einem stinkenden stehenden Gewässer hockte. Er sei, erzählte er, ein guter Schüler gewesen, aber bevor er die höhere Schule beenden konnte, hatte ihn sein Vater von der Schule genommen. »Ich war damit nicht einverstanden, aber ich hatte keine Wahl«, sagte er. »Als ältester Sohn musste ich arbeiten gehen.« Schließlich wurde er Schiffer, als Nachfolger seines Vaters. »Mein Vater ist schon 45. Er kann zwar noch arbeiten, aber nicht mehr auf dem Wasser.« Mahamdru war ein muskulöser, sanftmütiger, ernster junger Mann. Er zog sein Bein nach, seitdem er sechzehn war. Nach einem schweren Malariaanfall war er ins Krankenhaus von Gao gekommen. Ein Arzt hatte ihm eine Injektion in den Oberschenkel gegeben und dabei einen Nerv getroffen. Resultat: eine irreversible teilweise Lähmung des Beines. »Früher stocherten unfähige Ärzte einfach ein bisschen in der Hüftgegend herum. Manche ihrer Patienten wurden dabei vollständig gelähmt«, sagte Mahamdru. »Heutzutage müssen Injektionen in den Po oder in den Arm gegeben werden, Hüften oder Oberschenkel sind verboten. Für mich kommt das leider zu spät.«

Oft schmerzte sein Bein, und die körperliche Arbeit, die er verrichtete, erschöpfte ihn. Er hatte schon seit zwei Jahren eine Freundin in einem Dorf nicht allzu weit von der Stadt entfernt, aber sein Vater verweigerte die Zustimmung zu einer Heirat. »Er ist sehr traditionell und strenggläubig. Meine Eltern sind miteinander verwandt. Für mich hat mein Vater eine meiner Cousinen ausgesucht, aber ich weigere mich, eine Frau zu heiraten, die ich nicht liebe. Meine Beziehung kann er nicht verhindern, aber ich kann auch nicht weglaufen, denn dann würde ich meine vier jüngeren Geschwister im Stich lassen. Außerdem habe ich nicht die Mittel, um zu gehen. Ich bin finanziell von meinem Vater abhängig.« Dennoch hoffte Mahamdru optimistisch auf einen möglichen Durchbruch. »Ich denke, dass mein Vater am Ende seine Meinung ändern wird, weil er auch nicht möchte, dass ich allein bleibe. Ich habe eine ältere Schwester, die, wie vom Vater vorgesehen, verheiratet wurde. Sie wurde später von diesem Mann

236

geschieden und ist mit jemandem ihrer Wahl eine neue Ehe eingegangen. Die Zeiten haben sich geändert. Bambara heiraten Songhai, Tuareg heiraten Tourés, alles ist möglich.« Er zeigte mir französischsprachige SMS-Nachrichten seiner Freundin, die bei Verwandten in dem Dorf zu Besuch war, in dem sie aufgewachsen war. »Liebster, ich liebe dich aus ganzem Herzen, obwohl wir jetzt so weit voneinander entfernt sind. Aissata.« Wer sich selbst Lesen und Schreiben beigebracht hatte, verwendete Songhai, erklärte Mahamdru, wer die Schule besucht hat, Französisch.

Auf der nördlichen Breite 16° 11' 34" kreuzte der Niger den Nullmeridian, unweit einer Kolonie Nilpferde. Am anderen Flussufer lag ein kleines Dorf, das anscheinend auf demselben Längengrad lag. »Wir sollten ein bisschen Abstand halten«, sagte Mahamdru. »Die Nilpferde haben Junge, und sie können das Boot im Nu umwerfen. Manchmal schießen Fischer sie tot, wegen des Fleischs. Es ist verboten, aber es kommt trotzdem vor. Nilpferde fressen Gras und Pflanzen, in der Trockenzeit sogar Sand oder Lehm. Wenn sie aggressiv sind oder die Felder zertrampeln, darf man sie nach der Bezahlung einer Abgabe auch legal schießen.« Wir fuhren am linken Flussufer, wo es Röhricht gab und da und dort Palmen wehten. In der Trockenzeit war dort zwar noch immer ein bisschen Wasser, doch das Land trocknete so weit, dass man etwas anbauen konnte, erzählte Mahamdru. Der Fluss mäanderte sehr und war an einigen Stellen breit wie ein See. Wir legten bei den Rosa Dünen an, neben dem Grabmal des Askia aus dem fünfzehnten Jahrhundert die größte Attraktion von Gao, und erstiegen den steilen Sandhügel, im Schlepptau eine Schar Bengel aus dem nahen Dorf. Auf halbem Weg zur Spitze lag ein Friedhof, den ich nicht als solchen erkannt hätte und über den ich beinahe getrampelt wäre. Mahamdru konnte es gerade noch verhindern. »Das ist tabu«, sagte er.

Von der höchsten der Dünen, die wie Pyramiden neben dem Ufer emporragten, hatte man einen Dutzende Kilometer weiten

Blick über den Niger, nach Norden wie nach Süden. Genau unter den Dünen in der Mitte des Flusses war eine kleine grüne Insel, wo laut Mahamdru »ein Clan fundamentalistischer Muslime« in selbst gewählter Isolation lebte. Dahinter lag ein breiter Streifen grünes, wasserreiches Land. Der Fluss zeigte ein klares Blau und in Richtung Timbuktu, in dem wegen der fernen Sandstürme diesigen Licht, ein Grauweiß mit einer Spur Grün. Die goldenen Sandpyramiden glühten in der späten Nachmittagssonne und bildeten eine Trennwand zwischen Wasser und Wüste. Die Wüste begann schlagartig am Fuße der Dünen: eine kahle, spärlich mit niedrigem Strauchwerk bewachsene Sandfläche, bis zum Horizont.

Am nächsten Tag fuhr ich auf meinem Moped zur Brücke, überquerte den Niger und folgte der Nullmeridian-Spur, die mich in das zu Gao gehörende Fischerdorf Gura (»Hafen«) führte. Die 200 Einwohner waren Bozo, eine kleine ethnische Minderheit seminomadischer Fischer, die mit den Gezeiten an den Ufern des Niger entlangziehen oder sich dauerhaft am Fluss niederlassen. Während aus der Moschee der Ruf zum Mittagsgebet ertönte, wurde ich dem Französisch sprechenden Usman Boukama vorgestellt und Zulfkaleini Salat, »dem Oberhaupt der Fischer«. Ich erwähnte, dass der Nullmeridian Gura im Herzen durchquerte

und in genau zwei Hälften teilte, worauf Boukama sagte, dass ihn das nicht wundere »wegen der Flugzeuge, die hier über uns hinweg fliegen«. Wir setzten uns im Schatten eines Baumes auf Plastikgartenstühle. Alle Erwachsenen in Gura hatten eine oder zwei der großen Sahel-Hungersnöte erlebt. »Mit anderen Dorfbewohnern aus der Umgebung suchten wir in Gao Zuflucht«, sagte Boukama. »Überall auf den Straßen lagen Sterbende. Ich erinnere mich, dass belgische Militärflugzeuge 25 Kilo schwere Keksdosen abwarfen.« Seitdem hatte es keine Hungersnot mehr gegeben, obwohl der Fischfang zurückgegangen war. »Einige Arten sind verschwunden, aber der Fischbestand insgesamt ist gleich geblieben«, sagte das Dorfoberhaupt Zulfkaleini Salat. »Das eigentliche Problem besteht darin, dass es jetzt mehr Fischer gibt. Stromaufwärts, bei Mopti und Timbuktu, hat man Teile des Flusses verpachtet, aber hier ist alles frei, und es gibt keine Regeln: Was du fängst, gehört dir.«

Salat und seine Männer waren immer von Mitternacht bis sechs Uhr morgens auf dem Wasser. »Manchmal auch länger, aber um acht beginnt der Fischmarkt, und dann muss man da sein.« Stolz erzählte Salat von dem Zuchtwasserbecken, das mithilfe von Entwicklungshilfeorganisationen und der algerischen Botschaft in Gura erbaut worden war. »So können wir in Zukunft selbst Fische züchten, obwohl sich die praktische Umsetzung als nicht einfach erweist.«

Tagsüber war die Luft in Gao sandig und staubig, abends dominierte der scharfe Brandgeruch der Holzkohlenfeuer. Das Stadtzentrum wirkte ausgestorben, und fast überall war es stockdunkel. La Source du Nord hatte geschlossen, aber nach langem Suchen fand ich ein Kameruner Esslokal, das noch geöffnet hatte: La Case Mysterieuse. Die Inhaberin saß im Kühlen auf der Veranda, neben ihr der Ober und ein weiterer Mann, der auf den Fernseher schaute. Ich konnte zwischen einem ganzen Huhn oder einem Salat aus Gurken, roter Beete, Kartoffeln, Mohrrüben und Zwiebeln wählen. In der Sahara und der Sahelzone war Gemüse seltene Kost gewesen, daher entschied ich mich für den Salat. Als ich zahlen wollte, schliefen die Inhaberin und der Ober auf ihren Stühlen, während der andere Mann noch immer schweigend fernsah. Die Inhaberin schreckte von meiner Stimme auf, rüttelte den Ober wach, damit er die Rechnung fertig machte.

Zurück im l'Atlantide, begegnete ich auf dem Innenhof einem flämischen Entwicklungshelfer, Kurt Petit. Er arbeitete im Auftrag der malischen Regierung an einem von Europa finanzierten

Projekt, das die lokalen Behörden – Bürgermeister und Dorfräte – zu einer besseren Zusammenarbeit mit ausländischen Hilfsorganisationen bewegen sollte. Er hatte auch die Wirtschaft in den Dörfern erforscht. »Oft besteht das Problem darin, dass kein Geld von außen hereinkommt. Alle verkaufen sich alles gegenseitig, wodurch die Preise der Produkte viel zu niedrig sind und in keinem Verhältnis zu ihrem wirklichen Wert stehen. Wenn dann eine Straße angelegt wird, wandelt sich die Ökonomie eines Dorfes vollständig, weil fremdes Geld in Umlauf kommt.« Manchmal fühlte sich Petit in Gao von der Außenwelt abgeschnitten. Er fuhr einen nagelneuen Geländewagen mit Allradantrieb, der aussah wie ein schimmernder Panzer, und wohnte mit anderen Entwicklungshelfern in einer Villa am Fluss, aber er versuchte, so viel Kontakt wie möglich mit der örtlichen Bevölkerung zu halten. »Ich habe viele malische Freunde und auch eine Freundin, die in Bamako studiert.« Um sich zu vergnügen, gehe er »ein wenig zu regelmäßig« in den Nachtclub hinter dem l'Atlantide, auch jetzt sei er auf dem Weg dorthin. In einem ummauerten Innenhof mit Sesseln und kleinen Tischen tranken wir Bier. Plötzlich spürte ich ein Sodbrennen und fast gleichzeitig eine Fieberwelle in mir aufbranden. Ich wollte aufstehen, konnte mich aber nicht auf den Beinen halten. Der große und breite Petit schleppte mich ins Hotel zurück und legte mich ins Bett. Ich hatte hohes Fieber und befürchtete einen Malariaanfall, aber es war eine Lebensmittelvergiftung. La Case Mysterieuse! Dreißig Stunden verbrachte ich auf meinem Zimmer, abwechselnd mit dem Kopf über der Kloschüssel oder auf dem durchgelegenen Bett liegend. Ab und zu brachte der Mann von der Rezeption eine Tasse Tee. Zwei Tage darauf fühlte ich mich wie neugeboren, wenn auch noch ein wenig schlapp.

Mit Kurt Petits Hilfe nahm ich Kontakt zu seinem malischen Direktor Younoussa Hamara Touré auf, der angeblich viel über die Geschichte Gaos wusste und vielleicht das Rätsel des Meridianobelisken lösen konnte. Touré empfing mich in seinem am Niger gelegenen Büro. Er zeigte mir das Buch, das er anlässlich des Kriegs zwischen Tuareg und Songhai in den Neunzigerjahren des vergangenen Jahrhunderts mit drei anderen Autoren über die ethnischen und sozialen Verhältnisse in Nordmali geschrieben hatte. »Jeder schoss auf jeden, in den Straßen von Gao wurden Menschen standrechtlich erschossen. Früher endeten blutige ethnische Konflikte immer mit einer traditionellen Versöhnung, aber dafür braucht es sozialen Zusammenhalt. Und der ist in der Stadt verloren gegangen. Wir kamen also ohne Intervention von außen nicht weiter.«

In Gao haben sich die Tuareg und Songhai inzwischen ausgesöhnt. Zahlenmäßig sind die Tuareg eine kleine Minderheit. Die Stadt wird von den Songhai dominiert, die in zwei Clans aufgeteilt sind: die Tourés und die Maïgas. Younoussa Hamara Touré war schon der sechste oder siebte Touré, dem ich begegnet war. »Es ist unmöglich, Songhai zu sein, ohne Maïga oder Touré zu heißen«, sagte er. »Zwei von drei Einwohnern in Gao heißen so. Hamara ist der Vorname meines Vaters. Wenn das nicht reicht, dann fragt man weiter. Welche seiner Frauen ist meine Mutter? Welcher ist mein Großvater? Aus welchem Dorf komme ich? Am Ende wissen wir immer, wer wir sind. Tourés heiraten noch immer Tourés, und deshalb sind wir alle miteinander verwandt. Seit alters her bilden die Tourés in Gao die führende Schicht und sind die Machthaber, die Maïgas die Unterworfenen. Diese Rivalität existiert noch heute. Die Tourés sind zahlenmäßig überlegen und einflussreich, aber die Maïgas nehmen für sich in Anspruch, dass sie hier als Erste gewesen sind.«

Younoussa Touré war in Gao aufgewachsen und konnte bestätigen, dass der Obelisk sehr wohl als Markierung des Nullmeridians errichtet worden war. »Ich erinnere mich aus meiner Kindheit an eine schwarze Tafel, auf der das Wort Greenwich stand.« Ich erzählte, ich hätte versucht, einen Termin mit dem Bürgermeister zu vereinbaren; aber Younoussa meinte, das würde mich nicht viel klüger machen. »Ali Alassane Touré ist kein gebildeter Mann und als Bürgermeister kein großes Licht«, meinte er. »Der Einzige, der Tatkraft beweist, ist der Gouverneur Amadou Baba Touré, ein Oberst, der für die Provinz verantwortlich ist, aber darüber hinaus noch viel für die Stadt tut.« Younoussa Touré legte mir nahe, anschließend Dürseye Bouna Touré zu konsultieren, den Direktor des Sahel-Museums. »Er ist der offizielle Stadthistoriker. Wenn einer etwas über den Obelisken weiß, dann er.«

Das kleine Sahel-Museum lag in einer Seitenstraße, nicht weit von einer der großen wilden Müllhalden der Stadt. Man hatte das Museum nach der ersten großen Hungersnot, die die Sahelzone getroffen hatte, gegründet. Direktor Dürseye Bouna Touré empfing mich in einem kleinen Raum mit Postern von brasilianischen Fußballspielern und einem Organigramm des Museums an der Wand: Oben stand der Direktor, darunter ein Heer von Abteilungsleitern. »Während der Dürre starb das Vieh, es gab keine Ernten mehr«, sagte er. »In Gao herrschten Hungersnot und verschiedenste Krankheiten, die Straßen lagen voller Leichen und Tierkadaver. Vor allem Dorfbewohner starben, aber am Ende waren auch viele Bürger von Gao unter den Toten. Die Zufuhr von Lebensmitteln kam zum Erliegen. Ich habe damals auch Hunger gelitten, keiner wurde verschont.«

Die bescheidene Sammlung des wenig besuchten Museums bestand aus Fotos, Kunst- und Gebrauchsgegenständen, darunter einem komplett nachgebauten Tuareg-Zelt mit »Bewohnern«. Gao war im Jahr 690 gegründet worden und im elften Jahrhundert das erste islamisierte Gebiet Schwarzafrikas, las ich auf einer der handgeschriebenen Erläuterungen. 8000 Jahre v. Chr. herrschte in der Sahelzone (arabisch für »der Rand« oder »die Küste«) noch ein feuchtes, tropisches Klima, 3000 Jahre später war es zu einem tropischen Savannenklima geworden, und danach hatte es sich immer mehr zum Schlechteren gewandelt. Nach der ersten großen Dürre war die Landschaft endgültig verändert, und Gazellen, wilde Steinschafe und Trappen waren völlig ausgestorben. Ich kehrte in den Innenhof zurück, zugleich der Eingang des Museums. Dort wartete Touré auf einer Bank. Was wusste er vom Obelisken? »Er wurde 1976 von Hamgadoumbo Touré errichtet, einem Bürgermeister, der viel für die Stadt getan hat«, sagte Dürseye Touré. »Er wurde dort aufgestellt, weil es eine wichtige Kreuzung ist und weil die Stadt den Nullmeridian beherbergt, nicht, um die Stelle an sich zu markieren. Soweit ich weiß, hat da nie ein Schild mit Erläuterungen gehangen, und die Beleuchtung ist seit Jahrzehnten kaputt. Hamgadoumbo Tourés Nachfolger haben alles verlottern lassen.« Der ehemalige Bürgermeister sei verstorben, wusste er, aber dessen Sohn sei Direktor einer Schule im fünften Distrikt.

Bilal Ag Ogazid, der junge Tuareg, von dem ich das Moped geliehen hatte, wohnte mit seiner Familie in Zelten mitten in der Stadt. Seine Großeltern waren während der großen Dürre in der Wüste geblieben, seine Eltern waren in den siebten Distrikt geflüchtet und nie mehr weggezogen. Bilals Vater war inzwischen verstorben, er selbst wohnte mit seiner Mutter und zwei Brüdern in einem Zelt. Auf Bilals Drängen ging sein jüngster Bruder, als Einziger, zur Schule. Sie waren die Ersten, die hier gewohnt hatten, der Rest der Familie war später gefolgt; und heute standen ihre Zelte auf einem großen Gebiet verteilt. Jahrelang hatte es dort kein Wasser gegeben, und sie hatten fünf Kilometer ins Stadtzentrum laufen müssen, heute gab es im Viertel eine Zapfstelle, wo man für wenig Geld einen Eimer Wasser kaufen konnte. »Regelmäßig gibt es aber Knappheit, dann stehen die Leute schon nachts um drei Uhr in der Warteschlange«, sagte Bilal. Er hatte mich zu sich nach Hause eingeladen, und nach gutem malischem Brauch sollte ich nicht mit leeren Händen kommen. Wir trafen uns wie verabredet unweit von seiner Behausung. Bilal schickte erst einen kleinen Jungen nach einer Schubkarre los, dann kaufte ich in einem libanesischen Geschäft einen gelben Fünfzigkilosack pakistanischen Reis und ein paar Kilo Tee und Zucker für seine Familie.

Der siebte Distrikt machte einen schmuddeligen Eindruck. »Der Müll ist vor allem seit der Einführung von Plastik immer mehr geworden«, sagte Bilal. »Diese vielen weißen Tüten kommen aus Nigeria, sie hängen sogar in den Bäumen.« In dem einen Teil des Viertels standen die ovalen Schilfzelte der Songhai, gegenüber der verschmutzten Sandfläche die der Tuareg, in deren Mitte wieder eine Minderheit von Songhai lebte. »Wir haben eine *cousinage* geschlossen«, sagte Bilal. »Wir sind jetzt miteinander verwandt und können auch untereinander heiraten, uns vermischen.« Nicht dass es häufig vorkäme in seiner Familie. Er zeigte ein Zelt nach dem anderen, in dem ein Ag Ogazid wohnte. »Wir heiraten untereinander, Ogazids heiraten Ogazids. Diese vielen Hunderte von Menschen sind nicht wirklich verwandt, aber sie heißen alle Ag Ogazid.«

Die Ogazids waren Irawellan, schwarze Nachfahren von Kriegsgefangenen der Tuareg. Sie lebten mit den Siegern zusammen und übernahmen deren Kultur. Einige Männer waren verschleiert, obwohl in Gao der Tagelmust auch bei Songhai, Bambara und Fulbe an Popularität gewonnen hatte: Er hatte sich als praktisch bei Staubwolken und Sandstürmen erwiesen.

Bilal stellte mich seinen beiden »Brüdern« vor: dem Sohn eines Onkels und dem Neffen der dritten Frau seines Vaters. Akly Ag Ogazid war Ziegelbrenner und Schauermann. Mitten im Gespräch und in der sengenden Sonne brach er in die Stadt auf, und er schob dabei einen bleischweren Findling in einer Schubkarre mit einem eiernden Rad vor sich her. Beim anderen »Bruder« handelte es sich um den in einen schimmernden goldfarbenen Boubou gehüllten Idoual Ag Ogazid, der als Faktotum und Postbote im Rathaus arbeitete. Die meisten Kinder gingen zur Schule, aber die Generation von Bilal und seinen Brüdern konnte nicht oder kaum lesen und schreiben. Auch Idoual war Analphabet. Ein Kollege versah für ihn die Briefe oder internen Papiere mit einer Markierung, sodass er wusste, in welcher Abteilung er sie abgeben musste. Die anderen Männer, denen mich Bilal vorstellte, waren arbeitslos oder fanden gelegentlich als Tagelöhner Arbeit im Hafen. Einer von ihnen hatte sieben Kinder von drei Frauen, ein anderer achtzehn Kinder von ebenfalls drei Frauen, einzig Saleh Ag Ogazid hatte nur eine Frau. »Nicht aus Prinzip«, sagte er nachdrücklich, »sondern weil ich mehr nicht ernähren kann.« Einen der Männer mit drei Frauen fragte ich, wie sein Tagesablauf aussehe. Seine Frauen wohnten nebeneinander in drei Zelten, also hatte er keinen weiten Weg. Er hielt sich an ein striktes Schema: Montag erste Frau, Dienstag zweite Frau, Mittwoch dritte Frau: »Wie es sich gehört.« Auch Bilal war verheiratet, zu meiner Überraschung, denn er hatte nichts davon erzählt. »Die erste Ehe wird von den Eltern arrangiert«, sagte er. »Meine Frau ist fünfzehn Jahre alt und lebt in der Wüste. Sie ist eine Cousine ersten Grades. Ich habe sie noch nie gesehen und weiß nichts über sie. Die Ehe wurde schon geschlossen, aber die Zeremonien, die dazugehören, dauern eine Woche und können erst stattfinden, wenn ich das Fest bezahlen kann. Dann erst werde ich wissen, mit wem ich verheiratet bin.«

Wir saßen auf einer Bank vor Bilals Zelt und wurden von etwa zwanzig in Lumpen gehüllten, barfüßigen Kindern umringt, die meisten hatten eine Rotznase. Die Frauen hielten Abstand bis auf ein junges Mädchen, das sein Baby stillte. Zwischen den Zelten stand das Wrack eines Landrovers, dessen Räder durch Steine ersetzt worden waren. Während Idoual auf einer einsaitigen *anzad* zu spielen begann, ging Bilal in sein Zelt und kam mit einem kleinen Stapel Fotos zurück, die ein französischer Tourist irgendwann von ihnen gemacht hatte. Er zeigte das Foto von zwei kleinen

Mädchen und dazu noch dem Arm eines dritten Kindes, das sich knapp außerhalb des Bildausschnitts befand. »Es waren Drillinge. Zwei von ihnen starben, als sie ein Jahr alt waren. Sie waren zu schwach.«

Kinder drängten sich um uns, unter ihnen auch das heute achtjährige Mädchen, das als einziger Drilling am Leben geblieben war. Gebannt starrte sie auf das Foto von sich und ihren Schwestern. Ob sie wohl wusste, dass sie es war? Ob sie wohl wusste, dass sie eines von dreien war? Hatte sie das Foto schon einmal gesehen? Der Moment verflog, als zwei kleine Jungen sie beiseiteschubsten und ich einen Ziegenledersack geschenkt bekam.

Ich lernte, mein Moped, dessen Vorderrad einen Achter hatte, über den weichen Sand zu manövrieren, ohne umzukippen. Von den schnurgeraden, absurd breiten und außerhalb des Zentrums leeren Straßen waren in der ganzen Stadt fünf asphaltiert, aber meistens von Flugsand bedeckt. Meine wichtigsten Orientierungspunkte waren das Rathaus, der zentrale Markt, das Askia-Grabmal, die Fisch- und Fleischhallen hinter dem Hafen, die Brücke, die Nullpunkte, der Obelisk, der Hafen und die Nigerufer. Immer häufiger wurde ich erkannt, zumindest von dem Händler in »antiker Kunst«, der mich vom ersten Tag an zu einem Besuch seines Ladens zu verführen suchte. »Nur, um zu schauen.« Dass das Verfolgen des Meridians nicht zum Kaufen und Mitschleppen von Kunstobjekten aus Mali passte, beeindruckte ihn wenig. Von Tag zu Tag wurde er giftiger, bis er mich beim Betreten von La Source du Nord anschnauzte: »Nach dem Essen kommst du zu mir und siehst dich um.« Als ich nach dem Verlassen des Restaurants weitergehen wollte, stellte er sich mir in den Weg. Ich machte klar, dass ich ihm nichts versprochen hatte, worauf er mir nachrief: »Wohl wieder am Arbeiten, was? Nichts als arbeiten. Du verdienst bestimmt dreißig Millionen!«

Ich fand auch den Laden, von dem gemunkelt wurde, dass er

eine Tarnfirma des algerischen Geheimdienstes sei. Es fühlte sich wie eine innere Genugtuung an, einen algerischen Geheimagenten, ohne dass er wusste, wer ich war – davon ging ich zumindest aus –, eine Schachtel Datteln für mich einpacken zu sehen.

Manchmal wurde ich mit *nasara* angesprochen, dem Wort für »Weißer«. Es war eine Verballhornung der Botschaft, die die weißen Männer, die als Erste in ihren Gebieten angekommen waren, verkündet hatten: das Evangelium des Jesus von Nazareth. Viele Weiße gab es nicht in Gao. Bilal schätzte die Zahl westlicher Touristen auf insgesamt zwanzig. Für sie stand ein ganzes Heer von Stadtführern bereit.

Im l'Atlantide wohnten zwei amerikanische Piloten, die für eine Ölgesellschaft Erkundungsflüge über der Sahara durchführten. Es gab auch ein zweiköpfiges deutsches Kamerateam, das einen Dokumentarfilm über Immigration drehte. Sie knüpften Kontakte zu Menschenschmugglern und Illegalen, aber jeder wollte für seine Mitwirkung bezahlt werden, und war das geschehen, dann wurde noch mehr Geld verlangt, und das hatten die jungen Deutschen nicht. Beide waren abwechselnd todkrank, und der Tontechniker bekam immer mehr Probleme mit seinem Bauch. Durch seine Postbank-Reiseversicherung, für die er dreißig Euro bezahlt hatte, erhielt er telefonisch Rat von einem Arzt in München, der konstatierte, dass er vermutlich eine Blinddarmentzündung habe und akut operiert werden müsse. Das dürfe auf keinen Fall, hatte der Arzt gesagt, er wiederholte, *auf gar keinen Fall*, im Krankenhaus von Gao gemacht werden. Zuerst plante man, ein leeres Flugzeug aus München nach Gao zu schicken, um ihn abzuholen. Das wurde abgeblasen, weil sich sein Zustand weiter verschlechterte und ein Flug nach Europa zu riskant wäre. Schließlich schickte die Versicherungsgesellschaft aus Kamerun ein deutsches Militärflugzeug, das den Mann von Gao nach Bamako überführte, wo er in einem französischen Privatkrankenhaus operiert wurde.

Die Handvoll permanent in Gao wohnender Ausländer bestand zum großen Teil aus Entwicklungshelfern. Einer von ihnen war der Niederländer Rob Stoof. Die Armut in Gao sei relativ, fand er. »Obwohl sie in der Stadt leben, hat doch fast jeder noch Vieh. Aber wie viel, das weiß man nicht. Sie geben sehr wenig Geld aus, gerade deshalb kann jemand, der ärmlich und ungepflegt aussieht, doch 200 Stück Vieh haben. Umgekehrt sind adelige Tuareg am Verarmen, aber sie hüllen sich trotzdem in prächtige Gewänder. Dass Menschen hier mitten in der Stadt in Zelten leben, liegt nicht nur an der Armut, es ist auch eine Lebensart, eine Kultur.« Er zeigte mir eine Generalstabskarte von Gao. Auffällig war, wie sehr die Stadt durchgeplant war – ihr Grundriss bestand aus einer Aneinanderreihung von rechteckigen Blöcken. »Man weiß nicht, was sich alles hinter den Mauern abspielt«, sagte Stoof.

Gao war die Ausgangsbasis für alle, die aus Westafrika nach Europa wollten. Ihre Zahl war in letzter Zeit beträchtlich gesunken: eine Folge der verschärften Kontrollen am Ende der Schmuggelrouten, Tausende von Kilometern weiter. In der Stadt an der Grenze von Savanne und Wüste fühlten sie sich noch als Glückssucher oder zukünftige Immigranten, in einem späteren Stadium – wenn sie die Fahrt durch die Wüste überlebt hatten – wandelte sich ihr Status, und sie wurden Bootsflüchtlinge, Asylsuchende oder Illegale. Einige kehrten desillusioniert nach Gao zurück. Andere versuchten schon zum vierten oder fünften Mal, über das Mittelmeer zu kommen. »Im letzten Jahr haben sie noch jeden Morgen auf dem Sandplatz hier vor der Tür gegen die einheimische Jugend Fußball gespielt«, sagte Stoof.

Als Kreuzungspunkt der Kamelrouten hat Schmuggel in Gao eine alte Tradition. »Jeder Handel ist illegal. Nichts wird deklariert, alles kommt in der Nacht an«, sagte Stoof. »Gao fährt gut dabei und die Bevölkerung ebenfalls. Viele Produkte sind hier billiger als in Bamako. In umgebauten algerischen Militärlastwagen werden Nudeln, Erfrischungsgetränke oder Kühlschränke angekarrt, im Tausch gegen Schafe und Ziegen. Aus Mauretanien kommen Teppiche und Decken.«

Stoof arbeitete schon zwanzig Jahre in der Dritten Welt. Ein Jahr lang hatte er in Ménaka gewohnt, einer einsamen kleinen Stadt mitten in der Sahara, 250 Kilometer östlich von Gao. Mitten unter den nomadischen Einwohnern lebte dort noch ein weiterer Ausländer: ein belgischer Entwicklungshelfer.»Mit dem hatte ich nicht viel Kontakt«, sagte Stoof.»Um es an so einem isolierten Ort auszuhalten, verkriecht man sich in sein Schneckenhaus, da hat man nicht so viel Lust, sozial zu sein.« In Gao sei das Leben angenehmer.»Im Sommer hat es hier 45 Grad Celsius, manchmal 50, aber die Luft ist trocken; wenn also nur ein Lüftchen weht, hält man es aus. Staubwinde und Sandstürme dagegen sind eine Katastrophe. Erst ist es wolkenlos und sonnig, dann wird es mit einem Schlag stockfinster, und eine Mauer aus Sand fällt über dich her. Klimatologisch bleibt hier einiges zu wünschen übrig.« Ich fragte ihn, wie sich die zwanzig Jahre Entwicklungsarbeit auf sein Privatleben ausgewirkt hätten.»Katastrophal«, antwortete er ohne Zögern.»Ich bin ein ziemlicher Eigenbrötler geworden.«

Die Termine mit dem Bürgermeister wurden abgesagt, wegen »Erschöpfung nach einer Reise« bzw. wegen »einer kurzfristig einberufenen Sitzung anlässlich des Staatsbesuchs von Präsident Amadou Toumani Touré und seines ghanaischen Amtskollegen«. Der Sohn des früheren Bürgermeisters, der den Obelisken hatte aufstellen lassen, war bis auf Weiteres unauffindbar, daher beschloss ich, zuerst das Grab des berühmtesten Urahnen aller Tourés zu besuchen.

Das aus dem Jahr 1495 stammende Grabmal Mohammed Tourés alias Askia des Großen befand sich in einem ummauerten Komplex, zu dem auch zwei Moscheen gehörten. Es war in Lehmziegelbauweise spektakuläre siebzehn Meter hoch gebaut. Die Form sah aus wie eine Mischung aus Termitenhügel und Pyramide, mit einem weißen Megafon auf dem Dach. Hunderte Stöcke ragten daraus hervor, die das Skelett des Bauwerks bildeten. Am Eingang erwarteten mich ein Führer und ein kleiner Junge.

Der Junge sollte »meine Schuhe bewachen«, und der Führer verlangte eine Riesensumme für eine Broschüre und – sich seiner Sache sehr sicher, seit das Grabmal auf der Weltkulturerbeliste der UNESCO gelandet war – für jedes Foto, das ich knipsen wollte, »ein Geschenk«. Warum? »Weil der Ertrag der Broschüre völlig dem Unterhalt des Grabmals und der Moscheen zugutekommt«, antwortete er geschäftstüchtig.

Askia Mohammed I. machte den Islam zur Staatsreligion, propagierte die Wissenschaften, gründete die Universität von Timbuktu und dehnte das Songhai-Reich zum größten Imperium der westafrikanischen Geschichte aus. Nachdem er auf *hadj*, der Pilgerreise nach Mekka, gewesen war, kehrte er mit einer Karawane von Tausenden Kamelen nach Gao zurück. Für sein Grabmal, das aus mehreren Kammern und Gängen errichtet werden sollte, brachte er aus Mekka das Holz mit. Nachdem er begraben war, wurde der Zugang versiegelt. »Das meiste Holz ist noch original«, sagte der Fremdenführer.

Die Moschee wurde noch immer genutzt, und auch das Nebengebäude für Frauen in den Wechseljahren. »Sollte dort jemals eine Frau menstruieren, wäre das gesamte Gebäude für alle Zeiten entweiht«, behauptete der Führer, während ich ihn aufschreiben sah, dass ich mein zweites Foto machte. Er begleitete mich zum Eingang des Grabmals, wo ein schmaler Zugang nach oben führte. Auf Händen und Füßen kroch ich durch einen schmalen Gang hinauf. Vom Dach aus waren die Grabplatten der anderen Askias der Dynastie zu sehen und in der Ferne der Niger und die Rosa Dünen.

Am Abend fanden einen Steinwurf von der Askia-Moschee entfernt die Miss-Gao-Wahlen statt, organisiert und übertragen vom

Staatlichen Rundfunk und Fernsehen von Mali. Jede ethnische Gruppe – Songhai, Tuareg, Fulbe, Bambara – schickte eine Kandidatin: hochgewachsene, dünne Mädchen, die meisten waren nervös und bewegten sich ungelenk. Die Veranstaltung fand auf einem Schulhof statt und zog Hunderte von Zuschauern an. Die Straße war mit Mopeds zugeparkt. Zum ersten Mal sah ich in Mali Männer und Frauen, die sich in der Öffentlichkeit berührten. Viele Mädchen und Frauen hatten ihre Kopftücher abgelegt. Das Publikum feuerte die Kandidatinnen an, schien aber vor allem die Freiheit zu genießen, die das ummauerte Gelände bot, um Kontakte zu knüpfen und sich nach landesüblichen Vorstellungen ungehörig zu kleiden.

Wegen des bevorstehenden offiziellen Besuchs der Staatsoberhäupter bemächtigte sich eine undefinierbare Nervosität der Stadt. Möglicherweise kam es nur daher, dass Hunderte angeheuert worden waren, um den herumfliegenden Müll und die Sandberge zu beseitigen. Im Hafen und entlang der ganzen Strecke, die die Präsidenten zurücklegen sollten – vom Flughafen über den Sitz der Provinzverwaltung zum Askia-Grabmal –, waren Männer und Frauen mit Schaufel und Handfeger, mit Besen und sogar mit den bloßen Händen dabei, Sand und Schmutz zusammenzukehren. La Source du Nord hatte den Auftrag erhalten, ein Gastmahl für die vornehme Gesellschaft zuzubereiten, erzählte die Inhaberin. Am Tag vor dem Staatsbesuch fuhren Lautsprecherwagen durch die Stadt, um die Bevölkerung dazu aufzurufen, sich einer der vielen Gruppen anzuschließen und gemeinsam ihrem »ATT«, Amadou Toumani Touré, und seinem ghanaischen Kollegen »frenetisch und ordentlich« zuzujubeln. Der Markt, die Geschäfte, die Schulen und die Behörden sollten geschlossen bleiben, damit jeder dabei sein konnte. Richtig sauber war es an der Protokollstrecke noch immer nicht, aber überall waren Brigaden mit Eselskarren dabei, den Müll wegzuschaffen.

Auf der Suche nach einem Nullpunkt, der in der Nähe des Flughafens liegen sollte, fuhr ich mit meinem Moped auf der Hauptstraße Richtung Südosten. Ab und zu hielt ich kurz an, um meine Lesebrille aufzusetzen, damit ich die Koordinaten auf dem Display des Navi ablesen konnte. Entlang der Strecke waren bereits Absperrbänder gespannt, und Wimpel mit Fotos der beiden Staatsoberhäupter flatterten im Wind. In einem allerletzten Versuch, den Straßenbelag vom Sand zu befreien, waren auch hier Männer und Frauen mit Besen zugange, was in den unaufhörlichen Staubwolken einer Wüstenstadt wie eine wahre Sisyphusarbeit erschien.

Der Flughafen von Gao bestand aus einer kleinen Eingangshalle und nur einer Landebahn. Vor der Tür stand kein einziges Auto, Moped oder Rad geparkt, und auf dem ganzen Flughafen war keine Menschenseele zu entdecken. Das kleine Gebäude stand auf $0° 0' 24''$ ö. L.: Ich schätzte, dass das Ende der Startbahn genau auf dem Nullmeridian liegen musste.

Ohne Termin betrat ich später das Büro des Gouverneurs, um das Programm des Staatsbesuchs zu erfragen. Ich hatte gehört, dass der ghanaische Botschafter in Mali zur Vorbereitung des Präsidentenbesuchs bereits in Gao eingetroffen war. Ohne dass ich mich groß bemühen musste, wurde mir mitgeteilt, wo er übernachten sollte. Sofort fuhr ich zu einer zum Hotel Bel-Air gehörenden Villa in Château, einem Stadtviertel, das an den siebten Distrikt angrenzt, in dem die Zelte der Ag Ogazids standen. Der Wachmann am Eingang, den ich ansprach, als ob der Botschafter mich bereits erwarte, ließ mich ohne weitere Kontrolle weitergehen. Meinem Impuls zu diesem unangekündigten Besuch lag eine Assoziationskette zugrunde: Nullmeridian = Ghana = Botschafter. Erst als ich ihn im Innenhof sitzen sah, wurde mir klar, dass ich keine Ahnung hatte, was ich ihn fragen wollte. Ich begann mit dem Grund meines Kommens: der unsichtbaren Trennlinie der beiden Hemisphären, die Gao und die ghanaischen Städte Yendi und Tema miteinander verband. »Ja, ja«, sagte er und kritzelte dabei seinen Namen, Rang und Titel für mich auf einen Papierfetzen: Seine Exzellenz Generalmajor Clayton Yaache.

Der Anlass des kurzfristigen Besuchs, den sein Präsident abstatten sollte, sei die große Zahl von Immigranten aus Gao in den ghanaischen Städten Accra und Kumasi, erzählte der Botschafter.

»Sind es hauptsächlich Songhai?«, fragte ich.

»Keine Ahnung, wie die ganzen Völker hier heißen«, antwortete er mit mattem Blick. »Leben und arbeiten Sie hier in Gao?«

»Nein, wie ich schon sagte, folge ich dem Nullmeridian von Tunstall bis Tema.«

Er hatte einen Blick, als hätte er zum wiederholten Mal festgestellt, dass der Aufenthalt in abgelegenen, dreckigen Städten den am wenigsten attraktiven Teil seiner Arbeit bildete. Herausgerissen aus seiner Villa in Bamako, saß er hier in einem Innenhof – in dem es verbrannt roch und ihm Staubwolken ins Gesicht wehten – mit einem Mann am Tisch, den er nicht recht einordnen konnte.

»Aber woher wissen Sie denn, dass ich hier bin?«, fragte er plötzlich argwöhnisch.

»Gao ist eine weiträumige, aber kleine Stadt«, antwortete ich.

In diesem Augenblick kamen zwei umfangreiche, offiziell aussehende Männer in Boubous herein, in Begleitung eines dritten, der wahrscheinlich ihr Dolmetscher war. Neue Gesprächspartner für den Botschafter, Zeit zu gehen.

In aller Frühe wurden am nächsten Morgen aus den verschiedenen Distrikten Tausende Erwachsene und Kinder in offenen Lastwagen herangekarrt, damit sie sich an der Straße vom Flugplatz bis zum Haus des Gouverneurs in Reih und Glied aufstellten. Schulklasse um Schulklasse, streng muslimische Mädchen neben Krankenschwestern oder Mitgliedern des »Mouvement pour la Consolidation de la Paix« (Bewegung für die Konsolidierung des

Friedens). Sie waren zu beiden Seiten der Straße aufgereiht, trugen T-Shirts mit den Bildern der zwei Präsidenten, winkten mit Fähnchen in den Farben Ghanas oder Malis oder hielten Transparente in die Höhe:»Mit ATT für den Frieden«,»ATT der Visionär«,»Mit ATT werden unsere Träume wahr«.

Dreißig Tuareg in grünen, blauen, orangefarbenen oder roten Gewändern, und alle mit einem schwarzen Gesichtsschleier, kamen auf Kamelen angaloppiert und stellten sich auf einem Sandfeld in Reih und Glied auf. Junge Soldaten scheuchten seit sieben Uhr morgens mithilfe von Zweigen die Menschenmenge zurück hinter die Linie, die man in den Sand gezogen hatte. Lehrer prügelten herumrennende Knaben von der Fahrbahn herunter. Daneben patrouillierten Polizisten und Soldaten mit Maschinengewehren. Nach vier Stunden Warten fuhr ein Pick-up mit zwei Soldaten auf der Ladefläche vorbei, die die Zuschauer ermahnten, am Rand stehen zu bleiben. Ihnen folgten Pick-ups mit schwerleibigen Polizisten bzw. Eliteeinheiten in Tarnanzügen und mit roten Baretts, die Maschinengewehre im Anschlag. Die beiden Staatsoberhäupter kamen ins Blickfeld: Sie standen unter einem Schutzdach aus Holz auf einer Erhöhung der offenen Ladefläche eines Geländewagens. Als sie näher kamen, war das Publikum nicht mehr im Zaum zu halten, und eine quirlende Masse jubelnder und mitrennender Menschen umringte die Kolonne, sodass mit einem Schlag alle Versuche zunichtegemacht waren, mittels Linien im Sand und Rutenschlägen Ordnung zu schaffen.

Am Abend breitete sich eine niedergeschlagene Stimmung im La Source du Nord aus. Die präsidiale Bestellung war abgesagt worden, weil die Frau des Gouverneurs doch lieber selbst kochen wollte. Der Ober schäumte:»Wenn der Staatschef in Gao ist und wir das Essen liefern, lässt er immer einen sehr gut gefüllten Umschlag für das Personal zurück. Das können wir uns jetzt an den Hut stecken.«

Am Tag nach dem Staatsbesuch hatte ich einen Termin bei Bürgermeister Ali Alassane Touré vereinbaren können, der mich in seinem Amtszimmer empfing. Er hatte ein weißes Käppchen auf, trug ein goldgelbes Gewand, sprach schwer verständliches Französisch und konnte ausführlich über irgendetwas reden, ohne allzu viel zu sagen. Während er sprach, warf ich einen Blick auf die vielen Fotos seiner Vorgänger an der Wand: reihenweise Tourés und Maïgas, einige wenige Traorés oder Diarras.

Ali Alassane Touré war in Gao aufgewachsen und gehörte schon mehr als 45 Jahre in verschiedenen Funktionen der Gemeindeverwaltung an. In diesem Zeitraum war die Stadt außer von Dürre, Sandstürmen und Choleraepidemien auch von zwei Hungersnöten heimgesucht worden, von der Ankunft Tausender Flüchtlinge und einem Bürgerkrieg. Der Bürgermeister versprach sich viel von einem neuen Wasserkraftwerk, das stromabwärts am Niger gebaut wurde. »Dann können wir unsere Felder bewässern und große Gebiete mit Strom versorgen«, sagte er. »Die Zukunft von Mali liegt in Gao. Unsere Felder werden so fruchtbar sein, dass wir Reis in weit entfernte Regionen liefern können.«

Ich brachte den Nullmeridian zur Sprache. Was wusste er über den Obelisken? »Als Hamgadoumbo Touré kurz nach der Unabhängigkeit von Mali Bürgermeister von Gao wurde, war eine seiner ersten Amtshandlungen der Beschluss, einen Kreisverkehr anzulegen und in der Mitte einen Obelisken aufzustellen, der wie eine Rakete nach oben zeigt«, sagte Ali Alassane Touré. »Ich weiß das genau, denn Hamgadoumbo Touré war mein Großvater. In dieser Zeit war ich sein Chauffeur.«

Ob der Obelisk tatsächlich als Markierung des Nullmeridians gedacht war, konnte Touré nicht mit Sicherheit sagen. »Dokumente existieren nicht mehr, aber mein Großvater war sehr intelligent. Er hat den Obelisken nicht umsonst aufstellen lassen, er hätte sich mit einem Kreisverkehr begnügen können. Bei meinem ersten Amtstermin als Bürgermeister habe ich eine rote Lichtkugel darauf anbringen lassen. Sie war auch zur Orientierung für Flugzeuge gedacht. Ich weiß, dass die Lampe kaputt ist, sie wurde noch nicht repariert, weil meine Leute Angst davor haben, auf den Obelisken zu steigen.«

Mulaye Touré, der Sohn des früheren Bürgermeisters Hamgadoumbo Touré, war inzwischen Direktor der Gadeye-B-Schule, zweiter Lehrgang. Geradeaus, bis man nicht mehr weiter kommt, hatte der Hausmeister der Schule gesagt, an der der heutige Direktor früher unterrichtet hatte. Auf einigen Teilstrecken der sehr breiten Straße war der Sand so locker, dass Mopeds darauf wegrutschten; im Zickzack schlingerte ich zwischen den schlimmsten Sandhaufen durch, passierte das Askia-Grabmal und fuhr dann weiter, bis die Straße im Strömungsgebiet des Niger als Sackgasse endete. Rechts lag die Schule.

Mulaye Touré bat einen Kollegen, kurz seine Klasse zu übernehmen, und empfing mich in einem schlichten kleinen Raum neben dem Schuleingang. Er beschrieb die Familienbeziehung zu Ali Alassane Touré ein wenig anders, als es der heutige Bürgermeister von Gao getan hatte. »Der Bürgermeister ist der Neffe meines verstorbenen Vaters, aber ich bin auch über einen anderen Zweig mit ihm verwandt: Meine Eltern waren Cousin und Cousine.«

Sein Vater Hamgadoumbo war ein überzeugter Sozialist gewesen, erzählte Mulaye. »Er war Generalsekretär der Kommunistischen Partei von Mali und kurz nach der Unabhängigkeit von Frankreich, als Mali ein sozialistischer Einparteienstaat war, Bürgermeister von Gao. Damals wurde er zu einem Besuch der Sowjetunion eingeladen und kehrte als ein anderer Mensch aus Moskau zurück. Er hatte eine Vision für Gao: Schulen, Ambulanzen, Denkmäler. Die ersten Urbanisationsprojekte von Gao sind ihm zu verdanken. Alle Straßen in der Umgebung des Obelisken enden am Fluss und haben dasselbe geografische Muster. Er ließ Tausende Niembäume pflanzen, einige davon stehen noch heute.

Ich bewundere meinen Vater für alles, was er für die Stadt getan hat.«

Der Obelisk wurde wahrscheinlich 1961 aufgestellt. Von einer Gedenktafel war Touré nichts bekannt. »Ich habe immer geglaubt, dass der Nullmeridian den Obelisken genau schneiden würde, und bin erstaunt zu hören, dass das nicht der Fall sein soll.«

Nach dem Gespräch fuhr ich zum Kreisverkehr zurück. Drei Mädchen saßen auf dem Rand der kleinen Ringmauer um den Obelisken. Das raketenartige Gebilde symbolisierte die sozialistischen Ideale des damaligen Bürgermeisters Hamgadoumbo Touré, das stand fest, aber ob tatsächlich eine Verbindung zum Nullmeridian existierte, das blieb ein gut gehütetes Geheimnis.

MALI

15° 00' n.B.

Markoye ● Bamkel 2

Gorom-Gorom
Dori

NIGER

Bani

Ouahigouya ●

Boukarou
Narbingou ● ● Koulfo
Bogandé ● ● Léoura

● Bilanga

Ouagadougou
□

Tangaye ● ● Fada N'Gourma

Koudougou ●

Dourtenga ● Ouargaye

BURKINA FASO

11° 06' n.B. ● Yargatenga

Bobo-Dioulasso ●

BENIN

TOGO

ELFENBEIN-
KÜSTE

GHANA

N
S

433 km

0   100   200   300 km

Atlantischer
Ozean

15
Opferblut schenkt Leben

Von Gao bis zur Grenze nach Burkina Faso verläuft der Nullmeridian durch ein menschenleeres Gebiet ohne Dörfer, Städte und Straßen, wobei die Wüste in die semiaride, d.h. überwiegend trockene Savannenlandschaft der Sahelzone übergeht. Der nächste Ort mit einem Nullpunkt war Markoye, ein Städtchen in Burkina Faso, das von Gao aus – ziemlich umständlich – zu erreichen sein sollte: zunächst per Schiff auf dem Niger stromabwärts bis Ansongo und dann über Tessit quer durch das unbewohnte Grenzgebiet nach Markoye.

Ich hatte ein paar Tage zuvor einen Platz auf der Pinasse von Mahamdru Manmaïza Maïga reserviert, eben dem Schiffer, der mich zum Wassernullpunkt gefahren hatte. Das Boot sollte Waren und Passagiere transportieren und morgens »zwischen sechs und sieben Uhr« losfahren. Der Hafen war noch immer verdreckt, aber nach der großen Säuberungsaktion anlässlich des Präsidentenbesuchs lag beträchtlich weniger Abfall herum als vorher. Neben dem Boot kochten Frauen auf einem Holzkohlenfeuer. Schauerleute mit Hundertkilosäcken Hirse, Reis und Zucker eilten von der Last gebeugt zwischen einer Reihe Eselskarren und einem alten Lastwagen und dem Boot hin und her. Sie schleppten die schwere Last auf ihrem unteren Rücken und stützten sie mit nach hinten gestreckten Armen. In das schmale Boot wurden auch Ziegen, Benzinkanister, Strohballen für das mitfahrende Vieh und ein riesiger Berg alter Schulbänke geladen. Die Reis- und Hirsesäcke dienten den ersten Passagieren als Sitzbänke: verschleierte

Tuareg und Songhai-Frauen in farbenprächtigen Gewändern und Umschlagtüchern.

Am Kai drängelten sich Verkäufer mit Kautabak, Streichhölzern, Gewürzzweigen, Kugelschreibern und selbst gemachten Häppchen, ein Junge verkaufte »arabische« Brote, die er auf einem Holztischchen aufgeschichtet hatte. Eine Gruppe Tuareg-Männer saß im Kreis um einen Stapel in durchsichtiges Plastik verpackter chinesischer Synthetikdecken. Sie feilschten mit großem Stimmaufwand, und die Geldscheine wechselten bündelweise den Besitzer.

Etwa zwei Kilometer entfernt verlief die Linie, von der aus die Welt ihre Stunden zählte, aber in Gao hatte Zeit ihre eigene Dynamik. Viertel vor zehn warf Kapitän Mahamdru den Motor an, gab Vollgas und stellte ihn gleich wieder ab. Um halb elf hatte das Boot noch immer nicht abgelegt, und nur die Schöpfer arbeiteten hart: Jede Pinasse hatte unter Trockenrissen zu leiden, weil die Holzwände schrumpfen, sobald das Boot in der sengenden Sonne still liegt. Ein etwa neunjähriges Mädchen wiegte leise ein weinendes Baby. Hinter ihr stand ihre Großmutter oder Tante, eine sanft wirkende Frau, und lachte über einen kleinen Jungen, der mit seiner Mütze den Säugling ärgern wollte.

Um elf Uhr gab Mahamdru das Zeichen zum Aufbruch. Der Laderaum war voll mit Frauen, Männern und Kindern, die zusammengedrängt zwischen Sorghumballen und Ziegen unter einem Schutzdach aus Holz saßen. Es ruhte auf dünnen Baumstämmen und diente beim Laufen am Außenrand des Bootsdecks als eine Art Reling: die einzige Möglichkeit, den Platz zu wechseln.

Die Mannschaft bestand aus dem Kapitän, einem älteren Mann, der für das Laden und Löschen zuständig war, zwei Männern (einer vorn und einer hinten) – jeder hatte einen langen Stock, um das Boot in Untiefen weiterzustaken –, und zwei in Wechselschicht operierenden Schöpfern, die unablässig eimerweise Wasser über Bord gossen.

Ich kletterte auf das mit Schilf und Plane bedeckte Schutzdach, wo die Luft frisch war und ich eine bessere Sicht auf den Fluss hatte, und setzte mich auf einen Reisballen, so weit wie möglich von den gelben Benzinkanistern entfernt, die in der sengenden Sonne glühten. Schon bald legten wir bei einem kleinen Dorf an, wo noch weitere Fahrgäste und Waren an Bord gehievt wurden. Diese Szene wiederholte sich mehrere Male, und nach einer Stunde des Hin- und Herfahrens in der Umgebung von Gao hatte ich den Überblick verloren. Auf meinem Navi sah ich, dass wir, ohne dass ich es bemerkt hatte, Richtung Norden fuhren; der Längengradzähler bewegte sich auf die Null zu, und das bedeutete zwei zusätzliche Nullmeridian-Passagen. Zum letzten Mal legte das Boot in einem kleinen Hafen in der Nähe der Stadt an, drehte danach wieder und nahm endlich Kurs auf Süden. Sechs Stunden später als geplant ließen wir Gao hinter uns, was wahrscheinlich bedeutete, dass wir den letzten Teil der Strecke im Dunkeln zurücklegen müssten.

Als Sonnenschutz hatte ich eine Kappe auf und einen Schal um den Kopf gewickelt, begriff aber allmählich, dass ich aus gutem Grund der einzige Fahrgast auf dem »Oberdeck« war: Ein Sonnenstich war zu befürchten. Vorsichtig ließ ich mich wieder hinuntergleiten und zwängte mich auf einem der Reisballen zwischen einen Mann und eine Frau mit einem Kind auf dem Schoß. Die meisten Kinder schliefen, zwei Babys schaukelten in einem Tuch, das an den Balken des Schutzdachs aufgehängt war. Alle waren zwischen ihren Nachbarn eingeklemmt: Die Glückspilze hatten einen Platz nicht allzu nah beim Vieh oder einem Kautabakspucker.

Nach einer halben Stunde Fahrzeit stiegen bei einem Dorf einige Frauen aus. Sie mussten bis zu den Hüften durchs Wasser waten. Am Ufer droschen ein paar Jungen mit Stöcken unbarmherzig auf einen Esel ein, der sich weigerte, einen Hundertkilosack zu tragen. Einer von ihnen schlug dem Tier mit voller Wucht in die Flanken und vorn auf den Kopf. Die meisten Fahrgäste fanden das komisch, niemand protestierte. Der Esel wurde immer härter geschlagen, aber zur großen Freude der Bootspassagiere gelang es ihm, seine Last abzuwerfen, worauf er an den Ohren weggezerrt wurde. Auch in Gao pflegten viele Eseltreiber draufloszuprügeln, die meisten Eselsrücken waren mit kahlen Stellen und Narben übersät. »Das war wirklich außergewöhnlich hart«, reagierte der Mann neben mir, »aber es sind Kinder, da passiert das eben.«

Das Boot glitt über den breiten Fluss und bot Aussicht auf Schilfgürtel und Sandhügel. Gelegentlich begegneten wir einer anderen Pinasse, Frauen wuschen an den Ufern die Wäsche. Weil ich mich unentwegt auf dem ganzen Schiff bewegt hatte, war ich inzwischen an einem schlechteren Platz im Laderaum gelandet: ganz hinten in der Ecke, wo ich kaum Beinfreiheit hatte und wo es vor Fliegen wimmelte. Die Sonne stand tief, als wir auf einem Nebenarm des Flusses ein Dorf aus quaderförmigen Lehmhütten erreichten, das nicht auf meiner Karte eingezeichnet war. Am Ufer aufgereiht warteten dutzendweise Menschen: Die meisten waren Tuareg und Fulbe mit ihren asiatisch wirkenden Spitzhüten aus Schilf.

Der Lehrer, mit dem ich mich lange unterhalten und auf dessen Bitte hin Adressen ausgetauscht hatte, ging ohne ein weiteres Wort von Bord. War das hier so üblich, oder war es wegen unseres Gesprächs über Religion? Auf seine Frage nach meinem Glauben hatte ich vielleicht ein wenig zu feurig meine atheistische Lebensphilosophie dargelegt: Nach dem Koran müssen Juden und Christen respektiert werden, aber ein *kafir*, ein Ungläubiger, gilt als unrein.

Mit Paddelbooten wurden die Fahrgäste an Land gerudert, Träger schleppten Ballen mit Hirse und Zucker zum Ufer, wo sie auf die Eselskarren verteilt wurden. Einige der Frauen stampften Kassave, andere liefen mit einer Last hin und her, eine von ihnen watete mit einer Schultafel in den Händen durch das Wasser.

Neben Kapitän Mahamdru, seinen drei Hilfskräften und den zwei Schöpfern war ich nun der einzige Passagier, der nach Ansongo weiterfuhr. Im Boot lagen noch ein paar Reisballen herum, aber alle Ziegen waren von Bord. Beim Ablegen fiel ein von der tiefen Sonne gefiltertes, nahezu farbloses Licht auf das Dorf, die Bäume und den rostbraunen Sand – wie auf dem Sepiafoto von einer Landschaft aus einer fernen Vergangenheit. Nicht lange nachdem wir wieder den Hauptstrom erreicht hatten, brach die Finsternis herein.

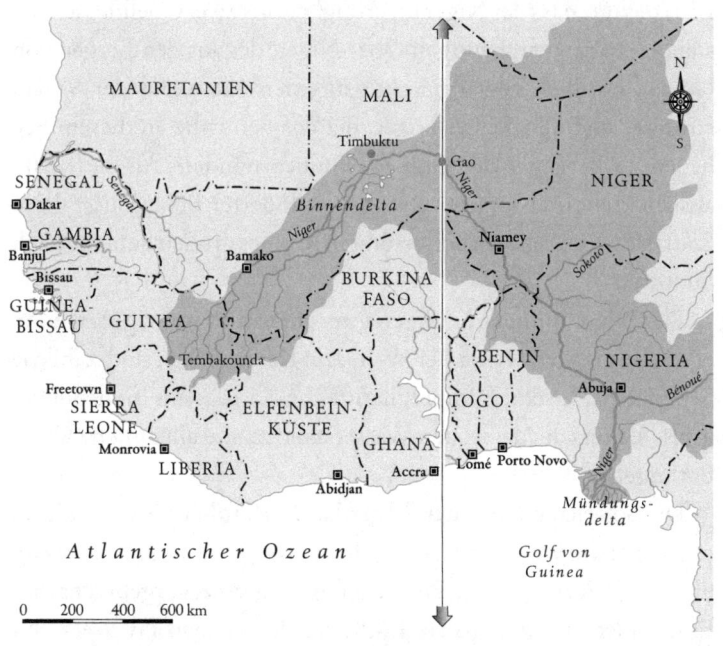

Stromgebiet des Niger

Möglicherweise gab es Afrikaner, die das Geheimnis kannten, aber für europäische Entdeckungsreisende blieb der genaue Lauf des Niger 2000 Jahre lang eines der größten Rätsel der Erde.

Schließlich fand man heraus, dass er in den Bergen von Guinea entspringt, nahe der Grenze zu Sierra Leone. Jeder andere Fluss hätte das nächste Schlupfloch nach unten gesucht, um 240 Kilometer weiter westlich das Meer zu erreichen, aber nicht so der Niger. Er strömt in genau entgegengesetzter Richtung: zuerst nach Nordosten auf die Sahara zu; dort macht er einen weiten Bogen und mündet erst nach 4184 Kilometern in den Atlantischen Ozean.

Die allgemein akzeptierte Erklärung für diesen unnatürlichen Lauf besagt, dass der Niger ursprünglich aus zwei Quellflüssen bestanden habe: dem heutigen Ober-Niger, der aus den Bergen von Guinea nördlich von Timbuktu in einen Salzsee in der Sahara strömte, und dem Unter-Niger, der aus den nahe an diesem See liegenden Bergen in den Golf von Guinea mündete. Als die Sahara austrocknete und der See verschwand, änderten beide Flüsse ihren Lauf, sie vereinten sich und strömten in einer großen Schleife nach Südosten.

Der Niger mündet in Nigeria mit mehr als zwanzig Armen in eines der größten Deltas der Welt; sein Kennzeichen sind zahllose

15° 39' n.B.
Ansongo

Seitenarme, Inseln, Sümpfe, natürliche Kanäle, ein Binnendelta, große Unterschiede bei den Wasserständen und alljährliche Überflutungen.

Die Songhai nennen den Niger *Isa Ber* (Großer Fluss), die Tuareg sagen *Gher n Gheren* (Fluss der Flüsse), was möglicherweise über das Wort *ngher* die Bezeichnung Niger hervorgebracht hat. Eine andere etymologische Erklärung findet man im Werk Ibn Battutas, eines arabischen Entdeckungsreisenden aus dem vierzehnten Jahrhundert, der den Niger irrtümlich für den Nil hielt; daher bezeichnete er den Niger als »den Nil der Neger«.

In der fast vollständigen Dunkelheit – es war neblig – hatte der Kapitän das Steuerrad einem seiner Hilfskräfte übergeben und sich ganz hinten ins Boot gesetzt, wo er mit der Taschenlampe die richtige Richtung signalisierte. Das Boot hatte keine Lichter, aber Mahamdru hatte noch nie eine Kollision erlebt. Nur einmal war er nach einer Windbö gekentert: Dabei hatten er und seine Fahrgäste die gesamte Fracht und persönliche Habe verloren, aber alle hatten überlebt.

In diesem Abschnitt des Niger beginnt der Wasserstand des Flusses ab Februar zu sinken, bis er im April seinen niedrigsten Stand erreicht. Dann bleibt der Pegel drei Monate lang auf demselben niedrigen Niveau und steigt gegen Ende des Sommers wieder an. Während der meisten Zeit des Jahres ist der Fluss unschiffbar, erzählte Mahamdru, als ich mich neben ihn gesetzt hatte. Nur mit kleinen Booten wie einer Pinasse kann man sich dann noch aufs Wasser wagen. »Der Niger ist ein höchst komplizierter Fluss, man muss ihn gut kennen, um ihn befahren zu können«, sagte er. »Ich kenne all seine Schleifen und Untiefen zwischen Timbuktu und Ansongo in- und auswendig.«

Plötzlich verringerte das Boot die Fahrt, obwohl noch nichts zu sehen war. Dann tauchten im schwachen Schein von Taschenlampen und Gaslaternen ein paar Männer auf, die darauf warteten, das Boot sicher in den Hafen zu lotsen: In Ansongo gab es keine Elektrizität. Mahamdru und seine Mannschaft wollten noch in derselben Nacht zurückfahren.

In Gao hatte ich einen niederländischen Wasserbauingenieur kennengelernt, der in Ansongo wohnte. Er selbst hielt sich gerade in der malischen Hauptstadt Bamako auf, aber seine burkinische Frau Clarice war zu Hause und holte mich ab. Wir wanderten durch die dunkle Stadt zu ihrem Haus, das an der Hauptstraße lag und mit dem Rathaus und dem Sanitätsposten das einzige Gebäude in Ansongo war, das Strom hatte, der von einem Aggregat erzeugt wurde. Elf andere Häuser zapften Strom aus ihrem Haus ab, und alle Steckdosen waren mit Aufladegeräten von Telefonen belegt.

Am nächsten Tag war Markt in Ansongo, und nachdem ich eine Weile in der Hitze herumgewandert war, fand ich an den Altwassern des Niger ein ruhiges Plätzchen. Bisher hatte ich keinen Schritt tun können, ohne angesprochen zu werden, aber hier wurde ich in Ruhe gelassen. Meine Knöchel juckten, und ich sah, dass sie ganz zerstochen waren. Ich lauschte dem Kabbeln des Wassers und betrachtete die kleinen Boote, die halb an Land gezogen dalagen. Frauen, die ihre Töpfe wuschen, und Kinder, die im Fluss spielten. Etwas versteckt zwischen den Booten wohnten drei Familien in Schilfhütten. Männer konnte ich nicht entdecken, aber ich hörte, dass in einem nahen Wäldchen mit Holz gearbeitet wurde. Eine Frau trug einen kleinen nackten Jungen mit Kugelbauch von einem Kanu aus ans Ufer. Ein frei laufender Esel stillte seinen Durst im Fluss. Die in Nebel gehüllte Sonne hing über dem spiegelglatten Wasser und den Reisfeldern auf den kleinen Inseln; zwei Enten schwammen langsam vorbei. Plötzlich kam ein Junge angerannt, der mit einem Stock einer Ente den Weg abschnitt und sie zur Seite scheuchte. Dort packte er das wild schnatternde Tier bei den Flügeln und lief damit zu den Hütten, den Stock auf der Schulter.

Nach Sonnenuntergang rollten überall Männer ihre Matten aus, um das Maghrib zu sprechen, das Gebet »zwischen Sonnenuntergang und dem Verschwinden der roten Dämmerung vom Himmel«. Um die Hütten herum sah man Taschenlampen aufblitzen. Als ich in der Dunkelheit wieder zurückwanderte, waren zwischen den Bäumen die Umrisse kauernder oder betender Männer 15° 13' n.B. zu erkennen. Clarice hatte mir erzählt, dass immer am Tag nach Tessit dem Markt ein Pick-up nach Tessit fahre. Von dort aus wollte ich versuchen, mich zu der Stadt Markoye in Burkina Faso durchzuschlagen, dem nächsten bewohnten Ort, der vom Nullmeridian geschnitten wurde. Auf meiner Karte sah der nächste Streckenabschnitt – von Tessit nach Markoye – sehr viel komplizierter aus: eine Fahrt entlang der »unmarkierten internationalen Grenzen«

von Mali, Niger und Burkina Faso durch einen unbesiedelten Teil des südlichen Sahel, wo es keinerlei Straßen gab.

Der rostige, zerbeulte gelbe Toyota, in dem ich für den folgenden Morgen einen Kabinenplatz gebucht hatte, fuhr von Anfang an auf einer Piste, die in keiner meiner Karten verzeichnet war. Ich saß eingeklemmt zwischen dem Fahrer und einem älteren Mann – grüner Boubou, weißer Turban, goldene Armbanduhr. »Hamadou Abdulaï Touré, Dorfvorsteher von Badji«, stellte er sich vor. Er hatte ein tradiertes Amt inne und war nicht gewählt, sondern vom Staat ernannt worden; sein Vorgänger war mit 43 Jahren gestorben. Zwischen uns stand ein Plastikkanister Benzin, der mit einem dünnen Schlauch durch ein Loch unter dem Armaturenbrett mit dem Motor verbunden war. Die Reisenden mit Pritschenplätzen saßen auf Reisballen unter der Käfigkonstruktion, auf der das Reserverad befestigt war; über der Kabine hatte man ein Eisengestell für das Gepäck angebracht. Im Auto herrschte eine mörderische Hitze, weil sich die Heizung nicht abstellen ließ, außerdem roch es nach Benzin. Bei jedem Schalten musste der Fahrer zuerst mein Bein beiseiteschubsen. Schließlich hielten wir am Ufer des Niger. Nach einer Ausweiskontrolle durch die Gendarmerie – ein paar junge Männer unter einem Schilfdach zwischen den Sträuchern – gelangten wir auf einer alten französischen Fähre ans andere Ufer.

Unerwartet schnell, nämlich schon kurz vor Mittag, waren wir in dem dreißig Kilometer vom Nullmeridian entfernten Tessit. Auf einem Sandplatz stiegen wir neben verlassenen Marktständen aus. Der Fahrer meinte, es gebe einen Anschlusstransport nach Markoye, aber der ortsansässige, für den Empfang von Gästen verantwortliche Dorfführer sagte: »Sie bleiben heute Nacht hier, Sie schlafen beim Fahrer.«

Inzwischen war der Pick-up mit meinem Gepäck weggefahren, danach verschwand auch der Führer. Vor den Geschäften lagen

Männer auf Matten und schliefen. Ich setzte mich in den Sand, an die Mauer eines Ladens gelehnt, der Boubous, Kopftücher und Tagelmusts verkaufte. Der Dorfvorsteher von Badji nahm auf einem Gartenstuhl Platz. Meine von der Heizung im Pick-up angeschwollenen Füße drückten in den Sportschuhen, aber an die Sandalen konnte ich nicht dran, die steckten im Rucksack. Ein schielender Junge kam auf mich zu und erklärte, am nächsten Morgen sei Markt. Später, nach Einbruch der Dunkelheit, würde ein Lastwagen mit Markthändlern nach Markoye fahren: achtzig Kilometer durch das Grenzgebiet.

Nach einer Stunde Warten verschlang ich einen Kanten Brot und die letzten Datteln aus der Schachtel des algerischen Geheimdienstes. Danach holte mich ein Junge ab und brachte mich zur Hütte des Dorfführers, wo bereits mein Rucksack auf mich wartete und wo ich nachts in Gesellschaft des Fahrers auf einer der Matten schlafen sollte. Ich ging zurück zum Dorfplatz; dort sprach mich ein Mann an und sagte:»Jeder Mensch muss schlafen. Folgen Sie mir.« Er zeigte auf das Schutzdach eines verwahrlosten, leer stehenden Gebäudes gegenüber, das man über eine Außentreppe betreten konnte. Es stank nach Exkrementen, aber ich fand es angenehm, einen Moment allein zu sein, und schlief an eine Wand gelehnt ein. Später nahm ich auf einem der Gartenstühle vor dem Laden eines Arabisch sprechenden Mauren Platz; die beiden Männer auf den Stühlen neben mir kauten auf Schafsknochen. Nach Sonnenuntergang waren weder der Fahrer noch der Junge, der mich zu ihm gebracht hatte, aufgetaucht. Ich wusste ungefähr, wo die Hütte des Chauffeurs liegen musste, aber in der Dunkelheit gelang es mir nicht, wieder dorthin zurückzufinden.

Also kehrte ich zum Dorfplatz zurück. Dort wurde ich von dem Ladenbesitzer und einigen anderen maurischen Männern mehr oder weniger gekapert, unter ihnen ein Imam in blauem Kaftan. Vor nicht allzu langer Zeit hatte von Tessit kaum etwas existiert, erzählte er. Es sei ein isoliertes Dorf gewesen, ohne Mobilfunkmast oder Elektrizität, aber es lag in der Nähe des Dreiländerecks. Eine Gruppe Mauren vom anderen Flussufer hatte die Möglichkeiten dieser strategischen Lage erkannt. »Sie haben den Markt aufgezogen und Geschäfte eröffnet«, berichtete der Imam. »Einige sind hierhergezogen, andere wohnen noch drüben. Sie treiben auch mit den Nachbarländern Handel: Schafe, Ziegen und Esel von Mali nach Niger im Tausch gegen Zucker und Hirse.« Wir liefen kreuz und quer durch das Dorf, entfernten uns immer weiter von der Hütte mit meinem Rucksack, bis wir zu einem ummauerten sandigen Innenhof kamen, der von einigen Lehmhäusern umgeben war. Hier wohnte der Clan meines neuen Gastgebers Hamadou, dem Imam zufolge »der reichste Mann von Tessit«. Der Stoffhändler und Transporteur war ein wettergegerbter Maure mit braunschwarzer Haut, einer langen, spitzen Nase, durchdringenden braunen Augen und einem grau werdenden Bärtchen, das sich zum großen Teil unter seinem dunkelvioletten Tagelmust verbarg.

Ich bekam eine Schüssel mit Hirse und Schaffleisch. »Wir nehmen Gäste nicht wegen des Geldes auf, sondern allein wegen Gott«, sagte Hamadou. Aber er wollte doch gern meine »vollständige Adresse und Telefonnummer«. Nach dem Essen fielen die Männer zum letzten Gebet auf die Knie und streckten sich anschließend auf Matten aus, die in einem großen Kreis ausgelegt waren. Ich lag vollständig bekleidet auf einem Feldbett unter einer Synthetikdecke, doch mir wurde kalt in dem Hof, und ich suchte Zuflucht »im ersten Salon«, dem Vorraum einer der Hütten. Als ich um sieben Uhr erwachte, war das Gelände völlig menschenleer. Ohne mich waschen zu können, eilte ich ins Stadtzentrum, wo das Marktgeschehen bereits voll im Gange war. Ich stieß auf den Dorfführer, der mir die Hütte gezeigt hatte, in der ich zuerst hatte übernachten sollen. Er hatte angeblich extra für mich zwei Hühner geschlachtet und mich vergeblich gesucht.

Im Laufe des Morgens trafen zwei altersschwache Lastwagen aus Burkina Faso ein, die später wieder zurückfahren sollten. Ich buchte einen – verhältnismäßig teuren – Kabinenplatz bei Hamadou, der sich als Eigentümer eines der Lastwagen herausstellte; sein Cousin war als Beifahrer vorgesehen.

Tessit liegt an einem großen Gewässer mit zahllosen Seitenarmen, das nicht direkt mit dem Niger verbunden ist und zum großen Teil aus in regelmäßigen Abständen überschwemmtem Land besteht. An den Ufern wurden Dutzende Esel verkauft, auch Kamele waren im Angebot. Die Songhai, Mauren und mit Schwertern bewaffneten Tuareg verkauften Kleidung, Lebensmittel und Fleisch unter Schutzdächern aus Beton. Im Schatten saßen Männer im Sand und machten wieder andere Geschäfte. Fulbe-Frauen in reich bestickten Stoffen und üppigem Schmuck verkauften Chili, Gewürze und kleine Kuchen. Vor Hamadous Laden bot die Ehefrau des Dorfführers *foufou* und kleine Früchte feil. Sie war eine schöne, fröhliche Frau in einem bunten Gewand, die ein schwarzes Tuch fast wie ein Barett um den Kopf geknüpft hatte; in ihren Augen las ich Melancholie. Die Geschäfte gingen schlecht, sagte sie in dem bisschen Französisch, das sie konnte. »Es sind viele Leute da, aber sie haben kein Geld. In letzter Zeit machen die Zöllner aus Mali Razzien und verlangen von den Händlern aus Burkina Faso Geld. Das ist nicht gut für den Markt.«

Ich fragte nach ihrem Familienstand und ihrem Alter, das sie nicht wusste. Aber wie alt sie denn ungefähr sei, beharrte ich. Zwanzig, dreißig, vierzig? »Ich habe keine Ahnung«, antwortete sie. »So etwas musst du meinen Mann fragen.«

In Hamadous spartanischem MAN-Lastwagen nahm ich zwischen zwei anderen Männern neben dem Fahrer Platz, so gut das auf der schmalen Vorderbank eben möglich war. Ich war froh über meinen Kabinenplatz, auf der offenen Ladefläche hinter mir mussten sich viele Dutzende andere Fahrgäste zwischen den Hundertkiloballen und den Schafen ein Plätzchen suchen. Um neun Uhr abends brachen die beiden Lastwagen auf. Die ausrangierten algerischen Militärtrucks hatte man, wie der Fahrer erzählte, so umgebaut, dass sie »mit fünfzehn Tonnen Ladung eine Sanddüne hochfahren« konnten.

Es war stockfinster, mitunter fuhren wir kurz auf einer von Schlaglöchern durchsetzten Piste, aber meistens manövrierte der Fahrer den Lkw auf gut Glück zwischen den Senken, Felsen und Sträuchern durch. Ein paarmal blieben wir im Gestrüpp stecken, und der Fahrer musste lange suchen, um im Dunkeln wieder herauszufinden. Weil sich die rechte Vordertür nicht mehr schließen ließ, musste der rechts sitzende Mitfahrer sie festhalten. Auf meinem Platz zwischen den beiden anderen Passagieren ließ es sich ziemlich gut aushalten, trotz des braunen Qualms aus dem hochgezogenen Auspuffrohr vorn am Auto, der wegen der fehlenden Fensterscheiben hereinzog.

Als wir uns einem halb ausgetrockneten Fluss näherten, gab der Fahrer Vollgas. Es gelang ihm zwar, durch das Wasser das andere Ufer zu erreichen, nicht aber, die Böschung hinaufzukommen: Die Räder drehten durch, und der hintere Teil des Trucks versank schnell und immer tiefer im Schlamm. Ein Dutzend Fahrgäste versuchten vergeblich, den Wagen aus dem Wasser zu schieben, und als der Fahrer es erneut mit dem Motor probierte, gruben sich die Räder noch tiefer ein. Nach einer Weile kam der zweite Lastwagen, dessen Fahrer den Fluss an einer anderen Stelle überquert hatte. Er bot an, nach Tessit zurückzufahren, um Hilfe zu holen.

Es war kalt, und es dauerte nicht lange, bis die ersten Feuer entzündet wurden. Jetzt ging mir auf, wie schlecht ich mich vorbereitet hatte: Ich hatte nur eine halb volle Wasserflasche bei mir, meine Jacke und die letzten vier Zigaretten lagen im Truck, der inzwischen schon fast einen Meter abgesackt und unerreichbar geworden war. »Hier irgendwo habe ich schon einmal eine Woche lang mit einer Panne gestanden«, sagte einer der Fahrgäste. »Wir wurden dann von vorbeiziehenden Kameltreibern gerettet. So schlimm wird es diesmal nicht werden. Der andere Lastwagen kommt bestimmt zurück, und wenn es nicht gelingt, unseren Lkw wieder in Gang zu bringen, fahren wir notfalls auf dem anderen mit hundert Mann auf der Ladefläche weiter.«

Nach einer Stunde kehrte der Lkw-Fahrer aus Tessit zurück mit nichts weiter als einem Baumstamm und zwei dünnen Seilen. Damit versuchte man, den gestrandeten Lastwagen herauszuziehen, was aber misslang, weil die Seile rissen. Zwei Männer bearbeiteten darauf den Baumstamm mit ihren Messern, sodass er direkt unter den Stoßstangen der beiden Lastwagen befestigt werden konnte. Einige Fahrgäste, von denen die meisten inzwischen schon schlammverschmiert waren, legten Steine und Holz unter die Räder des versinkenden Wagens. Dann begannen bestimmt dreißig Mann mitten im Fluss stehend zu schieben, während der Fahrer des vorderen Lkws Vollgas gab. Dreimal ging es daneben, aber nach dem vierten Versuch erklang ein Jauchzen in der verlassenen Sahelebene: Der Lastwagen war frei. Niemand löschte beim Aufbruch die Feuer. »Sand brennt nicht.«

Inzwischen war es ein Uhr nachts. Im Licht eines einzigen Scheinwerfers – der andere war beim Befestigen des Baumstamms draufgegangen – fuhren wir weiter in der Spur und in den Staubwolken des vorderen Lastwagens. Ein platter Reifen erzwang eine weitere Unterbrechung. Ich war inzwischen freundlich aufgefordert worden, mich direkt neben den Fahrer zu setzen, und mir wurde schnell klar, warum. Eine glühend heiße Konsole ragte so weit hervor, dass ich meinen linken Fuß abwechselnd gegen die Vorderscheibe pressen oder auf den Schoß ziehen musste. Mein rechtes Bein wiederum hatte ich zwischen die Beine meiner Nebenleute zwängen müssen. Jetzt verstand ich auch, warum derjenige, der zuerst auf meinem Platz gesessen hatte, mich ständig so grob weggestoßen hatte. Ich tat nun dasselbe, damit mein rechtes Bein nicht abgeklemmt wurde. Ich hatte nur sehr wenig Spielraum, weil der Fahrer sonst nicht richtig schalten konnte. Also umarmte ich Halt suchend meinen rechten Nachbarn.

Um zehn nach zwei trafen wir in Burkina Faso ein, der Fahrer deutete auf einen Grenzpfahl, den das Licht des einen Scheinwerfers traf. Dass wir die Grenze überschritten, bewies auch das Empfangssignal des Mobiltelefons meines Nachbarn: Burkina Faso hatte ein besser ausgebautes Mobilfunknetz als Mali, und zum ersten Mal seit Ansongo hatten wir wieder Empfang. Grenzposten oder Zollstellen gab es nicht in dieser rauen Zone, und die Grenze war an vielen Stellen nie offiziell festgelegt worden. Zwischen Burkina Faso und Mali hatte es schon zweimal einen Grenzkrieg 14° 38' n.B.
Markoye gegeben, und auch mit Niger flammten von Zeit zu Zeit Grenzkonflikte auf. Eine völlig andere Ursache hatte der ausgebrannte Lastwagen, an dem wir vorüberkamen. »Er war mit aus Togo geschmuggelten Zigaretten auf dem Weg nach Algerien«, sagte mein Nachbar. »Aber die eine arabische Bande hat die andere überfallen und den Truck samt Ladung in Brand gesteckt.«

Um vier Uhr nachts trafen wir in dem auf dem Nullmeridian liegenden Markoye ein. Im Dunkeln zwangen der Fahrer und seine Helfer ihre Fahrgäste, so schnell wie möglich von der Ladefläche zu springen, denn sie hatten es eilig. Ich dagegen musste in den Laderaum klettern, gegen den Strom, und als es mir gelungen war, stellte sich heraus, dass mein Rucksack mit bestimmt zehn Seilen am Geländer festgebunden war. Ich konnte nicht recht an ihn herankommen und sah nichts.

»Los. Beeil dich!«, rief einer der Helfer.

»Ich lasse mich nicht kommandieren«, antwortete ich mit mehr Stimmaufwand, als ich von mir erwartet hätte. Eigentlich rief ich nicht, ich brüllte. Einer der Mitpassagiere eilte mir zu Hilfe, und ihm gelang es, den Rucksack loszubinden; ich sprang aus anderthalb Metern Höhe in den Sand.

Als der Lkw wegfuhr und die Dunkelheit jeden verschluckt hatte, blieb ich mit einem Burkiner und einem wohlbeleibten Ivorer zurück, die beide die Fahrt auf der Ladefläche überstanden hatten. Ein Mann, der sich als Ablo Maura, alias Blokis, vorstellte, hatte eine Unterkunft für uns. Ob wir ihm folgen wollten.

Zu dritt schliefen wir nebeneinander auf Matten in der Hütte, die der unseres Gastgebers gegenüberlag. Als ich am Morgen den Kopf hinausstreckte, sah ich lockeren Sand, Hütten und viele Bäume. Das Waschhaus am Ende der Straße, das man mir zuwies, wirkte relativ sauber, erwies sich aber während der Nutzung als Nachbarschaftsurinoir.

In Blokis' Hütte wurde ich seinem »Bruder« vorgestellt, dem *grand-frère* seines *grand-frère*. Mein ivorischer Hüttengenosse Abou war ebenfalls da, er wirkte erschöpft. »Die Fahrt war die Hölle, die Situation auf der Ladefläche katastrophal«, sagte er. »Mit siebzig Mann und zehn pissenden und kackenden Schafen saßen wir zusammengepfercht. Es war kalt, und bei jedem Schlagloch schleuderte es uns auf unsere Nebenleute.« In der Regenzeit sei kein Verkehr durch das Grenzgebiet möglich, erzählte Blokis. »Dann kommen die Leute mit Eseln oder Kamelen, oder zu Fuß.«

Ich hatte den Ivorer schon einmal in Tessit getroffen, wo er Hunderte von Fotos aufgenommen hatte, wie er erzählte, für ein Fotobuch über Christentum und Islam in Afrika. Von Haus aus war er Antiquitätenhändler und Kaufmann. Er war ein zum Christentum bekehrter Muslim, der jedes Thema mit Gott und den entsprechenden Normen und Werten in Verbindung brachte. Auf mein Päckchen Zigaretten zeigend, sagte er: »Produziert in Kapstadt. Und wer wohnt dort? Weiße. Deshalb gibt es dort Homoehen, AIDS und Scheidungen. Alles eine Auswirkung westlicher Dekadenz.«

In Markoye gab es weder Hotel noch Herberge, aber es gab die Möglichkeit, in einem Jagdklub zwanzig Kilometer vor der Stadt zu übernachten. Der *grand-frère* des *grand-frère* von Blokis öffnete seine Tasche und zeigte seine Urkunde als »bester Jagdführer des Jahres«. Er hatte auch eine Medaille des Jagdklubs um den Hals hängen. »Die trage ich immer. Darauf bin ich stolz.« Dann folgte das Fotoalbum: lauter alte weiße Männer und tote Tiere. »Die weißen Jäger, vor allem die Franzosen, aber auch Deutsche und Spanier, kommen mit ihren Frauen hierher oder mit Huren, die sie aus Ouagadougou oder Gambia mitbringen«, sagte Blokis, der ebenfalls hier arbeitete: Jedes Wochenende begleitete er bis zwei Uhr nachts als Drummer in traditionellem Gewand eine Gruppe von acht Tänzerinnen. »Die Jäger sind oft alte Männer und ehemalige Militärs. Sie machen Fotos von uns, und manchmal tanzen sie auch mit, aber das ist mir alles egal, es ist einfach mein Job.« Über die Jagd dachte er wesentlich kritischer. »Sie schießen aus den Autos, und das ist verboten. Oder sie jagen geschützte Tierarten. Manchmal kommen Araber zur Falkenjagd, das ist auch illegal.«

Ich sah es vor mir, wie die weißen Jäger am Abend halb betrunken auf ihren Stühlen hingen, ein Glas Whisky in der Hand und eine Hure auf dem Knie, die Todesangst einer sterbenden Antilope noch vor Augen. »Wenn es geht, schlafe ich gern weiter in der Hütte gegenüber«, sagte ich.

Ich ging zu der Kaffeebude jenseits des Busbahnhofs, um etwas zu trinken. Unter dem dichten Laubdach einiger großer Bäume voller Drosseln und Webervögel stand ein Dutzend Holzbänke ohne Lehne. Der Inhaber Abdelaziz servierte Pulverkaffee mit einem Stück Weißbrot. Mit einem Knall stellte er zuerst ein leeres Glas auf den Tresen, was einen Fliegenschwarm aufscheuchte. Er war ein freundlicher Mann mit Spitzbart und vorstehenden Zähnen. Ihm halfen seine elf beziehungsweise neun Jahre alten Söhne. »Später können sie das Geschäft übernehmen oder sich selbstständig machen«, sagte er. Abdelaziz' fünf Söhne und die Tochter gingen sonntags zur Koranschule, besuchten aber keinen weiteren

Unterricht. »Es ist besser, wenn die Jungen so früh wie möglich einen Beruf lernen«, fand er.

Das kleine Thermometer an meinem Rucksack zeigte 37 Grad Celsius im Schatten, in der prallen Sonne war es nicht auszuhalten. Ich hatte noch immer einen lästigen Wüstenhusten: Der tief in mein Gepäck, die Kleider, die Ohren, Nasenlöcher und offenbar auch in die Lunge eingedrungene Sand wollte sich einfach nicht abhusten lassen.

Der Nullmeridian verlief durch die Außengebiete von Markoye, wo ich noch nicht gewesen war, ungefähr neun Kilometer vom Zentrum entfernt. Mein nächstes Reiseziel war Dori, eine Sahel-Stadt auf dem Nullmeridian mit dreimal so vielen Einwohnern wie Markoye. Erst nach Süden zu reisen und dann wieder zurück nach Markoye, war gegen meine Regeln, aber ein unbändiges Verlangen nach fließendem Wasser gewann plötzlich in mir die Oberhand. Über seinen Neffen aus der Hauptstadt Ouagadougou, der wiederum Kontakte nach Amsterdam hatte, hatte ich die Telefonnummer von Oumarou Dicko bekommen, der in Dori wohnte. Ich rief ihn an und fragte, welche Übernachtungsmöglichkeiten es dort gebe. Gerade sei ein neues Hotel eröffnet worden, wusste er zu berichten. »Mit Duschen?«, fragte ich. »Selbstverständlich«, antwortete er. »Mit Duschen.« Er bot an, mich abzuholen.

Am nächsten Tag erschien drei Stunden später als angekündigt ein etwa sechzigjähriger bebrillter Mann auf einem Moped, Baujahr 1960. Oumarou Dicko trug einen weißen Turban und einen grünen Boubou und darüber einen langen grauen Dufflecoat. Wir banden meinen Rucksack auf den Gepäckträger, ich setzte mich auf den Soziussitz und umschlang mit den Armen Oumarous Taille. »Es ist nicht weit«, sagte er. »Ungefähr achtzig Kilometer.«

Außerhalb von Markoye begann eine lange, gerade Straße voller Schlaglöcher und Split, aber Oumarou war ein guter Fahrer. Um den Unebenheiten in der Straßenmitte auszuweichen, wählte er immer die weniger beschädigte Straßenseite, abwechselnd ganz rechts oder ganz links. Ich musste mich in Acht nehmen vor überhängenden Zweigen der Wüstensträucher, die sich mit scharfen Stacheln gegen feindliche Mächte verteidigten. Auf dieser Straße begegnete uns so gut wie kein Auto, aber wir überholten regelmäßig Radfahrer, kleine Mopeds, Eselskarren und Fußgänger. Meine Augen schwollen vom Staub zu, aber der frische Luftzug tat gut. Nach etwa dreißig Kilometern hielt Oumarou an. »C'est fini«, sagte er. »Von hier an wurde alles von den Überflutungen im letzten Jahr weggeschwemmt.« Die nächsten fünfzehn Kilometer manövrierte Oumarou sein Moped behutsam durch eine wüste Landschaft aus Spurrinnen, Löchern und Schlammhaufen, bisweilen mussten wir ein Stück schieben. Ich schnäuzte mir die Nase, und mein Taschentuch färbte sich rotbraun. Jedes Angebot, einen Schluck zu trinken, lehnte Oumarou resolut ab, er trank lieber in einem Zug einen ganzen Liter. Wir kamen durch einige Fulbe-Dörfer, wie überall in Burkina Faso mit neuen, uniformen Ortsschildern versehen. Bei Einbruch der Dunkelheit erreichten wir Dori. Sofort fiel der Unterschied zu Gao auf: modernere Geschäfte, mehr Straßenbeleuchtung, Mopeds und westliche Kleidung. Der, wie er sagte, erschöpfte Oumarou setzte mich am Hotel ab und brach gleich wieder auf, um noch rechtzeitig zum Abendgebet in der Moschee zu sein.

Mein Zimmer im Hotel Liptako de Dori verfügte über eine gut funktionierende, geräuscharme Klimaanlage und, wie Dicko es versprochen hatte, über eine Dusche mit warmem Wasser. Auf der Stelle zog ich meine schmutzigen Kleider aus. Ich ließ eine Sandspur hinter mir und drehte den Wasserhahn auf. Warm! Auf meinem Körper entdeckte ich ein paar Abschürfungen, ein Souvenir von der Lastwagenfahrt von Tessit nach Markoye. Fast jauchzend stand ich unter der Dusche: die erste seit mehr als einem Monat.

Es klopfte an der Tür. Ich kümmerte mich nicht darum. Bis es

14° 02' n. B.
Dori

277

wieder klopfte, diesmal lauter und länger. Der Ablauf funktionierte nicht richtig, aber die kleine Wasserlache auf dem Boden war noch nicht alarmierend hoch. Ich drehte den Hahn zu und sah erst jetzt, dass das Badezimmer keine Schwelle hatte – auch das Schlafzimmer stand unter Wasser. Ich warf den nassen Rucksack aufs Bett, sprang in meine Kleider und entdeckte, dass auch der benachbarte Balkon überschwemmt war. Das Wasser lief unter der Balustrade durch und strömte an der Vorderfront entlang auf die Straße. Dort standen inzwischen schon einige Zuschauer und zeigten nach oben. Später kamen zwei Männer in Boubous, um alles aufzuwischen; einer von ihnen steckte den Arm in den Abfluss und erklärte ihn damit für repariert.

Oumarou Dicko war Vater von acht Kindern, darunter zwei Zwillingspaare. Allesamt von einer einzigen Frau. »Ich bin ein Intellektueller, deshalb«, lautete seine Erklärung. »Unsere Lebensweise ist stark von der arabischen Kultur und dem Islam beeinflusst. Viele Leute in Dori leben polygam. Man kann vor dem Bürgermeister eine zweite oder dritte Frau heiraten, allerdings muss die erste Frau damit einverstanden sein.«

Dicko hatte sein Leben lang als Aufseher in einer Goldmine in der Nachbarschaft gearbeitet, wurde jedoch entlassen, als das Unternehmen in andere Hände überging. Heute arbeitete er ehrenamtlich bei einer Stiftung, die Mikrokredite vermittelte. Er hatte das Gymnasium in Ouagadougou abgeschlossen, danach aber sofort zu arbeiten angefangen. »Ich bin geworden, der ich bin, weil ich immer viel gelesen habe«, sagte Dicko. In einer Kultur, deren Charakteristikum die Abwesenheit von Intimsphäre ist, hatte er die Angewohnheit entwickelt, sich, wann immer möglich, »unter einen Baum vor der Stadt« zurückzuziehen, um in aller Ruhe »meinen Victor Hugo« lesen zu können. Oumarou war nach eigener Aussage königlicher Abstammung. Sein Clan war in zwei Zweige geteilt: die Dickos am Tümpel und die Dickos an der

Hauptstraße, an deren Spitze sein Großneffe Boubakar stand. Dieser Boubakar sei ein Volkswirt und ein »einflussreicher Mann«, den ich unbedingt kennenlernen müsse.

Noch am selben Nachmittag brachte Boubakar Dicko mich mit dem Motorrad zu seinem ummauerten Anwesen an der Hauptstraße. Wir ließen uns im »Vestibule« nieder, einem kleinen, offenen Platz, der den vorderen Teil des Anwesens von den Hütten und Häuschen an der hinteren Seite trennte; Ziegen liefen herum, und es wimmelte nur so von Fliegen. Der 37-jährige Volkswirt war verheiratet, hatte ein einziges Kind und war im Staatsdienst, wo er sich, genau wie sein Großneffe, mit der Vergabe von Mikrokrediten beschäftigte. »Ich habe mich nach meinem Studium in Ouagadougou entschieden, nach Dori zurückzukehren und mein Wissen mit den Menschen hier zu teilen, ihnen zu zeigen, dass man etwas erreichen kann. Ich ermuntere sie, nicht vom Staat abhängig zu sein, und bringe ihnen bei, sich selbst fortzubilden. So können wir unser Land voranbringen.«

Sein akademischer Titel und die staatliche Funktion brachten Verpflichtungen mit sich. »Ich habe Verantwortung für eine große Gruppe von Menschen«, sagte er, während sich seine junge Frau zu uns setzte. Ihr kleiner Sohn, den sie auf dem Arm trug, sah mich kurz an, grapschte danach routiniert die linke Brust seiner Mutter aus dem Gewand und legte seinen Mund an die Brustwarze.

Auf dem Anwesen wohnte Boubakar Dicko mit seinen Müttern (den beiden Frauen seines verstorbenen Vaters), drei Onkeln, deren Frauen und ihren insgesamt zwölf Kindern. Nach einigem Herumgerechne stellten Boubakar und seine Frau fest, dass es insgesamt 34 Bewohner waren. »Für 27 von ihnen bin ich direkt verantwortlich«, sagte Boubakar. Ein Onkel arbeitete als Zimmermann, einer als Schneider, die Großmütter hüteten noch ein bisschen Vieh. Boubakar besaß drei Felder, auf denen er Hirse anbaute. »In einer guten Saison kann ich vierzig Säcke ernten. Einen

Großteil davon verwenden wir für uns, was dann noch übrig bleibt, verkaufe ich, um Reis einzukaufen.«

Boubakar, der selbst aus einer Familie mit zwölf Kindern stammte, wohnte mit Frau und Kind in einem Häuschen, das aus zwei Räumen bestand. »Wir haben nicht mehr im traditionellen Fulbe-Stil gebaut, sondern Aluwellblech verwendet. Nur für das Dach nicht, das würde sonst viel zu heiß. Die alten Leute schlafen für sich und die Ehepaare ebenfalls. Sobald die Kinder sieben Jahre alt sind, ziehen sie in die Jungen- bzw. in die Mädchenhütte um. Wir essen alle zusammen. Das fördert die sozialen Beziehungen, und keiner bleibt dem anderen gegenüber gleichgültig. Ich wäre ab und zu gern allein, aber ich habe keine Wahl, das ist unser Leben.« Er erwies sich als heftiger Gegner von Klitorisbeschneidungen. »Meine Mütter und meine Schwestern sind beschnitten. In diesem Landesteil trifft das auf so gut wie alle Frauen über vierzig zu. Es steht nirgendwo im Koran, aber es hat sich in die Tradition eingeschlichen.« Er rief seine Nichte Adiatou Dicko herbei. Sie war Mitglied einer Frauenorganisation, die die Dörfer besuchte, um über AIDS und Frauenbeschneidung aufzuklären. »Es ist kein Tabu mehr, über diese Themen zu sprechen«, sagte sie. »Viele Frauen können nicht sagen, warum sie ihre Töchter beschneiden lassen. Auch die Männer sind heutzutage meist dagegen. Es ist strafbar, niemand ist dafür, und trotzdem passiert es noch dauernd, allein, weil die Tradition es so verlangt.«

Am Ende des Tages fand in Dori ein großes Begräbnis statt. Tausende waren gekommen. In einer langen Prozession liefen sie auf der Hauptstraße zu einem Platz, wo Klappstühle aufgereiht standen. Viele waren in weiße Gewänder gekleidet, auf dem Kopf trugen sie einen Turban, einen Tagelmust oder einen spitzen Schilfhut. Für die Militärs, Polizisten, Geistlichen und Politiker – ausschließlich Männer – gab es Sitzplätze unter einem Schutzdach, die übrigen Versammelten saßen oder standen in der grellen

Sonne. Als die allerhöchsten Autoritätspersonen – der Gouverneur des Sahel und der Energieminister – den Platz betraten, erhoben sich alle Anwesenden. Die Männer schüttelten sich die Hand oder tippten kurz rechts und links ihre Schläfen aneinander. Die meisten Frauen standen getrennt von den Männern an der Hauptstraße aufgereiht, einige betend in Gruppen zusammen. Für das Seelenheil des Verstorbenen wurden ein Stier und ein paar Schafe geschlachtet, in den Baumwipfeln warteten bereits die Geier. Unter den Anwesenden war auch Oumarou Dicko. »Opferblut schenkt Leben«, flüsterte er mir ins Ohr.

Dori ist eine mittelgroße Stadt. Es gibt täglich einen großen Markt, zwei richtige Geschäfte, zwei Internetcafés, einige Büros internationaler Hilfsorganisationen, viele Moscheen, eine katholische Kirche, eine Bank mit Geldautomaten und zwei asphaltierte, durchgehende Straßen. Aus den Lautsprechern am Markt wehte sanfte, burkinische Musik, die Stimmung war heiter. Sogar der Fremdenführer, der mich von Anfang an verfolgt und vergeblich versucht hatte, mir seine Dienste aufzunötigen, wirkte für einen aufdringlichen Führer auffallend phlegmatisch. Im Zentrum der Stadt lagen der Markt und die Kreuzung der beiden Asphaltstraßen. Hier wurde ein unterirdischer Wasserspeicher gegraben. Er sollte einen Tümpel, der regelmäßig austrocknete, mit ausreichend Wasser versorgen, damit er das ganze Jahr über für die Bewässerung nutzbar war. Die Kinder der Sahel-Stadt machten ausgelassen Gebrauch von den Spielmöglichkeiten, die ihnen der riesige Sandhaufen neben dem ausgehobenen Tümpel bot.

Auf einem gemieteten Moped fuhr ich Richtung Nullmeridian. Einige Hundert Meter vom Nullpunkt entfernt stand auf einer offenen Fläche ein kleines Gebäude mit einer Satellitenschüssel und einem hohen Sendemast daneben: das Studio von Radio Grand Nord de Dori. Direktor Michel Béré hatte »alle Zeit«, um mir Rede und Antwort zu stehen, denn wegen »Reparaturarbeiten«

gab es für die ganze Stadt keinen Strom, und die Sendungen waren vorübergehend eingestellt.

Neben dem Sende- und Empfangszentrum von Radio Grand Nord hauste auch eine Fledermauskolonie im selben Holzschuppen. An der Wand hingen Plakate gegen Zwangsehen und gegen die Unterdrückung und Verfolgung von Journalisten in Algerien. Das ganze Mobiliar bestand aus einem einzigen Plastikgartenstuhl. »Wenn wir ein Interview machen, leihen wir uns zuerst bei den Nachbarn ein Sofa«, sagte Béré, der auf dem Sendetisch saß und sich später auf eine Matte legte. Grand Nord gehörte zu einer Gruppe von freien Radiosendern in den größten Städten von Burkina Faso. »Frei« stand für »nicht in staatlicher Hand«, aber es bedeutete keineswegs, dass die acht Mitarbeiter oder die Hörer von Radio Grand Nord auch frei von der Leber weg sprechen konnten. Damit es trotzdem unabhängige Nachrichten gab, wurden tagsüber die Sendungen von RFI *(Radio France Internationale)* gebracht und abends die des französischsprachigen BBC Afrique.

»Der BBC-Korrespondent in Ouagadougou kann ohne staatliche Zensur berichten«, sagte Béré. »Wir selbst machen die Lokalnachrichten. Wir spielen viel Musik, unterhalten uns mit den Hörern und machen Programme über Themen wie AIDS oder sauberes Trinkwasser. Wir meiden politische Themen. Also, wenn ein Hörer, den wir in die Sendung holen, über den Bürgermeister auspackt, werfen wir ihn aus der Leitung. In Ouagadougou ist mehr möglich als in der Provinz; wenn dort etwas Interessantes gesendet wird, geben wir das live weiter.«

Der Nullmeridian verlief außerhalb der eigentlichen Stadt, stellte ich fest, als ich auf dem Moped meinem GPS folgte und schon bald mit beiden Füßen auf dem Boden schleifend auf einer Sandpiste fuhr. Ich kam an einem abgelegenen Soldatenfriedhof vorbei und fand den Nullpunkt in einer Landschaft aus vertrocknetem gelbem Gras und kleinen Ansammlungen stachliger Wüstensträucher. Fünf junge Schafhirten mit Stöcken auf der Schulter kamen von verschiedenen Seiten zum Vorschein: Die beiden Ältesten – mit einer rituellen horizontalen Narbe rechts neben der Nase – mochten vielleicht gerade erwachsen sein, die anderen drei waren noch Kinder. Keiner von ihnen ging zur Schule, aber der Zweitjüngste sprach ein wenig Französisch. Wir wechselten ein paar Worte: *koinga* war Oberschenkelknochen, *gia* Nadel und *lade* Feld. Zur Sprache kamen auch Stroh, Schuh, Harke, Frau und auf Wiedersehen. *Díli!*

Als ich in die Stadt zurückkehrte, sprachen alle von den Ereignissen in Ouagadougou, wo zwischen Heer und Polizei plötzlich Kämpfe ausgebrochen waren. Eine Gruppe betrunkener Soldaten hatte eine Tanzgala in der Hauptstadt besucht und war dort wegen schlechten Benehmens von der Polizei vor die Tür gesetzt worden. Daraufhin war eine große Gruppe Soldaten aus verschiedenen Kasernen zum Polizeipräsidium gezogen und hatte das Gebäude in Brand gesteckt. Beim darauffolgenden Feuergefecht war ein Soldat ums Leben gekommen, und nicht viel später waren die Kugeln durch die Straßen der Hauptstadt geflogen. Die kämpfenden Parteien hatten Barrikaden und Checkpoints errichtet.

Die Nachrichtensendung am Abend eröffnete mit langatmigen Berichten über Konferenzen voller Kürzel und Jargon. Erst am Ende der Sendung verlas der Nachrichtensprecher ein kurzes Kommuniqué des Verteidigungsministers. In der Hauptstadt seien »einige Probleme« aufgetreten, sagte er, und das Heer werde alles tun, um Ruhe und Ordnung wiederherzustellen. Seine Worte machten wenig Eindruck: Das Mobiltelefon hatte über das Staatsfernsehen triumphiert, und jeder im Land konnte per SMS von Minute zu Minute verfolgen, was tatsächlich in Ouagadougou vor sich ging. Große Sorgen machten sich die Einwohner von Dori nicht. »Es gibt jedes Jahr Gefechte zwischen den drei bewaffneten Mächten«, sagte ein Mann auf dem Markt. »Das eine Mal ist es die Gendarmerie gegen das Heer, dann vermittelt die Polizei, und das andere Mal führt die Polizei selbst den Kampf.« Diesmal war es an der Gendarmerie, zu vermitteln, und nach wenigen Tagen kehrte wieder Ruhe ein.

Radio Grand Nord sendete Reportagen von Radio France International über die Vorfälle in Ouagadougou, aber im Internetcafé La Colombe, gegenüber dem Markt, blieb es still. Warum, war völlig klar: Eine Mail aufzurufen, dauerte bestimmt eine halbe Stunde, und die Verbindung wurde ständig unterbrochen. Alle Internetanschlüsse von Dori liefen über dieselbe Telefonleitung, erklärte Manager Abdoulaye (»Sklave Gottes«) Bokoum. »Oft werden die Leute wütend, wenn die Verbindung zu langsam ist. Weil die Kosten bereits von unserem Konto abgebucht sind, muss ich dann versuchen, ihnen klarzumachen, dass sie ihr Geld nicht zurückbekommen. Das gelingt mir nicht immer, ich wurde schon ein paarmal misshandelt.«

Das Internetcafé hatte einen neuen und ungefähr zehn Secondhandcomputer, von denen die Hälfte ein Geschenk einer französischen Hilfsorganisation und der Rest vom Inhaber angeschafft worden war. Die Geschäfte liefen nicht schlecht, aber es könnte besser sein. Abdoulaye hoffte auf eine ADSL-Verbindung in naher Zukunft. »Ein anderes Problem ist, dass mehr als die Hälfte der Einwohner hier Analphabeten sind und auch diejenigen, die eine Schule besucht haben, oft keine Ahnung vom Umgang mit einem Computer haben. Deshalb geben wir jedes Jahr Gratiskurse über Internet- und PC-Nutzung. Natürlich in der Hoffnung, dass die Kursteilnehmer später als Kunden wiederkommen. Viele Leute kommen nicht hierher, um Mails zu verschicken, sondern um Briefe zu tippen, Fotos anzuschauen und auszudrucken.«

Beim Tümpel setzte ich mich in den Schatten eines alten Baumes am Ufer. Im Wasser schwamm Abfall, was die Frauen nicht hinderte, dort ihre Wäsche oder sich selbst zu waschen. Zum ersten Mal seit der algerischen Grenze sah ich ein Schwein – ein Hinweis auf hier lebende Christen. Es war mein letzter Tag in Dori. Ohne eigenes Fahrzeug war es nahezu unmöglich, bis zur Stadt Yendi in Nordghana am Nullmeridian entlangzureisen. Denn er verlief über das platte Land und streifte wie im Norden an der Grenze zu Mali auch im Süden von Burkina Faso ein unübersichtliches Dreiländereck, hier mit Togo und Ghana. Daher hatte ich Bourema Abga um Unterstützung gebeten, einen Wildführer und Imker aus dem Süden des Landes. Er sollte am nächsten Tag mit einem alten Geländewagen und seinem Freund Osman Yanogo aus Ouagadougou vorfahren, und dann wollten wir zu dritt versuchen, dem Nullmeridian so genau wie möglich zu folgen. Die beiden beherrschten drei verschiedene burkinische Sprachen und sprachen fließend Französisch, sodass ich bis Togo bei jeder Begegnung garantiert einen Dolmetscher zur Hand hätte. Osman war Muslim, Bourema Animist und seine Frau Katholikin. Bourema – der Name ist von Ibrahim abgeleitet – war als Muslim aufgewachsen. Er hatte sich vorübergehend dem Christentum zugewandt, war aber schließlich wieder zum Animismus zurückgekehrt. »Um meinen Vorfahren näher zu sein.«

16

Um acht nach zwölf in
Fada N'Gourma

Auf der Hauptstraße zurück nach Markoye – diesmal über Go-
rom-Gorom – passierten wir den Nullmeridian in einer kargen
Landschaft mit vereinzelt stehenden Wüstendattelpalmen, kap-
holländischen Trauben und Akazien. Im Sahelklima, dessen
Merkmale lang anhaltende Trockenperioden mit schneidendem
Wind und Sandstürmen sind, bieten die Bäume den Tieren Schat-
ten und verhindern die Winderosion. Aus einer dort wachsenden
Akazienart namens Gao wird Seife hergestellt, ihre Blätter und
Schoten dienen als Viehfutter.»Wenn in der Wüste kein Gao
mehr wächst, hat die Wüste den Menschen besiegt«, sagte der
Überlieferung nach der Sultan des angrenzenden Sahel-Gebiets
Zinder schon vor Jahrhunderten. Auch alle späteren Sultane von
Zinder sahen die Bedeutung des Gaobaums und schützten ihn
in nicht misszuverstehender Weise. Wer einen Ast abbrach oder
einen Baum ohne guten Grund beschädigte, dem wurde der Arm
amputiert, wer ohne Erlaubnis einen Gao fällte, wurde geköpft.

In Gorom-Gorom waren überall noch die Spuren der Über-
schwemmung sichtbar, die im Jahr 2006 die Stadt heimgesucht
hatte. Ganze Viertel wurden weggespült, Tausende Menschen biwakierten in weißen UNESCO-Zelten, und an verschiedenen Orten waren Instandsetzungsarbeiten zu beobachten.

Während wir uns Markoye näherten, hielt ich Navi und Lesebrille griffbereit. Etwa acht Kilometer vor der Stadt verließen wir
die Straße und erreichten nach weiteren 500 Metern auf einer offenen Sandebene den Nullmeridian, direkt bei einer Ansiedlung,

deren Bewohner wegen der typischen runden Spitzdächer aus Schilf unverkennbar zum Volk der Fulbe gehören mussten. Wir hatten Zelte dabei und stellten sie mit Erlaubnis der Anwohner in einiger Entfernung auf. Das Dorf hieß Bamkel (»Felsenhügel«) 2, Nummer 1 lag »hinter den Hügeln«. Ich wurde von einem älteren Mann und Dutzenden Frauen und Kindern angestarrt. Die Frauen waren nach Tradition der Fulbe überreich mit Ketten, Armbändern und Ohrgehängen geschmückt, auch ihre Hütten waren innen mit bunten Quasten und Rattanmatten an den Wänden dekoriert. Drei Mitglieder des Clans arbeiteten schon seit zehn Jahren an der Elfenbeinküste und schickten ihren Frauen und Kindern in Bamkel 2 Geld. »Was sie dort tun: Gürtel verkaufen, in libanesischen Läden arbeiten oder stehlen«, hatte Blokis, bei dem ich in Markoye übernachtete, die Lage der burkinischen Immigranten an der Elfenbeinküste beschrieben. Nur fünf Männer waren in Bamkel geblieben. In dem Dorf lebten auch Bellas, ehemalige Sklaven, oder, wie Bourema es umschrieb: »Sie wurden nicht gekauft, sondern geerbt.« Die Bellas wohnten am Rande der Siedlung, getrennt von den anderen. Keines ihrer Kinder gehörte zu den Auserkorenen, die zur Schule gingen.

Die sechs burkinischen Sprachen, die mir mithilfe von Bourema und Osman zur Verfügung standen, schienen anfangs für die Übersetzung des Fulbe-Dialekts nicht auszureichen, aber einer der Männer, die später aus Markoye zurückkamen, sprach Moré, eine Sprache, mit der Osman etwas anfangen konnte. Die Kinder wurden in der Schule in Französisch unterrichtet, das der zehnjährige Aboubakar Kadri am besten beherrschte; der Hirtenjunge mit einer kleinen Geschwulst auf der Oberlippe hatte einen entschlossenen Blick. Er trug eine geschenkte Hose mit dem Bild des Staatsoberhaupts auf einem Hosenbein und der Aufschrift »La sécurité du progrès continuera!« (Der Fortschritt geht gewiss weiter), und er lief barfuß auf dem rauen Boden. Sein jüngerer Bruder hatte zwei verschiedene Schuhe an.

Aboubakar besaß fünf Kühe und fünfzehn Ziegen, außerdem hütete er für seinen Vater an der Elfenbeinküste noch fünfzig Rinder. Als Einziger der fünf Brüder und vier Schwestern besuchte er die Schule. Er bat um ein Papier und schrieb seinen Namen, danach Bourema, Bamkel und *maison*. Er sah dabei nicht stolz, sondern eher absichtlich gleichgültig aus. Zwei von Aboubakars Onkeln und sein Großvater lebten in Bamkel, seinen Vater hatte er noch nie gesehen.»Aber ich habe ein Foto«, sagte er.»Er hat auch ein Mobiltelefon in Markoye gelassen, damit wir Neuigkeiten austauschen können.«

14° 38' n.B.
Bamkel 2

Um vier Uhr morgens weckte mich das Bellen eines Wüstenhunds im Dorf. Ich sah, wie eine große Kinderschar zum Viehhüten aufbrach, barfuß oder mit Badelatschen. Die Mädchen trugen Röcke und die Jungen Hosen, einige von ihnen waren nackt. Außer den drei Männern, die dort als Immigranten lebten, reisten auch andere männliche Dorfbewohner regelmäßig an die Elfenbeinküste, um Vieh zu verkaufen und mit Hirse, Reis und Kleidung zurückzukommen. In der genau auf dem Nullmeridian liegenden Siedlung wohnten fünfzig Menschen, erzählte der »um 1968 herum« geborene Nouhou Kadri.»Zwölf Erwachsene, zwei Großmütter und 36 Kinder. Weil all unsere Zebus, Ziegen und Schafe hier weiden, müssen die Kinder hierbleiben, um das Vieh zu hüten. Sobald Geld da ist, schicken wir einige von ihnen in die Schule, derzeit sind es insgesamt sechs. Wir suchen die Kinder nach ihrem Verhalten aus: Wer am schnellsten begreift und sich vermutlich am besten entwickeln wird, darf die Schule besuchen.«

Kurz darauf sagte er, dass die erwachsenen Männer in Bamkel wenig zu tun hätten. Ich fragte, warum sie dann nicht selbst das Vieh hüteten, damit alle Kinder zur Schule gehen könnten. Die Frage löste große Heiterkeit aus.»Viehhüten ist keine Erwachsenenarbeit«, sagte Nouhou Kadri, Aboubakars Onkel.»Meine Eltern haben es so gehalten und wir auch«, ergänzte der 57-jährige

Amadou Suleyman. »Ein Erwachsener hat nicht mehr die Kraft oder den Blick für diese Arbeit.« Ich fragte nach seinen Erfahrungen zur Zeit der großen Dürren, aber er antwortete ausweichend, und ich konnte ihm nur schwer folgen. Sechs Mitglieder seiner Familie waren verhungert, so viel wurde klar. Nouhou Kadri betonte, dass die Vergangenheit vergangen sei und die Zukunft unsicher. »Wir denken immer, dass es im nächsten Jahr besser wird, aber das ist offenbar nicht der Fall.«

In Markoye war Markttag, deshalb beschloss ich, die Stadt aufzusuchen, um die Vorräte der Bewohner von Bamkel Nummer 2 ein wenig aufzufüllen. Sie hatten mir zu verstehen gegeben, dass sie hauptsächlich Salz und Zucker brauchten, aber auch Seife für die jungen Mädchen, »um die Wäsche und sich selbst zu reinigen«.

In Markoye wohnen Tuareg, Bellas, Fulbe, Haussa, Songhai, Mossi und Mauren, die meisten sind Muslime, eine Minderheit Christen. Seit der Unabhängigkeit im Jahre 1960 gibt es in Burkina Faso keine Bürgerkriege mehr, und auch mehrere Staatsstreiche gingen ohne große Gewaltausbrüche vor sich. Als Ventil für eventuelle ethnische Reibereien dient die *parenté à plaisanterie*, die Scherzverwandtschaft, ein altes Ritual, bei dem Menschen aus verschiedenen Bevölkerungsgruppen verpflichtet sind, sich gegenseitig so originell wie möglich verbal lächerlich zu machen oder zu beleidigen. Das beseitigt die Spannungen und kräftigt das traditionell hierarchische Verhältnis zwischen den Bevölkerungsgruppen. Indem er diese Idee auf die Spitze trieb, änderte Revolutionsführer Thomas Sankara den Namen »Obervolta« in Burkina Faso, eine künstliche Zusammenstellung aus »Burkina«, das im Moré der Mossi »ehrenwerter Mensch« bedeutet, und »Faso«, im Dioula das Wort für »Vaterland«: Burkina Faso ist daher »das Vaterland der ehrenwerten Menschen«.

Alle Ethnien der Region waren auf dem Markt vertreten, aber

ich sah auch einige Chinesen, von denen sich immer mehr in Burkina Faso angesiedelt hatten. »Sie bauen ständig ihre Interessen aus und halten sich ansonsten von der restlichen Bevölkerung fern«, sagte Bourema. »In Markoye kaufen sie den hier angebauten Reis für den Export auf. Im Gegenzug importiert Burkina den allerschlechtesten Reis aus China oder Pakistan.«

Auf dem Markt konnte man so gut wie alles kaufen: Esel, Kamele, Sonnenbrillen. Waschpulver und traditionelle Medizin wurden per Megafon angepriesen. Ich kaufte fünfzig Kilo Salz, kleinere Mengen Seife, Zucker und Tee und dem Brauch entsprechend einen Sack anregender Kolanüsse als Zeichen meiner Hochachtung. Für die Kinder von Bamkel 2 erwarb ich vierzig Zeichenblöcke und dreißig Schachteln Buntstifte.

Es war der erste Weihnachtsfeiertag, doch davon war in Markoye überhaupt nichts zu merken. Ich nahm in einem versteckten kleinen Café, das man durch ein Labyrinth von Gassen und Abfallbergen erreichte, etwas zu mir. Das Café hatte auch einen Hinterausgang: ein idealer Ort für Bier trinkende Muslime, die sich unbemerkt aus dem Staub machen wollten. Anschließend stattete ich Blokis einen Besuch ab. Es gab Neuigkeiten über den Ivorer Antiquitätenhändler-Kaufmann-Evangelisten-Fotografen, mit dem ich per Lastwagen nach Markoye gefahren war. Wie sich jetzt herausstellte, war er eigens nach Tessit gereist, um eine Frau zu suchen, Blokis hatte vermittelt. »Ich habe eine Frau für ihn gefunden, mit der er anderthalb Tage verbracht hat, ohne dass sie ein Wort miteinander wechseln konnten. Die Frau ist eine Witwe mit zwei Kindern. Eine Witwe will im Sahel keiner mehr haben.« Blokis sagte, es habe ihm im Nachhinein leidgetan, an dieser Sache beteiligt gewesen zu sein. »Ich traue dem Mann nicht über den Weg«, sagte er. »Er hat die Frau mitgenommen und ist gegangen, ohne auch nur das Geringste für die Aufnahme, die Vermittlung und den Lebensunterhalt zu hinterlassen, die wir ihm geboten haben. Mir schwant immer mehr, dass er ein Schwindler ist und die Witwe womöglich weiterverkauft oder als Sklavin gebrauchen wird.«

Beim Abschied von Bamkel 2 blickte Aboubakar bekümmert drein, er hielt sich immer in meiner Nähe und fragte, ob wir nicht noch länger bleiben wollten. Er hatte auf dem Markt ein Schaf, und seine zwei Onkel hatten zwei Kühe verkauft, um von dem Ertrag Kleider für das bevorstehende Opferfest zu kaufen. Nach dem Überreichen der Geschenke knieten die Frauen nieder, einige weinten. Das Gruppenfoto beweist, was ich schon immer dachte, was aber nie einer je hat glauben wollen: Ich bin ein baumlanger Mann.

Osman fuhr zur Hauptstraße zurück und bog nach links ab: Endlich ging es wieder Richtung Süden. Ich beschloss, dass meine Rückkehr nach Markoye das letzte Mal gewesen sein sollte, wo für eine Weile gegen die Richtung zu fahren erlaubt war. Die richtige Richtung beizubehalten, war doch wohl das Mindeste an Ordnung, die ich mir auferlegen wollte. Unterwegs kamen wir an Goldsucherinnen vorbei, die mit einer Art Kehrschaufel Erde zusammenkratzten. »Das Gold kommt hier einfach so an die Oberfläche«, sagte Osman. »Vor allem nach der Regenzeit.« Kurz darauf fuhren wir an der Goldmine vorbei, in der Oumarou Dicko gearbeitet hatte, die einzige Form von Industrie in der ganzen Sahelzone. »Zuerst gehörte die Mine dem Staat, sie war aber nicht rentabel und musste schließen«, sagte Bourema. »Danach wurde ein südafrikanisches Ehepaar neuer Besitzer, aber nach einiger Zeit wollte die Frau nicht mehr hierbleiben und drohte mit der Scheidung, worauf ihr Mann die Mine an ein kanadisches Unternehmen verkaufte.«

Osman bremste wegen einer alten Frau, die wie eine Besessene von der einen Straßenseite zur anderen rannte und wieder zurück, eine weitere Frau sah zu, griff aber nicht ein. »Voodoo«, sagte Osman. Er wohnte in Ouagadougou und hatte zwei Kinder, mehr mussten es, was ihn anging, nicht werden. »Burkina Faso ist weniger traditionell als Mali«, meinte er. »Die Kinderzahl pro Familie nimmt schnell ab. Viele Frauen lassen sich ein Implantat in den Arm einsetzen, das für eine gewisse Zeit empfängnisverhütend wirkt.«

Wir fuhren an Dori vorbei und weiter auf der westlichen Halbkugel in den Süden mit dem Ziel Boukarou, dem nächsten Dorf auf dem Nullmeridian. Langsam, aber sicher wuchsen mehr und mehr Bäume und stachelige Sträucher, obwohl der rotbraune Boden auch in diesem Teil der Sahelzone ausgelaugt wirkte.

Aus der Ferne war das Dorf Bani an einigen der sieben märchenhaften Lehmmoscheen zu erkennen, die gegen die Hügel gebaut waren. Wer dort hielt, wurde sofort von Führern und bettelnden Kindern eingekesselt. Das Betreten des Dorfes sei für Fremde nur in Begleitung möglich, teilte uns einer der Führer mit. Und wir hätten es gut getroffen, denn er sei »bei Weitem der geeignetste und qualifizierteste« Kandidat, um uns zu dem Weltwunder zu führen. Bani sei nämlich kein gewöhnliches Dorf, und nicht einmal die Bezeichnung »religiöses Zentrum« reichte seiner Meinung nach aus, um zu beschreiben, was sich hier abspielte. »Bani ist das Paradies an sich«, behauptete der Führer, ein magerer Mann in einem fleckenlosen weißen Gewand. »Man kann hierher auf Pilgerfahrt gehen, Mekka ist Vergangenheit.« Und das kam so: Vor gut dreißig Jahren stellte der aus Mali stammende Fulbe Mohammed Hamado nach seiner Reise nach Mekka fest, dass die Pilgerreise reiner Kommerz war und der Islam allzu viele Kompromisse einging. Er flüchtete nach Burkina Faso und ließ sich in Bani nieder. Dort begann er zu fasten, er aß nur noch nachts und nichts als Obst. Als Al-Hadj Bani begann er seine eigene Lehre eines »reinen« Islam zu predigen, was ihm in kurzer Zeit Hunderte von Jüngern einbrachte, die er anspornte, sich notfalls mit Gewalt gegen die hier herrschenden animistischen Rituale zur Wehr zu setzen. Schließlich löste er sich vom Islam und rief sich selbst zum von Gott gesandten Propheten aus.»Unser Prophet sagt: Ich setze dort an, wo Jesus aufhörte, er liest Bücher, ohne sie zu sehen«, sagte der Führer.»Al-Hadj Bani ist für uns Mohammed. Wenn Sie ihm folgen, sind Sie mit ihm.«

Die rotbraunen Moscheen unterschieden sich in Form und Format und wirkten wie Sandburgen.»Unser Prophet fand heraus, dass die Hügel von Bani die Form eines menschlichen Körpers haben. In einer Vision sah er, wie auf jedem Körperteil eine Moschee emporwuchs.« Seine Jünger gaben ihren ganzen Besitz auf und bauten in etlichen Jahren die sieben Moscheen, darunter eine mit einem siebzehn Meter hohen Turm. Sie schlossen sich sogar der Obstdiät ihres Führers an und trafen sich nächtelang, um Allah mit endlos wiederholten Gebeten zu ehren. Die größte und bedeutendste Moschee hatte hundert Säulen.»Allah hat hundert Namen«, sagte der Führer,»von denen neunundneunzig den Menschen bekannt sind, den hundertsten kennt Gott allein. Aber unser Prophet kennt auch diesen Namen. Deshalb haben wir hundert Säulen aufgestellt und nicht neunundneunzig, wie üblich.« Der Führer gab zu, dass – seit Al-Hadj Bani dem Islam den Rücken zugewandt und er sich zum Propheten gemacht hatte – ein Teil seiner Jünger von ihm abgefallen sei. Das fand er unbegreiflich.»Der Prophet lebt hier und zeigt den Menschen den Weg zu Gott. Warum sollte man dann noch weitersuchen?«

Der Führer hätte noch eine Sache unerwähnt gelassen, sagte Bourema, als wir Bani verließen. Nach der Spaltung seiner Sekte habe Al-Hadj Bani seinen verbliebenen Jüngern aufgetragen, regelmäßig öffentlich ihre Sünden zu bekennen. Wer Ehebruch begangen hatte, den zwang er, stundenlang in der sengenden Sonne zu stehen; dabei war es zu einem Todesfall gekommen. Al-Hadj wurde festgenommen und zu einem Jahr Gefängnisstrafe verurteilt, kehrte aber nach seiner Freilassung zurück nach Bani.

In Burkina Faso leben Muslime, Christen und Animisten verteilt auf mehr als fünfzig ethnische Bevölkerungsgruppen im Allgemeinen friedlich zusammen. Die verschiedenen kulturellen Unterschiede sind groß, aber durch die Urbanisierung und moderne Kommunikationsmittel geht den jüngeren Leuten allmählich das traditionelle Wissen der Älteren verloren. Bourema war ein Yana. »Yanas tauschen Frauen«, sagte er. »Für eine verheiratete Frau muss eine Frau aus der Familie des Mannes an deren Stelle treten.« Er selbst hatte drei Kinder mit einer Frau, mit der er nicht offiziell verheiratet war. »Wir kommen nicht gut miteinander aus«, sagte er. »Sie wohnt mit den Kindern in einem Haus, und ich lebe in einer Lehmhütte auf dem Anwesen daneben. Das Haus hat eine Dusche, aber jetzt will sie auch noch Elektrizität und Fernsehen. Das kann ich nicht bezahlen.« Nach einigem Nachfragen kam heraus, dass ein weiteres Problem mitspielte. Seine Frau hatte nie die Gelegenheit gehabt, sich zu bilden, und jetzt, wo sie die Chance dazu sah, besuchte sie als Erwachsene die Oberschule und wollte in Kürze Abitur machen. Anschließend wollte sie studieren. Darauf sollte man eigentlich stolz sein, aber Bourema strich nur die Kosten heraus und schwieg sich ansonsten darüber aus.

Osman war ein Boaba. »Wenn ein verheirateter Mann im Ausland arbeitet oder sonst irgendwie lange Zeit nicht zu Hause ist, wird von einem *petit-frère* oder einem *grand-frère* erwartet, dass er in Vertretung des Ehemannes ein Kind mit der daheim gebliebenen Frau zeugt. Das ist bei uns so Brauch.«

13° 33' n.B.
Narbingou

Eine besonders extreme und noch immer praktizierte Tradition ist beim Volk der Loki zu finden: Dort bekommt die Frau nach der Eheschließung einen Ring durch Ober- und Unterlippe, sodass sie nicht mehr sprechen kann. Sie kann den Ring selbst öffnen, um mit anderen zu sprechen oder zu essen, aber in Anwesenheit ihres Ehemannes muss sie ihn immer geschlossen halten, denn es wird von ihr erwartet, ihr Leben lang niemals das Wort an ihn zu richten.

Es sah ganz danach aus, dass wir Boukarou nicht vor Einbruch der Dunkelheit erreichen würden. Der Osten von Burkina Faso war wegen Banditen gefährlich, daher beschlossen wir, nicht einfach irgendwo draußen zu schlafen, sondern eine Unterkunft in einem Dorf an der Straße zu suchen: in Narbingou. Wir hielten an der Gemeindeschule. Es waren Ferien, vielleicht konnten wir in einem Klassenzimmer übernachten. Ein Junge hatte uns gesehen und rannte davon. Kurz darauf erschien ein Mann, der sich als Pastor Daniel Yamweogo vorstellte. Er hatte drei blaue Plastikgartenstühle bei sich, die er nebeneinander auf der schmalen Betonveranda des Schulgebäudes aufstellte.

In Narbingou lebten Muslime, Katholiken, Animisten und Anhänger der ursprünglich amerikanischen protestantischen Sekten »Serving In Mission« und »The Assemblies of God«, deren Pastor er war. Er hatte schon Dutzende Menschen unterbringen müssen, die aus anderen Dörfern angereist waren, um mit ihm das Weihnachtsfest zu feiern: »Ein Tag und eine Nacht des Feierns und Tanzens, gefolgt vom Gebet.« In Narbingou hatte The Assemblies of God nicht so viele Anhänger: »Hier leben vor allem Animisten. Diejenigen, die erst vor Kurzem zum Christentum bekehrt wurden, hängen noch an ihren animistischen Traditionen. Es braucht Zeit. Ich versuche, sie davon zu überzeugen, Gott anzunehmen. Ich überrede sie, für die Kranken zu beten, und sobald sie sehen, dass das hilft, akzeptieren sie Christus.«

Der Pastor überließ Hassane Sawadogo seinen Platz und ging, unter Zurücklassung der Gartenstühle. Sawadogo war der Schulleiter und zeigte uns ein Klassenzimmer, in dem wir übernachten konnten. Etwa die Hälfte aller Kinder in Narbingou besuchte den Unterricht, schätzte er, ein geradezu dramatischer Fortschritt verglichen mit der vorhergehenden Generation. »Von den Eltern können zwei Gourmantché schreiben und einer Französisch, alle anderen sind Analphabeten.« Noch immer waren es vor allem die Jungen, die zur Schule gingen, obwohl Sawadogo einen Sinneswandel anzustoßen versuchte. »An unserer Schule bekommen Mädchen ein paar Säcke Couscous mit nach Hause, wenn sie wenigstens zu neunzig Prozent dem Unterricht beiwohnen.«

Die schulischen Probleme seien zum Teil der französischen Kolonialvergangenheit Burkina Fasos zuzuschreiben, meinte Sawadogo. »Der Kolonisator hat hier eins zu eins das französische Schulmodell eingeführt und sich überdies nur auf die Elite konzentriert. Die Engländer dagegen versuchten in der Regel, die gesamte Bevölkerung zu bilden, unter anderem durch Berufsausbildungen auf verschiedenen Niveaus. Das kann man heute in einer ehemaligen britischen Kolonie wie etwa Ghana beobachten, wo viel mehr Menschen Arbeit finden, weil das Land über eine vielgestaltig und gut ausgebildete Erwerbsbevölkerung verfügt.«

Nach einer Nacht auf dem Fußboden eines Klassenzimmers – an der Tafel standen französische Verbflexionen – waren wir kurz vor der Abfahrt, als Pastor Daniel Yamweogo mit dem traditionellen Abschiedsgeschenk herbeieilte: einem lebenden Huhn, das er an den Füßen festhielt. Er bat mich auch um meine Telefonnummer, »um später zu erfahren, ob Sie als Kind Gottes sicher nach Hause gekommen sind«.

Wir näherten uns dem Nullmeridian. Dieser Teil des Sahel bildet die Übergangszone zwischen der wüstenartigen und der Grassavanne, in der, weit voneinander entfernt, Hahnenfuß, Salweiden, Akazien und Baobabs wachsen, die Erde aber noch immer rotbraun und ausgetrocknet ist. Die fluoreszierende gelbe Linie auf meiner Karte zeigte auf dieser Breite ein Dorf, Dabougou, doch keiner, den wir danach fragten, hatte je davon gehört.

Auf der Straße gelangten wir zum Nullmeridian. Ich sah Tonscherben und Rinder, die unter den Bäumen Schatten suchten. Also konnten die Menschen nicht allzu weit sein. Ein stürmischer Wind jagte rote Staubwolken auf, ansonsten Leere, bis sich ein Eselskarren näherte, der mit Taschen, Kleidungsstücken und einem Berg Brechbohnen beladen war. Der Esel wurde von einem Mädchen in knallgelbem T-Shirt mit Jesus-Anhänger um den Hals geführt, daneben vier kleinere Mädchen, drei trugen eine Melone. »Das hier ist Koulfo«, sagte das älteste Mädchen. »Das Dorf liegt ein Stück weiter«, und sie zeigte auf den diesigen Horizont. Sie erklärte, wo wir von der Straße abbiegen mussten, um nach Boukarou zu finden. Ein kleiner Pfad voller tiefer Schlaglöcher schlängelte sich zu einem Fluss, durch den Osman seinen alten Geländewagen zu chauffieren wusste. Unweit des Flusses tauchte das Dorf auf: eine Ansammlung runder Hütten mit Schilfdächern, die von einem Kreuz gekrönt wurden. In der Mitte des konzentrischen Dorfes standen drei mannshohe, runde Kochtöpfe. Wir wurden zum Haus des Familienoberhaupts Namuntougou Koapugoumba geführt. Sein Nachname bedeutete »Vermehrung«, und er trug ihn nicht zu Unrecht, denn seine Familie zählte, nach einigem Herumgerechne, 97 Personen, die alle zusammen die Bevölkerung von Boukarou bildeten.

Die Spielregeln in Burkina Faso sind simpel, aber nicht zu umgehen: Der Fremde meldet sich zuerst bei dem Familien-, dem Clan- oder dem Dorfvorsteher und überreicht ihm Kolanüsse als Zeichen seiner Hochachtung. Der Besuch dauert so lange, bis das Oberhaupt zu verstehen gibt, dass er zu Ende ist. Von Fremden wird erwartet, je nach Leistungsfähigkeit einen Geldbeitrag zu geben: niemals direkt dem Chef, sondern – am besten so unauffällig wie möglich – einem seiner Sekundanten. Bei der Abreise aus Boukarou bekam ich ein lebendes Perlhuhn mit, das auf dem Autodach verstaut wurde, gegenüber dem Huhn von Daniel Yamweogo. Auf Bitten des Dorfvorstehers schrieb ich meinen Namen und die Telefonnummer auf ein Blatt, das anschließend von etwa zwölf Männern eingehend betrachtet wurde.

Kurz vor dem Städtchen Bogandé ragte ein bestimmt dreißig Meter hoher afrikanischer Mahagonibaum empor. Wir fanden eine

Unterkunft in einfachen Häuschen, die eigentlich zur zeitweiligen Unterbringung der Arbeitnehmer von »Le Projet Nationale de Gestion Territoriale 2« gedacht waren: ein groß angelegtes Projekt mit dem Ziel, die Armut der sieben Millionen Menschen in mehr als 8000 Dörfern zu bekämpfen. Tagsüber gab es kein Wasser und nachts keinen Strom, eine einzige funktionierende Dusche stand zur Verfügung, die von allen Gästen genutzt wurde. Weil ich wegen der täglichen Staubwolken noch immer unter Reizhusten litt, kaufte ich in der Apotheke von Bogandé einen Sirup gegen Halsschmerzen, der Aufschrift nach in Kambodscha produziert. Vorläufig war keine Besserung zu verzeichnen.

Auf einer langen Schotterstraße fuhren wir am nächsten Morgen Richtung Osten, direkt auf den Nullmeridian zu. Neben den zahlreichen Furten waren tiefe Spuren entstanden, weil die Fahrer immer weiter ausweichen mussten. Das vom Nullmeridian durchschnittene Dorf hieß Léoura. Ich folgte der Nulllinie an der Schule vorbei, über den Schulhof zu einem zweiten Schulhaus, an einem Abfallberg vorbei und durch ein Feld, auf dem zwei Frauen Holz sammelten. Immer mehr Dorfbewohner folgten mir und, höchstwahrscheinlich zum ersten Mal in ihrem Leben und ohne sich dessen bewusst zu sein, dem hiesigen Streckenabschnitt des Nullmeridians.

Wir kamen zu einer Schilfhütte, in der Nähmaschinen standen. »Wir sind zu dritt«, erzählte Altina Nadenga. »Wir schneidern alles Mögliche für Frauen und für Männer. Meine Eltern waren auch Schneider. Sie haben damals noch alles mit der Hand genäht, aber wir verwenden heute Maschinen.« Die drei Schneider arbeiteten jeder für sich, aber sie teilten sich einige der Kosten. Unter all meinen Begleitern, die sich inzwischen ebenfalls in der Hütte versammelt hatten, waren die drei Schneider am Maßband um den Hals zu erkennen. Nadenga holte einen Schuhkarton voller Spitze hervor. »Daran verdienen wir am meisten.«

Sein Kollege Jean Lankoade Diandi trug ein weißes Gewand

und hatte eine feminine Ausstrahlung. Er saß an einem kleinen
Tisch vor einer Singer-Tretnähmaschine, an der Wand hing ein Poster mit Fotos von Frauen in traditioneller Kleidung aus verschiedenen westafrikanischen Ländern. Er holte Pfeil und Bogen hervor. »Noch musste ich sie nicht benutzen«, sagte er, »aber es gibt Banditen hier in der Gegend, und wenn nötig, würde ich mich verteidigen.«

Ich wanderte weiter, fand eine schattige Stelle unter einem großen Mahagonibaum und setzte mich auf die gewundenen Wurzeln; zwei Geier belauerten mich aus der Krone. Offenbar hatte es sich schnell herumgesprochen, wo ich mich aufhielt, denn kurz darauf kam der Schneider Altina Nadenga mit einem Geschenk herbei: einer traditionellen, hohen weißen Mütze mit grünen Streifen, die er laut eigener Aussage noch schnell für mich genäht hatte. Danach erschien Schneider Jean Lankoade Diandi mit der gleichen Kopfbedeckung, aber im Miniformat. »Für Ihre Kinder«, sagte er.

Bei früheren Konversationen am afrikanischen Nullmeridian hatte ich bereits erfahren, was mich erwartete, wenn ich erklärte, unverheiratet zu sein, keine Kinder zu haben und ganz allein in einem Haus zu wohnen. Der Zuhörer reagierte mindestens mit Unverständnis, aber noch öfter wurde ich unverblümt bemitleidet. »Ich habe keine Kinder«, sagte ich, »aber zwei Neffen.« Diandi sah mich lächelnd an und verschwand, um kurz darauf mit einem Foto von sich, seiner Frau und seinen Kindern zurückzukehren. Obwohl es sein einziger Abzug war, wollte er mir das Bild unbedingt mitgeben, aber das konnte ich verhindern.

Der Mahagonibaum stand neben einem Sandpfad. Regelmäßig radelten Radfahrer vorbei. Einige stiegen ab, um mich zu betrachten oder zu fragen, was ich in Léoura suche. Andere hielten an, weil sie sahen, dass schon Leute abgestiegen waren. Am Ende blieben fünf Männer übrig, die wie die meisten Dorfbewohner Gourmantché waren. Einer von ihnen brachte mir bei, in ihrer gleichnamigen Sprache jemanden zu begrüßen:»Tussenment«, und eine Begrüßung zu beantworten:»M'poo dani.« Vier der fünf Männer hatten bis auf scharfe Spitzen abgeschliffene Zähne, ein ortsüblicher Brauch. Sie hatten auch Stammeszeichen auf den Wangen: horizontal oder vertikal, je nach Familienclan. Ich erzählte, dass ich aus einer Stadt käme, wo alle mit dem Rad fahren, auch ich und sogar meine 83-jährige Mutter, doch das machte keinen Eindruck.»Unser Traum ist ein Motorrad«, sagte ein Mann mit einer grünen Mütze.

Unmittelbar außerhalb von Bilanga kreuzten wir den Nullmeridian. Durch den Bau von drei Staudämmen waren zwei große und ein kleiner See entstanden. Sie dienten der Bewässerung und als Trinkstelle für die Tiere. An den Ufern war alles grün, und es wuchsen wilde Feigenbäume, Tamarinden, Butterblumen und die *Parkia biglobosa* oder – wie er in Mali und Burkina Faso genannt wird – der *Néré*: Ein zu den Mimosengewächsen gehörender Baum mit länglichen, stinkenden Früchten, deren Samen zum Würzen verwendet werden und deren Fruchtpülpe als Grundlage für ein süßliches, vitaminreiches Getränk dient. Im See schaukelten Zweige, und man sah eine von Schilf gesäumte Insel mit Kuhreihern. Entlang der Ufer schossen Stare und Krähen hin und her, in den Bäumen saßen Turteltauben, Kuckucke und knallbunte Bienenfresser.

Auf einer schmalen, befestigten Landstraße fuhren wir weiter. Die Sonne stand bereits tief, und nach Monaten mit Sand und dürren Böden war das viele Grün ein wahrer Augentrost. Wir folgten der Route, die ich anhand meiner zwei Gebietskarten ausgetüftelt hatte. Das führte wiederholt zu Missverständnissen. Manche Dörfer, durch die wir fuhren, waren gar nicht verzeichnet auf meinen Karten oder wurden anders geschrieben, was nicht verwunderlich war in einem Land mit 52 Sprachen. Umgekehrt zeigten meine Karten Dörfer, die offenbar nicht existierten. Wir befanden uns noch immer in einer Region, die von Straßenräubern heimgesucht wurde. »Zuerst fanden die Überfälle vor allem nach Sonnenuntergang statt«, sagte Osman. »Aber heutzutage auch tagsüber.« Plötzlich tauchte eine Straßensperre der Militärpolizei auf. Nach einem flüchtigen Blick winkte uns der junge Polizist – Kakiuniform, Maschinengewehr – durch. Wir wollten auf einen Weg abbiegen, der die kürzeste Verbindung zu unserem Zielort Tangaye bildete, aber Dorfbewohner, die wir um Auskunft fragten, meinten, die Piste sei »nicht befahrbar«. Auf einem Umweg erreichten wir kurz vor Sonnenuntergang doch noch das auf dem Nullmeridian liegende Dorf. Ohne Zögern fuhr Osman direkt zum Schulhaus, wo uns der Schulleiter eine Bleibe in einem der Klassenzimmer anbot.

12° 05' n.B.
Tangaye

Am nächsten Morgen besuchte ich die Stelle, wo der Nullmeridian die Hauptstraße und den nächstgelegenen ausgetrockneten Fluss quert. »Patron«, sagte ein Mann, der auf mich zugelaufen kam. »Sie stehen zwar da und sehen sich um, aber hier gibt es kein Wasser. Ein Stück weiter wohl, aber nicht immer genug für die Tiere.« Unter der Brücke waren Männer dabei, Steine zum Bauen herzustellen. »Alles, was man dafür braucht, ist hier zu finden«, sagte der Mann. »Sand, Schatten und, in einer gewissen Entfernung, auch Wasser.«

Es war inzwischen wolkenlos, aber noch immer ungewöhnlich diesig wegen des *harmattan*, des alljährlichen Sand- und Flugstaubwindes, der aus der Sahara bis zur Küste von Westafrika und sogar bis nach Südamerika getragen werden konnte. Er hatte am Abend zuvor eingesetzt, die ganze Nacht über geweht und die Landschaft in eine rotbraune Glut gehüllt, in der alle Konturen verschwammen. Bis in den Morgen hinein war es frisch geblieben, weil die Sonnenstrahlen nicht durch die Wolken hatten brechen und die Kälte der Nacht vertreiben können. Ich verstand den Ursprung des Wortes »harmattan«, in dem das arabische *haram*

301

(unrein, verflucht) steckte: Der Staub in meiner Kehle sorgte dafür, dass mein Husten chronisch wurde und ich so gut wie jeden Satz abbrechen musste.

Ich lief weiter durch das Sumpfland am Nullmeridian entlang, bis zu einem Teich. Dort setzte ich mich unter einen Mangobaum und betrachtete die Buckelochsen und Schafe, die zur Tränke kamen. Die Herden wurden von Kindern gehütet. Ein kleiner Junge in einem orangefarbenen Fußballtrikot – kurze Hose, aus der zwei knochige Storchenbeine vorragten, und ein Hemd mit der Nummer 10 – rief zwei Stiere, die miteinander rangelten, zur Ordnung. Mit seiner selbst gebauten Schleuder hatte er eine blaue Taube aus der Luft geschossen, sie dann geköpft und gerupft. Ich kam ins Gespräch mit einem anderen Hirten, dem zehnjährigen Kibsa Diapa. Zusammen mit seinem Bruder hütete auch er eine große Herde Buckelochsen und Schafe. Wie viele andere Brüder und Schwestern er hatte, wusste er nicht, »aber wir sind viele«. Zwei seiner Brüder gingen zur Schule, die anderen nicht. »Ich habe letztes Jahr angefangen zu arbeiten«, sagte Kibsa. »Ich arbeite sieben Tage am Stück von sechs Uhr morgens bis sechs Uhr abends, dann bekomme ich einen Tag frei, und danach muss ich wieder sieben Tage an die Arbeit, das ganze Jahr über.«

Frühstück und Mittagessen bestand aus einer Portion *tou*, einem Hirsebrei. Zwischendurch stillte er seinen Hunger mit Nüssen, wilden Früchten oder selbst erlegten Vögeln. Ich fragte ihn, ob er nicht gern lesen und schreiben lernen würde. Er nickte, ohne ein weiteres Wort zu sagen, und ich bereute auf der Stelle meine Frage.

Am nächsten Tag zog ich vom Klassenzimmer um in ein Lager aus sieben runden Hütten mit einer Waschstelle. Es war eine Gründung italienischer Freiwilliger, die jahrelang in Zusammenarbeit mit den Dorfbewohnern eine Reihe von Projekten durchführten: Alle waren Freunde und Bekannte des Italieners Michele Dotti, der mit einer burkinischen Frau aus Tangaye verheiratet war. So hatte man zum Beispiel im Rahmen der Wiederauffforstung 900 Bäume gepflanzt. »Vor fünfzig Jahren lag Tangaye mitten im Wald«, sagte Dotti. »Heute ist fast alles verschwunden. Prozentual gesehen ist Burkina Faso das Land auf der Welt, das sich am schnellsten entwaldet. Das hat das Leben viel schwerer gemacht, und es trifft vor allem die Frauen, die jeden Tag sieben Kilometer laufen müssen, um Holz zu sammeln. Es ist verboten, Bäume zu fällen, und wenn sie es trotzdem tun, sprechen sie zuerst ein Gebet. Nicht, weil es illegal ist, sondern weil die Bäume eine Seele haben.«

Die Italiener hatten auch eine Kinderkrippe gegründet und unterstützten jede Frau aus Tangaye nach der Geburt mit einem Geldbetrag. »Eines von zwölf Kindern stirbt während oder kurz nach der Geburt«, sagte Dotti. »Das ist weltweit die höchste Sterberate. Hier ist ein Neugeborenes noch kein Mensch und bekommt auch noch keinen Namen, man wartet zuerst ab, ob es überlebt.« Im Lager begegnete ich dem 49-jährigen Prospère Kuela, der mich einlud, die heiligste der heiligen Stätten von Tangaye zu besuchen: den Pitogdo(Granitsäulenträger)-Hügel.

Einst lebten in Tangaye zwei Brüder Kuela, von denen der ältere der Dorfvorsteher war. Der jüngere heiratete früher und bekam auch als Erster einen Sohn. Nach dem Tod der beiden Brüder stritten ihre Söhne, laut Prospère im Jahr 1829, um die Erbfolge: Der Sohn des jüngeren Bruders forderte alle Rechte, weil er ja der Ältere war, aber der Jüngere nahm das nicht hin, denn er war schließlich der Sohn des Dorfvorstehers.

Tangaye zerfiel mehr oder weniger rechts und links des Nullmeridians in zwei Dörfer. Das änderte sich erst, als Frankreich 1945 mithilfe von Zwangsarbeitern eine Bahnverbindung anlegen wollte, um die Hauptstädte von Mali, Burkina Faso, der Elfenbeinküste und Niger miteinander zu verbinden. Sie wurde nie fertig gebaut.

»Im Jahr 1865 hatte der ältere Bruder beschlossen, dass ein

Kuela nie mehr ein Sklave sein sollte«, sagte Prospère. »Der Grund dafür war folgender: Mehr als hundert Männer aus Tangaye, von beiden Clans, hatten sich auf dem heiligen Hügel vor den französischen Soldaten versteckt, die im Ort ihr Lager aufgeschlagen hatten. Den Männern gelang es, die Feinde mithilfe von Bienen zu vertreiben, die auf sie einstachen. Der heilige Hügel nämlich sieht zwar aus wie Granit, ist aber in Wirklichkeit ein Geist: Wenn man ihn um etwas bittet, wird der Wunsch erfüllt. Auch heute noch. So spielte unser Fußballverein Wend-panga (Die Macht Gottes) neulich gegen einen viel stärkeren Gegner aus Ouagadougou. Die Bienen stachen die Gegner, und Wend-panga gewann die Partie.«

Unten am Berg wuchsen drei »Kamelfüße«, strauchartige Bäume mit Schoten. Aus der Rinde wird ein roter Farbstoff gewonnen; außerdem enthält die Rinde innen eine Art Gummi, der sich zum Abdichten von Booten eignet. Die Blätter und die Rinde haben heilkräftige Wirkung und werden gegen Fieberanfälle, Malaria, Zahnweh, Würmer und Dysenterie eingesetzt. »Immer mehr von diesem Wissen geht verloren«, sagte Prospère. »Die jungen Leute kennen die Wirkung der Heilpflanzen nicht mehr, obwohl ihnen das Geld für normale Medizin fehlt.« Die Kamelfüße wuchsen in karger Landschaft: braunrote Erde, viel Totholz und Baumstümpfe. »Früher stand hier alles voller Bäume«, sagte Prospère, »aber der Wald wurde vor fünfzehn Jahren von Muslimen aus dem Dorf als Zeichen des Widerstands gegen den Animismus angezündet. Es waren noch Kinder, aber die eigentlich Schuldigen waren Erwachsene.« Auch die Katholiken aus Tangaye hatten sich gegen die animistischen Rituale auf dem Hügel gewandt, freilich vergeblich. Am Fuße des Berges zeigte Prospère auf eine Marienfigur unter einem Felsen. »Dahinter gibt es einen verborgenen Raum, den niemand betreten darf, solange er nicht von dem alten Mann geweiht wurde.« Dem alten Mann? »Er ist der Einzige, der noch immer opfert. Man kann ihm ein Schaf, ein Perlhuhn oder ein Huhn bringen. Wenn die Ernte eingebracht ist, sind

Tieropfer erlaubt, aber sobald die Obstbäume Früchte tragen, sind sie wieder tabu.« Man konnte auch zu Hause Wasser mit Hirse vermischen.»Der Alte bringt dann dieses Opfer auf dem Hügel dar. Wenn es geholfen hat, kommt man nach einem oder zwei Jahren zurück, um sich beim Hügel mit einem Tieropfer zu bedanken.« In Tangaye waren laut Prospère die Animisten noch immer am zahlreichsten.»Die Katholiken, Muslime, Zeugen Jehovas und Protestanten opfern nicht. Trotzdem kommen auch sie heimlich hierher, vor allem bei Krankheit und Tod. Nur die Muslime nicht, die bleiben seit der Brandstiftung weg.« Er selbst war Katholik.»Mein Vater war Animist, und er brachte hier Opfer dar. Noch zu seinen Lebzeiten habe ich mich zusammen mit meinen Brüdern katholisch taufen lassen.« Etwa auf der Hälfte des Weges zur Hügelspitze lagen Tonscherben.»Die sind für Elefantiasis-Kranke«, sagte Prospère.»Wasser drauf, und die Krankheit verschwindet.« Oben auf dem Berg versperrten zwei riesige Felsen den Weg, aber man konnte flach auf dem Bauch liegend durch einen Spalt kriechen und so bis zum Gipfel kommen. Der Granitsäulenträger war von einem Kreis toter Bäume mit geisterhaft weißen Stämmen umringt, dahinter erstreckte sich bis zum Horizont eine Sandebene, auf der vereinzelt Akazien und wilde Feigenbäume gediehen. Der ferne Harmattan hatte das Licht diffus werden lassen, die Landschaft unscharf wie ein verwackeltes Foto.

Einmal im Jahr stiegen die Animisten aus Tangaye noch auf den Gipfel, um dort ihre Rituale zu zelebrieren, das restliche Jahr opferten sie unten am Fuße des Granitträgers. Die Katholiken hatten offiziell dem Animismus abgeschworen und feierten dort alljährlich eine Freiluftmesse. Die heilige Stätte war nicht mehr als ein kahler Felsen mit einem Holzklotz.»Das ist der letzte Rest eines Holzhauses, das die Katholiken hier erbaut hatten, aber es ist von den Termiten angefressen worden, eingestürzt und verschwunden«, sagte Prospère. Er warf die Zweige, die er auf dem Weg gesammelt hatte, auf einen Haufen. »Der Granitsäulenträger lebt und braucht Holz zum Kochen für seine Kinder.«

Jede Woche gab es in Tangaye einen Abendmarkt, gleichzeitig war er Treffpunkt für Jungen und Mädchen im heiratsfähigen Alter. Oft wurden hier junge Muslime mit ihren Cousinen verkuppelt und heirateten erst später eine Frau, die sie selbst ausgesucht hatten; bei Christen und Animisten war es dagegen tabu, einen Verwandten zu heiraten. Um einen Kontakt der Jungen und Mädchen aus der Gegend zu ermöglichen, war dieser Brauch auf dem Marktplatz entstanden. Jungen – zahlenmäßig weitaus in der Mehrheit – und Mädchen saßen voneinander getrennt im Kreis auf der Erde oder auf Stühlen, vor sich ein bisschen Kram. Um sie herum behielten die Eltern alles auffällig unauffällig im Auge. Ständig schob sich ein Junge zu einem Mädchen, kaufte etwas und wechselte ein paar Worte mit ihr. Ich sah, wie ein Mädchen, an das ein Junge herangetreten war, diesem kurz darauf ebenfalls etwas abkaufte. Sie gab ihm die Hand, und sie blieben im verschwommenen Licht der Öllampen reglos stehen und sprachen kurz miteinander. Hinter den Marktständen lagen ein paar erhöhte Baumstämme und boten die Möglichkeit, nebeneinanderzusitzen. Diese Begegnungen waren für die Fortgeschrittenen reserviert, wenn die Geliebten schon ihren Familien vorgestellt worden waren, aber noch nicht geheiratet hatten.

Die nächsten Dörfer auf dem Nullmeridian waren Ouargaye und Dourtenga, aus dem Bouremas Familie stammte, aber zuerst passierten wir Fada N'Gourma, die zweitwichtigste Stadt des Landes, die laut Bourema und Osman für ihre Dynamitexplosionen an Silvester berühmt war. Am vorletzten Tag des Jahres bezog ich auf 0 Grad und 21 Minuten östlicher Länge Quartier in einem von christlichen Syrern geführten Hotel. Ich war der einzige Gast, Bourema und Osman schliefen bei Freunden. Ich genoss das Alleinsein und begann, mein letztes Buch zu lesen: *Oracle Night* von Paul Auster. Ich nahm mir vor, zu Hause nach meiner Rückkehr mein Leben zu ändern: Ich würde früher aufstehen, aufhören zu rauchen und eine Beziehung zu einer Frau anfangen, ohne wegzulaufen, wenn das Glück zu nahe kam.

Auf dem Busbahnhof von Fada N'Gourma wurden Kinder verkauft. »Wenn wir einen erwischen, nehmen wir ihm das Kind weg und bringen es in einem Heim gleich dahinten unter«, sagte Maria Thiombiano, die Direktorin der »Action Social et de la Solidarité National«, einer staatlichen Behörde, die Kampagnen gegen Kinderhandel, Zwangsehen und Frauenbeschneidungen durchführt. Ich sprach sie im Büro der Organisation, wo ich ohne Terminabsprache einfach eingetreten war. Die Direktorin, um deren Kopf und Schultern ein goldfarbenes Tuch gewunden war, verwies mich zunächst an das Ministerium in Ouagadougou, wollte mir dann aber doch Auskünfte erteilen. Auf ihrem Schreibtisch stand eine kleine Flagge mit dem Foto des Staatsoberhaupts; daran lag es also nicht, aber ich müsse mir klarmachen, dass sie im Staatsdienst tätig sei und daher auf ihre Worte achten müsse.

Viele der verkauften Kinder auf dem Busbahnhof seien nicht älter als zehn Jahre, berichtete sie, und von ihren Eltern geschickt oder aus eigenem Entschluss in die Stadt gekommen. »Die Händler bringen die Kinder nach Benin, um sie dort in den Goldminen oder auf dem Land arbeiten zu lassen, von morgens sieben bis abends sechs Uhr. Und immer wieder hört man von sexueller Ausbeutung.« Auch die Frauenbeschneidung stelle ein großes Problem in der Region dar. Nicht alle ethnischen Gruppen in Burkina Faso kennen diese Tradition, sagte Thiombiano, aber gerade bei den größten Bevölkerungsgruppen sei es allgemein üblich, vor allem bei Muslimen und Animisten. Trotz des Verbots käme die Beschneidung noch immer in großem Maßstab vor, aber inzwischen heimlich. »Früher handelte es sich um Mädchen bis zum achtzehn-

307

ten Lebensjahr; heute werden sie schon als viel Jüngere beschnitten, um eine Entdeckung zu verhindern. Gerade neulich hatten wir einen Fall von neun kleinen Kindern, das jüngste war erst drei Monate alt.«

Sie schlug die Augen nieder, und auch mein Blick fiel auf ihren wohlgeordneten Schreibtisch, auf dem zwei Terminkalender, eine Kingsize-Rechenmaschine und eine Lesebrille arrangiert waren. »Sie schneiden die Klitoris mit Glas weg. Sie glauben, die Mädchen wären sonst später ihrem Ehemann nicht treu und nicht mehr unschuldig. Eltern glauben auch, dass ein Baby, das bei der Geburt zufällig mit der Nase die Klitoris berührt, sterben müsse.« Sie zählte die Folgen der Beschneidungskultur auf: Komplikationen bei Geburten, eine Zunahme von Totgeburten, Fisteln, ein größeres Infektionsrisiko oder Ansteckung mit HIV sowie Unfruchtbarkeit. »Oder dass die Frauen nicht mit ihrem Mann schlafen können, weil es so wehtut. Darüber wagen sie nicht mit ihm zu sprechen. Die Frauen wissen gar nicht, was Glück ist.«

An Silvester schlenderte ich durch Fada N'Gourma. Ich war nicht nullpunktpflichtig, denn die Stadt lag 38 Kilometer vom Nullmeridian entfernt. Auf der Terrasse eines Straßencafés scheiterte ich knapp bei dem Versuch, ein im Ganzen gegrilltes Huhn zu verspeisen; die Leute neben mir bestellten dasselbe Gericht und aßen mit sichtlichem Vergnügen auch die Innereien und die Knochen auf.

Bourema hatte entfernte Verwandte in der Stadt, die im Garten des Hotel l'Avenir Silvester feierten. Die Männer tranken Bier oder Cola, die Frauen Limonade. Ich zündete eine »Hamilton« an, eine der vier mehr oder weniger undefinierbaren Marken, die man kaufen konnte. Nachdem ich in Mali eine Stange Nepp-Marlboro's, unrauchbar, gekauft hatte, weihte mich Osman in die Geheimnisse der burkinischen Zigaretten ein: Hamiltons enthielten zwar doppelt so viel Teer, wie ich üblicherweise rauchte, waren aber die besten Zigaretten, die man in Burkina Faso kaufen konnte. Das Päckchen musste versiegelt sein und die Aufschrift *Monopole vente au Burkina Faso* tragen. Wenn es zwar versiegelt war, aber der Text fehlte, dann handelte es sich um eine »offizielle« Fälschung. Sah der Aufdruck zwar gut aus, aber das Siegel fehlte, dann hatte jemand ein leeres Päckchen achtsam neu gefüllt, mit selbst gedrehten, nachgemachten Zigaretten. Letzteres kam sporadisch vor, offizielle Fälschungen tauchten dagegen häufig auf: Auch die Zigaretten, die ich in Fada N'Gourma an einem Stand am Straßenrand gekauft hatte, erwiesen sich als kaum rauchbar und gefälscht.

Auf dem Podium spielte eine Band aus dem Ort, unter einem runden Schilfdach wurde getanzt. Es war halb zwölf, Bourema verzog sich aus dem Blickfeld, und ich war allein mit meinen mir unbekannten, schweigsamen Tischgenossen.

Ich befand mich o Grad und 21 Minuten östlicher Länge, wo in einer halben Stunde das neue Jahr beginnen sollte. Das bedeutete, dass es in diesem Augenblick im australischen Sydney schon Neujahrstag war, halb zwölf Uhr mittags, während es auf Hawaii noch zehneinhalb Stunden dauerte, bis man dort das Jahresende erreicht hatte.

Die zweimal 180 Längengrade, die die Erde umspannen, wurden ursprünglich in zweimal zwölf Zeitzonen zu beiden Seiten des Nullmeridians eingeteilt. Die unvermeidliche Konsequenz dieses Systems ist eine Datumsgrenze: Wenn es in Greenwich halb zwölf Uhr mittags ist, beginnt auf dem Antimeridian der nächste Tag. Der älteste bekannte Hinweis auf das Prinzip einer Datumsgrenze findet sich in *Taqwim al-Buldan* (*Eine Skizze der Länder*) des syrischen Geografen und Historikers Prinz Abu al-Fida, der zu Beginn des vierzehnten Jahrhunderts beschrieb, wie ein Weltreisender, je nach gewählter Richtung, einen Tag gewinnen oder verlieren würde.

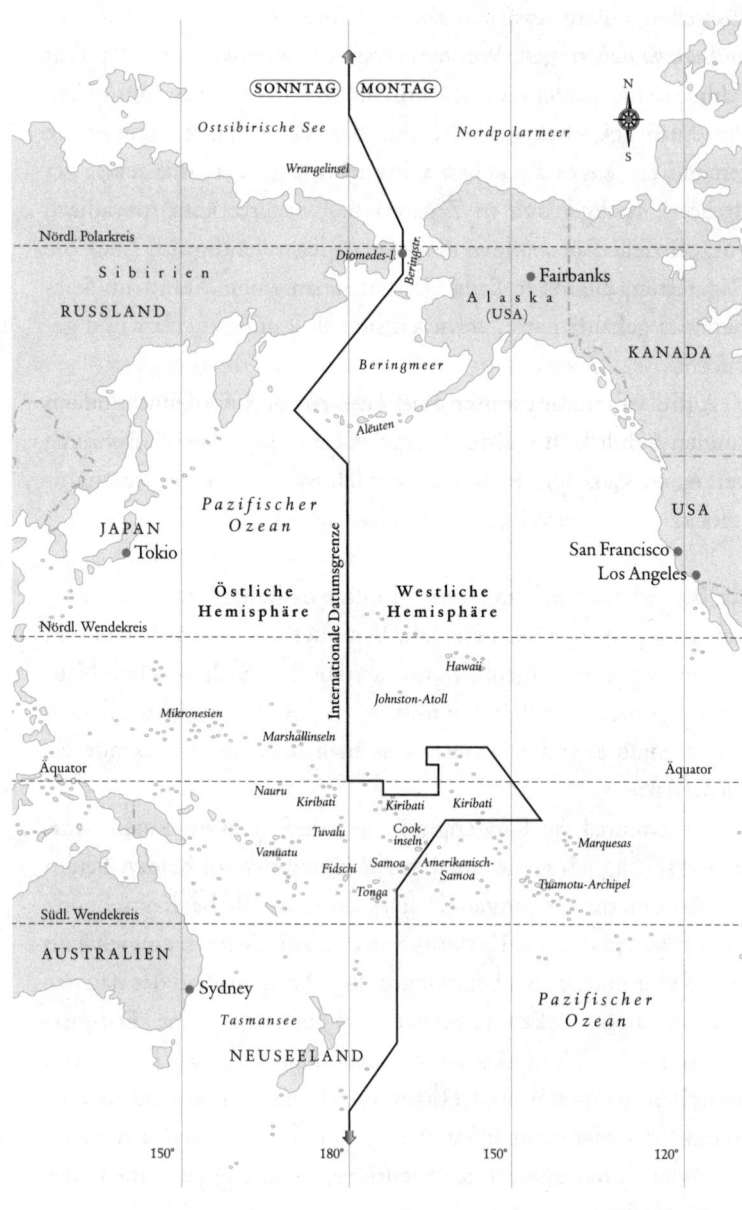

Die Überlebenden des letzten verbliebenen Schiffs aus der Flotte von Ferdinand Magellan nach seiner ersten vollendeten Reise um die Welt erbrachten nicht nur den Beweis dafür, dass die Erde rund ist, sondern machten zur Verblüffung des Chronisten Antonio Pigafetta die Entdeckung, dass sie, westwärts segelnd, einen Tag ihres Lebens verloren hatten. Diese Tatsache legte Jules Verne dem Plot von *In 80 Tagen um die Welt* zugrunde, wobei der nach Osten reisende Phileas Fogg kurz vor seiner Ankunft in London entdeckt, dass er einen Tag – und damit die Wette – gewonnen hat. Jahrhundertelang korrigierten Seefahrer, wenn sie die Erde umsegelt hatten, ihr Logbuch nach der Rückkehr um einen Tag, und erst in der zweiten Hälfte des neunzehnten Jahrhunderts wurde es üblich, das Datum direkt nach dem Überschreiten der 180°-Linie anzupassen, ohne dass man dabei die Uhr umstellen musste.

Die Annahme des Greenwich-Nullmeridians als Grundlage für das System internationaler Zeitzonen führte dazu, dass die Grenzlinie zwischen Heute und Morgen für die meisten Menschen weit entfernt ist: Die Datumsgrenze verläuft durch den am wenigsten besiedelten Teil der Erde, zum großen Teil durch Ozeane und, mit Ausnahme des äußersten Nordostens von Asien und der Antarktis, nicht über die Kontinente. Die Datumsgrenze wurde nie offiziell festgelegt, was dem amerikanischen Wissenschaftler und Geometer George Davidson um 1900 die Behauptung entlockte, dass es sie gar nicht gebe. »Theoretisch handelt es sich um die Verlängerung des Greenwich-Nullmeridians, doch in der Praxis wird er von den Handelsdampfschiffen der wichtigsten Seefahrernationen bestimmt.«

Kein Land möchte auf seinem Territorium gern zwei verschiedene Wochentage haben, daher entstand eine Datumsgrenze, die sich im Zickzack an der 180°-Linie entlang ihren Weg über die entlegensten Winkel der Erde bahnt. Seit 1867 verläuft die Datumsgrenze vom Nordpol aus in einer Kurve um Alaska herum, seit die Vereinigten Staaten das Gebiet für gut sieben Millionen Dollar Russland abkauften. Seitdem führt die Datumsgrenze genau zwischen den beiden Diomedes-Inseln in der Mitte der Beringstraße hindurch: Die Ratmanow-Insel (ihre Bewohner nennen sie *Imaqliq*) ist die größere der beiden, sie bildet den östlichsten Punkt Russlands und ist der amerikanischen Kleinen Diomedes-Insel *(Ignaluk)* um einen Tag voraus. Beide Inseln liegen anderthalb Kilometer von der Datumsgrenze entfernt und am nächstgelegenen Punkt drei Kilometer voneinander entfernt: Von Ignaluk aus ist »morgen« zu sehen, von Imaqliq aus »gestern«. Das führte bei der dort lebenden Inuit-Bevölkerung auf beiden Inseln zu der Redewendung: »Wir gehen heute jagen. Morgen schießen wir das Tier tot, und gestern essen wir es auf.«

Während der Zeit des Eisernen Vorhangs verbannten die Sowjets die Inuit von der Insel Ratmanow aufs Festland. Sie wurden durch eine Handvoll Soldaten ersetzt. Nur auf der amerikanischen Kleinen Diomedes-Insel blieb die ursprüngliche Inuitbevölkerung erhalten. Das Inuktitut, das diese isolierte Gemeinschaft von ungefähr 180 Personen spricht, kennt Begriffe für Jahreszeiten und Monate wie *Suqinnaarut* (Sonne ist möglich), *Tirigluit* (Bärtige Pelzrobben werden geboren) und *Tusartuut* (Hörend – Neuigkeiten von Nachbarn), nur ein Wort für Zeit – zumindest in ihrer abstrakten Bedeutung – gibt es nicht.

Südlich der Beringstraße streift die Datumsgrenze die zu Alaska gehörende Sankt-Lorenz-Insel. Die Insel gilt als letzter Rest der im Wasser verschwundenen Landbrücke. Sie verband im Pleistozän Asien und Amerika und wird in der Einheimischensprache *Sivuqaq* genannt: »Etwas Ausgepresstes, das ins Wasser gefallen ist und aus dem eine Insel gemacht werden kann«.

Im äußersten Norden des Stillen Ozeans rückt die Datumsgrenze nach Westen zurück, um die zu den amerikanischen Aleuten gehörenden Near-Inseln und die Rat Islands einen Tag von den russischen Kommandeursinseln zu trennen, obwohl alle zum selben Archipel gehören. Erst südlich davon fallen die Datumsgrenze und die 180°-Linie wieder zusammen.

Auf allen nautischen Karten des neunzehnten Jahrhunderts war auf der Höhe von Hawaii eine kleine Aussparung westlich der Datumsgrenze zu sehen; darin lagen die Inseln Morrell und Byers. Beide Inseln sollen im Jahr 1825 von dem amerikanischen Entdeckungsreisenden Kapitän Benjamin Morrell entdeckt worden sein, der die eine Insel nach einem seiner Auftraggeber Byers nannte und die andere nach sich. Über die Inseln wusste man wenig mehr, als dass sie zur selben Zeitzone wie Hawaii gehörten. Erst 1910 wurde klar, dass es sie überhaupt nicht gibt und Morrell die Entdeckung erfunden hatte: Die Datumsgrenze wurde dort wieder in eine gerade Linie zurückverwandelt.

Auf Höhe des Äquators verläuft die Datumsgrenze im Zickzack durch die verschiedenen, sich weithin erstreckenden Archipele in diesem Teil des Stillen Ozeans. Bis 1995 verlief die Datumsgrenze mitten durch Kiribati, eine Inselnation, die aus 32 Atollen und einer erhabenen Koralleninsel mit einer Landoberfläche von etwas mehr als 700 Quadratkilometern besteht, verstreut über 5 000 000 Quadratkilometer See. Was zur Folge hatte, dass die Uhren auf den östlichsten Inseln von Kiribati gegenüber der Hauptstadt Tarawa und dem Rest des Landes einen Tag und zwei Stunden nachgingen und beide Seiten der Datumsgrenze nur vier Werktage gemeinsam hatten. Daher entschied Präsident Teburoro Tito, dass er über ein Land mit nur einem Datum regieren wollte, 12° 03′ n.B.
Fada N'Gourma einer der Hauptpunkte seiner Wahlkampagne: 1995 ließ er über ein bizarr vieleckiges Muster die Datumsgrenze gut 2500 Kilometer in östliche Richtung verlegen, bis hinter Kiritimati (Weihnachtsinsel), das größte Atoll der Welt, und die Karolineninsel. Damit wurde auch erreicht, dass dort, nach durchaus umstrittenen Kriterien, jedes neue Jahr beginnt, was für die kiribatische Regierung ein Grund war, 1999 den Namen der Insel in Millenniumsinsel zu ändern.

Kiribati wird vom Ansteigen des Meeresspiegels bedroht. Zwei kiribatische Atolle – Tebua Tarawa und Abanuea – sind bereits im Meer versunken. Wenn der Meeresspiegel weiter steigt, wird das Land in hundert Jahren zum großen Teil vom Ozean verschlungen sein. Und die Milleniumsinsel nach wissenschaftlichen Vorhersagen bereits im Jahr 2025.

Am 31. Dezember 2011 wurde Samoa der Champion der die Datumsgrenze verschiebenden Nationen, indem es als erstes Land der Welt zum zweiten Mal die Zeitzone wechselte. Zum 4. Juli 1892 tauschte Samoa aus politischen und ökonomischen Motiven das »asiatische« Datum gegen das »amerikanische« ein. In diesem Jahr fiel der 4. Juli auf einen Montag und dauerte 48 Stunden, zwei Tage: Daher wurden das neue Datum und der Amerikanische Unabhängigkeitstag auch zweimal gefeiert. Damit wurde Samoa 119 Jahre lang das Land, in dem die Sonne Tag für Tag am spätesten unterging. 2011 startete Premierminister Tuila'epa Sailele Malielegaoi eine Initiative mit dem Ziel, die Datumsgrenze wieder auf ihre ursprüngliche »asiatische« Position zurückzuversetzen, um so Anschluss an Australien und Neuseeland zu finden, die wichtigsten Handelspartner Samoas. Samoa wechselte das Datum, indem es zusammen mit dem zu Neuseeland gehörenden Tokelau Freitag, den 30. Dezember 2011, übersprang. So wurde mit einem Schlag der Rückstand von 21 Stunden zu Australien zu einem Vorsprung von drei Stunden. Seither ist das Dorf Poloa auf dem nahe gelegenen Amerikanisch-Samoa – das noch immer östlich der Datumsgrenze liegt – der Ort, wo an jedem Kalendertag die Sonne zuletzt untergeht.

Fünf Minuten vor Mitternacht nippten die Frauen an meinem Tisch auf dem Gelände des Hotels l'Avenir noch immer an ihrer Limonade, die Männer starrten auf das Podium, wo unter dem

Schutzdach aus Schilf Pärchen aufreizend, aber dezent zur west-afrikanischen Tanzmusik der vierköpfigen Popband tanzten. Um zwölf Uhr hatte der Sänger gerade ein neues Stück angesagt, und nichts änderte sich. »Es ist Neujahr!«, rief ich einem schmächtigen Mann zu, der neben mir saß. »Genau genommen ja«, sagte er, nach einem Blick auf seine Uhr. Er lächelte, nahm noch einen Schluck von seiner Cola und verfiel wieder in Schweigen. Um acht nach zwölf war das noch im Vorjahr begonnene Stück endlich zu Ende, und der Sänger kündigte eine Pause an. »Es ist Neujahr«, sagte er, »wir geben Ihnen kurz die Gelegenheit, Ihre guten Wünsche auszusprechen.« Meine Tischgenossen standen auf und gaben einander die *accolade*, eine vom französischen Kolonisator übernommene feierliche Begrüßung, die noch aus der Ritterzeit stammt. Man tippt ganz leicht viermal die Schläfen gegeneinander: zweimal links und zweimal rechts. Sie wünschten mir und sich gegenseitig »viel Gesundheit und wenig Müdigkeit« für das neue Jahr und nahmen wieder Platz. Keine innigen Umarmungen. Keine sich mit Limonade zuprostenden Frauen. Keine Dynamitexplosionen.

17

Das Geheimnis des Regenmachers

Am ersten Tag des neuen Jahres war es windstill und dunstig. Wie ein bleigrauer Schleier lag der Himmel über der Stadt, und es roch nach Holzkohlenfeuern und Mopedabgasen. Osman war nachdenklich. Beim Jahreswechsel hatte er einen Unfall gesehen. Im Zentrum von Fada N'Gourma hatte ein Motorradfahrer einem Hund ausweichen müssen und war auf ein entgegenkommendes Motorrad geprallt. Beide Fahrer trugen keinen Helm und waren auf der Stelle tot.

Wir folgten einer langen Straße aus rotbraunem Schotter nach Kominyanga, die auf meiner aktuellsten Karte von Burkina Faso nicht eingezeichnet war, wohl aber auf meinem vierzig Jahre alten Exemplar. Unser Ziel war Dourtenga, wo Bouremas Clan lebte. Er war dort geboren und aufgewachsen, ohne zu wissen, dass sein Dorf genau auf dem Nullmeridian lag. Die rotbraune Erde hatte noch immer Risse, aber hier und da wuchsen Tamarinden und Hahnenklee. Auch außerhalb der Stadt hüllten Staubwolken die Landschaft ein, und auf manchen Streckenabschnitten hatte man nicht weiter als hundert Meter Sicht. Bei Kominyanga saßen Frauen und Kinder auf Riesenbergen ungereinigter Baumwolle und wühlten in den weißen, krebserregenden Samenfasern. »Früher war ringsherum Urwald«, sagte Bourema, »aber man hat ihn ganz und gar gerodet für die Baumwollproduktion.«

Das Anwesen von Bouremas engsten Verwandten in Dourtenga lag auf $0° 0' 25''$ ö. L., anderthalb Kilometer vom Nullmeridian entfernt. Eine gekrümmte, zahnlose Frau trug eine Schale

Wasser herbei, die sie kniend vor uns hinstellte. Das Wasser war trübe, und Bourema spuckte es aus, sobald die Frau verschwunden war. »Meine Mutter«, sagte er. Bouremas Vater war mit neun Frauen verheiratet gewesen: Vier von ihnen waren gestorben, und vier lebten auf dem Anwesen, zwei von ihnen zusammen in einer Hütte. Bouremas eigene Mutter wohnte im benachbarten Ouargaye, aber er betrachtete jede der fünf noch lebenden Ehefrauen seines Vaters als seine Mutter. Er hatte zwölf Vollbrüder und -schwestern, von denen vier im Kindesalter gestorben waren.

Wie viele Kinder sein Vater gezeugt hatte, wusste Bourema nicht. »Viele Dutzend, aber es wurden mehr begraben, als am Leben blieben. Nur ein Kind seiner ersten Frau erreichte das Erwachsenenalter. Mit seiner neunten und letzten Frau, die jünger ist als sein ältester Sohn, hat er viele Kinder bekommen: mindestens acht. Mein Vater ist vor sechs Jahren gestorben, sein jüngstes Kind ist heute zwölf und sein ältester Sohn 54. Sein Vater, mein Großvater, hatte auch viele Frauen mit unendlich vielen Nachkommen. Auf allen Anwesen, die du hier siehst, und auf den anderen Höfen dahinter wohnen noch Verwandte. Wir heißen alle Abga oder Segda und sind zusammen viele Hundert, vielleicht sogar ein paar Tausend Menschen.«

Die jüngste Frau von Bouremas verstorbenem Vater war 47 und litt an Elefantiasis. Sie war hochgewachsen und sehnig und hatte einen starken Blick. Die grauenhaften Folgen ihrer Krankheit sah man nur an ihrem Unterkörper: Sie hatte deformierte Füße, und ihr blaues, mit gelben Kornhalmen bedrucktes Gewand bauschte sich über ihren Unterschenkeln. Die älteren Frauen fanden sich eine nach der anderen ein und stellten sich vor, auf Knien. Junge Frauen fielen nicht auf die Knie, sondern nickten, die Männer und Jungen dagegen blieben auf ihren Bänkchen und Plastikgartenstühlen sitzen und schüttelten uns die Hand. Bourema deutete auf einen kleinen Jungen. »Er ist noch klein, aber weil sein Vater der *grand-frère* meines Vaters war, ist er auch mein *grand-frère*.

Alle Kinder der Brüder meines Vaters und meiner Mutter sind meine *grand-frères* oder *grand-sœurs*, die Kinder der Schwestern meiner Eltern sind in Bezug auf mich ›petit‹. ›Grand‹ oder ›petit‹

11° 43′ n.B.
Dourtenga

macht einen Unterschied in der Hierarchie aus: ›grand‹ ist dem ›petit‹ gegenüber verantwortlich, aber ›petit‹ hat seinerseits wieder spezielle Rechte gegenüber ›grand‹. Meine Vollbrüder, Halbbrüder und Cousins sind alle meine Brüder, da gibt es keinen Unterschied.«

Mir wurde die Matte von Bouremas ältestem *grand-frère* zugeteilt, neben dem Raum, in dem die heiligen Gegenstände von Bouremas Vater aufbewahrt wurden. Er war zwar schon lange tot, doch trotzdem überall präsent. Sein Grab, markiert mit ein paar Steinen, befand sich direkt neben dem Eingang seiner Hütte auf dem Haupthof der Familie.

Ein sich hinziehender Familienzwist und seine hohe Stellung innerhalb des Clans hatten dazu geführt, dass die erforderlichen Rituale für sein Begräbnis sechs Jahre nach seinem Tod noch immer nicht zu Ende gebracht waren. Bourema zog ein Tuch beiseite, und ich blickte in den Raum, in dem sein Vater gelebt hatte. Seine Kleider lagen in ordentlichen Stapeln. »Sie werden jetzt von meinen Brüdern getragen, aber sie müssen immer wieder hierher zurückgelegt werden.« Ich sah leere Flaschen, Voodoopuppen und Knochen von geopferten Tieren, an der Wand hingen mit Steinchen und Federn gefüllte Kalebassen. »Jedes Jahr holen wir sie herunter und füllen sie mit dem Blut und den Innereien eines geopferten Huhns.«

Yado Moussa Abga war stellvertretendes Oberhaupt gewesen, hatte aber die traditionell für ihn bestimmte Funktion des Dorfoberhaupts nie innegehabt, »weil sonst eine Spaltung gedroht hätte«. Bourema führte die Chefmützen und Chefgewänder seines Vaters vor, und seinen Festboubou. Er holte einen Stoffkoffer von irgendwo weiter unten hervor und zeigte mir den Inhalt: ein Hemd und eine Hose voller Talismane. »Es ist tabu, sie jemandem zu zeigen. Nicht einmal meine Brüder wissen, dass ich sie geerbt habe. In dieser Kleidung bist du unverletzlich, und deine Feinde fallen in Scharen tot um.«

Der Dorfchef Naba Boulga residierte in einem Haus an der Hauptstraße, einen Steinwurf vom Nullmeridian entfernt. Der »pensionierte Beamte aus der mittleren Verwaltungsebene« war ein einnehmender Mann mit einem grauen Schnurrbärtchen und forschendem, ein wenig ironischem Blick. Er trug ein indigoblaues Gewand und eine hohe weiße Mütze, an seinen Fingern glänzten goldene Ringe. »Die Cheffunktion ist erblich«, sagte er in fließendem Französisch. »Aber sie muss nicht immer vom Vater auf den ältesten Sohn übergehen: Das ist eine Entscheidung der Familie. Ich wurde vor zehn Jahren der Nachfolger meines *grandfrère*, als er nach nur zwei Jahren Chefsein verstarb.« Auf der rechten Seite des Anwesens war sein Vater begraben, der ebenfalls viele Jahre lang Dorfchef gewesen war. Das Grab war so groß wie ein bescheidenes Schwimmbad und mit weißen Platten und Steinen abgesetzt. Sein Name lautete Naba Tar-Koanga, und nach der Inschrift auf dem Grabstein war er »um 1909 geboren«. Auf derselben Seite des Anwesens stand ein Pferd, ein Statussymbol, das jeder Dorfvorsteher sein Eigentum nannte.

Naba Boulga saß auf einem weißen Gartenstuhl, neben sich sein krummer Stock und vor sich ein Tischchen, darauf eine Tüte Erdnüsse, eine Kanne Wasser, ein Ringbuch und ein altmodisches Transistorradio. »Hier empfange ich den ganzen Tag Leute, aber zwischendurch will ich mich informieren«, sagte er. Rechts neben ihm saß ein alter Mann in einem grünen Gewand im Schneidersitz auf dem Boden, auf der anderen Seite des Gartenstuhls lehnten zwei Kinder an der Wand, ein Knie hochgezogen. Wie der alte Mann waren auch sie barfuß. Ständig meldeten sich neue Besucher. Einer wie der andere fiel vor dem Dorfoberhaupt auf die Knie und bewegte die Hände ein paarmal von den Augen nach unten, ein Ausdruck allergrößter Demut: Verglichen mit Euch, oh Herr, bin ich so niedrig wie die Erde unter meinen Füßen.

Boulga war Mitglied des Ortskomitees gegen Frauenbeschneidung. »Wenn ich Beschneiderinnen auf die Spur komme, zeige ich sie bei der Polizei an.« Eine seiner wichtigsten Aufgaben bestand darin, bei Streitigkeiten zu vermitteln. »In der Zeit, als mein Vater Dorfvorsteher war, konnte er noch Gewaltmittel einsetzen, um jemanden zurechtzuweisen. Vor Kurzem kam hier eine Frau vorbei, übersät mit Striemen und Verletzungen. Sie war von ihrem Mann misshandelt worden, aber er wollte nicht vor mir erscheinen. Daraufhin habe ich den Präfekten aufgesucht, der ließ den Mann festnehmen.«

Wie Boulga sagte, beschäftigte er sich auch mit »Wetterbeeinflussung«, hauptsächlich mit Regen. »Bei einem Begräbnis nehme ich zusammen mit dem Regenmacher aus unserem Dorf den Kontakt zu unseren Ahnen auf, und so können wir Regen und Wind fernhalten. Das Umgekehrte ist auch möglich: Vor vier Jahren war es Anfang August noch immer knochentrocken, aber dank unserer dargebrachten Opfer kam ein so heftiger Regen, dass wir trotzdem noch eine gute Ernte einbrachten.« Das größte Problem für Dourtenga und die benachbarten Dörfer, die unter seiner Befehlsgewalt standen, sei der Mangel an medizinischen Einrichtungen. Überdies wurde das Gebiet von Überschwemmungen und Trockenzeiten heimgesucht. Die Dörfer rund um Dourtenga litten unter großem Trinkwassermangel. »Es gibt nur vier Schöpfbrunnen für die vielen Menschen«, sagte Boulga. »Die Frauen verdrängen sich jeden Tag gegenseitig, und manchmal kommt es zu Handgreiflichkeiten. In manchen Dörfern müssen sie fünfzehn Kilometer zum nächsten Brunnen laufen.«

Ein junger Mann in einem blütenweißen Gewand betrat das Grundstück und begann in rasendem Stakkatotempo auswendig Koranverse zu rezitieren. Alle Anwesenden, einschließlich des Dorfvorstehers, öffneten die Hände und führten sie zum Gesicht.

»Mein *petit-frère*«, erklärte Boulga, als der Mann wieder verstummte. »Unsere Familie war ursprünglich protestantisch, danach wurden wir katholisch und schließlich muslimisch. Meine eigenen Kinder sind zum Teil katholisch, zum Teil protestantisch. Ich selbst bin alles zugleich: Animist, Protestant, Katholik und Muslim, ich besuche alle Zeremonien, ich feiere alle Feste, ich mache überall mit.« Er war inzwischen von Wasser auf Bier umgestiegen, das ihm seine Frau brachte. Immer bevor er sich neu einschenkte, spritzte er zuerst einen Schuss Bier auf den Boden. »Für die Ahnen.«

Einen halben Kilometer hinter dem Haus des Dorfoberhaupts kreuzte der Nullmeridian die Straße nach Ouargaye. Das Land, das an die Straße grenzte, gehörte dem Clan der Abgas und stand voller Akazien. Bourema schlug vor, das erste Nullmeridian-Denkmal von Burkina Faso zu errichten. Wir fanden zwei gelbliche Steinbrocken, die wir zusammen mit Osman an den Straßenrand schleppten und gegeneinanderstellten. Auf den Stein mit der helleren Zeichnung schrieb ich mit schwarzem Filzstift »N 11° 34' 21.2" E 00° 00' 00.0" Ici passe le méridien de Greenwich«. Es war unvermeidlich, dass später im Jahr Regengüsse die Inschrift wegwaschen würden. An der Straße nach Ouargaye würden dann nur zwei scheinbar zwecklos aneinanderlehnende Steine die subtile Markierung einer verborgenen Ordnung bilden.

Ein Stück weiter den Meridian entlang lag der Weiler Gogo, wo der *sate'ta* von Dourtenga wohnte. Nach einem ausführlichen Begrüßungszeremoniell ging uns der »Regenherbeiholer« zu seiner mit Fetischgegenständen vollgehängten Hütte voran, seine Frau brachte Wasser, von dem er zuerst ein halbes Glas in den Sand spritzte.

Guinari Taram stammte aus einem Geschlecht von Regenmachern. Er konnte Regen herbeiholen oder auch wegschicken. »Im

Namen meiner Ahnen versuche ich, in Dourtenga Hungersnöte zu verhindern. Dazu muss die Ernte gut sein. Wenn der Dorfchef entscheidet, dass irgendwo Regen benötigt wird, schickt er Ziegen und ein Huhn, die ich vor den Fetischen meinen Ahnen opfere. Was ich dann genau mache, darf nicht gezeigt werden: Das ist mir nicht gestattet.«

Meistens begann es nach seinen Opfern »wenigstens zu tröpfeln, auch wenn die Regenzeit schon längst vorbei ist«, aber es kam vor, dass es trotzdem trocken blieb. »Es hat immer einen Grund«, sagte Taram. »Es kann sein, dass ein anderer, der das Geheimnis des Regens ebenfalls kennt, ihn zu seinem Fetisch geleitet hat, denn jeder, der diese Gabe besitzt, will sich Geltung verschaffen. Ich entdecke so etwas in einem Traum oder beim Meditieren. Meine Ahnen warnen mich dann vor dem Schlafengehen, dass irgendwo in einem Fetisch Regen steckt. Dann sind gewisse Aufgaben zu erfüllen, aber welche, das ist geheim.«

Das Vertreiben des Regens geschah »auf dieselbe Weise, aber an einer anderen Stelle«. Als *sate'ta* hatte er von seinem Vater auch gelernt, wie man Blitze auf einen Dieb lenken oder sonst wie Böses zufügen konnte. »Wenn ich weiß, dass ich damit jemanden töten könnte, würde ich es nie tun«, sagte er.

Taram war etwa fünfzig Jahre alt, hatte aber noch keinen Nachfolger, und das war seiner Ansicht nach die Schuld der Alphabetisierung. »Ein Schulkind wird nie die Geduld aufbringen können, sich all das Wissen, das ein *sate'ta* haben muss, anzueignen.« Vier seiner Kinder gingen zur Schule, und »sieben oder acht« waren Schafhirten. »Ich habe noch keinen Nachfolger gewählt. Die Vielversprechendsten gehen in die Schule, vielleicht findet einer von ihnen später die Zeit, mir zuzuhören.«

Der Abschied zog sich hin, unter vielerlei gegenseitigen Dankesbekundungen. Taram gab uns ein Perlhuhn mit und ein Huhn – das neunte innerhalb von zwei Wochen, das auf unseren Speiseplan kommen würde.

Die Abgas gehören zum Volk der Yana. Sie wohnen in runden Lehmhütten mit einem Schilfdach und einer Eingangstür aus Wellblech oder mit offenem Eingang. »In meiner Kindheit war das hier ein Paradies«, sagte Bourema. »Dourtenga lag mitten im Urwald. Jetzt ist alles kahl geschlagen, und überall fliegt Müll herum.«

Die Männer und Jungen auf dem Anwesen seiner Familie saßen meistens auf Gartenstühlen und Bänken und unterhielten sich, die Frauen dagegen schienen niemals zu sitzen. Sie standen gebückt da und rührten in Töpfen oder wuschen Teller ab, sie entfachten das Feuer, sie bedienten die Männer, sie wuschen die Wäsche, sie bearbeiteten das Feld, sie hüteten das Vieh oder stillten die Kinder. Trinkwasser stand in fünf Minuten Entfernung relativ nah zur Verfügung, aber für gutes Anmachholz mussten sie täglich mehr als zehn Kilometer laufen.

Bouremas dreißigjährige Schwester Félicienne war zweifellos die modernste Frau ihrer Familie. Sie trug Make-up, hatte ihr Haar entkraust, die Augenbrauen waren epiliert und durch dünne Striche ersetzt, und im Gegensatz zu den älteren Frauen auf dem Anwesen hatte sie keine abgefeilten Vorderzähne.

Sie lebte mit ihren zwei Kindern, »deren Vater nie da ist«, zusammen und arbeitete auf Vertragsbasis in der Erwachsenenalphabetisierung. »Wir lehren sie zuerst Moré lesen und schreiben und anschließend auch Französisch.« Daneben fertigte sie traditionelle Matten, fungierte als Friseurin für ihren Familienclan und verkaufte Gemüse und Salat auf dem Markt. Félicienne hatte nach der Grundschule ein paar Jahre lang das Gymnasium besucht. »Ich musste gehen, als ich schwanger wurde, aber ich will doch noch versuchen, mein Abitur nachzumachen.« Ihre achtjährige Tochter saß neben ihr auf einem Baumstamm und sah schlecht aus: »Sie hat Epilepsie und gerade eben einen Anfall gehabt.«

Félicienne Abga ist beschnitten. An den Eingriff erinnert sie sich nicht mehr, weil sie erst sechs Monate alt war, als es geschah.

»Aber ich habe gesehen, wie meine Großmutter es bei den Mädchen aus unserer Familie machte. Es war so üblich, denn, so sagte man: Eine beschnittene Frau wird nicht hinter anderen Männern her sein.«

Sie beschrieb das Ritual. Die Großmutter schneidet mit einem Rasiermesser und einer Feile die Klitoris weg und näht anschließend einen Teil der Vulva zu. »Das tut ungeheuer weh, und das Mädchen, das diese Tortur ertragen muss, schreit meistens laut.« Eine Woche lang wird das Kind »mit Seife von den Fulbe« gewaschen. Danach wird es kahl geschoren und bekommt eine ganz besondere Mahlzeit vorgesetzt. Nach zwei Wochen muss die Wunde verheilt sein, dann folgt eine Zeremonie für die ganze Familie, zu der auch die Beschneiderin eingeladen ist. Das beschnittene Mädchen bekommt traditionelle Kleidung an, und es wird ein großes Festmahl zubereitet. »So ähnlich wie eine Hochzeitszeremonie.«

Heute sieht Félicienne Abga dieses Ritual mit anderen Augen. »Meine Geburten waren unerträglich schwer, den schlimmsten Schmerz fühlt man kurz vor der Geburt. Deshalb will ich keine Kinder mehr. Auch Wasserlassen tut noch immer weh.« Böse auf ihre Großmutter ist sie aber nicht. »Es war nun einmal der Brauch.« Beschneidungen werden immer von Frauen durchgeführt, manchmal auf Drängen eines Mannes. »Bei uns kam es vor, dass sich die Männer beklagten, wenn ein Mädchen unbeschnitten blieb, und dann haben sie es am Ende doch noch durchgesetzt. Ich fand immer, dass es ein schrecklicher Anblick war, manchmal starb das Mädchen dabei. Es herrschte auch die Vorstellung, dass eine Frau nicht gut beschnitten sei, wenn sie zwei oder drei Kinder zur Welt brachte, die nach der Geburt starben. Dann wurde die Beschneidung noch einmal wiederholt, aber weiter und tiefer, mit allen entsprechenden Folgen.«

Sie ging mir voran zur Hütte »meiner Tante, einer der Frauen eines verstorbenen *grand-frères* meines Vaters«, einer zarten, betagten Frau mit kurzem grauem Haar, die mit ausgestreckten Beinen an der Wand ihrer fast leeren Lehmhütte lehnte und Baumwolle spann. Sie trug einen Batikrock bis kurz unters Knie und eine weiße Tunika, die rutschte und eine muskulöse, glänzende Schulter enthüllte.

»Schon zu Zeiten der Urahnen wurden Frauen beschnitten«, sagte sie, während sie mithilfe eines sich drehenden Stöckchens, um das ein Büschel Baumwolle gewickelt war, Fäden spann. »Mir persönlich wäre es am liebsten, die Tradition fortzusetzen, aber da es jetzt aus gesundheitlichen Gründen verboten ist, müssen wir es akzeptieren. Es lässt sich auch nicht mehr rückgängig machen: Die Beschneiderinnen sind alt oder taub, und ihre Töchter und Enkeltöchter verlieren das Wissen um die Rituale.«

Trotzdem werden noch immer Tausende von Mädchen beschnitten, widersprach Félicienne. »Ich bin mit meiner Tante nicht einverstanden: Die Beschneidung steht im Widerspruch zu den Rechten der Frau.«

Ich wollte wissen, ob sie nicht wütend darüber sei, dass ihr der klitorale Orgasmus unmöglich gemacht worden war, und fragte sie vorsichtig nach »Unterschieden hinsichtlich anderer Frauen beim Zusammensein mit einem Mann«. Ihre Antwort war genauso vorsichtig ausweichend: Das sei kein Gesprächsthema.

Auf den Anwesen der Abga essen Männer und Frauen getrennt. Menstruierenden Frauen ist es nicht erlaubt, zu kochen oder die Hütten der Männer zu betreten. »Damit bin ich einverstanden«, sagte Félicienne, »denn so wurde es zu Lebzeiten meines Vaters eingeführt, und daher sind wir verpflichtet, so zu handeln. Weil mein Vater stellvertretendes Oberhaupt war und hier gestorben ist, müssen wir weiterhin an den animistischen Traditionen festhalten. Das sind wir ihm schuldig.«

Trotzdem hatte sie den islamischen Glauben ihres Vaters abgelegt und sich zum Katholizismus bekehrt. »Meine Tochter und meine Tante sind ebenfalls katholisch geworden, und wir haben alle einen anderen Namen angenommen. Ich heiße nicht mehr Mariam, sondern Félicienne.« Eine Weile später sah ich sie zusammen mit ihrer Tochter und zwei anderen Mädchen unter der Palme unmittelbar hinter der Grundstücksgrenze laut beten.

Abends fand entlang der Hauptstraße im märchenhaften Schein von Gas- und Taschenlampen ein Markt statt. In der Mitte drängelten sich Dutzende Menschen vor einem großen Teppich, der von zwei mit einem Aggregat verbundenen weißen Lampen grell beleuchtet wurde: das improvisierte Studio des Dorffotografen. Er machte Fotos von Einzelpersonen, von Pärchen oder kleinen Menschengruppen. Die posierenden Dorfbewohner lachten so gut wie nie, sondern schauten in dem Moment, in dem das Foto geknipst wurde, starr vor sich. Ein Foto kostete 500 CFA-Franc (etwa 76 Eurocent), wovon die Hälfte als Vorschuss gezahlt werden musste und der Rest bei Lieferung. Bei Marktschluss hatte der Fotograf 172 *Korean Photo Colour*-Aufnahmen im Kasten. »Das lief wie am Schnürchen«, meinte er lachend.

Am Tag darauf führte Bourema die Hütte »des alten Mannes« vor, die voll war mit vom Dach baumelnden Tierschädeln, Knochen und anderen Fetischen. Der hagere, zahnlose Greis, der in eine schmuddelige orangebraune Regenjacke gehüllt war und in einer gelben kurzen Hose steckte, wirkte schon ein bisschen senil, war aber für die traditionellen Opferzeremonien unverzichtbar, denn er als Einziger auf dem Anwesen kannte noch alle animistischen Bräuche.

Er hielt einen mageren roten Hahn an den Füßen. In offenen Sandalen und auf seinen Stock gestützt, ging er zur Opferstätte unmittelbar vor der Grundstücksgrenze. In Begleitung Bouremas und eines anderen männlichen Familienmitglieds rührte er mit der Schneide eines Buschmessers in einer kleinen Schale mit weißem Hirsewasser. Während er lispelnd die Vorahnen anrief, spritzte er Wasser und ein bisschen selbst gebrautes Bier auf den Boden und hackte ein paar Kolanüsse klein.

Danach schlug er dem sich sträubenden Hahn den Kopf ab, und der Hahn torkelte daraufhin ohne Kopf weg. Der alte Mann wartete, bis das Tier ein Stück weiter umfiel. Dann holte er den Hahn, rupfte ihn, fegte die Federn zu einem Haufen zusammen, entnahm die Eingeweide und besprenkelte sie mit dem weißen Wasser. Einen nach dem anderen rief er Dutzende von Urahnen namentlich an, deren Seelen in den kleinen Steinen steckten, die er mit Bourema vor sich aufgestapelt hatte, und er rechtfertigte in einem Gebet, warum die Begräbnisfeierlichkeiten für Bouremas Vater noch immer nicht abgeschlossen waren.

Der alte Mann röstete die Innereien des Hahns auf einem Feuer und legte sie als Opfergabe zwischen die kleinen Steinstapel, die Leber in eine Kalebasse. Zwei Kinder setzten sich dazu und bekamen kleine Stücke der Innereien zu essen, die Reste wurden von einer jungen Frau abgeholt, die sie für das Abendessen verwenden sollte. Die Dunkelheit brach herein, und Tausende Fledermäuse flogen zirpend um uns herum.

»Die Erde ist die Schöpferin und die Mutter von allem«, sagte Bourema. »Die Sonne ist der Gott, mit dem wir die vier Elemente unserer Vorfahren – Kopf, Hand, Fuß und Geschlechtsorgan – erreichen können.«

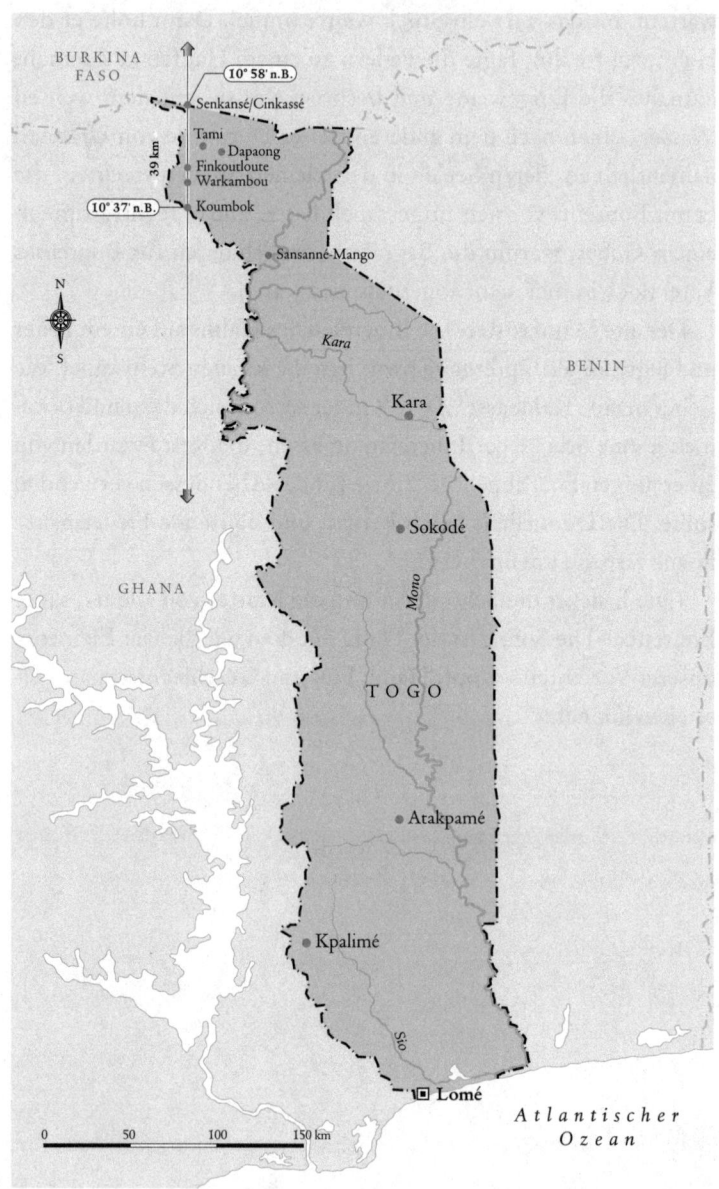

18

Vater und Sohn

Bei der Abfahrt aus Dourtenga verabschiedeten wir uns vom Dorfchef, der unsere Reise segnete: »Gott möge euch auf eurem Weg
begleiten, und die Ahnen mögen euch beschützen.« Ich starrte
wie gebannt auf den Betrieb auf der Schotterstraße: Frauen, die
mit Körben, Tabletts oder Schüsseln auf dem Kopf zu Fuß von
Dourtenga nach Ouargaye unterwegs waren, Eseltreiber und vor
allem viele Radfahrer, die Mehlsäcke, einen Autoreifen, Feuer-
holz, Hühner oder ein gut verschnürtes Schaf auf dem Gepäckträger transportierten.

In Ouargaye fanden wir Bouremas Mutter auf dem Marktplatz.
Sie hatte ihre Waren ordentlich sortiert aufgebaut: Erdnüsse,
Reis, Maggiwürfel, Sesam, Salz, Peperoni, Baobabblätter und ge-
räucherten Fisch, alles in Miniportionen in Tütchen verpackt. Danach zeigte er mir ihr kleines Haus, das auf einem von Bäumen bestandenen, vollgemüllten Acker stand und das, so sagte Bourema,
seit der Geburt einer schwarzen Ziege vor ihrer Haustür heilig
geworden war.

Von der malischen Grenze bis nach Togo zog sich der Nullmeridian über gut 400 Kilometer – vom 15. bis zum 11. Breitengrad –
durch den Osten von Burkina Faso.

Yargatenga war das letzte Dorf in Burkina Faso, wo ich den
Nullmeridian berührte, danach wurde sein Verlauf unübersicht-
lich. Der Nullmeridian an sich kannte nur das Prinzip der schnurgeraden Linie, näherte sich jedoch einem Gebiet, wo Burkina

Faso, Togo und Ghana in einem sonderbaren Muster aus Ausstülpungen und Einsprüngen aneinandergrenzten. Die Straße von Yargatenga zur Grenze verlief fast exakt auf dem Nullmeridian, der südlich davon zunächst ein kleines Stückchen Ghana durchquerte und anschließend 39 Kilometer durch togoisches Territorium führte – von 10° 58' bis 10° 37' n. B. –, um dann hinter Koumbok die Grenze zwischen Togo und Ghana zu passieren. Zu beiden Seiten der Grenze wohnten dieselben Bevölkerungsgruppen, und mit den sechs Sprachen, die Osman und Bourema beherrschten, konnten die beiden auch in Togo als Dolmetscher fungieren. Wir vereinbarten, uns in Yendi, einer Stadt in Nordghana, zu trennen.

In der an Ghana grenzenden und dicht am Nullmeridian gelegenen burkinisch-togoischen Grenzstadt Senkansé wurde die Police Nationale zum ersten Hindernis. Ein Polizist in Kakiuniform – neben seinem Schreibtisch stand ein Krankenhausbett auf Rädern – studierte meinen Pass. Warum kein Einreisestempel meiner Ankunft in Burkina Faso in meinem Pass war, wunderte er sich, und warum ich nicht Lomé, die Hauptstadt Togos, sondern drei in einem abgelegenen Landesteil auf dem Nullmeridian liegende Dörfer besuchen wollte. Er schrieb all diese Informationen in ein großes Heft. Erst dann winkte er mich durch.

An dem verrosteten Schild »République Togolaise« fuhren wir über eine Brücke und landeten auf einem mit Lastwagen, Eselskarren und voll bepackten Fahrrädern überfüllten Platz. Senkansé hieß hier Cinkassé, und diverse Aufschriften machten klar, was dem Regime in Togo wichtig war: Arbeit – Freiheit – Vaterland. Es folgte eine Inspektion des Fahrzeugs. Ein kleines Stück weiter, mitten in der kleinen Stadt, stießen wir auf eine Straßensperre, bemannt von zwei dicken Zöllnern in brauner Uniform: Einer von ihnen lag in unbequemer Haltung auf der Motorhaube seines Wagens und schlief, der andere hing rauchend aus der Schalterluke eines Holzschuppens.

Der togoische Teil von Senkansé wirkte wohlhabender als die burkinische Seite jenseits der Grenze: die Moschee nach einem modernen Architekturentwurf, mehr Mopeds und Autos als Eselskarren, eine Unmenge von Telefonläden. Durch die Nähe der Grenzen zwischen Ghana und Togo sowie zwischen Burkina Faso und Ghana donnerten viele stinkende Lastwagen von überall her durch den kleinen Ort. Der Markt war der Treffpunkt für Händler aus drei Ländern und für eine große Schar von Kindern, die auf ihren Mund zeigten, eine Dose mit Münzgeld schüttelten und »Bonjour« riefen.

10° 48' n.B.
Warkambou

Nach einer Weile verließen wir die asphaltierte Hauptstraße, die zu den Städten Dapaong und Sansanné-Mango weiterführte. Dieser südlichste Teil des Sahel-Gürtels bildete den Übergang von der Strauch- zur Baumsavanne: Die Erde war endlich grün, und es wuchsen Fächerpalmen. Auf der Suche nach dem unweit des Nullmeridians gelegenen Ort Tami, in dem wir übernachten wollten, verirrten wir uns im Grenzgebiet. In einem Dorf fragte Osman nach dem Weg und bekam eine lange Erklärung zu hören: am Markt links, nach dem zweiten großen Baobab rechts ab. Als wir zum Markt kamen, stellte sich heraus, dass die Brücke bei Tami nach den Überschwemmungen eingestürzt war, worauf wir auf einer schmalen Schotterpiste weiterfuhren und durch Dörfer kamen, die auf keiner meiner Karten verzeichnet waren. Schließlich fanden wir ein Sträßchen mit tiefen Schlaglöchern, das von Osten nach Westen verlief, wodurch wir direkt auf den Nullmeridian zufuhren.

Etwa vier Kilometer vom ausgetrockneten Fluss Zambone entfernt, der ein Stück weit an der Grenze zu Ghana verläuft, erreichten wir ein Straßendorf. Dort fanden wir den Nullpunkt. Ich hielt ein Schild mit der Aufschrift Warkambou N 10° 48' 02.6″ E 00° 00' 00.0″ in die Höhe und machte mein rituelles Fotos. Ein Junge auf einem Eselskarren hielt an, nach ihm ein Motorradfahrer, dann eine Frau mit einem Baby im Umschlagtuch und einem grünen Eimer in der Hand, dann fünf Radfahrer, eine Frau mit Tabletts auf dem Kopf und immer mehr Kinder.

Benoît Koffi besuchte das Gymnasium in Dapaong. »Ich verbringe gerade meine Ferien bei meinem Vater. Das alles sind meine *grand-frères*«, sagte er und zeigte dabei auf eine Reihe von Neugierigen. Der Mann auf dem Motorrad war der Tierarzt Lingbatibe Kangou, der in Warkambou Vieh impfen sollte. Wir sprachen über die Familiendiktatur der Eyadémas. Gnassingbé Eyadéma war 37 Jahre lang in Togo an der Macht gewesen. Bei jeder Nachrichtensendung im Fernsehen schwebte er mit Engelsflügeln vom Himmel herab. Er hatte angeblich mehr als hundert Kinder, und ihm privat standen über tausend Tänzerinnen zur Verfügung, die auf Kommando für ihn tanzten und sangen. Mit seinem Tod ging die längste Amtszeit eines Staatsoberhauptes der postkolonialen afrikanischen Geschichte zu Ende.

Sein Nachfolger war sein Sohn Faure Essozimna Gnassingbé. Der Sohn, wie ihn die Togoer nannten, war weniger hartherzig als sein Vater, aber auch kein aufgeklärter Demokrat. Überdies war er in einen Machtkampf mit einigen seiner vielen Halbbrüder verwickelt, darunter mit Kpatcha Gnassingbé, dem Besitzer von drei Rolls Royce Phantom. »Wir fühlen uns jetzt freier, unsere Meinung zu äußern«, sagte der Tierarzt Lingbatibe Kangou, »aber es wird bestimmt noch eine ganze Generation dauern, bis die Angst verschwunden ist.«

Warkambou hatte drängendere Probleme. In der Regenzeit war die improvisierte Brücke über den Grenzfluss unpassierbar, und das Dorf, das in einer Ausstülpung von Togo lag – nach allen Seiten von Ghana umringt –, war daher von seinem natürlichen Hinterland getrennt. »Seit Jahren fordern wir eine richtige Brücke«, sagte Kangou, »aber es tut sich einfach nichts.«

Kantonchef Kanlou Piake, der mächtigste Funktionär von Warkambou und Umgebung, war von imposanter Gestalt, trug eine flache azurblaue Kopfbedeckung, einen Boubou mit vertikalen blau-weißen Streifen und auf der Brust einen Button mit einem Foto von »Der Sohn«. Er zeigte sich »sehr glücklich« über die ihm bis dato noch unbekannte Tatsache, dass Warkambou auf dem Nullmeridian lag, »wo er doch, wie Sie sagen, in der ganzen Welt nur acht Länder durchquert«. Piake saß auf einem Holzstuhl unter einem uralten meterdicken Mangobaum; seine Füße ruhten auf einem Brett unter einem Tischchen aus rohem Holz. Um ihn herum, aber in einer gewissen Distanz, saßen seine Söhne und Enkelsöhne auf Bänken oder auf dem Boden. Sie hörten aufmerksam und schweigend zu. Nach dem ausführlichen Begrüßungszeremoniell bekamen wir ein Glas Hirsewasser vorgesetzt.

Seine Wahl als Kandidat der Regierungspartei zum Kantonchef sei demokratisch verlaufen, betonte Piake. »In der letzten Runde bekam ich 1281 Stimmen und mein Gegner 608. Aber Sie müssen bedenken: Demokratie ist in Afrika immer ein Kampf zwischen Familienclans.« Wahlen brauchten ihm von nun an kein Kopfzerbrechen mehr zu machen: Seine Ernennung galt auf Lebenszeit. In seinem Kanton, der mehrere Dörfer umfasste, sei noch viel zu tun, sagte er. Das Gebiet jenseits des Grenzflusses sei in der Regenzeit unerreichbar, und das sei ein Problem für die ganze Region. »Es ist unser Brudervolk, es gibt verwandtschaftliche Bindungen, und wir treiben Handel miteinander. Dass wir auf zwei verschiedenen Seiten der Grenze wohnen, haben wir der Kolonialgeschichte zu verdanken. Unser Gebiet hier war deutsch, und erst nach dem Ersten Weltkrieg wurde diese unlogische Grenze von den Franzosen und den Engländern gezogen, als sie die deutschen Kolonialbesitzungen unter sich aufteilten. Darunter haben wir noch heute zu leiden.«

In Warkambou gab es weder Elektrizität noch Telefonempfang. Das Gebiet wurde von der Geflügelpest heimgesucht; die Hälfte der Kinder ging nicht zur Schule, sondern musste den Eltern beim Viehhüten oder bei der Ernte von Brechbohnen, Hirse, Möhren und Baumwolle zur Hand gehen. Im ganzen Gebiet gab es nur eine staatliche Schule; die Lehrkräfte an den vier nicht staatlichen Privatschulen wurden von den Eltern bezahlt.

Kantonchef Piake stand kein eigenes Transportmittel zur Verfügung, sein Motorrad war »im Bau begriffen«. In der Regel bewegte er sich als Sozius auf einem Moped fort. Als pensionierter Soldat und Mitglied der Regierungspartei war aus seinem Mund wenig Kritik an der togoischen Familiendiktatur zu erwarten. »Der Vater hat alle Söhne Togos als Erster vereint«, meinte er. »Sein Motto lautete Einheit und Frieden. Er machte Schluss mit den ethnischen Auseinandersetzungen. Unter dem Sohn hat sich bereits vieles geändert: Wir haben jetzt das Recht der freien Meinungsäußerung.« Auch Piake pflegte nach eigener Aussage einen modernen Führungsstil: »Früher saßen die Besucher, wenn der Chef anwesend war, auf dem Boden, heute bekommen sie auch einen Stuhl.« Beim Abschied ging eine Kalebasse mit *dolo* (Gerstenbier) von Hand zu Hand, und ich steckte so unauffällig wie möglich Piakes »Sekretär« ein wenig Geld zu. Kurz darauf drückte dieser die zwei Geldscheine dem Chef in die Hand, ohne ihn dabei anzusehen.

Der Grenzfluss Zambone war völlig trockengefallen. Von beiden Ufern her schleppten Männer ihre überladenen Mopeds durch den losen Sand auf die gegenüberliegende Seite. »Jeden Morgen um sechs Uhr wimmelt es hier von Motorrädern und Mopeds«, sagte ein Mann mittleren Alters, der gerade die Grenze überquert hatte. »Allesamt Händler. Mithilfe von Steinen und Zweigen schaffen es auch Lastwagen durch das Flussbett. Sogar Verkehr aus Mali, Burkina Faso und Benin kommt hier vorbei.« Nicht, weil es keine Zollstelle gebe, versicherte er, sondern weil es die kürzeste Verbindung zu den ghanaischen Städten Bawku und Bolgatanga sei.

Über das ein wenig nördlicher gelegene Finkoutloute – der Nullmeridian führte dort an einer kleinen Geburtsklinik entlang – gelangten wir nach Tami, wo sich alte, hohe Kapokbäume am

Straßenrand aneinanderreihten. Eine Bleibe fanden wir im Gäste-haus der Brüder der Christlichen Schulen, auch bekannt unter dem Namen Die Brüder von La Salle: eine ausschließlich aus Brü-dern und nicht aus Priestern bestehende Kongregation, die sich auf Bildungs- oder soziale Projekte konzentrierte, aber nicht mis-sionierte. Drei spanische Brüder – zwei ältere, die das Projekt be-gonnen hatten, und ein jüngerer, der erst eingetroffen war – unter-richteten Erwachsene und Kinder der Landbevölkerung. Auf dem Gelände von der Größe eines kleinen Dorfes hielten sich ständig 24 Familien auf, die Unterricht und andere Hilfen bekamen und nach zwei Jahren neuen Bewohnern Platz machten. Es roch nach süßlichen Blumen, und nirgendwo lag auch nur der kleinste Fet-zen Papier: An den Bäumen hingen Mülleimer.

Am nächsten Tag brachen wir Richtung Koumbok auf, um vom südlichsten togoischen Teil des Nullmeridians aus die Grenze nach Ghana zu überqueren. Wir fuhren über einen schmalen Schotterweg, um den sich offensichtlich weder Vater noch Sohn je gekümmert hatten: ein tiefes Schlagloch neben dem anderen und halb verfallene Brücken, die allein Geländewagen umfahren konnten. Es war Sonntag, und überall in dem dicht bevölkerten Gebiet saßen Menschen in kleinen Gruppen unter den Bäumen beisammen. Viele Frauen trugen das Haar extrem kurz geschnit-ten – eine Mode, die sie von der Elfenbeinküste übernommen hat-ten.

10° 39' n.B.
Koumbok

Ein kalter Harmattan wehte. Die Landschaft mit Rundhütten, Baobabs und Palmen lag unter tief hängenden Staubwolken. In Nano war gerade Markttag. Ein Junge, den wir nur mühsam davon abhalten konnten, uns die hiesigen Höhlen zu zeigen, erklärte uns den Weg zum Grenzübergang bei Koumbok. Hinter Nano wurde es bergiger. Die Straße war in dramatisch schlechtem Zustand oder eigentlich gar nicht vorhanden; an verschiedenen Stellen war sie abgerutscht, und so waren schlecht passierbare Ausweichspuren entstanden. Mein Navi zeigte gut 400 Höhenmeter an und dass wir direkt auf den Nullmeridian zusteuerten.

Bei einem militärischen Wachtposten kurz hinter dem Dorf Liek stoppte uns ein Soldat, indem er einen Baumstamm vor das Auto rollte. »Hier ist die Grenze«, behauptete er, obwohl die Grenze in Wirklichkeit erst in gut fünfzehn Kilometern Entfernung verlaufen musste. Wegen unseres burkinischen Nummernschilds hielt er uns für *transporteurs* und hatte nicht vor, uns einfach weiterfahren zu lassen. Der wenige Kilometer von seinem Wachtposten entfernte Nullmeridian ginge ihn nichts an. Eine Genehmigung, Burkina zu verlassen, wollte er für 2000 CFA-Franc schon ausstellen. Auf einen winzigen Fetzen, den er von einem Formular abriss und auf dessen Rückseite gerade noch die Worte »sans problèmes« zu lesen waren, schrieb er »Vue par chef de poste de Liek« und setzte seine Unterschrift darunter. Er nahm das Geld in Empfang und rollte den Baumstamm beiseite. Nicht viel weiter, wenige Kilometer vor der Grenze, passierten wir den Nullmeridian bei den ersten Hütten des Dorfes Koumbok. Der Wind hatte sich gelegt, aber am Himmel hingen immer noch dicke Staubwolken, die die Sicht trübten.

Der Nullpunkt bot Ausblick auf ein paar verstreut liegende Hütten, einen Stall, auf ein paar vereinzelte Fächerpalmen. Es war totenstill und heiß. Ein junger Mann kam daher, er schob sein Rad. Er hieß Feybonte Marsogue, war neunzehn Jahre alt und besuchte das Gymnasium in Nano. »Viele sind hier schlecht ausgebildet«, sagte er. »Die Eltern wissen es nicht besser, sie lassen ihre Kinder arbeiten, statt sie in die Schule zu schicken.«

Aus dem Nichts tauchte ein Mann in Slippern auf. »Mein Vater«, stellte Feybonte vor. »Er lebt hier im Dorf als Bauer, er hat nie eine Schule besucht und spricht kein Französisch.« Aus dem Dorf besuchten nur drei Kinder das Gymnasium. »Es ist mein Traum, später an der Universität zu studieren«, sagte der junge Mann. »Aber ich weiß nicht, ob ich es schaffe. Ich unterrichte auch meine kleinen Brüder und andere Verwandte, und ich versuche, ihnen klarzumachen, wie sie ihr Leben verbessern können.«

Kurz vor der Grenze wuchsen die ersten Kokospalmen: Wir ließen die Sahelzone hinter uns. Palmen mit weiß gekalkten Streifen säumten die Straßen der nächsten zwei Dörfer – laut Bourema der Beweis, dass hier irgendwann einmal hohe Würdenträger vorbeigekommen waren. Wir gelangten zu einer Straßensperre, bestehend aus zwei Baumstämmen und einem quer über den Weg gespannten Seil mit ausgefransten gelben und roten Fäden. Das sei der Grenzübergang Tambimon, sagten die beiden burkinischen Zöllner. Die ghanaische Seite hieß Mambobga und bot einen identischen Anblick: zwei Baumstämme und ein ausgefranstes Seil, das quer über den Weg gespannt war.

Tambimon und Mambobga waren auf keiner unserer Karten auffindbar, es war ein Grenzübergang mit zwei Namen, der zwei völlig abgelegene Orte miteinander verband. Alles wirkte verlassen, bis sich ein Soldat langsam näherte. Er bedeutete uns, auszusteigen und ihm in ein kleines Büro zu folgen, auf dessen geschlossener Tür *sheriff* stand. Aus einem anderen Häuschen trat ein etwa 35-jähriger Mann in Bluejeans und mit einem weißen Adidas-T-Shirt schwankend heraus. Das Weiße in seinen Augen war rot angelaufen. Unter einigen Mühen fand er den Schlüssel für das Büro und setzte sich an seinen Schreibtisch. Die ganze Zeit über blieb er stumm. Er schob mir Feder und Papier hin. »Your name.« Danach betrachtete er meinen Reise- und meinen Impfpass. Sekundenlang musterte er die erste Seite, auf der die Impfungen aus den letzten dreißig Jahren eingetragen waren. Danach fragte er Osman und Bourema nach ihren Papieren. »I'm not satisfied«, sagte er mit leerem Blick. Osman sah dem Foto auf seinem Ausweis nicht mehr besonders ähnlich, aber zum Glück hatte er auch einen abgelaufenen Pass bei sich, dessen Foto für ausreichend befunden wurde. Nun musste noch das Auto abgefertigt werden.

337

Der Sheriff schickte einen Soldaten hinaus, damit er das Nummernschild abschreibe, und holte aus einer Schublade ein Laissez-passer-Formular, aber es gelang ihm nicht, die Angaben zu übernehmen. Er stand auf und schlurfte nach draußen, wobei er an der Mauer Halt suchte. Bourema steckte ihm 2000 CFA-Franc in die Hand, worauf er mit einem Kopfnicken andeutete, dass wir weiterfahren könnten. Es war schon später Nachmittag, und wir steuerten den nächsten größeren Ort an: Nakpanduri.

Wenn die Erde flach wäre, dann wäre Ghana ihr Mittelpunkt: Kein Land der Welt liegt näher am Schnittpunkt von Nullmeridian und Äquator.

Die älteste uns erhaltene Erwähnung im europäischen Kulturkreis der möglichen Existenz einer südlichen Halbkugel stammt von Herodot. Er lässt sich in seinen Historien skeptisch über die Beobachtungen phönizischer Seeleute aus, die um 600 v. Chr. vom Roten Meer aus um Afrika herum gesegelt waren. »Und sie haben etwas erzählt, was ich nicht recht glauben kann, aber vielleicht ein anderer, nämlich sie hätten, als sie um Libyen herumbogen, die Sonne zur Rechten gehabt.« Die Aufteilung der Erde in eine nördliche und eine südliche Halbkugel ist durch die Lage des Äquators in der Mitte zwischen den Polen, die als die beiden Enden der Erdachse unangefochtene Referenzpunkte sind, natürlicher als eine Aufteilung in Ost und West. Die Unterscheidung zwischen östlicher und westlicher Halbkugel ist eine künstliche und wurde erst nach der allgemeinen Annahme des Greenwich-Nullmeridians definitiv festgelegt.

Die westliche Halbkugel – das Gebiet westlich des Nullmeridians und östlich der 180°-Linie – besteht in puncto Landoberfläche aus Nord- und Südamerika, Westafrika und dem äußersten Westen von Europa. Island, Irland, die autonomen dänischen Färöer-Inseln und Portugal sind die einzigen europäischen Länder, die in Gänze auf der westlichen Halbkugel liegen. Weitaus die

meiste Landoberfläche liegt auf der östlichen Halbkugel: ganz
Asien und Australien und der größte Teil von Europa, Afrika,
Ozeanien und der Antarktis.

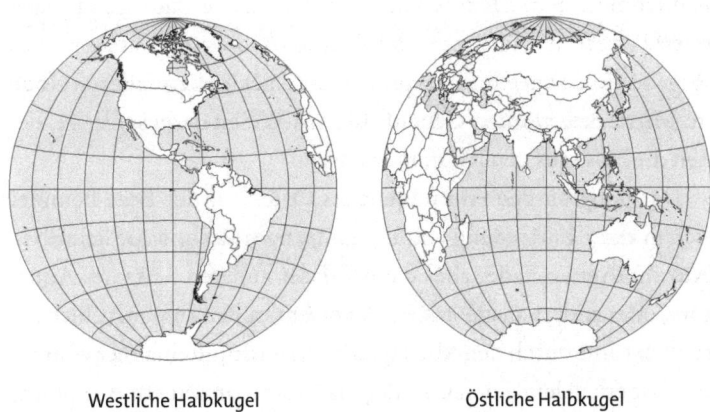

Westliche Halbkugel   Östliche Halbkugel

Die Ost-West- und Nord-Süd-Einteilung der Erde wird in der
Regel nicht in geografischer, sondern in geopolitischer, kulturel-
ler oder ideologischer Bedeutung verwendet: Nord-Süd steht für
Reich gegenüber Arm, Ost-West für Russland und Asien gegenüber Amerika und (West-)Europa, obwohl viele europäische Länder, die zur westlichen Welt gezählt werden, auf der östlichen
Halbkugel liegen.

Afrika ist der einzige Kontinent, der sich sowohl auf der nördlichen als auch der südlichen, der westlichen wie auch der östlichen Halbkugel befindet, und nur die Inselrepublik Kiribati im
Stillen Ozean kann Folgendes bieten: Auf jeder der vier Halbkugeln liegen mindestens drei kiribatische Inseln.

Die alten Griechen waren mit ihrem unzähmbaren Verlangen
nach Symmetrie die Ersten, die vier Halbkugeln definierten. Das
Gebiet der Antipoden sprach die Fantasie am meisten an. Dort
wohnten die Gegenfüßler, die Antipoden, die Menschen, die uns

diametral gegenüber leben. Der römische Schriftsteller Laktanz glaubte kein Wort davon:»Was verkünden denn jene, die meinen, es gebe Antipoden, die uns die Füße zukehren? Ja, wer ist denn so töricht wie der, der glaubt, es gebe Menschen, deren Füße über den Köpfen sind? Oder wo das, was bei uns herunter zeigt, nach oben hängt? Wo Pflanzen und Bäume nach unten wachsen? Wo Regen und Schnee und Hagel zur Erde nach oben fallen?« Noch im Mittelalter wurden Gegenfüßler als Wesen dargestellt, bei denen die Füße aus den Köpfen wuchsen.

Der geografische Antipode jedes Ortes auf der Erde befindet sich in einer Entfernung von 180 Längengraden und auf derselben Anzahl Breitengrade, aber dann auf der anderen Seite des Äquators, oder anders ausgedrückt: Zwei Antipoden sind mit einer virtuellen Linie durch den Mittelpunkt der Erde miteinander verbunden. Ist es an dem einen Ort Tag, dann ist es an seinem Antipoden Nacht, der längste Tag an dem einen Ort ist der kürzeste seines Pendants auf der anderen Seite der Erde. Da gut siebzig Prozent der Erdoberfläche aus Wasser bestehen, befindet sich ein Antipode oft mitten im Ozean. Noch kleiner ist die Chance, dass zwei Städte Antipoden sind, wie es bei der neuseeländischen Stadt Christchurch und dem spanischen A Coruña oder bei dem chilenischen Valdivia und der chinesischen Stadt Wuhai der Fall ist. Es sind noch weitere auf dem Koordinatensystem des Nullmeridians und des Äquators basierende Gegenstücke möglich. *Perioeci*, Nebenwohner, oder wie es die alten Niederländer ausdrückten: »Rundumwohner«, leben auf demselben Breitengrad, aber auf einem entgegengesetzten Längengrad, *Antoeci* oder »Gegenwohner« wohnen auf demselben Längen-, aber auf einem entgegengesetzten Breitengrad.

Jahrhundertelang gingen Kartografen davon aus, dass die Erde auf dem Äquator und in seiner Umgebung unbewohnbar sei. Schließlich begann der unaufhaltsame Vormarsch des Äquators als natürliche Nord-Süd-Grenze, und er bildete zusammen mit dem

Nullmeridian die Basis für das Koordinatensystem. Weil man in der Antike annahm, er sei unpassierbar, und weil Entdeckungsreisende in späteren Jahrhunderten am eigenen Leib die Unzugänglichkeit der tropischen Regenwälder erfuhren, durch die er verlief, bekam der Äquator einen mythischen Status.

Noch immer werden europäische und amerikanische Seeleute, wenn sie zum ersten Mal »die Linie« überqueren, einem manchmal schonungslosen Initiationsritus (der Äquatortaufe) unterworfen. Bis in die Mitte des zwanzigsten Jahrhunderts gingen diese Zeremonien mit Kahlscheren, Untertauchen, Demütigen oder anderen Formen verbaler oder physischer Gewalt einher. Auf Handelsschiffen gibt es immer noch den Brauch, dass ein als Neptun verkleidetes Mannschaftsmitglied – meist der Bootsmann – die Seeleute tauft, die den Äquator zum ersten Mal passieren. Die damit einhergehenden Bräuche, denen der Täufling unterworfen ist, variieren. Die einen müssen nur mit Unterhose bekleidet durch einen Tankentlüfter kriechen, andere nur ein paar Schluck Meerwasser trinken.

In der angelsächsischen Kultur heißen Seeleute, die den Äquator schon einmal überquert haben, *Trusty Shellbacks* (alte treue Seerobben). Das Zertifikat des *Order of the Golden Dragon* wird beim Passieren der internationalen Datumsgrenze überreicht, und die Urkunde *The Royal Diamond Shellback* gibt es, wenn die Königskoordinaten der Weltkarte passiert werden: der Schnittpunkt von Äquator und Nullmeridian vor der Küste von Ghana.

Etwa zwanzig Kilometer ging es noch gut, aber als wir die letzten Dörfer, in denen Moba gesprochen wurde, hinter uns gelassen hatten, waren Osman und Bourema hilflos. Nachdem ihm nun keine auch in Ghana verständliche afrikanische Sprache mehr zur Verfügung stand, fiel Bourema wieder ins Französische zurück, und obwohl Ghanaer als Englischsprachige in der Regel kein Wort Französisch verstehen, blieb er konsequent dabei. »Ich spreche absichtlich Französisch, weil ich im Ausland bin«, war seine Reaktion. Frankophonie ist nicht das einzige greifbare kulturelle Erbe der französischen Kolonialzeit in Mali, Burkina Faso und Togo. Mindestens ebenso nachdrücklich lebt das ausgiebige und vielfache Händeschütteln fort. Ich hatte in den vergangenen Monaten Hunderte von Händen geschüttelt, vielleicht Tausende. Ich ergriff die ausgestreckten Hände von Dorfvorstehern, von Passanten, Bauern, Nomaden, Beamten, Kindern, alle Hände in einem Laden oder auf einem Anwesen. Glatte Hände, schwielige Hände und Hände mit Schwellungen. Manchmal fertigte ich in einer halben Stunde ein ganzes Dorf ab, wobei ich mich ungewollt wie ein Präsident fühlte, der ein Bad in der Menge seiner Anhänger nimmt. Ich gab keine Wahlversprechen und hatte keine Bodyguards, besaß aber wohl die exklusive Kompetenz zu bestimmen, ob ein Haus, Anwesen oder Dorf zur Weltgeografie gehörte oder nicht.

10° 37' n.B.
Nakpanduri

Die Straße nach Nakpanduri (»Fleischhackplatz«) war asphaltiert. Die meisten Dörfer, durch die wir fuhren, hatten noch keine Elektrizität, aber in vielen Orten standen die Leitungsmasten schon bereit. Im Stadtzentrum verließen wir die Hauptstraße an dem Schild »Welcome in Nakpanduri«, das mitten auf der verlassenen Kreuzung am Abzweig nach Walewale stand. Nach einigem Herumfragen fanden wir Silim Elijah's Guest House.

In Nakpanduri brannten ein paar Straßenlaternen, aber die übrige Stadt war abends stockfinster. »Es gibt Strom, aber die Leute haben dafür kein Geld«, sagte Thomas, der Neffe des Eigentümers, der uns als einzige Gäste empfing. »Dies ist der ärmste Teil von Ghana, hier gibt es keine Arbeit. Viele Einwohner von Nakpanduri sind nach Amerika, Deutschland, Norwegen, Botswana oder in den Süden des Landes ausgewandert.« Doch es sei schwer wegzukommen, sogar nach Accra oder Kumasi in Ghana. »Ich kenne niemanden dort«, sagte Thomas.

Am frühen Abend rannten etwa zwanzig mit Stöcken und

342

Knüppeln bewaffnete Männer und Jugendliche johlend und schreiend vorbei. Kurz darauf kehrten sie gemächlichen Schrittes wieder zurück: Angeblich hatte man einen Einbrecher ertappt, doch der vermeintliche Dieb stellte sich als unschuldig heraus.

Der Nullmeridian kreuzte Najong Nummer 2 mitten durch die Eingangstür eines Häuschens aus Zement mit dem Schild »Nails for sale« und sechs handgemalten, einen halben Meter großen Nägeln auf der Hauswand. Unter dem Wellblechdach stand in roten Buchstaben, umgeben von einem schwarzen Rand: *god's power, pray and wait for your reply. don't loose hope.*

Najong Nummer 2 lag im äußersten Norden des Distrikts Northern Region, nahe der Grenze zu Burkina Faso. »Hier verläuft der Greenwich-Meridian«, sagte En Nasumong, der Englisch sprechende pensionierte Beamte des Bildungsministeriums, der mit zwanzig anderen zu mir gekommen war. »Es waren einmal Weiße hier, die uns davon erzählt haben.«

Die Bevölkerung von Najong sei vor langer Zeit in zwei Clans zerfallen, berichtete er: in die Nadong (in Najong Nummer 2) und in die Bauk (in Najong 1). »Aber heute sind wir befreundet, und wir heiraten sogar untereinander.« Ich äußerte meine Freude über die friedlichen Beziehungen zwischen den beiden Dörfern, bemerkte aber, dass es natürlich durchaus so sei, dass sein Najong Teil der globalen Geografie sei, eine Tatsache, die von Nummer 1 nicht überboten werden könne. »Gott hat es so bestimmt, dass der Nullmeridian durch Najong 2 führt«, gab Nasumong zurück, »aber das stellt uns nicht über Najong 1.«

Er ließ sich erklären, wie er die Längengrade auf meinem GPS-Display ablesen konnte, und registrierte dann den Verlauf des Nullmeridians in seiner unmittelbaren Umgebung: Am Nagelladen vorbei, durch einen Baum mit dickem Stamm, über die Straße nach Bimbaga oder Bunkpurugu, über die offene Kloake und durch einen kleinen, zugemüllten Acker. »Jetzt, da ich bis auf den Meter genau weiß, wo der Meridian verläuft, werde ich ein Schild am Straßenrand aufstellen, das den Greenwich-Meridian markiert«, beschloss er auf der Stelle. Vielleicht konnte eine Laterne das Schild beleuchten. Seit einem halben Jahr standen in Najong Strommasten, aber auch hier lieferten sie noch keine Elektrizität. »Es fehlen noch ein paar Teile, hat man uns gesagt«, meinte Nasumong. »Sobald wir Strom haben, wird sich unser Leben total ändern. Wir brauchen dann weniger Holz, wir können Kühlschränke haben, fernsehen und unsere Telefone zu Hause aufladen.« Der Fortschritt war bereits im Anmarsch, Straßenarbeiter asphaltierten gerade die Hauptstraße. Der Norden von Ghana hinkte hinter dem Süden her, der eine stürmische wirtschaftliche Entwicklung erlebte.

10° 29' n.B.
Yunyuo

»Alles die Schuld von euch Weißen«, meinte Nasumong. »Ihr habt angefangen, die Orte zu entwickeln, in die ihr gekommen seid. Der Norden lag weit von der Küste entfernt und war schwer zu erreichen. Deshalb gibt es noch heute weniger Schulen als im Süden, und das Bildungsniveau ist niedriger.« Er zeigte auf die Jungen und Männer, die um uns herumstanden. »Jetzt zur Pflanzzeit sind sie hier. Danach gehen sie wieder in den Süden und suchen Arbeit.« Nasumong hatte acht Kinder mit seiner ersten Frau, zwei mit seiner zweiten und vier mit seiner dritten. »Ich muss für alle sorgen, aber sie sind auch meine Altersvorsorge. Familienbande sind lebenswichtig.«

Ich fand einen zweiten ghanaischen Nullpunkt westlich von Yunyuo: Palmen, Butterbäume, zwei Anwesen ganz in der Nähe, ein paar vereinzelte Hütten mit runden Dächern. Hinter Yunyuo gab es einen Kontrollposten der Polizei, der uns zwei Probleme bescherte: Wir konnten für den alten Geländewagen mit burkinischem Kennzeichen kein Laissez-passer vorlegen, und außerdem hatte Osman keinen gültigen internationalen Pass. Ich erklärte dem Polizisten, dass wir auf einer wichtigen Mission seien, nämlich die Linie festzulegen, die Ghana mit Großbritannien und dem Nordpol verband. Er fragte nach meiner Landkarte, fuhr mit dem Finger an dem gelb markierten Meridian entlang und deutete auf die Hafenstadt Tema. »Von dort komme ich«, sagte er. »I'm a real meridian.« Er wünschte mir viel Erfolg und schob die zwei Benzinkanister, die auf der Fahrbahn standen, zur Seite.

Wir fuhren stundenlang weiter, auf einer Straße, die immer schlechter wurde. Die Landschaft war weit und erinnerte an die Sahelzone: rotbraune Erde mit tiefen Rissen, feuergerodete Felder und wenige Dörfer. Alle Ortsschilder waren von der politischen Partei aufgestellt worden, die hier das Szepter schwang: »Yawungu – New Patriotic Party. Development in freedom«.

Nicht lange nach Einbruch der Dunkelheit tauchten die Lichter von Yendi auf.

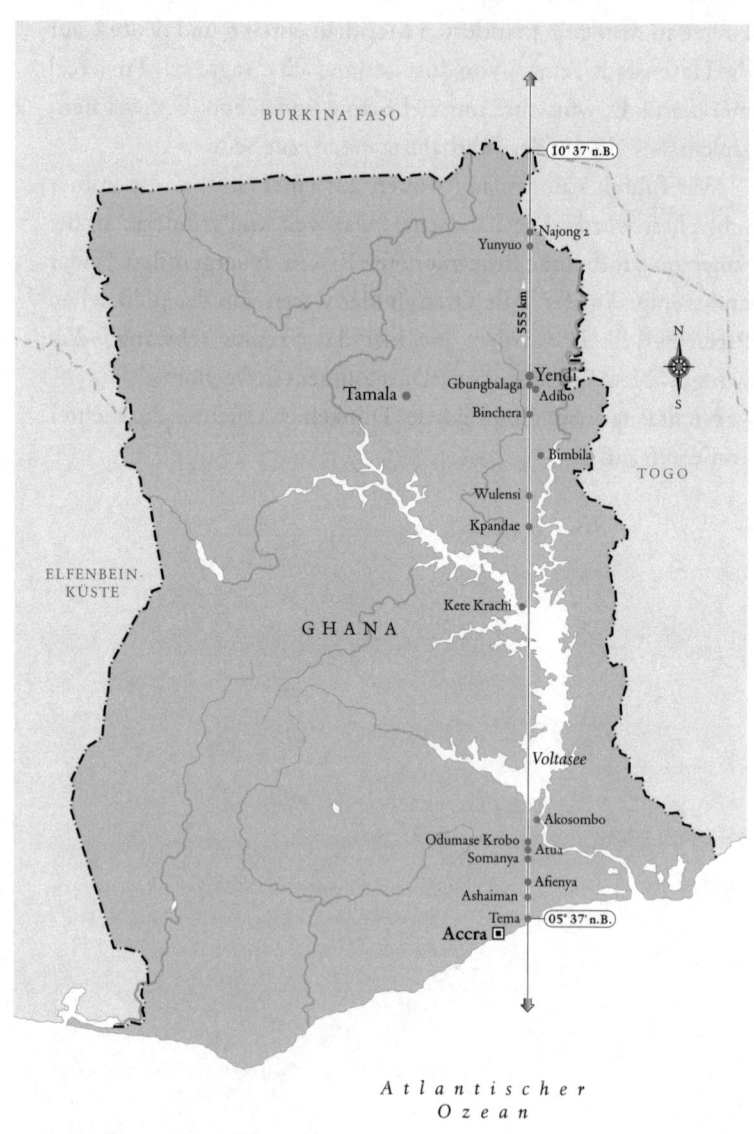

BURKINA FASO

10° 37' n.B.

Najong 2
Yunyuo

555 km

Tamala

Gbungbalaga
Binchera

Yendi
Adibo

Bimbila

TOGO

Wulensi
Kpandae

ELFENBEIN-
KÜSTE

GHANA

Kete Krachi

Voltasee

Akosombo

Odumase Krobo
Somanya
Ashaiman
Tema
Accra

Atua
Afienya

05° 37' n.B.

N
S

Atlantischer
Ozean

0   50   100   150 km

19

Zerrissene Stadt

Im Herzen der Stadt lauschte eine große Menschenansammlung einem Sprecher auf einem Podium, am Straßenrand buken Frauen Omelettes, Reggae dröhnte, und aus einer Seitenstraße kam ein Leichenzug daher, angeführt von Trommlern und einem Mann in weißem Gewand, hoch zu Ross. Wir folgten dem Zug die Hauptstraße entlang, an der das Yahaya Iddi Memorial Lodge liegen musste, das mir von zwei amerikanischen Evangelisten empfohlen worden war: »Wir sind hier, um Kirchen zu bauen und das Evangelium zu verkünden.«

Die Inhaber des ziemlich genau auf dem Nullmeridian liegenden einfachen Hotels waren Muslime, aber der Manager Robert war sehr christlich und hatte in jedes Zimmer das Neue Testament gelegt. »Die Direktion hat gar nichts dagegen«, sagte er. »Solange ich meine Arbeit gut mache.«

Bourema und Osman übernachteten ebenfalls in Yendi und fuhren am nächsten Tag in aller Frühe nach Burkina Faso zurück. Zwei Tage darauf rief Bourema an: Er und Osman seien an der Grenze zwischen Ghana und Burkina Faso festgenommen worden, weil sie kein Laissez-passer für ihr burkinisches Auto vorlegen konnten. Sie konnten ja schlecht sagen, dass der ghanaische Zöllner am Grenzübergang zu stoned gewesen war, um ein solches auszustellen. »Wir konnten uns übrigens absolut nicht verständigen«, sagte Bourema, »denn die Polizisten in Ghana sprechen nicht Französisch.« Bourema und Osman hatten einen Großteil des Tages in der Zelle verbracht, waren aber im Lauf des

Abends nach Entrichtung eines Bußgelds wieder auf freien Fuß gesetzt worden.

In Yendi schneidet der Nullmeridian eine zerrissene Stadt. Die Bevölkerung gehört größtenteils dem Volk der Dagomba an, das aus zwei Clans besteht: den Abudu und den Andani. Nach einem komplizierten Rotationssystem wechselt die Königswürde der Dagomba zwischen den beiden rivalisierenden Brudervölkern.

Der Ya-Na hat seinen Sitz in Yendi, und weil sein Thron aus Löwen- und Leopardenhäuten besteht, wird seine Krönung die »Besteigung der Häute« genannt. Von seinem Palast aus herrscht dieser »König der Absoluten Macht« über alle Dagomba. In grauer Vorzeit hatte es bereits blutige Zusammenstöße zwischen Abudu und Andani gegeben, doch nachdem der Präsident von Ghana den regierenden König Mahamadu Abdulai IV. von den Häuten heruntergestoßen – also entthront – hatte, waren die Spannungen von Jahr zu Jahr noch größer geworden und erreichten mit der Enthauptung von dessen Nachfolger Yakubu Andani II. im Jahr 2002 ihren Höhepunkt. Seitdem war kein neuer Ya-Na ernannt worden, weil sich die Clans nicht auf das einzuhaltende Prozedere einigen konnten.

Yendi ist eine kleine, aber ausgedehnte Provinzstadt, bekannt als »das größte Dorf Westafrikas«. Im Herzen der Stadt kreuzen sich die beiden einzigen Asphaltstraßen. Auf einem großen Schild wird zu Mitgefühl mit AIDS-Patienten aufgefordert: »A friend with HIV/AIDS is still a friend.« Am Gemeinschaftszentrum fahren die Fernbusse ab, auf der anderen Straßenseite findet der tägliche Markt statt, und überall gibt es Läden und Verkaufsstände.

In einer Reihe nebeneinanderliegender Kioske waren Mobiltelefone, die man für ein Gespräch mieten konnte, mit Ketten an der Wand befestigt, ein Geschäftskonzept, von dem täglich Dutzende Einwohner Gebrauch machten. Ab und zu fuhr ein Lastwagen oder ein Bus vorbei, oder auch Mopeds und Motorräder, aber das Dominierende in Yendi waren die Stimmen, das Krähen der Hähne, das Blöken der Schafe, die Reggaemusik und das Trommeln von einer der fünf Begräbnisfeiern, die gerade in der Stadt vonstattengingen. Die Behörden sendeten Werbespots, in denen dazu aufgerufen wurde, die Kosten der sich bisweilen über Wochen hinziehenden Begräbnisfeiern einzudämmen, aber in Yendi stieß diese Aufforderung vorläufig noch auf taube Ohren.

Im Café des Gemeinschaftszentrums dröhnte besonders lauter amerikanischer Reli-Pop aus den Lautsprechern: *Jesus is my soldier.* Um die Ecke gab es eine Fahrradwerkstatt unter freiem Himmel, und ich versuchte, dort ein Rad zu mieten. Ein älterer Mann auf einer Bank winkte mich zu sich und stellte sich als Dauda Nassam vor.»Das hier ist Ihr Rad«, sagte er und deutete auf sein eigenes. Dann würde er eben zu Fuß gehen, und von einer eventuellen Kostenerstattung wollte er nichts hören.»Sie nehmen es mit, und wenn Sie es nicht mehr brauchen, bringen Sie es wieder zurück.« Nassam fand man, so waren seine eigenen Worte, sieben Tage die Woche auf der Bank neben der Werkstatt. Außer es gab einen Todesfall: Als Angestellter des Gesundheitsministeriums war er für das Waschen der Toten von Yendi zuständig und für die Überführung der Leichen ins Mortuarium.

09° 26' n. B.
Yendi

Nassam und die Fahrradschlosser waren Abudu.»Manche von uns haben Andani-Mütter, aber unsere Väter sind alle Abudu.« Dass Ya-Na Yakubu Andani II. von seinen Abudu-Brüdern ermordet worden war, fand er nicht verwerflich.»Seine Wahl war illegal. Da muss man handeln. Die Ashanti machen das genauso. Wenn sie dort ihre Fersen im Sand hin und her bewegen, ist das das Zeichen, den König zu töten. Also nichts Besonderes. Ein alter Brauch.« Nassam stand auf, um ein paar Meter neben der Bank zu urinieren und ein bisschen Schleim auszuspucken. Danach wusch er sich die Hände mit Wasser aus einer Kanne und entschuldigte sich, denn aus der nahen Moschee ertönte der Gebetsruf.

349

Alle Räder in Yendi stammten aus China und sahen mehr oder weniger gleich aus, mit oder ohne Einkaufskorb. Es ging auf Mittag zu und war brütend heiß. Ich radelte zum mitten in der Stadt liegenden Yendi Government Hospital, das seit einem Jahr offiziell den Namen Greenwich Meridian Hospital trug und wo Nassam zufolge ein Monument zur Markierung des Nullmeridians stand, der durch das Krankenhausgelände verlief.

Am Eingang des Krankenhauses zeigte ein hölzerner Wegweiser zum »greenwich mer«. Für »idian« hatte der Platz nicht gereicht. Der Pfeil wies auf ein verwildertes, mit schwarzen Plastiktüten und anderem Müll übersätes Feld. Auf halbem Weg zu dem teilweise mit einer Mauer abgetrennten Gelände lag neben einem quadratischen Natursteinbrocken ein umgefallenes Markierungsschild. Es war vom Sand zugeweht und der rechte Pfosten abgebrochen. Ein oben angenageltes Brett trug die Aufschrift »welcome to the site of greenwich meridian«. Das Holz war geborsten, und mitten durch »greenwich« verlief ein Riss, sodass es so aussah, als wäre das Wort durchgestrichen. Links und rechts neben dem quadratischen Stein lagen zwei Reihen kleiner Lavabrocken, hier und da trugen sie noch Reste weißer Farbe. Wenn der Stein den Markierungspunkt des Nullmeridian verkörpern sollte, lag er doch tatsächlich ein ziemliches Stück von ihm entfernt: Mein Navi zeigte 0° 0' 17.5'' w. L. an, wovon ich noch höchstens vier Bogensekunden abziehen konnte, indem ich das geografische Datum auf British Ordnance Survey umstellte.

In einem der verstreut auf dem schattenreichen Krankenhausgelände liegenden Gebäude fand ich einen Krankenpfleger, der mir berichten konnte, dass das Schild vor einem Jahr mit einem Zuschuss des Tourismusministeriums aufgestellt worden war. Warum es jetzt zerbrochen auf dem Boden lag, wusste er nicht. »Vielleicht bei einem Fußballspiel umgeschossen.« Der Stein hatte seiner Erinnerung nach schon lange vorher auf dem Gelände gelegen, aber weil der Meridian-Markierungspunkt zur offiziellen

Touristenattraktion erhoben worden war, hatte man noch ein paar Lavasteine dazugelegt. Er riet mir, das Büro des District Chief Executive aufzusuchen. Er sei der tatsächliche Bürgermeister von Yendi, dort könne man mir zweifellos mehr über die Errichtung und das Niederreißen des Greenwich-Monuments erzählen.

Einen halben Kilometer vom Krankenhaus entfernt überquerte der Nullmeridian eine der zwei asphaltierten Hauptstraßen der Stadt. Dem am nächsten lag der geschlossene Junior-Justice-Kiosk, in der Ferne stand eine Scheune mit einem Feuerwehrauto, und ganz in der Nähe befand sich die Schule der Yendi Assemblies of God. Dutzende Schüler in blau-braunen Schuluniformen riefen »white man« und winkten mir zu.

Am Abend lautete die Wettervorhersage im Fernsehen für Yendi und Umgebung: »Unter dem Einfluss von Wüstenwinden wird die Nacht ungewöhnlich kühl verlaufen mit Temperaturen um zwanzig Grad Celsius, an einigen Orten sogar bis auf achtzehn Grad fallend. Am Morgen verursacht der Harmattan einen dichten Nebel, aber anschließend steigt die Tagestemperatur bis auf 36 Grad.«

In der größten Hitze fuhr ich mit dem Rad zum Büro des Distriktsrats, um zu versuchen, das Rätsel des an der falschen Stelle errichteten und in Rekordzeit verkommenen Meridiandenkmals zu lösen. Die Frau am Empfang hörte mich freundlich an und sagte: »Wenn Sie Zeit zum Warten mitbringen, können Sie vielleicht sogar den Bürgermeister sprechen.« Mit dieser Begegnung hatte ich nicht gerechnet und bedauerte, nicht ordentlicher gekleidet zu sein – ich trug ein rotes T-Shirt. Als ich jedoch eine Dreiviertelstunde später ins Amtszimmer des Bürgermeisters von Yendi geführt wurde, fiel mir als Erstes auf, dass der DCA, wie er hier genannt wurde, ebenfalls ein rotes T-Shirt trug.

Alhaji Mohammed Habib Tijani saß auf einem Lederchefsessel an einem mit Akten und losen Papieren bedeckten Schreibtisch.

An der Wand verkündete ein gerahmtes Plakat die Parole »Wissen mit seiner Familie zu teilen macht Freude«, neben zwei Porträts des Staatsoberhaupts. Tijani trug eine goldene Uhr, vier goldene Ringe, davon drei an einem Finger, und eine goldene Halskette. »Können Sie beweisen, dass Sie sich legal in Ghana aufhalten?«, fragte er, nachdem ich ihm gegenüber Platz genommen hatte. Ich zeigte ihm das Visum in meinem Pass, den er gleich wieder zurückreichte. »Im Hinblick auf Ihre Sicherheit empfiehlt es sich, dass Sie sich so schnell wie möglich im Büro der Nationalen Sicherheitsbehörde, Abteilung Yendi, melden.«

Tijani war jung, machte einen dynamischen Eindruck und hatte ein großes Wissen parat, eine Tatsache, die zu betonen er nicht unterlassen konnte. Zwei Drittel der Einwohner des Distrikts Yendi wohnten auf dem Land, berichtete er, und ein Drittel in der Stadt. »Der Ausbau von Yendi steht noch ganz am Anfang. Bis vor Kurzem gab es hier nichts, außer einer Ansammlung von Hütten: keine Elektrizität, kein Schlachthaus, keine gepflasterten Straßen, keine Wasserleitungen. Heute ist das anders. Wir haben ein Bezirkskrankenhaus, eine Privatklinik der Church of Christ und ein Postamt. In Sachen öffentliche Straßenbeleuchtung ist Yendi unerreicht. Weil es hier unsicher war, habe ich dafür gesorgt, dass Lichtmasten mit hellen Lampen an den Hauptstraßen stehen.«

Während er sprach und nebenbei mit halbem Ohr ein Fußballspiel auf dem Weltempfänger neben dem Kopiergerät verfolgte, kam ab und zu ein Beamter mit einer dringenden Frage ins Zimmer, auch das Telefon klingelte zweimal. Beim ersten Mal rief Tijani: »Mit wem spreche ich? Warum sprichst du inzwischen mit anderen Leuten? Das akzeptiere ich nicht.« Beim zweiten Gespräch einige Minuten später wurde er, wenn das überhaupt noch möglich war, noch wütender und knallte brüllend den Hörer auf. Für eine Antwort auf meine Fragen zum Nullmeridian verwies er mich an den Beamten, der für die Aufstellung des Denkmals auf dem Krankenhausgelände zuständig gewesen war. Er reagierte überrascht und irritiert, dass es nicht an der richtigen Stelle stand. »In dieser Sache werde ich etwas unternehmen«, sagte er resolut. »Sie hören noch von mir.«

Das Büro der Sicherheitsbehörde befand sich fünfzig Meter vom Nullmeridian entfernt. Bevor ich eintreten durfte, wurde mein Telefon eingezogen, aber meine Tasche brauchte ich nicht zu öffnen. Arthur Agblanyasah, der Chef der Abteilung Yendi des Bureau of National Investigation, wollte wissen, warum der Nullmeridian ausgerechnet durch Yendi verlaufe, und nahm meine Erläuterung begeistert auf. Er notierte meine Daten, hieß mich »mehr als willkommen« und wünschte mir Erfolg.

Am späten Nachmittag radelte ich auf das Geräusch von Gewehrfeuer in der Stadt zu, das offenkundig von einer der fünf Begräbniszeremonien ausging. Im Schutze eines eingezäunten Grundstücks zwischen den Häusern schossen Abudu und Andani gemeinsam mit Jagdgewehren und selbst gebauten Büchsen zur Begleitung der Kambonga-Tänzer in die Luft: Männer und auch ein paar Frauen, junge wie alte, die immer schneller im Kreis sprangen und auf den Boden stampften, um die bösen Geister zu vertreiben. Frauen schauten johlend zu und gaben den Tänzern und Trommlern Geld. »Ein Begräbnisritual bedeutet, sechs Tage lang zu tanzen«, sagte einer der Herumstehenden. »Junge und Alte, Abudu und Andani durcheinander, ob Hochzeit oder Begräbnis, da machen wir keinen Unterschied.«

Am nächsten Tag besuchte ich den Beamten, der dem Bürgermeister zufolge mehr über das Nullmeridian-Monument wusste. Mohammed Azongo war als Bezirkskoordinator der Regionalen Volksvertretung für die Erneuerung und Erweiterung des Markierungszeichens auf dem Krankenhausgelände zuständig gewesen, aber was er zu erzählen hatte, machte alles nur noch unklarer.

»Der Stein lag schon seit ewigen Zeiten dort, obwohl er vor nicht allzu langer Zeit umgesetzt wurde«, sagte er in seinem Büro unter einer Generalstabskarte mit den Orten, die neben Yendi in seinen Zuständigkeitsbereich fielen: Bago, Laatan, Lumpua, Gbetobu, Gundogu, Gbungbalaga und Nakpachei. »Wir hatten keine Messinstrumente und dachten, hier wäre der Punkt, wo der Nullmeridian durchführt. Wir haben den Stein im Boden verankert und das kleine Schild daneben aufgestellt.«

Wer den Stein einst zur Markierung des Nullmeridians hingelegt hatte, warum er umgesetzt worden war und warum er, wie auch immer, an der falschen Stelle gelandet war, konnte er nicht sagen. Er schickte mich zu seinem Kollegen Samadu weiter. Er arbeite am längsten in seiner Abteilung und wisse vermutlich über die Geschichte des Steins Bescheid. »Er ist die ganze Woche auf einem Kurs im Gemeinschaftszentrum. Dort können Sie ihn finden.«

Bukari Abdul-Samadu, Mitglied des Führungsstabs der Planungsabteilung, hatte das Morgenprogramm seines Kurses hinter sich und wollte gerade zu Mittag essen. Ja, sicherlich, er wisse alles über die Geschichte des Steins auf dem Krankenhausgelände. Damit ich die Zusammenhänge begreifen könne, müsse ich unbedingt auf dem Sozius seines Motorrads Platz nehmen. Er wolle mir eine wichtige Stelle in Yendi zeigen. Dafür ließe er gern sein Mittagessen ausfallen.

Abdul-Samadu trug so etwas wie weiße Ballettschuhe, ein buntes afrikanisches Hemd und eine schwarze Sonnenbrille; er fuhr sehr schnell und ließ die Hupe gar nicht mehr los. Über kleine Verbindungswege steuerte er im Zickzack zwischen dem Nullmeridian und den Hauptstraßen zu einem großen Gelände, wo er vor einem Bungalow stoppte. Er deutete auf einen alten Affenbrotbaum. »Dieser Baobab ist der Na Dataa Tua, der Rivale-vom-König, wo die Ya-Nas ihre Feinde enthaupteten.« Abdul-Samadu winkte mir und ging hinter dem Bungalow herum zu einem Haufen runder Steine. »Ich habe in der Schule gelernt, dass dies die Stelle sein soll, wo der Nullmeridian vorbeiführt, und dass die Deutschen diese Steine als Markierung hergebracht hätten, damals, als Yendi zu Deutsch-Togoland gehörte«, sagte er. Abdul-Samadu zufolge hatten die Deutschen von hier aus eine gerade Linie nach Süden gezogen und seien beim heutigen Krankenhausgelände herausgekommen. Dort hätten sie ein zweites Markierungszeichen aufgestellt, dasselbe, das im einundzwanzigsten Jahrhundert als Basis für die Renovierung und Entwicklung »des Geländes des Greenwich-Meridians« diente und für das die Gelder des Tourismusministeriums verwendet worden seien. Er deutete in die Ferne. »Dort sehe ich ein Stück vom Krankenhaus.« Ich schaute auf mein Navi, das anzeigte, dass sich das deutsche Markierungszeichen neben dem Ya-Na-Enthauptungsbaum in der Tat direkt nördlich vom Krankenhausgelände befand und also nicht weniger weit vom Nullmeridian entfernt lag. Danach wies mich Abdul-Samadu noch auf einen ovalen Stein am Enthauptungsplatz neben dem heiligen Baobab hin: »Das hier war der Richtblock.«

Allmählich lernte ich die Stadt besser kennen: den kleinen Jungen mit dem Affen an einem Strick bei den Kiosken mit den Mobiltelefonen; das Restaurant, wo auf jedem Tisch ein Dosier-Engel stand, der Flüssigseife spendete und nicht etwa Senf oder Ketchup, wie ich herausgefunden hatte; die langen Kolonnen von Radfahrern, Mopeds und hupenden Motorrädern an den Feier- oder Trauertagen der Abudu und der Andani; die ständigen Begräbnisfeiern. Auf den ersten Blick war von der unterschwelligen Spannung nicht viel zu spüren, obwohl der Palast des Ya-Na und die ihn umgebenden abgebrannten Häuser noch immer eine Wunde im Herzen der Stadt waren und das Thema »Bruderstreit« bei jedem Gespräch mit einem gewissen Tiefgang unvermeidlich war.

Die Bank in Yendi wechselte kein Bargeld, ein Lebensmittelgeschäft auf dem Markt hingegen schon. Es war nirgendwo angegeben, aber jeder wusste, dass die Inhaber im Grunde eine Wechselstube betrieben. Auf einem Tisch hinten im Geschäft lagen die *cedi* für eine halbe Million bereit: dicke Stapel Geldscheine, die mit einem Gummi zusammengebunden waren. 500 Euro entsprachen gut fünf Millionen Cedi: zwei volle Plastiktüten mit 575 50 000er-Scheinen, Hunderte 20 000er und der Rest in vielen Dutzenden Scheinen von jeweils 10 000 und 1000 Cedi. Der Friseur auf der anderen Straßenseite erwies sich für 5000 Cedi als wahrer Henkersknecht mit seiner Haarschneidemaschine. Er schor mich »einschneidend« kahl und behauptete, dass nach seinem Eingriff mein Kopf »durch die Reflexion des Lichts« kahler wirke, als er in Wirklichkeit sei.

Bis auf ein paar kubanische Ärzte im Krankenhaus gab es in dem Ort so gut wie keine Ausländer. Daher dauerte es nicht lange, bis ich in den verschiedenen Stadtteilen erkannt wurde. An der Asphaltstraße unweit der Fahrradwerkstatt saß jeden Tag ein Grüppchen älterer Männer, die mich in der Regel überschwänglich begrüßten, wobei sie mich mit »*patron*« oder »*chief*« ansprachen. Ich nahm das als eine Art von Ironie, aber in ihren Worten schien auch ein Hauch von Wehmut zu liegen – wie sich alle alten Männer nach der Zeit zurücksehnen, in der sie kräftig und naiv waren. Erst als mich einer von ihnen mit einem lang gezogenen »*my owner*« ansprach, machte ich ihm klar, dass ich so nicht angesprochen werden wolle, worauf er den Ausdruck nie mehr verwendete.

Bei Sonnenuntergang begannen auf den Straßen der Stadt überall Menschen in Gruppen zu beten, meist lauschten sie einem Vorbeter. Reihen von Männern – Abudu und Andani –, und ein Stück entfernt die Frauen, knieten nebeneinander auf den Matten, die ständig bereitlagen. Christen und Animisten fuhren mit dem fort, womit sie gerade beschäftigt waren, und im Zentrum ging das Rufen der Muezzins in den unaufhörlichen Reggaewellen unter, die aus den Lautsprechern der Straßenhändler dröhnten.

Der abgebrannte Komplex des Gbewaa-Palastes war mit Stacheldraht vom Gelände abgezäunt, auf dem sich das Hauptquartier der Andani befand. An der Straße standen Tafeln mit »Keep out – Restricted area«, und in der unmittelbaren Umgebung waren drei Truppenlager errichtet, wo bewaffnete Soldaten hinter Sandsäcken in Schussbereitschaft zu stehen schienen. Auf diesem Gelände hatte man den ermordeten Ya-Na Yakubu Andani II. »vorübergehend« begraben in einer Hütte neben dem abgebrannten und zum Teil wiederaufgebauten Palast, der noch immer leer stand. Hier ganz in der Nähe war er getötet worden. Auf einem großen Areal ragten Dutzende von Häusern empor, Hausskelette, und die Erde war schwarz verbrannt: die unübersehbaren Zeugnisse des »Bruderzwistes«.

Ein Vermittler hatte mir Zugang zum Andani-Hauptquartier verschafft, einem kleinen Gebäude mit Wellblechdach, in dem unter dem grellen Schein einer Neonröhre etwa sechzig großenteils greise Männer mit bunten Turbanen auf der Erde saßen. An der Wand hing eine Reihe von Fotodrucken des jetzigen Regenten und seines Vaters, des seligen Yakubu Andani II. Neben dem Bild des ermordeten Königs sah man eines mit dessen 26 Witwen und daneben eines, auf dem all seine 105 Kinder vereint waren.

Der Regent saß im Schneidersitz auf einem Stapel Häute, der wiederum mit roten Teppichen mit orientalischen Motiven bedeckt war. Er trug ein blaues Gewand mit einem breiten weißen Umschlagtuch und ragte auf seinen Häuten hoch über die zusammengepferchte Masse der Stammesältesten und Anhänger empor. Um ihn herum saßen seine Berater. Die anwesenden Besucher klatschten jedes Mal, wenn einer der Stammesältesten oder der Regent gesprochen hatte. Meist schwieg der Regent, und seine Stammesältesten sprachen an seiner Stelle, doch bei meinem Besuch beschloss Abdulai, sein übliches Schweigen zu brechen. »Wie kann ich einen Kompromiss mit den Mördern meines Vaters eingehen?«, rief er aus. »Kein einziger von ihnen wurde verhaftet.

Und warum nicht? Die Polizei war zur Stelle, sogar ein Panzer war im Einatz. Vierzig von uns wurden getötet, der Palast und unsere Häuser wurden niedergebrannt, unser Hab und Gut gestohlen, aber niemand ist eingeschritten.«

Bürgermeister Alhaji Mohammed Habib Tijani hielt Wort und ließ mich wenige Tage nach meinem ersten Besuch »im Zusammenhang mit der Nullmeridian-Sache« abermals ins Gebäude des Distriktsrats rufen. Dort erwartete er mich im Beisein von sieben Männern und forderte mich auf, in einem schwarzen Pick-up mit schwarzen Scheiben Platz zu nehmen. Im Schlepptau einen gepanzerten Geländewagen, ebenfalls mit schwarzen Scheiben, und zwei Wachleuten – der größere von ihnen war mindestens zwei Meter groß und anderthalb Meter breit – fuhren wir mit hoher Geschwindigkeit Richtung Krankenhaus. Tijani hantierte ständig mit einem seiner Mobiltelefone und rammte zwischen zwei Gesprächen die Theorie seines Beamten Bukari Abdul-Samadu über die Verbindung zwischen dem Stein auf dem Krankenhausgelände und der vermeintlich deutschen Markierung des Nullmeridians an der früheren Richtstätte der Ya-Nas in Grund und Boden. »Die Steine dort wurden nicht von den Deutschen aufgestellt, sondern markieren die tiefe Grube, in welche die Ya-Nas die abgehackten Köpfe warfen.«

Beim Stein mit dem umgefallenen Meridianschild auf dem Krankenhausgelände gesellten sich noch zwei weitere Männer zu uns. Einer von ihnen sagte: »Das hier ist ein Grabstein, der ursprünglich vom deutschen Friedhof an einer anderen Stelle des Krankenhausgeländes stammt. Diesen Stein hat es irgendwann einmal zufällig hierher verschlagen, und er wurde zum Symbol für den vorbeiführenden Nullmeridian. Zu Unrecht, wie sich jetzt herausstellt.« Der inzwischen auf elf Personen angewachsene Tross bewegte sich zu der Stelle weiter, wo nach meinen Messungen der Nullmeridian die Hauptstraße querte. Unter der Leitung von Bürgermeister Tijani suchten seine Helfer einen Felsbrocken aus, den sie gemeinsam an den Straßenrand rollten. Daraufhin bat er mich, etwa 800 Meter weiter südlich erneut den Nullmeridian zu bestimmen, und ließ auch diese Stelle markieren. Diesmal mit einem halben Grabstein, den jemand auf dem offenen Feld liegen sah. Damit war der genaue Verlauf des Nullmeridians festgelegt, und man konnte ihm in beide Richtungen folgen. Tijani sagte, er werde am Rand der Straße ein neues Nullmeridian-Monument errichten und das alte entfernen zu lassen. Wie die Aufschrift auf einem solchen Markierungszeichen oder Denkmal in Europa lauten würde? Ich schlug vor: »N 09° 26' 37.4" E 00° 00' 00.0" Here passes the Greenwich Meridian Line«, oder, falls es etwas weniger kolonialistisch klingen sollte – was mir Beifall einbrachte –, »Here passes the Prime Meridian of the World«.

Der kleine deutsche Friedhof, der als der *white man's graveyard* bekannt war, lag auf dem Krankenhausgelände, gegenüber der früheren deutschen Residenz und gleich neben der Müllkippe und dem Müllverbrennungsplatz. Abfallreste lagen herum, und Plastiktüten flatterten auf. Ein fröhliches Schild, »welcome to the site of german cemetery«, verwies auf den Eingang. Drei Gräber hatten entzifferbare Inschriften. Alois Höngdobler, »Stationsassistent«, war 1902 kurz vor seinem 33. Geburtstag gestorben. Er wurde genauso alt wie die amerikanische Missionarin Miss Beulah E. Buchwalter von der Assemblies of God Mission, »Pioneer to the Dagomba«. Guy R. Hickoh aus New York wurde 29 Jahre alt. »Sei getreu bis in den Tod, so will ich dir die Krona des Lebens geben« stand auf einem ansonsten namenlosen Grabmal, das mit Ketten abgegrenzt war. Den Friedhof umstanden hohe Kapokbäume.

Im ausgehenden neunzehnten Jahrhundert wurde das Deutsche Reich kurz vor Toresschluss doch noch Kolonialmacht. In Westafrika gründeten die Deutschen an der Küste eine Handelsmission, die sie in nördlicher Richtung am Stromgebiet des Volta entlang ausweiten konnten. Auf den Schreibtischen in Europa schoben Franzosen, Engländer und Deutsche immer wieder Längen- und Breitengrade hin und her, bis Deutschland 1885 in Westafrika eine Kolonie besaß, die aus dem heutigen Togo und einem Teil von Nord- und Ostghana bestand: die Geburt von Deutsch-Togoland. Für die Dagomba hatte diese Aufteilung dramatische Konsequenzen: Fünfzehn Prozent von ihnen, einschließlich des Königs und seines Palastes in Yendi, lebten auf deutschem Grundgebiet, die übergroße Mehrheit der Dagomba dagegen unter der Befehlsgewalt der Briten.

Deutsch-Togoland war ein künstliches Gebilde mit völlig willkürlichen geografischen, politischen und ethnischen Grenzen. Eine relativ kleine Gruppe von Deutschen – 320 zur Blütezeit – kontrollierte das Gebiet mit harter Hand durch den Einsatz eines kleinen Söldnerheers, das unter der Bezeichnung *Polizeitruppe* firmierte. Der preußische Militarismus spiegelte sich in den Stockschlägen wider, die unter dem Motto »25 plus einen für den Kaiser« ausgeteilt wurden. Deutsch-Togoland, das später in Deutsch-Togo umbenannt wurde, war eine sogenannte Musterkolonie. Darunter verstand man, dass es dem Gebiet gelang, einen ausgeglichenen Haushalt zu erreichen. Die einheimische Bevölkerung musste auf den Kaffee-, Kakao- und Baumwollplantagen Zwangsarbeit verrichten. Noch heute gibt es in Yendi den Ausdruck *a German job*, und darunter versteht man extrem schwere und schlecht bezahlte Arbeit. Die deutschen Gouverneure ließen in Togoland so gut wie keine Schulen bauen, wohl aber Verwaltungszentren, Handelsposten, Postämter und Gefängnisse.

Direkt nach dem Ausbruch des Ersten Weltkriegs marschierten britische und französische Truppen von zwei Seiten in Togo ein. Frankreich und Großbritannien teilten die ehemalige deutsche Kolonie unter sich auf, wobei Yendi in britische Hände überging und die Dagomba wiedervereint wurden. Nahezu alle Deutschen verließen das Gebiet und verloren ihre togoischen Besitzungen. Dreißig Jahre lang hatte Yendi zum Deutschen Reich gehört. Viele Spuren haben die Deutschen nicht hinterlassen: die ehemalige Residenz, ein paar verfallene Holzschuppen und an den Straßen streng angeordnete Reihen von Mahagoni- und Kapokbäumen. Bürgermeister Tijani zufolge gab es in Yendi noch Nachfahren der Deutschen: den Schuster Kofi Balita und seine Schwester Memunatu, die als Krankenschwester im Greenwich Meridian Hospital arbeitete.

Der Krankenhausbuchhalter begleitete mich auf seinem Rad. Wir bogen von der Hauptstraße ab und kamen über ein Labyrinth von Anwesen und Sandwegen zum Haus von Memunatu Balita, einer Enkelin des deutschen Beamten Hänkel Schöntage, der nach dem Zusammenbruch von Deutsch-Togo als einer der wenigen Deutschen in Yendi geblieben war und eine Nichte des Dagomba-Königs geheiratet hatte.

»Er lernte sie hier in Yendi kennen«, erzählte Balita. »Meine Großmutter wurde wie eine Königin im Sessel herumgetragen, denn sie war die Frau eines Weißen.« Diesen Status verlor sie schlagartig, als kurz vor Ausbruch des Zweiten Weltkriegs Hänkel Schöntage seine Frau und die fünf Kinder in Yendi zurückließ und nach Deutschland zurückkehrte. Wurde er dazu gezwungen? War er ein Nationalsozialist? Seine Enkelin wusste es nicht, und es gab keinen mehr, den man hätte fragen können. Memunatu war sichtlich beeindruckt von meinem Besuch und konnte ihre Tränen nicht zurückhalten, als sie das zerknitterte Foto eines fast weißen Mannes mit breitem Gesicht und schwarzem Kraushaar hervorholte. »Mein Vater«, sagte sie, während ihre Mutter, die auf dem Boden auf der Veranda saß, schweigend zuhörte und das Gemüseputzen nicht unterbrach. »Er sah aus wie ein Weißer. Sogar bei meinen Kindern kann ich es noch an der Haut und an den Nasenflügeln sehen: Wir haben schmale Nasen.«

Das Yahaya Iddi Memorial Lodge war ein Abudu-Bollwerk. Das Hauptquartier der Abudu lag gleich dahinter, und die rechte Hand von Hotelmanager Robert war ein Sohn des entthronten Königs Mahamadu Abdulai IV. und Bruder des derzeitigen Abudu-Regenten. »Ich habe sechs Brüder und sieben Schwestern«, sagte er, »wir haben sieben verschiedene Mütter.« Er brachte mir gelegentlich morgens den Kaffee und sprang für Robert am Empfang ein. Er wurde Palapala genannt. Ohne Skrupel verteidigte er die Enthauptung von Ya-Na Yakubu Andani II. »Unsere Großväter haben uns gelehrt, dass man in einem Krieg nach einem Sieg den Beweis vorführen muss.«

Laut Palapala hatte der Ya-Na verkleidet versucht, durch einen Sprung über die Mauer aus seinem belagerten Palast zu fliehen, aber er wurde erkannt. »Sie erschossen ihn und schlugen ihm gleich darauf den Kopf und den linken Arm ab.« Dieser Arm war »bei einem Ritual für die Ahnen verwendet« und der auf einen Speer aufgespießte Kopf von einer johlenden und tanzenden Menschenmenge durch die Straßen von Yendi zum Hauptquartier der königlichen Abudu-Familie getragen worden. »Um elf Uhr morgens wurde der Kopf dann der Familie gezeigt«, sagte Palapala. »Ich war dabei. Nach einer halben Stunde wurde der Kopf wieder zum Palast zurückgebracht und mit dem restlichen Körper verbrannt. Die menschlichen Überreste, bis auf den linken Arm, wurden von der Polizei in Säcke gesteckt und am Mortuarium des Krankenhauses abgeliefert.«

Durch eine Australierin, der ich im Internetcafé begegnet war, lernte ich Pfarrer Andrews al-Hassan kennen, der eigentlich Abdulai hieß, nach seiner Bekehrung zum Christentum aber den Vornamen Andrews angenommen hatte. Er war ein Abudu mit einer Andani-Mutter. Bei seiner Frau war genau das Gegenteil der Fall: Sie hatte einen Andani-Vater und eine Abudu-Mutter. »Aber weil sie bei ihrer Mutter aufgewachsen ist, ist sie trotzdem eine

Abudu«, sagte al-Hassan. »Ausschlaggebend ist, wo man aufwächst, und am Ende kann man es selbst aussuchen, was man ist: Abudu oder Andani. Was den Unterschied ausmacht? Es gibt keinen Unterschied, wir sind alle Dagomba.«

Er bestätigte Palapalas Geschichte über das Präsentieren des abgeschlagenen Hauptes von König Yakubu Andani II. »Die Stammesältesten gaben nach einer halben Stunde die Weisung, die Zeremonie zu beenden«, sagte er. »Ein Ya-Na hat spirituelle Macht, und deshalb sollte man so einen Kopf besser nicht zu lange im Haus haben.« Al-Hassan begleitete mich bei meinem Besuch des nur fünf Bogensekunden vom Nullmeridian entfernten Abudu-Hauptquartiers. Am Eingang des Gebäudekomplexes kam ein Mann mittleren Alters vorbei. Als er außer Hörweite war, sagte Andrews: »Das war der Mann, der den Kopf des Ya-Na auf einem Speer durch die Stadt getragen hat. Er wurde verhaftet, später aber freigesprochen. Der Richter urteilte: Damals herrschten Kriegsbedingungen, und es konnte nicht bewiesen werden, dass jemand, der mit einem abgeschlagenen Körperteil herumläuft, auch tatsächlich der Mörder des Opfers ist.« Bevor wir ins Haus gingen, sagte Andrews leise: »Niemand wird je die vollständige Wahrheit sagen, denn wer das tut, wird durch Gift sterben.«

Regent Mahammadu Abdulai war ein junger Mann. Sein eines Auge war unter einem Schlupflid verborgen. Er trug ein hellgrünes Gewand, ein goldfarbenes Umschlagtuch mit Stickereien war über seine Schulter drapiert. Die hohe rote Kopfbedeckung war mit Talismanen und Amuletten behängt, und er starrte, ohne auch nur ein Wort zu sagen, auf seinem Thron aus Häuten vor sich hin. In seinem Namen sprach Iddrisu Iddi, ein barfüßiger Mann mit grauem Bart und stolzem Blick. »König Mahamadu Abdulai IV. hätte niemals entthront werden dürfen« lautete, unter den beifälligen Blicken der Stammesältesten, die um ihn herum saßen, nach einer langen Darlegung seine Schlussfolgerung. »Entthronung ist unmöglich, so haben es unsere Väter und Vorfahren gelehrt. Daher war die Königswürde von Yakubu Andani II. illegal.« Zur Enthauptung fasste er sich noch kürzer: »Das ist der Brauch, aber wir haben es nicht so gewollt. Wir sind bereit für den Frieden.«

Nachdem wir den Raum verlassen hatten, sagte Andrews, dass Ya-Na Yakubu von dreizehnjährigen Jungen zerstückelt worden sei, wogegen der Mann, der ihn tatsächlich enthauptet hatte, zur mittleren Altersgruppe gehörte. »Die alten Weisen der Abudu standen daneben und weinten.«

Ich wollte Dauda Nassam das Fahrrad zurückbringen und fand auf Umwegen sein Haus. Er hatte gerade geschlafen und öffnete mir in Unterhosen die Tür. Ich zahlte ihm eine Vergütung für das entliehene Rad, worauf er mich auf die Wange küsste, in seine Pantoffeln schlüpfte, sich ein Tuch umband, mich an der Hand nahm und darauf bestand, mich persönlich zum Yahaya Iddi Memorial Lodge zurückzubringen. Wir gingen an den Buden an der Hauptstraße vorbei, und er wollte meine Hand gar nicht mehr loslassen. Inzwischen wusste ich, dass er ein starker Trinker war, aber die Liebe zum Alkohol gefährdete seine Arbeit im Mortuarium nicht. »Tote tragen böse Geister mit sich«, sagte er, während ein Windstoß sein Tuch hochwehte und seine weiße Unterhose sichtbar wurde. »Es geht dort nicht mit rechten Dingen zu. Sie sind froh, dass überhaupt noch einer dort arbeiten will.« Nassam hatte auch während der Zerstörung des Gbewaa-Palastes Dienst im Mortuarium. »Alle Überreste des Ya-Na wurden von mir persönlich ins Kühlfach gelegt«, erzählte er.

Vor meiner Abfahrt aus Yendi müsse ich unbedingt noch kurz an seine Haustür klopfen – das würde die Geister günstig stimmen. Aber ich dachte erst daran, als ich schon auf dem Weg nach Gbungbalaga war.

20

Die Sehnsucht nach dem Meer

Andrews al-Hassan war Pastor der protestantischen Church of Christ und gehörte eigentlich nicht zu den Leuten, mit denen ich mich normalerweise schnell anfreundete, aber es geschah trotzdem. Ich bekämpfte weiterhin seine fundamentalistischen Ansichten über Abtreibung, Homosexualität und Sexualmoral und leugnete weiterhin die Existenz Gottes, aber darauf reagierte er immer fröhlich und offenherzig, bereit für eine neue, leidenschaftliche Diskussion. Wir beschlossen, mit einem gemieteten Geländewagen gemeinsam dem Nullmeridian bis Kete Krachi zu folgen, wo ich mit dem Schiff über den Voltasee fahren wollte.

Das erste Meridiandorf südlich von Yendi hieß Gbungbalaga: Auf einem niedergebrannten Acker fand ich den Nullpunkt neben einem Strommast, am Straßenrand wuchsen Teak- und Cashewbäume. Wir verfolgten den Nullmeridian durch das Dorf und setzten uns im Schatten eines Baobab auf den Boden. Wir sprachen über Sex. Ghanaer küssen sich nicht vor anderen und berühren nie Geschlechtsteile mit dem Mund, behauptete Andrews. Er selbst lebte monogam, aber nicht unbedingt, weil er Christ war. Muslime seien polygam, die hätten mehrere Ehefrauen. Bei Christen war das in der Praxis auch nicht viel anders: Nur waren ihre Nebenfrauen nicht Ehefrauen, sondern Geliebte. Außerdem war es, so Andrews, eine Tatsache, dass »fast alle afrikanischen Häuser eine Vorder- und eine Hintertür haben«. In diesem Augenblick sah ich ein Insekt direkt auf mich zufliegen und spürte einen heftigen Stich. »Lauf!«, rief Andrews, und wir rannten jeder in eine an-

dere Richtung. Wir hatten beide einen Bienenstich abbekommen
und waren mit knapper Not einem Angriff Tausender Bienen
entronnen. Schuld daran sei wahrscheinlich mein Aftershave,
meinte Andrews. »Darauf fliegen sie.«

Auf einer unbefestigten Straße mit lauter von Lastwagen ausgefahrenen Spurrillen erreichten wir das nächste Dorf auf dem
Nullmeridian: Adibo, in ganz Ghana als der Ort bekannt, wo das
Volk der Dagomba heroisch gegen die deutsche Kolonialmacht
gekämpft hatte.

Gegen Ende des neunzehnten Jahrhunderts beschloss das Deutsche Reich, auch im Landesinneren seiner Kolonie seine Autorität
durchzusetzen. Die »Togo-Hinterland-Expedition« – 4 Deutsche,
91 Söldner und 277 einheimische Träger, von denen 46 mit modernen Gewehren bewaffnet waren – zog von Süden her Richtung
Yendi und in das nördlich davon gelegene Gebiet. Um das Land
möglichst gut überblicken zu können, hatten sie damit bis zum
Einsetzen des Harmattan und der Trockenzeit gewartet, weil
dann die Felder brandgerodet waren. Auf ihrem Vormarsch plün-
derten sie eine Reihe von Dörfern und legten die Stadt Bimbila in
Schutt und Asche.

Der alte und fast blinde Ya-Na Andani II. wollte die Einnahme
Yendis durch die weißen Männer und ihre schwarzen Helfer verhindern. Er schickte ein Heer von 2500 Schützen, 2000 Bogen-
schützen und 130 Reitern nach Adibo, um den Anmarsch der deutschen Expedition zum Stillstand zu bringen. Außer Pfeil und
Bogen standen ihnen »Vorderlader« zur Verfügung, selbst gebaute
Gewehre. Das Laden dauerte eine Minute, und die Reichweite betrug nur etwa dreißig Meter.

Die Dagomba – Abudu und Andani Seit an Seit – wurden von
Kambun na Ziblim alias Wagabegu (»Schlechte Schlange«) angeführt. Seinen Beinamen verdankte er der Zähigkeit einer Schlange, die nur durch die gemeinsame Anstrengung mehrerer Men-

schen, die alle gleichzeitig mit Stöcken auf das Tier einschlagen, getötet werden kann. Wagabegu ritt auf einem weißen Hengst und war mit zwei Gewehren und einem Schwert bewaffnet. Er trug einen *gbogno*, einen Schurz, der ihn der Überlieferung nach gegen Kugeln oder Messerstiche schützen sollte. Die Kämpfer aus Yendi und der weiteren Umgebung formierten sich zu einer Schlachtreihe von mehr als einem Kilometer Länge auf dem höchsten Punkt des Hügels, der über Adibo aufragt. Dort wollte ihr Anführer den Angriff des Feindes abwarten.

Die Deutschen bildeten vier Züge am Fuße des Berges und blieben 300 Meter von den Dagomba entfernt stehen. Aus dem Tagebuch von Oberbefehlshaber Leutnant Valentin von Massow geht hervor, dass sie die Dagomba provozieren wollten, damit sie näher zu ihnen heranrückten. Nachdem die drei Züge Schüsse abgefeuert hatten, gab Wagabegu seinen Kriegern den Auftrag, den Feind zu umzingeln. Das war genau, was die Deutschen gewollt hatten, und während die Dagomba dachten, außerhalb der Reichweite der feindlichen Gewehre zu sein, wurde der Angriff auf sie eröffnet. Im Kugelhagel konnten die Dagomba nicht nahe genug an den Feind herankommen, um Mann gegen Mann zu kämpfen. Und das wurde ihnen zum Verhängnis. Am Ende des Kampfes lagen 430 tote Dagomba auf dem Schlachtfeld, darunter vierzig Häuptlinge, die sich auf dem Berg hatten festbinden lassen, um ihren Kriegern zu demonstrieren, dass sie nicht weglaufen könnten. Das geschlagene Dagomba-Heer zog sich zurück, und die Einwohner Yendis suchten das Weite. Auch die Deutschen erlitten Verluste: Ein Viertel der Söldner kam ums Leben, auch Unteroffizier Heitmann. Unter Leutnant von Massows Oberbefehl nahmen die Deutschen noch am selben Tag Yendi ein, am Tag darauf wurden der Gbewaa-Palast und ein großer Teil der Stadt geplündert und angezündet.

Um das Grab von Kambun na Ziblim alias »Schlechte Schlange« besuchen zu können, brauchte man die Genehmigung des »Anführers der traditionellen Kämpfer« in Adibo. Wir fanden ihn auf seinem Anwesen, wo er in Gesellschaft von drei anderen Männern mit nacktem Oberkörper auf einem Liegestuhl saß. Rundhütten umstanden das Grundstück, eine Kinderschar knackte mit einem scharfen Eisen Nüsse. Der alte Kämpfer war spindeldürr, seine Schulterblätter ragten hervor wie bei einem Skelett. Man solle ihm Geld für ein Perlhuhn geben, das am Grab geopfert würde, um die Geister gnädig zu stimmen.

Über einen der Männer neben ihm überreichte ich ihm 20 000 Cedi, aber auch danach brach der alte Mann sein Schweigen nicht. Schließlich erteilte er uns murmelnd die Erlaubnis. Falls wir jedoch echte spirituelle Hilfe suchten, sollten wir uns beim Dorfchef melden und noch etwas Geld dazulegen, damit ein Schaf oder eine Ziege geopfert werden könne.

»Es gibt eine alljährliche offizielle Gedenkfeier der Schlacht bei Adibo«, sagte der Mann, der uns zum Totenacker und dem ovalen Stein begleitete, der das Grab der »Schlechten Schlange« markierte. »Die Trommler besingen noch heute den Kampf ihrer Vorväter. Tag für Tag kommen Dagomba hierher und opfern Perlhühner, um den Geistern Ruhe zu bringen.« Der Mann ging uns voran zu einem riesigen, etwas entfernt stehenden Baobab, hielt aber einen gewissen Abstand zu ihm ein. »Hier an diesem Baum begann der Kampf, und anschließend war er der Mittelpunkt der Gefechte«, sagte er. »Um zu beweisen, wie groß seine spirituelle Kraft war, ritt ein Reiter während des Kampfes den Baum hinauf und wieder hinunter. Den Abdruck der Hufe kann man noch heute sehen.« Er zeigte auf die tatsächlich hufförmigen Kerben in der Rinde. Ich wollte näher treten, um den Baum besser prüfen zu können, doch Andrews reagierte ärgerlich und nervös. Er verbot mir, den Baum von dieser Seite zu fotografieren, »weil ich die Geister nicht kenne«. Er hatte auch Angst vor Bienen, »die uns bestimmt angreifen, weil unser Perlhuhn erst nach unserer Abreise geschlachtet wird«.

Wir kamen an dem halb verfallenen Haus des früheren traditionellen Stammesführers von Bakpaba vorbei. »Das Haus wurde von den Geistern verdammt«, sagte Andrews. »Wollte hier ein Mann als neues Dorfoberhaupt einziehen, er würde auf der Stelle sterben. Es gibt kein Entrinnen, er kann nicht mehr auf die nächste Haut steigen.«

Regelmäßig rannten Kinder und Erwachsene neben unserem Auto her und riefen mir »father, father« zu, obwohl der echte Father neben mir saß. »Alle denken, du wärst ein Pater oder Pastor«, sagte Andrews. »Das sind die einzigen Weißen, die sie hier kennen.« Wie ein winkender Nikolaus erreichte ich Binchera, wo ich den Nullmeridian ein Stück entlang schritt, vorbei an Ölpalmen, an Hütten mit Schilfdächern, einem Müllhaufen, auf dem Kinder spielten, und einem Yamsfeld, in dem ein nackter kleiner Junge mit einem Nabel so groß wie eine Grapefruit herumlief.

In meinem Zimmer im Work and Happiness Guest House in Bimbila, in dem ein Poster mit dem Text »Drive on, with Jesus on your side – The future will be bright« an der Wand hing, wurde ich um fünf Uhr vom Ruf zum Morgengebet geweckt, der aus einem Lautsprecher der benachbarten Moschee durch die Straßen der Stadt schallte.

Auf einer Schotterpiste fuhren wir am frühen Morgen zum Meridiandorf Kpaturi. Wir sahen Teak- und Dawadawa-Bäume, deren kleine Zweige als Zahnbürsten verwendet werden. Manche Felder waren abgebrannt, auf anderen wurden Erdnüsse, Yamswurzeln, Straucherbsen, Maniok und Okraschoten angebaut.

Auf 8° 51' 50.6" n. B. passierten wir den Nullmeridian, und das Nullpunkt-Fotoritual weckte das Interesse von siebzehn Männern, die binnen weniger Minuten von ihren Rädern abgestiegen waren. Ich kam mit Trhidu Abdulai ins Gespräch, der auf dem Weg zu seinem Yamsfeld war und uns einlud, bei der Ernte zuzusehen. Ihn unterstützte Adgura Antony, eine 26-jährige Frau, die mit uns im Auto fuhr, während wir Abdulai auf dem Fahrrad langsam folgten. »Meine Eltern haben schon die Ernte eingebracht, deshalb arbeite ich außer Haus«, erzählte sie. »Heute bin ich den zweiten Tag hier.« Adgura war bei ihrer Mutter und Großmutter aufgewachsen, ihre Eltern hatten sich scheiden lassen, als sie noch klein war. »Als meine Mutter ins Krankenhaus musste, ließ mein Vater sie im Stich. Das war nicht in Ordnung, aber ich mag ihn noch immer. Mein Bruder zog zu ihm, und ich blieb bei meiner Mutter. Sie backt Erdnusskekse und verkauft sie auf dem Markt. Mein Bruder ist zur Schule gegangen, aber für mich war das leider nicht möglich. Heute habe ich die Hoffnung aufgegeben, jemals noch lesen zu lernen.«

08° 39' n.B.
Wulensi
Durch ein Labyrinth kleiner Wege zwischen den Teakbäumen hindurch gelangten wir zu Trhidu Abdulais Feld. Seine acht Kinder – die Gesamtzahl stellte er fest, indem er sie an den Fingern abzählte –, die er mit seinen zwei Ehefrauen gezeugt hatte, besuchten alle die Schule, zwei Söhne halfen am Wochenende auf dem Feld bei der Yamsernte. Adgura drosch das Korn mit der Hand, sie wurde nicht bar bezahlt, sondern durfte für jeden fünften Sack, den sie ausgedroschen hatte, einen halben Sack mit nach Hause nehmen.

Abdulai war ein Dagomba aus dem Abudu-Clan, der 1994 dem großen Krieg mit den Konkomba zum Opfer gefallen war. Sie hatten sich zurückgesetzt gefühlt, weil der größte Teil des fruchtbaren Bodens in dem Gebiet seit eh und je in den Händen der Dagomba war. Die Konkomba brannten so gut wie alle Dagomba-Dörfer an der Straße von Bimbila nach Yendi nieder, genau wie es die deutschen Truppen hundert Jahre zuvor getan hatten. Zu den beinahe 200 000 Flüchtlingen gehörten auch Trhidu Abdulais Vater und vier seiner Brüder. Auf der Straße nach Yendi wurden alle fünf ermordet. »Das ist die große Tragödie meines Lebens«, sagte er.

Er selbst entkam dem Tod, verlor aber Haus und Vieh. »Die Geister haben mich weggeführt und mich verschont.« In jüngster Zeit wuchsen die Spannungen in dem Gebiet wieder. »Normalerweise übernachten wir auf dem Feld, aber zurzeit gehe ich jeden Tag bei Sonnenuntergang nach Bimbila zurück, aus Angst, dass der Krieg wieder ausbricht und ich nicht da bin, um meine Familie zu verteidigen.«

Kurz vor Wulensi, genau auf dem Nullmeridian, war eine Straßensperre errichtet: mit Seilen zusammengebundene Fässer und Pylonen, bewacht von einem Polizisten in blauem Hemd mit dem Emblem und der Aufschrift »Service with Integrity«. Mit Kopfhörer und Mobiltelefon am Hosengürtel saß er im Schatten eines dicht belaubten Mangobaums auf einer Bank und schaute erschrocken auf, als ich meinen Fotoapparat herausholte, um ein Nullpunktritual-Foto zu schießen. Fotografieren sei an dieser Stelle nicht erlaubt, die Straßensperre nicht grundlos, machte er klar. In Wulensi drohe ein bewaffneter Konflikt zwischen zwei Nanumba-Clans. Die Straßensperren seien dazu da, Waffenschmuggel zu verhindern. Hinter dem Polizisten standen Frauen und Kinder. »Sie bringen mir zu essen und zu trinken«, sagte er. »Ich bin ein Ashanti aus dem Süden.«

Ab Wulensi führte die Hauptstraße eine ziemliche Strecke gerade auf dem Nullmeridian entlang, mit einer Abweichung von maximal fünf Bogenminuten. Wir kamen durch das Dorf Kpandae – eine Straßensperre, zwei Männer, die einen Karren mit Yams einen Hügel hinaufschoben, Büdchen an der Straße, Kokospalmen und ein betrunkener Polizist – und erreichten ein Gebiet, in dem viele Konkomba wohnten. Die Straße wurde schlechter, mit tiefen Schlaglöchern und Spurrillen, aber sobald wir auf der Höhe von Banda die Northern Region verließen und in die Region

Volta kamen, war sie asphaltiert. Genauso plötzlich verwandelte sie sich kurz vor Kete Krachi wieder in eine Schotterpiste voller Schlaglöcher und Spurrillen.

Ich wollte nachmittags vor fünf Uhr in Kete Krachi ankommen, um noch ein Ticket für die Fähre zu ergattern, die den Nullmeridian im Voltasee kreuzt. Der Fährdienst war für seine unvorhersehbaren und endlosen Verspätungen berüchtigt und wurde von der MV Yapei Queen betrieben. Das alte Lastschiff fuhr aus Yeji am Schwarzen Volta ab, hielt in Kete Krachi und fuhr dann ohne weiteren Aufenthalt bis Akosombo durch. Von Yeji aus dauerte die Reise im Prinzip 36 Stunden, aber sie konnte sich bis zu fünfzig oder sechzig Stunden hinziehen. Ich hatte versucht, telefonisch eine der drei verfügbaren Schiffskabinen zu reservieren, aber das Büro des Fährunternehmens in Yeji war tagelang nicht zu erreichen, und die Frau, die ich schließlich an der Strippe hatte, konnte nichts weiter sagen, als dass das Schiff »möglicherweise um zehn Uhr morgens aus Kete Krachi losfahren« würde.

Um halb sechs standen wir am Hafenamt. Der Himmel war diesig, und über dem Voltasee hingen Nebelschwaden. Der Hafenmeister hatte offenbar bereits um vier Uhr den Dienst Dienst sein lassen. Wir fuhren in die Stadt, und nach dreimal fragen hatten wir seine Adresse gefunden. Er wohnte in einem niedrigen Häuserblock mit Betonveranden und Holztüren. Vor dem Haus stand auf einem großen Gelände ein alter Mangobaum. Ein Schotterhaufen und ein Bagger am Straßenrand deuteten auf Baupläne hin. Der Hafenmeister war gerade nicht zu Hause, aber seine Nachbarin – barfuß, gelackte Fußnägel, hautenges, tief ausgeschnittenes Kleid – saß auf der Veranda, blätterte in einer abgegriffenen Bibel und machte sich Notizen. »Ich gebe Frauen Bibelunterricht«, sagte sie. Kurz darauf kam der Hafenmeister angeradelt. Er ging davon aus, dass das Schiff aus Yeji am nächsten Abend um acht Uhr in Kete Krachi ankommen und vier Stunden später wieder ablegen würde in Richtung Akosombo; ich bezahlte

ihm die Reservierungskosten für eine Schiffskabine. Der Hafenmeister hatte kein Telefon und schickte mit meinem Handy eine
SMS an den Kapitän des Schiffes: »Captain Charles, kindly reserve
1 first class cabin. Station officer M. K. Okyere. Thanks.«

Wir fanden eine Unterkunft im Ghana Education Centre
Guest House, das in der Nähe der geräuschvollen Peace and Love
Drinking Bar lag. Als ich mich auf den Rand des Bettes setzte,
brach es zusammen. Glücklicherweise stand in meinem Zimmer
noch ein zweites Lager, das sich als stabiler erwies.

Andrews al-Hassan wollte am nächsten Tag seine Glaubensbrü-
der besuchen und anschließend nach Yendi zurückkehren. Um
unsere letzte gemeinsame Mahlzeit einzunehmen, wanderten wir
in das stockdunkle Kete Krachi hinein – es gab schon seit zwei
Tagen keinen Strom. Das einzige Restaurant am Platze befand
sich im Gemeinschaftshaus; auf der Speisekarte standen *fufu*,
banku oder Reis mit Ziege. Der Restaurantinhaber wusste zu berichten, dass nördlich von Kete Krachi, in einem Dorf, das vom
Nullmeridian geschnitten wurde, eine britische Delegation zu Besuch gewesen war, um dort das Meridian Hospital aufzubauen.
»Nie mehr etwas davon gehört.« Danach bat er um meine E-Mail-
Adresse und Telefonnummer. »Ich werde Sie oft anrufen«, sagte
er.

Kete Krachi blickt auf eine ruhmreiche Vergangenheit zurück:
Hier war der Endpunkt der großen Sklavenkarawanen aus dem
Norden: Von hier aus wurden die Sklaven mit dem Schiff über
den Volta zur Küste transportiert und von dort nach Europa oder
Amerika. Der Ort war auch zwei Jahrhunderte lang das Zentrum
des Dente-Kultes, der noch heute Anhänger hat. In der deutschen
Kolonialzeit ließ Bezirkschef von Rentzel das Heiligtum – eine
Höhle – »jener Unruhe stiftenden Hexenabwehrkulte« sprengen
und den berühmten Fetischpriester Obosumfo zum Tod durch
den Strang verurteilen.

Bei Kete Krachi fließen der Volta und die Ströme des Oti im Voltasee zusammen. Der Ort ist ringsum von Wasser umgeben. Die einzige Landverbindung ist die Straße nach Bimbila, aber aus dem Norden kommt selten Verkehr, da es weder Brücken noch Fähren gibt, außer dem wöchentlichen Frachtboot nach Akosombo. Reisende aus dem Süden steigen meist nicht in Kete Krachi, sondern erst an der Endhaltestelle Yeji aus, weil der Ort größer ist und besseren Zugang zu den Straßen nach Westen und Norden bietet.

In Kete Krachi leben nicht mehr als einige Tausend Einwohner, und doch gibt es neben ein paar Moscheen Dutzende von Kirchen, darunter römisch-katholische und protestantische der Church of Christ, der Assemblies of God und der Global Evangelical Church. Außerdem sind dort auch Presbyterianer, Adventisten und Zeugen Jehovas zu finden. Die höhere Schule des Ortes heißt Almighty International School, und ihr Motto lautet »Wissen und Disziplin«. Einige Ladenbesitzer haben ihrem Geschäft einen nicht christlichen Namen gegeben – Beauty Salon Slow but Sure –, aber am liebsten rufen sie für das Gelingen ihres Unternehmens die Hilfe höherer Mächte an. Allein in der Hauptstraße sah ich ein Elektrogeschäft My Destiny, die Drogerie All Powers Belong to Jesus, die Metzgerei Down Fall of a Man, das Reisetaschen- und Schuhgeschäft Thank You Jesus Enterprise, den Kleiderladen God's Way Fashion und die leer stehenden Geschäfte Come to Jesus und Praise the Lord.

Über der Stadt hing ein atemraubender Brandgeruch, und der Staub schien nicht zu weichen, bevor die Regenzeit eingesetzt hatte. Ich wurde wiederholt mit »Mister white! Good afternoon!« begrüßt, und mehrmals baten mich Leute, vergeblich, um meine E-Mail-Adresse. Beim Still Powerful Jesus Beauty Salon kam ich mit zwei jungen Männern ins Gespräch, die gut Englisch sprachen. »In Kete Krachi ist tote Hose«, sagte einer von ihnen. »Hier gibt es nichts zu tun, es gibt keine Arbeit, nicht einmal eine Zapfsäule. Uns bleibt nichts als rumzuhängen, es gibt keine Zukunft. Das hier ist das Ende der Welt.«

Während ich die Hauptstraße erkundete, rief der Muezzin von der Moschee in der Hauptstraße zum Abendgebet. Von allen Seiten strömten Männer herbei. Bevor sie die Moschee betraten, wuschen sie ihre Füße; sie saßen dabei auf den Wurzeln eines großen Mangobaums neben dem Eingang; kurz darauf schallten ihre mehrstimmig gesungenen Gebete über den Lautsprecher durch die Straße.

Kete Krachi war in keiner Weise auf Besucher vorbereitet: Es gab weder Taxis noch sonst ein Beförderungsmittel zum Hafen. Osman, ein Freund von Andrews, den ich im Guesthouse kennengelernt hatte, brachte mich mit meinem schweren Rucksack am nächsten Abend auf seinem Motorrad zum Hafen. Die Straßenbeleuchtung funktionierte wieder, aber die weitaus meisten Laternen waren defekt. »Erst wenn keine einzige Lampe mehr brennt, wird jemand aktiv«, sagte Osman. »So geht das hier: Wartung ist ein Fremdwort.«

Der Hafen von Kete Krachi war nicht mehr als ein Streifen Sand mit Felsen, ohne jede Hafenvorrichtung. »In der Regenzeit ist hier alles überschwemmt«, sagte Osman. »Dann muss das Frachtschiff ein Stück weiter draußen, ein ziemliches Ende außerhalb der Stadt, anlegen.« Der Hafenmeister saß unter freiem Himmel inmitten von aufgetürmten, mit Yams gefüllten Kisten an einem Tisch, auf dem eine Taschenlampe, ein Fahrscheinblock und eine Rechenmaschine lagen. Er begrüßte mich mit meinem vollständigen Namen und sagte, er habe den Kapitän noch immer nicht erreichen können. Ein paar Stunden später ließ er mich wissen, dass beide Erste-Klasse-Kabinen bereits reserviert seien, er für mich aber das obere Bett in einer Zweite-Klasse-Kajüte gebucht habe. Ich würde sie mit einem der Besatzungsmitglieder teilen müssen. Beim Schein kleiner Gasfunzeln und einer einzigen

Neonröhre, die nur einen minimalen Teil des Hafengeländes ausleuchtete, saßen Frauen hinter kleinen Teppichen, auf denen sie Tütchen mit Gewürzen, Limonade und *kenkey* ausgebreitet hatten, eine Art Maisknödel mit Fischsauce. Ein Scheinwerfer und das durchdringende Brüllen eines Schiffshorns machten klar, dass das Schiff sich näherte. Wenig später marschierten einige Dutzend Passagiere von der Laufplanke. Die meisten stammten aus fünf Dörfern, die nicht auf dem Landweg zu erreichen waren. Das Schiff hatte zwischen Yeji und Kete Krachi dort angelegt. Die Leute begannen sofort, ihre Kräuter und das Gemüse aufzubauen und sich mit Seife, Salz und anderen Lebensnotwendigkeiten einzudecken.

Ich betrat die Laufplanke und bahnte mir einen Weg durch Schwärme von Mücken und andere Insekten und durch Dutzende von Frauen mit Tabletts und Körben auf den Köpfen an den mit Schilf abgedeckten, hoch aufgestapelten Yamskisten entlang. Das untere Bett in meiner Kabine gehörte dem zweiten Schiffsmaschinisten Robert-George Quartson. »Ich werde wenig hier sein, denn der Motor muss ständig überwacht werden«, sagte er. Da es nur einen Kabinenschlüssel gab, würde er an die Tür hämmern, wenn er hereinwollte.

Kapitän Charles Tekpor berichtete, dass er um drei Uhr nachts in Yeji losgefahren sei und auf dem Weg nach Kete Krachi fünf Zwischenstopps von jeweils drei bis vier Stunden eingelegt habe. Er rechne damit, dass das Einladen aller Yamskisten und der übrigen Waren mit dem Gabelstapler alles in allem drei Stunden dauern würde und wir erst nach Mitternacht ablegen würden, um dann sechzehn Stunden später in Akosombo einzutreffen. Dann wäre der Kapitän gut 37 Stunden nonstop auf der Brücke gewesen, aber das sei absolut kein Problem. »Das gehört zu meinem Beruf.«

Ich ging wieder von Bord. Überall hockten Fahrgäste auf dem müllübersäten Kiessand und warteten. Mädchen mit Tabletts auf dem Kopf verkauften Eiswasser in weißen Plastiktüten: »Ice water! Yes, ice water!« Ein schwenkbarer Scheinwerfer folgte dem Gabelstapler vom Schiff aus, auf dem übrigen Gelände blieb es dunkel, da und dort brannte ein kleines Öllämpchen. Um halb zwei Uhr nachts ließ Kapitän Tekpor zum Zeichen der Abfahrt das Schiffshorn dreimal aufheulen.

Ich ging wieder an Bord. Die Passagiere lagen auf Tischen und auf dem Boden und schliefen. Auf dem Oberdeck rief ein alter Mann Allah an. Der Himmel war wolkenverhangen, und man sah die Hand vor Augen nicht.

07° 45′ n. B.
Voltasee

Der Voltasee liegt in seiner ganzen Ausdehnung innerhalb der Grenzen Ghanas; er ist gut 500 Kilometer lang und hat eine totale Küstenlinie von 5000 Kilometern. Der größte künstliche See der Welt – er ist fast sechzehn Mal so groß wie der Bodensee – entstand 1966 nach dem Bau des Akosombo-Damms, wofür fast 80 000 Menschen umgesiedelt wurden. In den See fließen der Volta – der seinerseits ein Zusammenfluss des Roten, des Weißen und des Schwarzen Volta ist –, der Oti, der Asukawkaw, der Sene, der Afram und der Obosum. Ghana und Burkina Faso nutzen fast 85 Prozent des Wasserreservoirs, Togo, die Elfenbeinküste, Mali und Benin den Rest. Zwei Wasserkraftwerke beliefern einen großen Teil Ghanas mit Elektrizität. Nach dem Roden des Urwalds rund um den See war der »hydrologische Kreislauf« unterbrochen und der Wasserstand sank systematisch. Da gleichzeitig der Energiebedarf der sich entwickelnden Industrie im Süden stark zugenommen hat, hat Ghana vor allem in der Trockenzeit unter Stromausfällen zu leiden. In großen Teilen des Landes kommen daher komplizierte Energieverteilungspläne zum Einsatz, die für einen Außenstehenden schwer zu begreifen sind.

In seinem Steuerhaus erzählte Kapitän Tekpor, dass ihm bis vor Kurzem weder ein Radar noch ein GPS zur Verfügung gestanden habe, aber er habe das Handwerk von einem erfahrenen Kapitän gelernt, der ihn in die Geheimnisse des Voltasees eingeweiht habe. »Er hatte die ganze Route im Kopf. Jeden Felsen, die besten Fahrrinnen.« Man muss zuerst die Orientierungspunkte erkennen können, erklärte er. »Das heißt, man muss lernen, im Stockdunkeln einen Felsen zu sehen. Heute Nacht ist die Sicht sehr schlecht, aber wenn man lange genug Ausschau hält, kann man doch etwas erkennen.«

Ich ging zur Reling und starrte auf das letzte, ganz verschwommene Licht von Kete Krachi. Es war tiefe Nacht, aber ich wollte den Augenblick, in dem wir den Nullpunkt passierten, nicht verpassen. Die *Yapei Queen* hielt überwiegend südöstlichen, manchmal östlichen und sogar kurz nordöstlichen Kurs und passierte auf 7° 45′ 47.1″ n. B. den Nullmeridian. Der Voltasee lag 79 Meter über dem Meeresspiegel, es war acht Minuten vor zwei Uhr, die Schiffsgeschwindigkeit betrug elf Stundenkilometer, die Dunkelheit war fast pechschwarz.

Wir überfuhren die Linie, die das Richtmaß von Ort und Zeit bildet und Ghana mit seiner früheren Kolonialmacht und mit dem Rest der Welt verbindet. Auf meiner Reise hatte man mir in allen Ländern die Frage gestellt, warum ich dem Nullmeridian folge. Ich gab jedes Mal eine andere Antwort: dass ich fasziniert sei von der Willkür, mit der der Nullmeridian Wüsten, Wälder, Seen oder Tandoori-Restaurants durchschnitt; dass das Verfolgen einer unsichtbaren Linie mir das Gefühl vermittle, das Ungreifbare zu begreifen; dass ich die Neigung habe, mir selbst unmögliche Aufgaben zu stellen.

Das Unterdeck der *Yapei Queen* war überfüllt und stickig; überall lagen Menschen in allen möglichen Haltungen und schliefen. Auf dem Oberdeck war es durch den Fahrtwind erheblich frischer, trotz der Abgase aus den beiden Auspuffrohren der Schiffsmotoren. Auch hier lagen Dutzende Menschen auf Bänken oder auf dem Boden. Mein Kabinenmitbewohner Robert-George Quartson stellte sich als der Ehemann der Bibel lesenden Nachbarin des

Hafenmeisters heraus und war die halbe Nacht beschäftigt. »Der Schiffsmotor hat fast zwanzig Jahre auf dem Buckel«, sagte er am nächsten Morgen. »Das ist zu alt. Das Schiff wird immer langsamer, aber von dem Geld, das die Bosse auf diese Weise einsparen, kommt bei uns nie etwas an.«

Als Robert-George um halb sieben den Radioapparat anstellte, auf Überlautstärke, wachte ich auf. Zwischen Yamssäcken bahnte ich mir einen Weg zum Oberdeck, wo eine Gruppe fülliger Frauen mit schreiend bunten Umschlagtüchern auf dem Boden hockte. Sie hatten Eimer neben sich, in denen sie ihren Proviant aufbewahrten: besser als meine Plastiktüte, in der das Weißbrot und die Bananen inzwischen zu Brei zermatscht waren. Zum Frühstück und Mittagessen löffelte ich meine letzte Sardinendose leer mit dem wenigen, noch essbaren Brot; mit einem halben Liter Wasser spülte ich eine Malariatablette hinunter und gleich hinterher ein ohne Rezept und Beipackzettel in einer Apotheke erstandenes Antibiotikum gegen meinen hartnäckigen Husten; danach rauchte ich eine Zigarette. Zweimal sah ich jemanden ein Buch lesen, in beiden Fällen war es die Bibel.

Wir steuerten abwechselnd am Ufer entlang beziehungsweise durch die Mitte des Sees, gelegentlich passierten wir eine Insel. Überall ragten Baumstümpfe aus dem Wasser empor: Wir schipperten über einen gefluteten Urwald. Der Nullmeridian durchschnitt den Voltasee an zwei Stellen. Dazwischen erstreckte sich am Westufer ein Naturschutzgebiet, in dem der Nullmeridian durch einen unwegsamen, dichten Urwald führte, südlich davon lag ein dünn besiedeltes, isoliertes Gebiet mit einer einzigen Piste. Dort gab es keine Meridiandörfer. Das Ostufer war viel dichter besiedelt, aber der erste Maschinist Nathan Bediako hielt wegen der im Wasser verborgenen Baumstümpfe das Schiff in sicherem Abstand. Er hielt sich auch nicht an die Fahrrinne in der Mitte. »Um Treibstoff zu sparen, nehmen wir immer die kürzeste Strecke«, sagte er. Die *Yapei Queen* hatte zwar noch nie einen ernsthaften Zusammenstoß erlebt, aber »unzählige« Motorprobleme oder Ärger mit der Ruderanlage. Auf dem Voltasee käme es regelmäßig zu schweren Unfällen mit kleineren Schiffen, die zwischen den Dörfern verkehrten, erzählte er. »Sie sind meist überladen, und weil sie Tiefgang haben, können sie auf einen Baumstumpf auflaufen, und der schlitzt das Schiff in der Mitte auf. Vor einem halben Jahr kenterte so ein Boot aus Yeji: Es gab sechzig Tote und nur fünf Überlebende.«

Kapitän Charles Tekpor wollte genau wissen, wie der Nullmeridian im ghanaischen Teil verlief. Er bat mich, die Namen der Dörfer und Städte vorzulesen, durch die diese Linie führte oder in deren Nähe sie kam, und notierte die Namen aller Orte bedächtig in ein Heft mit festem Einband. Auf der nächsten Seite versah er die acht Meridianländer jeweils mit einer Nummer und teilte sie in Spalten Europa und Afrika zu. Ob ich denn Bier trinke, wollte er wissen. Er schon, sagte er. Er hatte einen schläfrigen Blick, aber das schrieb ich vor allem der Tatsache zu, dass er zu diesem Zeitpunkt bereits seit mindestens 35 Stunden Dienst tat.

Neben der Kapitänskajüte lag auf einem aufgerollten Feuerwehrschlauch ein barfüßiger Mann in Arbeitskleidung. Er arbeitete seit vierzig Jahren im Maschinenraum. Schon bevor die *Yapei Queen* aus Kete Krachi ablegte, hatte er einen Malariaanfall erlitten. Trotzdem hatte er notgedrungen weitergearbeitet. Nach dem Eintreffen in Akosombo wollte er ins Krankenhaus gehen, um sich behandeln zu lassen. »In Yeji, meinem Wohnort, ist die medizinische Versorgung schlecht, und es gibt kein Krankenhaus.« Trotz des Fiebers machte er einen munteren Eindruck und kannte den Namen von jedem Gipfel, jedem Wald und jeder Insel, die wir passierten. »Vor dem Bau des Staudamms war der Volta sehr schmal und manchmal nicht einmal mit dem Kanu zu befahren«, erzählte er. Daher lagen auch keine Dörfer am Fluss und schon gar keine im Urwald, und deshalb waren damals auch vergleichsweise wenige Ortschaften vom Volta-Stausee verschlungen worden. Er deutete auf die Trümmer der alten Stadt Agina, die beim Aufstauen des Voltasees unter dem Wasserspiegel verschwunden war, und auf die neue Stadt, die in der Ferne sichtbar wurde.

Als wir uns dem Hafen von Akosombo näherten, waren die Hügel in dicke schwarze Rauchwolken gehüllt, und überall hing ein starker Brandgeruch. Kurz darauf hörte man ein anschwellendes Geräusch von prasselndem Holz, und ich sah die bewaldeten Berghänge über dem Hafen auf ungefähr halber Höhe zum Gipfel in einem weiträumigen Halbkreis brennen. Behutsam manövrierte Kapitän Tekpor die *Yapei Queen* an ein paar rostigen Schiffen vorbei, die dort vor Anker lagen, und sobald das Schiff an der Anlegestelle vertäut war, faltete er die Hände und murmelte ein Dankgebet.

Ich ging von Bord und nahm ein Taxi zum nahe gelegenen Atimpoko, vorbei am Dorf Akosombo und dem gleichnamigen Damm. Wir mussten einen Umweg in Kauf nehmen, weil die kürzeste Strecke wegen der Waldbrände gesperrt war. »Das passiert hier jedes Jahr«, sagte der Taxichauffeur.

Ich bezog Quartier in einem Hotel mit Seeterrasse, wo ich den Mitinhaber Kwame Ayim kennenlernte, einen immer zum Lachen aufgelegten, redseligen Mann in den Sechzigern mit einer heiseren Stimme. Auch er hatte seinen traditionellen Vornamen (er bedeutete »Samstag«) eingetauscht – gegen den britischen Rufnamen Ferdinand. In jungen Jahren hatte er eine Weile auf einer Werft in den Niederlanden gearbeitet und dort Schiffe aus Ghana repariert.

Ayim war ein Guan. »Wir sind die Juden von Ghana«, sagte er. »Wir wohnen überall, sind aber immer in der Minderheit.« Unser Gespräch kam auf die Situation in Yendi. Ayim gab eine klare Analyse der Ursache für jeglichen Bruderzwist. Es fängt immer mit einem Vater an – Familienoberhaupt, Clanoberhaupt oder König –, der zwei oder mehr Frauen hat. Wenn er stirbt, wird der älteste Sohn der ersten Ehefrau das neue Oberhaupt. Wenn die »erste Gruppe« allerdings nur aus Frauen besteht oder aus minderjährigen, kranken oder aus anderen Gründen ungeeigneten Männern, geht die Führung in Form einer Regentschaft auf den ältesten Sohn der zweiten Ehefrau über. Mit dessen Tod beginnen die Probleme. Die zweite Gruppe möchte an der Macht bleiben, aber im Prinzip muss die Macht wieder an den ältesten geeigneten Sohn aus der ersten Gruppe zurückfallen, und wenn dieser nicht zur Verfügung steht, dann auf einen Cousin oder anderen Verwandten der ersten Ehefrau. »Ein Regent ist eine Art Geschäftsführer«, sagte Ayim. »Vergleichen Sie es mit einem Unternehmen. Der Generaldirektor steht im Dienste des Unternehmens, ist aber nicht der Besitzer. Die Macht eines Regenten darf also niemals auf seine eigenen Kinder übergehen, sondern muss wieder an die Gruppe zurückfallen, aus der sie ursprünglich stammte. Das sind oft verzwickte Machtkonflikte, für die es nur schwer Lösungen gibt, denn nichts ist schriftlich festgehalten. All diese Familiengeschichten stecken nur in den Köpfen alter Männer, und wenn diese sterben, sind auch die ›Akten‹ verschwunden.«

Das Meridian Spot – eine Trinkhalle mit Holzbänken und ohrenbetäubender Hiplife-Musik – lag an der Hauptstraße von Odumase Krobo, 27 Bogensekunden vom Nullmeridian entfernt. Der Besitzer hatte sich für den Namen Meridian entschieden, weil er aus Tema stammte, wusste aber gar nicht, dass der Nullmeridian in unmittelbarer Nähe seiner Kneipe verlief.

Der Nullpunkt befand sich gut einen halben Kilometer entfernt. Ich sah mich um: eine Holztafel wies auf das »Testimony of God Int. Ministry« hin, spezialisiert auf »healing, signs and wonders«. Niedrige Zementhäuser mit Wellblechdächern, herumliegender Müll, ein beschmiertes Autowrack, Schuppen und vier winkende kleine Mädchen in der Ferne. Im Schatten eines alten Mangobaums lungerten ein Dutzend Jungen und ein Mädchen herum. Es roch nach Marihuana. Ich erklärte, wer ich war, was zu einem Nullpunktritual gehörte und ob sie es in Ordnung fänden, wenn ich fotografierte. Kaum war das Wort »Foto« gefallen, machte sich einer von ihnen aus dem Staub, vermutlich der mit dem Gras. Danach fragte ein breitschultriger Jugendlicher in offener Jeansjacke und mit zerfledderter, halblanger Hose, ob ich ihn in die Niederlande mitnehmen könne, ein anderer wollte wissen, wo ich in Ghana lebe, und ein Dritter verlangte 10 000 Cedi als Vergütung für mein Nullpunktfoto.

Mithilfe eines Taxichauffeurs aus Akosombo fand ich die dem Nullmeridian am nächsten gelegene Übernachtungsmöglichkeit: das Guesthouse Kokroko in Atua, auf 0° 00′ 10,7″ w. L., 300 Meter vom Nullpunkt entfernt. Atua war mit Somanya und Odumase Krobo zu einer einzigen lang gestreckten Stadt zusammengewachsen. Es wurde von Norden nach Süden von der Schnellstraße nach Accra, der Hauptstadt, durchschnitten und auf der Grenze zwischen Atua und Odumase Krobo vom Nullmeridian. Südlich des Voltasees begann eine andere Welt: asphaltierte Seitenstraßen, Elektronikshops, Motorroller. Überall wurde gebaut, und entlang der Hauptstraße waren Hunderte kleiner Betriebe, Werkstätten und Geschäfte angesiedelt.

Kokroko war bei den Einheimischen vor allem als Restaurant bekannt, in dem Spezialitäten aus Ghana in hervorragender Qualität serviert wurden. An den Wänden hingen Poster von Jesus, dem *Letzten Abendmahl* und einem weißen, knienden Mädchen, das mit gefalteten Händen fromm nach oben blickte. Auf allen Tischen lagen knallgelbe Plastiktischtücher mit dem Wort »Maggi« in roten Buchstaben darauf. Die Inhaberin saß mitten im Raum an der Kasse und behielt alles im Blick, die Serviererinnen trugen Schürzen mit demselben Muster wie die Tischtücher. Ein L-förmiges Gebäude auf der Rückseite diente als Hotel. Weder aus dem Wasserhahn noch aus der Dusche kam Wasser, aber in dem Plastik-

06° 07′ n.B.
Atua

383

behälter, den ich zunächst für einen groß ausgefallenen Waschkorb gehalten hatte, gab es Wasser, das ich in einen Eimer abfüllen konnte. Der schmutzige Putzlappen, der über dem Stuhl hing, war nach Aussage des Hotelboys tatsächlich als Scheuerlappen und nicht als Handtuch gedacht. Leider waren alle Handtücher im Kokroko »schmutzig«, aber wenn ich ihm 20 000 Cedi gäbe, würde er mir auf der anderen Straßenseite eines kaufen. »Sie kosten dort nicht viel.«

Am Abend schallte aus mehreren Richtungen Musik: Reggae aus Lautsprechern, und zwei Frauen und ein Mann priesen stundenlang mehrstimmig mit lang gezogenen Tönen den *Lord*. Das Hotel lag direkt an der Hauptstraße, regelmäßig kamen Minitaxibusse, *trotro's*, vorbei, die bei jedem potenziellen Kunden hupten und mit Aufschriften versehen waren wie »The evil that men do«, »Naked I Came« oder »Oh God help me!«. In aller Herrgottsfrühe wurde ich zuerst von amerikanischem Reli-Pop geweckt, der aus dem Restaurant des Hotels hinaufstieg, und anschließend, nachdem ich wieder eingeschlafen war, vom Kühlschrank in meinem Zimmer, der plötzlich in Flammen aufging.

Um mich freier fortbewegen zu können, wollte ich ein Moped mieten. Solomon, der Sohn der Kokroko-Eigentümer, kannte jemanden in Somanya, der das eventuell möglich machen konnte. Die Werkstätte von Daniel und seinen Mitarbeitern Abraham und Abraham war vollgestellt mit Motorrädern in weit fortgeschrittenem Zustand des Zerfalls und mit zwei Mopeds, deren Reparatur noch »viele Wochen« in Anspruch nehmen sollte. Daniel empfahl mir einen alten Motorroller. Ich machte eine Probefahrt und stellte fest, dass er nicht von selbst ansprang, sondern angeschoben werden musste, und dass Hupe und Blinker nicht funktionierten. Für eine Anzahlung von 400 000 Cedi sollte Daniel in Accra eine neue Batterie besorgen. Einer der Abrahams würde den Roller putzen und mit einem neuen Sattel ausstatten.

Auf der Kokroko-Terrasse lernte ich drei Frauen kennen: Jacqueline, die Tante von Acee und Minnie, die sie »meine Kinder« nannte. Minnie war verheiratet und Mutter dreier Kinder, ihre Schwester Acee hatte vier; sie stammten aus der Hafenstadt Cape Coast und waren zur Beerdigung von Jacquelines Stiefvater angereist. »Du gibst uns einen aus«, sagte sie in einem Ton, der keinen Widerspruch duldete – sie bestellte zwei Flaschen alkoholfreies Bier und drei Gläser. »Zu welcher Kirche gehörst du?«, fragte sie darauf. Sie selbst war presbyterianisch, Minnie katholisch und Acee (»Sonntag«) war der Zion Church beigetreten. Die Bestürzung über meine Gottlosigkeit und meinen Status als Alleinstehender ohne Kinder war groß.

Die eine Woche dauernden Begräbnisfeiern fanden in einem Dorf in der Umgebung statt. Dort ging es einfach und traditionell zu, sie mussten auf Matten schlafen. Jacquelines Blick war missbilligend. »Ihr gefällt es dort nicht«, sagte Minnie. »Sie kommt nie aus Cape Coast heraus.« Jacqueline nickte. »Ich bin das Beste vom Besten gewöhnt«, auch wenn sie auf einem Hof ohne Bett und eigenes Wasser aufgewachsen sei. Vor allem das Essen bei den Verwandten mochte sie nicht. Sie floh zusammen mit ihren Nichten so oft es ging, um in der städtischeren Atmosphäre von Odumase Krobo essen zu gehen. »Ich biete dir meine Töchter an«, sagte sie plötzlich. »Welche willst du?« Darüber musste ich nicht lange nachdenken: Minnie. Aber ich sagte: »Ich dachte, dass Christen Treue und Monogamie predigen«, doch darauf ging keine der drei ein. »Wir mögen Weiße«, sagte Jacqueline, »aber ihr mögt uns nicht.« Sie wollte noch wissen, ob ich ein Zweipersonenbett in meinem Zimmer hätte und ob ich das wirklich nicht mit ihr teilen wolle. Sie mussten zwar zurück zu den Begräbnisfeierlichkeiten, wollten aber in drei Tagen wieder zum Essen ins Kokroko kommen. »Ich besorge dir eine Frau«, rief Jacqueline noch, während sie mit ihren Nichten einen Taxibus anhielt.

Am nächsten Tag suchte ich wieder Daniels Werkstatt auf, es war heiß und dunstig. In dem kleinen Viertel in Somanya liefen Ziegen frei auf den Straßen herum, da und dort sah ich Bruchbuden oder halb verfallene Häuser, aber es gab überall Stromleitungen, auf den Dächern ragten Fernsehantennen in den Himmel, und von allen Seiten hörte man Musik. Die Werkstatt bestand aus einem Zementboden mit zwei schiefen Holzpfählen, auf die sich ein schäbiges Schilfdach stützte. Eine Straßenhändlerin verkaufte geröstete Kuhhaut am Spieß.

Ich zahlte und machte mich auf den Weg. Mit der neuen Batterie sprang der Roller jetzt ganz ohne meine Unterstützung an. Er war ungefähr 25 Jahre alt und kam nur mühsam auf Touren, aber das größte Problem war das schlackernde Vorderrad, dessen Schlag nach rechts so groß war, dass ich fürchtete, in der tiefen, offenen Gosse neben der Hauptstraße zu landen. Ab und zu blockierte das Rad sogar, was die Gefahr barg, dass ich mich überschlug.

Von der Straße aus folgte ich dem Nullmeridian über Grundstücke mit Bäumen und Hütten. Ich hielt bei einer Palme, die genau auf dem Nullpunkt stand, stieg ab, zündete mir eine Zigarette an und sah mich um: nackte Erde, herumliegender Müll, Rück- und Seitenwände von Lehmhütten mit Wellblechdächern, zwei Ziegen, die Überreste eines Motorrads, eine fensterlose Holzhütte.

Nun war ich schon fast ein halbes Jahr unterwegs. Das Ergebnis einer Konferenz aus dem Jahre 1884 hatte mich an diesen Ort geführt: auf ein brachliegendes Feld zwischen den Häusern von Odumase Krobo, das, wie es den Anschein hatte, in gar keiner Weise genutzt wurde. Hier verlief die unsichtbare Linie, die Zeit und Raum ordnete, durch eine Palme mit vielen toten Zweigen und danach an zwei Hütten vorbei. 58 Kilometer weiter sollte der Meridian in Tema auf den letzten ultimativen Nullpunkt treffen.

Ich schoss das obligatorische rituelle Foto und betrachtete das

Ergebnis: Der Hintergrund war gut zu erkennen, die mit meinen Fingern geformte Null war schön rund – eine Frage der Übung. Aber mein Gesichtsausdruck war stumpf. Zum ersten Mal empfand ich keine Euphorie beim Erreichen eines Nullpunktes. Noch immer hing Staub in der Luft, und das Sonnenlicht war fahl, der Wind trug den Wüstensand aus der Sahara und dem Sahel Tausende Kilometer mit sich. Ich sehnte mich nach dem Meer, von dem ich nur noch einen Breitengrad entfernt war. Beim Rauchen einer weiteren Zigarette fasste ich einen Entschluss: Ich würde den Roller wieder abgeben, nicht auf Minnies Rückkehr warten und so schnell wie möglich zum allerletzten Nullpunkt weiterreisen.

Die Kosten für die neue Batterie sollten mit dem Mietpreis verrechnet werden, doch da ich nun Daniel den Roller schon nach einem Tag wieder zurückbrachte, hatten wir ein Problem. Das war eine Sache für den Besitzer der Werkstatt, der kurz darauf auftauchte: Felix Anikpe, ein molliger Mann mit nacktem Oberkörper und kleinen Brüsten. Der Schlag im Vorderrad nach rechts war ihm bekannt, aber solange der Roller fahren konnte, war er »in Ordnung«. Was das Geld anging, das für die neue Batterie erstattet werden musste, müsse ich wissen, die Lage sei so: Er war blank, und seine finanzielle Situation würde sich »in nächster Zeit« nicht ändern.

Ich kehrte ins Hotel zurück, packte meine Siebensachen zusammen und hielt einen Taxibus nach Kpong an; auf dem Weg dorthin kam ich an mindestens hundert Kirchen vorbei. Hinter Kpong begann – in perfektem Zustand – eine zweispurige Autobahn mit Randstreifen und Fahrbahnmarkierung, aber es gab kaum Verkehr. In der Nähe der Dörfer hofften Frauen mit Tabletts voller Weißbrote auf dem Kopf auf Kunden, oder Kinder hielten ein Huhn an den Füßen hoch; regelmäßig sah man Paviane am Straßenrand entlanglaufen.

In Afienya passierte der Nullmeridian eine Klempnerei namens »God's Shadow«. In diesem Außenbezirk waren die Straßen noch nicht asphaltiert, und es gab ein paar Lehmhäuser, aber um sie herum waren schon die Neubauten in die Höhe geschossen. Baukräne und kahl geschlagene Gelände waren Hinweise auf weitere Expansion. Aus ganz Ghana, hauptsächlich aus dem Norden, kamen Migranten in den Süden, um hier als Hafenarbeiter, Markthändler, Fabrikarbeiter oder Taxifahrer zu arbeiten. Wie das zwischen Afienya und Tema auf dem Nullmeridian liegende Ashaiman war die ganze Stadt im Grunde ein *zongo*, wie man in Ghana Großstadtviertel nennt, in denen viele verschiedene ethnische Gruppen zusammenleben. Ashaiman war die am schnellsten wachsende Stadt Westafrikas und mit Tema schon so gut wie zusammengewachsen zu einer Metropole. Im Zentrum gab es einen regen Straßenhandel, einen großen Markt und viel Verkehr. Die sich ständig ausbreitenden Vororte hießen im Volksmund Jericho, Jerusalem, Bethlehem, Libanon und Middle East: kein Ausdruck biblischer Passion, sondern Hinweise auf die ghanaischen Berufssoldaten, die bei den Friedenstruppen der Vereinten Nationen im Libanon gedient hatten und sich als Erste in den neuen Vierteln niederließen. Ich spürte den Nullmeridian auf einem staubigen Schotterweg wieder auf und anschließend – in einem Villenviertel, das gerade gebaut wurde – vor einem großen Haus mit schmiedeeisernem Zaun. Aufgeregt fuhr ich mit dem Taxi Richtung Meer.

21

Der Letzte in der Reihe

Auf den ersten Blick ist Tema eine charakterlose Stadt, die von
endlosen breiten Asphaltstraßen durchzogen wird. Die sterile
Struktur ist kein Zufall: Tema wurde vollständig am Reißbrett geplant und 1959 auf Veranlassung von Präsident Kwame Nkrumah
erbaut. Er ließ einen Tiefwasserhafen ausbaggern und daran an-
grenzend eine Musterstadt anlegen, zunächst für alle am Hafenbau beteiligten Arbeiter und Ingenieure und später für deren Familien. Die erste geplante Stadt Afrikas wurde in nummerierte
communities aufgeteilt, die durch ausgedehnte, unbebaute Parzellen
voneinander getrennt waren. An den Rändern dehnt sich die Stadt
immer weiter aus: An der Westseite industrialisiert und urbani-
siert sich der Küstenstreifen zwischen Tema und der 24 Kilometer
entfernten Hauptstadt Accra mit großer Geschwindigkeit.

Das Hafengebiet und das Zentrum von Community One sind
die lebendigsten Teile einer relativ hoch entwickelten und wohl-
habenden Stadt. Die ärmsten Einwohner leben in der Nähe des
Hafens. In einigen der zwanzig Communities stehen Villen, doch
in den meisten sind kleine, frei stehende Häuser und zwei- oder
dreistöckige Wohnblocks entstanden, die durch unbefestigte
Wege miteinander verbunden sind. Auch die zentraler gelegenen
Communities wirken wie Außenbezirke, und dem Nichtansässi-
gen fällt es schwer, sich dort zu orientieren. Um die Struktur der
Stadt besser begreifen zu können, machte ich mich auf die Suche
nach einem Stadtplan, vorzugsweise nach einem, auf dem der
Nullmeridian eingezeichnet war.

In einer Gasse am Markt von Community One fand ich eine Buchhandlung, vor der Tür zwei hölzerne Reklameschilder. Sie stellten die *Holy Bible* (schwarz) und das *Oxford Dictionary* (blau) dar. Die Buchhandlung war klein, aber hinter dem Ladentisch standen immerhin vier Leute. Einer war Verfasser von Schulbüchern, die er auch selbst verkaufte. Das Literaturangebot – Shakespeare, Tolstoi, ein paar afrikanische Autoren – wurde mir über den Ladentisch zugeschoben. Ohne Stadtplan, aber mit zwei Romanen und einem Buch über die Geschichte Ghanas unter dem Arm verließ ich den Laden wieder.

Ich versuchte mein Glück im Büro der Tema Development Corporation, der Behörde, die die Stadt entworfen hatte und noch immer für die Raumplanung verantwortlich war. Ein Taxi setzte mich vor einem funkelnagelneuen, erst kürzlich vom Staatsoberhaupt eingeweihten Gebäude ab. Ich ging auf den Eingang zu, wurde aber vom Portier dezidiert aufgefordert, das »Trottoir« zu benutzen, einen schmalen Streifen aus Gehwegplatten, der schon nach zwanzig Metern wieder endete. Kurz vor den Schiebetüren des Hauptgebäudes sprach mich ein junger, schwitzender Mann an. Er fragte, was ich hier suche, und bevor ich mich versah, hatte er mich ins Schlepptau genommen und führte mich an meistens geschlossenen Büros vorbei. Unverblümt gab er zu erkennen, dass er »Geschäfte« machen wollte. Er könne beispielsweise Gold liefern, so viel ich nur wollte. »Meine Frau arbeitet beim Bergwerk.« Schließlich landeten wir in der Abteilung Landvermessung im Büro eines Beamten, der sich als Robert vorstellte. In dem Berg aufgerollter Zeichnungen auf dem Fußboden suchte er kurz, aber nein, ein Plan vom jetzigen Tema war nicht dabei. Dann fischte er aus dem Papierstapel auf seinem Schreibtisch ein vergilbtes Büchlein. »Das habe ich gesucht.« Es war der original Masterplan von Tema, mit allen ideologischen und bautechnischen Grundlagen der geplanten Stadt, illustriert mit Schwarz-Weiß-Fotos und einer Luftaufnahme des Hafens. Ich durfte ihn mir nur kurz ansehen, mehr nicht, denn es seien geheime Informationen, sagte er, manche Pläne waren später geändert worden. Kopien durfte er auch keine machen, obwohl das kleine Buch mehr als ein halbes Jahrhundert alt war. Was detaillierte Stadtpläne von Tema anging, so verwies er mich an den Topografischen Dienst in der Hauptstadt Accra.

»Früher war Tema mit Gittern und Eingangstoren abgesperrt, egal, aus welcher Richtung man kam«, sagte der Taxifahrer, während wir auf dem Kwame Nkrumah Motorway nach Accra (»Ameisenheer«) fuhren. Sein Vater hatte beim Hafenbau und später am Akosombo-Damm mitgearbeitet. »In der Nkrumah-Zeit war Tema nur dünn besiedelt und streng unterteilt«, erzählte er. »Direktoren wohnten bei Direktoren, Weiße bei Weißen, Manager bei Managern und Arbeiter bei Arbeitern. Jeder durfte heiraten und Kinder kriegen, aber keine anderen Verwandten bei sich aufnehmen. Und sehen Sie nur, was jetzt aus dieser Stadt geworden ist: Sie ist dicht bewohnt, es gibt Obdachlose, die nachts vor den Supermärkten liegen, und Müllberge in Community One.«

Von der Straße aus sah man Kakao-Lagerhäuser, vor denen Hunderte voll beladener Lastwagen warteten: Die Kakao-Arbeiter streikten bereits seit einem Monat. Einige von ihnen rannten mit einer Holzlatte oder einem Knüppel in der Hand die Straße entlang, verfolgt von bewaffneten Polizisten. Ich sah, wie sie hinter uns Autoreifen auf die Straße rollten, um eine Barrikade zu bauen. Den Taxichauffeur konnte das nicht beeindrucken. »So ging das fast jeden Tag zu in den vergangenen Wochen.«

Der Gebäudekomplex des Topografischen Dienstes lag in der Einflugschneise des nahe gelegenen internationalen Flughafens, und jedes Mal, wenn ein Flugzeug über uns hinwegflog, bebten die Fensterscheiben. Die Behörde befand sich offenkundig in einer Übergangsphase: Detaillierte Pläne von Städten wie Tema standen noch nicht zur Verfügung, aber man arbeitete mit Hochdruck daran, alle Städte Ghanas auf Karten zu digitalisieren. »Ein umfangreiches und zeitaufwendiges Projekt«, sagte Jones Ofori-Boada, der Leiter des Wissenschaftlichen Dienstes. »Das meiste wurde noch nie zuvor vermessen, und viele Straßen in Ghana haben noch nicht einmal einen Namen.«

Die Behörde war über einige Flachbauten verteilt, und mit einer Taschenlampe bewaffnet – es gab schon den ganzen Tag keinen Strom – ging Ofori-Boada vor mir her, von einem Büro, vollgestopft mit Rollen und Regalbrettern voller Karten, zum nächsten. Tema war verzeichnet auf Blatt 0500A3, das zu neunzig Prozent Meer zeigte, und auf Blatt 0501B4, das aus der Serie der topografischen Generalstabskarten von Ghana stammte. Leider befanden sich ausgerechnet der Nullmeridian und damit die Stadt genau auf der Schnittlinie der beiden Karten. Man konnte sie nicht zusammenfalten, sie waren mehr als dreißig Jahre alt und umfassten ein für meinen Zweck viel zu großes Gebiet. Doch von beiden Exemplaren gab es Kopien, deshalb kaufte ich welche, ohne nachzudenken. Nicht, um damit die Straßen von Tema zu erkunden, sondern weil sie in meine Sammlung Nullmeridian-Karten gehörten.

Die Stadt Tema, der Tiefwasserhafen und die benachbarten Industriegebiete, die Schnellstraße nach Accra und der Voltasee gehören zum Erbe von Kwame Nkrumah, dem legendären Führer der ersten europäischen Kolonie in Afrika, die unabhängig wurde, im Jahre 1957. Tema ist nicht einfach eine geplante Stadt, Temas Ausgangspunkt war der von Nkrumah zum Ideal erhobene neue, freie Afrikaner, der sein Schicksal in die eigene Hand nimmt.

In Accra war ich mit dem Historiker Dr. Kofi Baku verabredet, dem Dekan der Fakultät für Geschichte an der University of Ghana in Legon. »Der Bau Temas folgte der Logik der Industriegesellschaft«, erklärte er in seinem Arbeitszimmer auf dem Universitätscampus. »Kwame Nkrumah wollte mit Tema eine Stadt aufbauen, deren Bewohner gleichrangig wären, eine Stadt, die aus der afrikanischen Kultur und Tradition hervorginge, aber zugleich auch in eine moderne Industriegesellschaft passen würde.« Die neuen Bewohner teilten sich Gemeinschaftseinrichtungen in den Communities, in denen sie wohnten. Ein Alleinstehender fing mit einem Zimmer an, wenn er heiratete, zog er in zwei Zimmer um, und schließlich in eine Wohnung oder ein Einzelhaus. Dem lag die Idee zugrunde, dass auf diese Weise kein Raum für die traditionelle Form des Zusammenlebens im Großfamilienverband wäre, und das passte wiederum, so Baku, auch zu den Verstädterungsprozessen, die bereits »in vollem Gange« waren.

Dass Tema keine kompakte Stadt mit dicht an dicht nebeneinanderstehenden Häusern geworden war, rührt von der Autarkie her, die Nkrumah für das ganze Land anstrebte und die sich auch in der Struktur der künstlichen Stadt spiegelte: Jede Community sollte unabhängig sein, mit eigenen Schulen, eigenen Geschäften und einem eigenen Markt. Dass das nicht völlig gelungen war, hatte ich bereits mit eigenen Augen gesehen. Das Zentrum von Community One wirkte wie das Zentrum der ganzen Stadt, wogegen den restlichen Communitys ein geografischer Zusammenhang zu fehlen schien. »Community One liegt dem Hafen am nächsten und ist deshalb der älteste Teil der neuen Stadt«, sagte Baku. »Hier wurden die ersten Arbeiter untergebracht, die beim Hafenbau mitarbeiteten. In der restlichen Stadt sind nicht alle Grundstücke erschlossen, obwohl auch dort neue Communitys hinzugekommen sind. Die jüngsten liegen bereits in der Nähe von Accra. Die beiden Städte wachsen allmählich zusammen: Das war alles so geplant.«

Mit Tema hatte Nkrumah der Welt beweisen wollen, dass eine derart groß angelegte Operation in einem dekolonisierten afrikanischen Land möglich war: der Bau eines internationalen Tiefwasserhafens mit angrenzendem Industriesektor, eine Autobahn und eine komplett neue Modellstadt mit einer neuen sozialen Infrastruktur. Über alles hatte man nachgedacht, Tema wurde die erste Stadt Ghanas mit Hausnummern. »Dass der Masterplan großenteils realisiert wurde, liegt an einem Zusammentreffen besonderer, einmaliger Umstände«, folgerte Baku. »Die wiedergewonnene Freiheit, die Mittel, die das Land einsetzen konnte, die Verfügbarkeit des Areals, Kwame Nkrumahs Ideale und der Zeitgeist. Ein derart umfangreicher Plan wurde danach nie mehr verwirklicht, und es wird auch nie mehr geschehen. Tema ist einzigartig.«

Ich fuhr auf der alten Küstenstraße zurück: Fischerdörfchen, eine ruhige See, grell gestrichene Kanus. Auf der Hälfte des Wegs ragten bereits die neuen Hochhäuser von Community Two in den Himmel. Das Leben der traditionellen Fischer wurde zwischen zwei immer näher rückenden Städten zermalmt. Wir passierten ein Militärgelände, wo das ehemalige Staatsoberhaupt Jerry Rawlings vermeintliche Betrüger und Gegner – darunter 1979 seine beiden Vorgänger – hatte hinrichten lassen, am helllichten Tag und vor aller Augen, wozu auch die Medien herzlich eingeladen waren. Direkt an der Küste entlang sah ich sechs nummerierte Schießscheiben stehen. »Die gesamte Küste und der Küstenstreifen sind noch immer militärisches Gebiet«, erklärte der Taxifahrer. »Es ist ein ausgezeichneter Ort zum Üben oder um Menschen zu liquidieren, denn wenn einer danebenschießt, landen die Kugeln im Meer, ohne den Falschen zu treffen.«

Der Nullmeridian ließ den bewohnten Teil Temas zum großen Teil links liegen, durchquerte ein Industriegebiet und das Zentrum von Community One, um danach im weitläufigen Hafengebiet herauszukommen, auf dem Weg in Richtung allerletzter Nullpunkt. Der nächste erreichbare Nullpunkt an der Nordgrenze von Tema lag an der Grundstücksmauer der Stahlfabrik, auf die in großen Lettern »Gift of God« gemalt war. Der Horizont wurde von Kränen dominiert, von Strommasten und Kabeln der ein Stück weiter ebenfalls auf dem Nullmeridian liegenden Kraftwerkszentrale: eine Welt aus endlosen Straßen, mit Stahlspitzen gekrönten Betonmauern und summenden Geräuschen. Ich fand den Nullmeridian bei einer Ölraffinerie wieder, deren Vorratstanks sich bis zum Horizont hintereinanderreihten, und einen nächsten Nullpunkt bei der Machetenfabrik Crocodile:»Sharp! Strong! Tried and Tested!«

Anschließend führte der Nullmeridian an der Cacao Processing Company entlang, einer ghanaischen Schokoladenfabrik, von der nur noch ein Teil genutzt wurde. Die gigantischen Silos, die unter Kwame Nkrumah vom Staat erbaut worden waren, standen leer. Der Kakao wurde vorläufig in Packhäusern außerhalb der Stadt gelagert, in Erwartung der Fertigstellung neuer Silos im Westen von Tema. Die Fabrik gehörte zu den wenigen afrikanischen Unternehmen, die ein Endprodukt herstellten. In der Fabrikhalle kaufte ich eine Tafel Golden-Tree-Schokolade, nach einem speziellen Verfahren produziert, das sie so gut wie unschmelzbar machte.

Auf der anderen Seite der vierspurigen Harbour Road erreichte der Nullmeridian das einzige Wohnviertel, das er in Tema durchquerte, nämlich Community One. Ich bog in die John Saaba Road ein, lief an einem Lastwagen mit Jutesäcken voller Holzkohle vorbei, die von geschwärzten Männern ausgeladen wurden, und musste die Nullgradlinie notgedrungen kurz verlassen, weil die John Saaba Road in die andere Richtung führte. Die nächste Seitenstraße brachte mich wieder auf den Nullmeridian und zugleich in das ausgedehnte Marktgebiet: das Herz der Stadt. Ich geriet in den überdachten Teil und versuchte, im Menschengedränge und zwischen Schuhen, Zwiebeln, Bananen, Stoffen, Mehlsäcken, Uhren, getrockneten Fischen, Nähwerkstätten und Plättereien dem Nullmeridian zu folgen. Zwei Bogensekunden vom Nullpunkt entfernt fiel das GPS-Signal aus. Ich fand einen Ausgang in der Nähe der Greenwich Meridian Road, die unter dem Namen Main Post Office Road in der Stadt besser bekannt war. Eine Schar blinder Männer zog vorüber. Jeder hatte seine Hände auf die Schultern des Vordermannes gelegt. An ihren Gürteln baumelten Bettelschalen aus Zink. Vor der »24 hours«-Tankstelle mit Fast-Food-Restaurant streckte mir eine alte, lepröse Frau die Handstümpfe bittend entgegen. Hinter ihr saßen ein paar Männer auf dem Boden und zählten große Stapel Geldscheine.

In einer schmalen Gasse auf dem Marktgelände fand ich einen Steinwurf vom Nullpunkt entfernt das Pink Panther Enterprise, einen Laden für gebrauchte Fernseher und Stereoanlagen, Eigentum meines alten Freundes Gordon Addai Baffour, eines Ashanti, den ich vor dreißig Jahren kennengelernt hatte. Er war nicht im Laden, also rief ich ihn an, und wir verabredeten uns für den nächsten Tag. Mit Krawatte und Anzug fuhr er in einem silbergrauen, klimatisierten Mitsubishi vor. Wir kramten Erinnerungen heraus an den Sonntagmorgen, als er wie vom Himmel gefallen plötzlich vor meiner Tür stand. Was war vor seiner Ankunft in den Niederlanden passiert? »Ich arbeitete damals für einen Geschäftsmann, der als Regimegegner galt«, sagte er. »Er wurde verhaftet, und nicht viel später standen Soldaten an meiner Tür und suchten mich. Ich wusste, dass mein Leben in Gefahr war, und beschloss, abzuhauen.« Aus Sicherheitsgründen weihte er weder Verwandte noch Freunde in seine Fluchtpläne ein. Er kannte einen Seemann auf großer Fahrt, und über ihn gelang es ihm, als blinder Passagier an Bord eines Kaffeefrachters zu kommen, der nach Rotterdam fuhr. »Ich hatte mich im Laderaum versteckt, mein Freund kam ab und zu mit etwas zu essen und zu trinken vorbei. Mit seinem Matrosenausweis bin ich an Land gegangen.«

Die Flucht war geglückt, Gordon Addai Baffour hatte Europa erreicht, allerdings ohne Pass und mit nicht mehr als fünfzig Gulden sowie einer Tasche mit zwei T-Shirts, einer Jeans und einem

Kamm. Sein wichtigster Besitz aber befand sich in seiner Hosentasche. Ein Zettel, der ihm weiterhelfen sollte in der neuen Welt und der nur eine Angabe enthielt: meinen Namen und meine Adresse. Ein halbes Jahr davor hatte ich einem jungen Mann aus Ghana, der wie ich in einer dänischen Jugendherberge übernachtete, meine Adresse gegeben, und dies war sein Lebenszeichen: sein Freund Gordon Addai Baffour. Er meldete sich bei der Polizei, fand über Amnesty International eine Unterkunft, schließlich politisches Asyl und eine permanente Aufenthaltsgenehmigung. Vier Jahre lang arbeitete er als Gabelstaplerfahrer bei einer Ladenkette, aber er hatte nie für immer emigrieren wollen und kehrte, sobald es die politische Situation zuließ, nach Ghana zurück. Irgendwann tauchte er wieder in den Niederlanden auf: diesmal als Geschäftsmann und mit dem Flugzeug. Er kaufte eine Unmenge gebrauchter Fernseher, Videorekorder, Stereoanlagen, Schreib- und Nähmaschinen. Als ein Container gefüllt war, ließ er ihn von Rotterdam nach Tema verschiffen. Es funktionierte. Die entstehende ghanaische Mittelschicht erwies sich als die ideale Zielgruppe. Das Unternehmen expandierte zu einem Großhandel mit Reparaturbetrieb, mit Filialen in Accra, Kumasi und Tema.

Die Geschäfte liefen so gut, dass er mit dreien seiner acht Brüder in Kumasi ein Hotel eröffnete, ein zweites war in Accra im Bau, seine älteste Tochter studierte Business Administration in London. Noch immer stand er jeden Tag um vier Uhr auf, um einen kompletten Rosenkranz zu beten – 150 Ave-Maria, unterbrochen von fünfzehn Vaterunser – und die Morgenmesse zu besuchen. Er hatte eine Kampagne gegen den Priester geführt, weil dieser die Messe nicht im traditionellen Kasel las. Am Ende kaufte er auf eigene Kosten vierzig liturgische Gewänder für ebenso viele Patres, was ihm eine päpstliche Auszeichnung bescherte, die er in Plastik hatte einschweißen lassen.

Bis vor Kurzem war er drei Mal im Jahr in die Niederlande gereist, inzwischen nur noch ein Mal. »Sechzehn Jahre lang war es eine Goldgrube, aber mittlerweile ist die Tendenz rückläufig, die Leute kaufen lieber gleich einen neuen, aber billigen chinesischen Fernseher oder Computer, dagegen komme ich nicht an.« Sein neuester Plan war der Start eines eigenen Radiosenders. Die FM-Frequenz hatte er bereits gekauft, jetzt suchte er noch Investoren für die benötigte technische Ausstattung. »In dem Lager, in dem ich in den Niederlanden gearbeitet habe, lief den ganzen Tag ein Sender mit ausschließlich Musik, ab und zu unterbrochen von Werbung und einmal in der Stunde den Nachrichten. Das ist mein Traum.«

Es war meine mir selbst auferlegte Aufgabe, den Nullmeridian in ordentlicher Abfolge zu erkunden, von Norden nach Süden. Die Strecke vom Industriegebiet bis zum Markt hatte ich den Regeln gemäß zurückgelegt, aber mein Verlangen nach der Magie des Endnullpunktes war so groß, dass ich mich nicht mehr beherrschen konnte. Ich hielt ein Taxi an und ließ mich zum Haupteingang des Hafens fahren. »You are entering a security zone« meldete ein Schild neben einem Schlagbaum. Wir hatten nicht die geringste Chance. Das ganze Gebiet fiel unter die Verantwortung der Hafenbehörde, und Zugang zum Hafen war nur mit einem speziellen Ausweis möglich. »Wenn Sie nicht beruflich hinein-müssen, mache ich Ihnen wenig Hoffnung«, teilte uns eine Polizistin mit.

Nachdem wir gewendet hatten, bat ich den Fahrer, links ab-zubiegen, in eine stark befahrene Straße mit viel Frachtverkehr, die quer durch das Containerterminal führte. Wir passierten den Nullpunkt, aber ich wollte versuchen, noch näher ans Meer zu kommen. Der nächste Abzweig war ein breiter, befestigter Sand-weg, der schräg nach unten lief. »This place no safe«, sagte der Taxifahrer. »Kiffer, Straßenräuber und Dealer. Weiter geht nicht. Verboten.«

Die Wüstenwinde aus der Sahara zogen bis zum Atlantischen

Ozean, der Blick über das Meer wurde von einer roten Staubglut gefiltert. Ein Schiff lag vor Anker, überall waren Berge von Sand, und ich hörte Baggergeräusche. Wieder beim Nullpunkt auf der Straße angekommen, stieg ich aus, um den vorläufig letzten erreichbaren Nullpunkt rituell festzuhalten. Auf französischen Landstraßen oder in der Wüste, immer hatte ich den allerletzten Nullpunkt von Tema vor Augen gehabt: einen Palmenstrand an einem blaugrünen Meer unter einem stahlblauen Himmel, wo es ein einfaches Straßencafé gab mit Reggae, Hiplife und frisch gepresstem Mangosaft. Bei Sonnenuntergang würde ich auf dem Nullmeridian ins Meer hineinlaufen und auf den Horizont starren, und vielleicht würde ich dann glücklich sein. Aber das endgültige Ziel war vorläufig unerreichbar: Auf der Meeresseite wurde die Aussicht von einer mit Stacheldraht gesicherten Betonmauer behindert, auf der anderen Straßenseite standen lange Reihen vierfach aufgestapelter Container in wildem Gemisch von Farben. Lastwagen donnerten vorbei, Taxis waren unterwegs, aber sie hupten nicht wie überall sonst in der Stadt, um Fahrgäste aufzulesen: Hier gab es keine Fußgänger, hierher musste niemand, dieser Nullpunkt hatte keine Seele.

Ich hatte mich vom Nullmeridian an multiethnischen Wohnvierteln vorbeiführen lassen, an Berggipfeln, kleinen Nestern, Weingärten, Wüsten, Provinzstädtchen, Dörfern in der Savanne, Flüssen, leeren Ebenen, Neubau- und Industriegebieten. Die letztendliche Position des universalen Nullmeridians ist nichts mehr als die Nachwirkung des Traums, den ein Herzog in dem unscheinbaren Fischerdorf Greenwich im fünfzehnten Jahrhundert in die Tat umzusetzen verstand – ein Palast mit Blick auf einen Fluss. Die von der Welt vereinbarte Trennlinie zwischen Ost und West zieht sich wie ein transparenter und meist unbemerkter Eindringling durch Wohnzimmer, über Friedhöfe und Maniokfelder. Aber wegen seiner Funktion als Referenz für die Bestimmung von

Zeit und Ort, in der er täglich – unbewusst – von Milliarden Menschen verwendet wird, unterscheidet er sich wesentlich von anderen imaginären Linien. Der Nullmeridian hätte ebenso gut irgendwo anders verlaufen können, doch da er nun einmal definiert ist, hat er seine Beliebigkeit verloren.

Im Bedürfnis des Menschen, Unsicherheiten und Chaos durch Messungen und Grenzziehungen in den Griff zu bekommen, spielen der Äquator und der Nullmeridian eine bedeutende Rolle. Kolonialmächte haben sie als Erste genutzt, um ihre eroberten Gebiete sauber gegeneinander abzustecken, Seeleute notieren sie in ihren Logbüchern, Kartografen verwenden sie, um die Erde schematisch darstellen zu können, Nachbarländer, um ihre Grenzen zu definieren, Navigationssysteme zur Positionsbestimmung über Satellit. Der Nullmeridian ist überdies die Wiege aller Zeitzonen, keine Ortszeit auf Erden, die nicht auf die Linie verwiese, die Tunstall mit Tema verbindet.

Nach einer Jahrhunderte währenden Entwicklung von der Sonnenuhr über die Pendeluhr und die Quarzuhr ist seit Einführung der Atomuhr die Präzision der Zeitmessung in schwindelerregende Höhen gestiegen: Die neuesten Atomuhren haben eine Abweichung von maximal 1 Sekunde in einer Milliarde Jahren. Wissenschaftler in London und Amerika arbeiten an der ultimativen Atomuhr, die in einem Zeitraum von mehr als sechs Milliarden Jahren weniger als 1 Sekunde abweichen und damit während der insgesamt erwarteten Lebensdauer des Universums die richtige Zeit anzeigen würde.

Mithilfe von ungefähr 200 Atomuhren in mehr als fünfzig Laboratorien auf der ganzen Welt wird die Internationale Atomzeit berechnet, die als Grundlage für die allgemeine Referenzzeit UTC (United Time Coordinated) gilt, die an die Erdrotation und den Nullmeridian gekoppelte Standardzeit, die die Greenwich Mean Time ersetzt hat. UTC kann man auf keiner Uhr ablesen: Es ist ein Durchschnittswert, ein Konstrukt. Die durchschnittlichen Zeiten werden über einen Zeitraum von vier Wochen berechnet, und danach verschickt das Internationale Büro für Maß und Gewicht (IBMG) in Paris ein Bulletin mit den »offiziellen« Unterschieden zwischen Atomzeit und Umdrehungszeit: Die genaueste Zeit auf Erden ist also immer einen Monat alt. Und das, obwohl die »Zeitfrau« Ruth Belville vor anderthalb Jahrhunderten in London jede Woche die offizielle Greenwich-Zeit aus ihrer Handtasche verbreitet hatte.

Dem Menschen ist es gelungen, die Zeit bis zur Nanosekunde hinunter zu zerlegen, doch damit ist noch keine Perfektion erreicht. Weil die Umdrehungsperiode der Erde nicht konstant ist und seit Tausenden von Jahren abnimmt, dauert jeder Erdentag fast drei Mikrosekunden länger als der Tag davor, oder anders ausgedrückt: Die Länge des Tages nimmt um 1,7 Millisekunden pro Jahrhundert zu. Mit der Folge, dass ein Unterschied zwischen Atomzeit und Umdrehungszeit entsteht, der sich innerhalb von 1000 Jahren zu einer Stunde aufaddieren würde, in 3000 bis 4000 Jahren zu einem halben Tag und zu einem vollen Tag über ungefähr 5000 Jahre. Regelmäßig – durchschnittlich einmal alle anderthalb Jahre – wird der Standardzeit daher eine Schaltsekunde hinzugefügt, indem man mitten im Jahr oder am Jahresende eine Minute mit 61 Sekunden einfügt.

Die genaue Dauer von Tag, Monat oder Jahr wird nicht mehr von astronomischen Bewegungen abgeleitet, sondern in Beziehung gesetzt zur heutigen Definition der Standardsekunde: der Zeitdauer von 9 192 631 770 Schwingungen eines Cäsium-133-Atoms. Weil Zeit viel genauer gemessen werden kann als Entfernung, wird als Meter nicht mehr ein zehn Millionstel Teil des französischen Nullmeridians zwischen dem Nordpol und dem Äquator bezeichnet, und er wird nicht mehr auf einen physischen Standard bezogen, sondern auf Sekunde und Lichtgeschwindigkeit: Ein Meter ist der Abstand, den Licht in einem Vakuum im 299 792 458sten Teil einer Sekunde zurücklegt. Auch Volt, Ampere und Ohm werden in Zeit definiert, und man strebt an, dass am Ende alle Maße, Gewichte und andere Basiseinheiten eine Ableitung der Sekunde sein sollen: Die Sekunde ist die Herrscherin der Ordnung.

Zeitbestimmung hängt immer mit dem Ergründen der Welt zusammen. Die Entwicklung der Zeitmessung vom Kosmos zum Atom hatte die Zeit von der menschlichen Geschichte losgelöst als ein selbstständiges Phänomen, das gemessen werden kann, ohne dabei die Rotation der Erde mit einzubeziehen. Das macht Zeit unabhängig und objektiver, aber weniger menschlich. Die Länge eines Meters und die Dauer einer Sekunde haben nichts mehr mit der Wirklichkeit zu tun und bilden nur noch eine künstliche Zahl ohne Beziehung zu einem Land oder gar zur Erde: Das menschliche Bedürfnis nach einem geordneten Universum ist in eine Abstraktion gemündet.

Die Genehmigung für einen Besuch des Nullpunktes im Hafengebiet sei keine einfache Angelegenheit, bekam ich im Hafenbüro zu hören. Ich müsse auf jeden Fall den Zweck meines Besuchs schriftlich vorbringen und getippte (keinesfalls handschriftliche) Briefe an den Direktor des Hafenbetriebes und den Bürgermeister von Tema senden.

Das nächstgelegene Internetcafé hieß Meridian Services und bestand aus einem Laden mit Telefongeräten und Geschenkartikeln, einem Friseurgeschäft und einem Raum mit Internetzugang, Briefvorlagen und Druckern; und dort lagen auch Formulare für die Beantragung eines Visums für die Vereinigten Staaten aus. Ich schrieb die Briefe, druckte sie aus und notierte den Längengrad des Cafés: 0° 0' 0.00".

Tema war sich seiner Lage auf dem Nullmeridian mehr als bewusst. Die Hafenstadt hatte eine Städtepartnerschaft mit Greenwich, der lokale Rundfunksender hieß Meridian FM, es gab eine

Meridian School, vor der Küste lag der Greenwich Meridian Rock, und im Hafengebiet befanden sich das Greenwich-Depot, die Meridian Port Services, das Meridian Youth Venture und der Greenwich Tower, der kein Turm war, sondern ein niedriges, weiß gekalktes Betriebsgebäude an einer viel befahrenen Straße. Zwischen dem zentralen Markt und dem Hafen lagen die Meridian Plaza, die Meridian Road und die Greenwich Meridian Road nahe beisammen. Für die Einwohner von Tema stellte dieser meridionale Überfluss kein Problem dar: So gut wie niemand verwendete die offiziellen Straßennamen, oder kannte sie auch nur. Adressen wurden mit dem Namen der nächstgelegenen Zapfsäule angegeben, der Kirche, Fabrik, dem Hochhaus oder der Behörde, auch wenn diese bereits jahrelang an einer anderen Adresse ihren Sitz hatten. Fünfzig Jahre später hießen verschiedene Viertel in Tema noch immer nach den Unternehmen, die sie einst erbaut hatten oder wo die Arbeitnehmer damals untergebracht worden waren: Valco, Kaiser, Waste Management, Railways, BBC, Italian – oder kryptischer: SSNIT, VRA und GNPC.

Das Internetcafé Meridian Services lag genau auf dem universalen Nullmeridian, aber die zwei bekanntesten Nullmeridian-Symbole von Tema, das Meridian Hotel und die presbyterianische Kirche, lagen gut hundert Meter davon entfernt. Nachdem ich mein GPS vom geografischen Datum WGS84 auf den Britischen Ordnance Survey umgestellt hatte, stellte ich fest, dass sie auf dem alten, kolonialen Nullmeridian erbaut waren. Und das, obwohl beide Gebäude aus der Zeit nach der Unabhängigkeit stammten.

Die gleich am Markt gelegene »Presbyterian Church of Ghana on the Greenwich Meridian« stand auf einem ummauerten Gelände, das über ein zierliches blaues Eingangstor mit vergoldeten Schwertlilien Einlass gewährte. Dem Nullmeridian konnte man nicht entkommen. Gleich rechts von der Kirche, einem modernistischen Betonbau, stand ein großer Gedenkstein aus rotem Granit, der – wie die Aufschrift verriet – anlässlich der Feier der Städtepartnerschaft zwischen Tema und »dem Londoner Stadtteil Greenwich im Vereinigten Königreich« vom britischen Prinzen Philip enthüllt worden war. Zwischen der Kirche und der Mauer befand sich ein Denkmal, das aus zwei sich verjüngenden Aluminiumtürmen mit einer Lichtkugel auf der Spitze bestand, verbunden durch ein zwischen rotbraunen Ziegelsteinen verlaufendes Stahlband. Es markierte den Nullmeridian fünfzig Meter lang und führte zusammen mit einem hellblauen Mosaik etwa einen Meter den Turm hinauf. Dieses Mosaik sei der letzte Rest des ursprünglichen Denkmals aus den Anfangsjahren von Tema, erklärte der Presbyter Nana Twum Ampofo, der Rest sei jüngeren Datums. »Als Kind kam ich mit meinen Freunden hierher. Wir schauten dann jeder für sich durch ein Guckloch und riefen uns zu, dass wir die Linie sehen könnten.« Beim Bau des neuen Denkmals mit den beiden Türmen wurden die Gucklöcher durch einen Spiegel mit einem eingebauten Teleskop verbunden, das wie ein Periskop neben der Lichtkugel aus dem Turm hervorragte. »Auf diese Weise sollte man über die Mauer hinweg in die Ferne schauen können. Das hat ungefähr ein Jahr lang funktioniert, danach gingen die Spiegel kaputt. Genau wie die Lichtkugeln.«

Prinz Philip hatte weitere Spuren auf dem Gelände hinterlassen: Zur Erinnerung an seinen Besuch hatte er »to the Glory of God« einen weiteren Stein enthüllt, der wie ein Grabstein aussah. Es sei ein Blitzbesuch gewesen, schrieben die Zeitungen: Der Prinz kam direkt von der Seifenfabrik und hatte dann laut Protokoll genau dreißig Minuten für seine Meridianverpflichtungen. In dieser halben Stunde wurde ihm von einem achtjährigen Mädchen ein Blumenstrauß überreicht, sprach er mit den Bürgermeistern von Tema und Greenwich über die gemeinsame Städtepartnerschaft, schritt er über den Meridianstreifen von einem Turm zum anderen, enthüllte er zwei Gedenktafeln, winkte er der Menschenmenge auf der Straße zu, wurde er zwei hiesigen Königen vorgestellt – vom Zeremonienmeister umschrieben als »a meeting of royals on the Greenwich« – und löste er durch die Sperrung der Straßen in der Umgebung der Kirche einen Verkehrsinfarkt im Zentrum von Tema aus.

Später lernte ich Wellington Kwamie kennen, einen jung wirkenden Siebzigjährigen, der bei der Errichtung des Monuments beteiligt gewesen war. »Wir bekamen das Gelände von der Gemeinde zur Verfügung gestellt«, erzählte er. »Niemand wusste damals, dass hier der Nullmeridian verlief, das wurde erst klar, als wir die Pläne des Baugeländes bekamen. Wir hatten gleich die Idee, dass wir angesichts der globalen geografischen Bedeutung etwas aus dieser besonderen Lage machen mussten.« Der Name der Kirche wurde um den Zusatz »on the Greenwich Meridian« ergänzt, und man beschloss, den Nullmeridian auf dem Kirchengelände sichtbar zu machen. Um den Verlauf der Linie exakt festzustellen, schickten die Behörden einen Landvermesser mit Prismenkompass, Fernglas und Facit-Rechenmaschine: ein bleischwerer Apparat, der aussah wie eine Kreuzung zwischen einer Kasse und einer Schreibmaschine. Kwamie war persönlich dabei gewesen und hatte beim Vermessen geholfen. »Ich kroch mit dem Klebeband, mit dem wir die Abstände markierten, über den Boden.«

Schließlich wurde der Nullmeridian mit kleinen Zementplatten ausgelegt und an beiden Enden mit Mosaiken abgeschlossen, die der Pastor gesegnet hatte. »Es ist die Hingabe und Selbstaufopferung von Jung und Alt, die, wie wir es erleben, *den Geist des Greenwich-Meridians* geschaffen haben«, schrieb er in einer von ihm zusammengestellten Broschüre über die Geschichte der Kirche.

Kwamie war einer der ersten Bewohner der neuen Stadt. »Am Anfang wollte hier keiner wohnen«, sagte er. »Die Fischer aus dem alten Dorf standen der Invasion ihres Lebensraums feindselig gegenüber, aber nachdem sie umgesiedelt und ihre Dörfer dem Erdboden gleichgemacht waren, zogen Menschen aus ganz Ghana hierher. Früher war ich nicht stolz auf Tema, niemand war das, aber heute bin ich es schon.«

Die Kirche lag an der Greenwich Meridian Road, einer beliebten Geschäftsstraße, die sich um den universalen – und nicht den britischen – Nullmeridian schlängelte und ihn dreimal kreuzte. Ich kam an einem Holzverschlag mit Münztelefonen vorbei, einem Schaufenster mit gerahmten Postern von Jesus und dem brasilianischen Fußballstar Ronaldinho und einem Spezialgeschäft für Bügeleisen. Auf der anderen Seite einer breiten Verkehrsstraße führte die Nulllinie weiter über ein brachliegendes, vermülltes Gelände, das mit Sattelschleppern vollgeparkt war. Dahinter lag die Meridian Road mit ihren Containern und Baggern. Eine mit Stacheldraht gesicherte Mauer verhinderte den Zugang zum Meer. Weiter östlich erhob sich das von Weitem sichtbare Meridian Hotel, noch immer eines der höchsten Gebäude der Stadt.

Unterwegs machte ich halt bei einer kleinen Holzbude mit drei handgemalten Darstellungen von Stempeln auf der Vorderfront. Aus einer Luke von »The Meridian Rubber Stamp – Express assured« tauchten zwei junge Männer auf. »Dank Gottes Segen gehen die Geschäfte gut«, sagte der Inhaber Eli Azar. Auf meine Bitte hin stempelte er in mein Notizbuch: »Meridian Rubber Stamp, Opp. Meridian Hotel, Comm. 1, Tema«.

Das abgetakelte Betonskelett gegenüber der Stempelmacherei war einst in ganz Afrika berühmt. Das Meridian gehörte zu einer Kette von staatlichen Luxushotels, die das Potenzial eines unabhängigen, von seinen Fesseln befreiten Ghana symbolisieren sollten. Das erste Fünfsternehotel des dekolonisierten Afrika wurde zum Treffpunkt für Geschäftsleute, Politiker, Weiße, Prostituierte, Musiker – Highlife, später Reggae – und Abenteurer. »Es war der Ort, wo man sein musste, the place to be«, sagte der Kirchenälteste Nana Twum Ampofo, »wenigstens für den, der es sich leisten konnte. Im Erdgeschoss befand sich der *Zero Room*, ein Tanzsaal mit Livemusik und der Striptänzerin Lady Tamara. Im Restaurant wurde europäisches Essen serviert, und auf dem Dach gab es eine Terrasse mit einer überwältigenden Aussicht über den Hafen und das Meer.«

Genau wie jeder andere Einwohner von Tema, bei dem ich das Wort Meridian Hotel fallen ließ, begann er spontan *Wo ya Meridian ye Tema* (»Wir gehen ins Meridian in Tema«) zu singen, ein in ganz Ghana bekannter Song der Popgruppe Wulomei. Der fröhliche, mitreißende Song wurde auf Ga gesungen, der Sprache der Küstenureinwohner, und könnte auch im einundzwanzigsten Jahrhundert noch immer mühelos zum Sommerhit werden. »O yee yee, wir haben's eilig, wo bringst du mich hin? Ich will tanzen mit dir bis spät in die Nacht, ich will trinken mit dir, ich will essen mit dir, ich will feiern mit dir im Meridian in Tema.«

Das Meridian war wie alle anderen staatlichen Hotels in Ghana schon lange aufgegeben. Von dem Gebäude war nicht viel mehr übrig als das Gerippe, aber trotzdem hing Wäsche vor den kaputten Fenstern, und man hörte Musik: Das Meridian war bewohnt. Obdachlose, Illegale und Menschen, die auf bessere Zeiten warteten, hatten das Hotel in Beschlag genommen. Das Gebäude diente auch Prostituierten und Drogendealern als Ausfallbasis. Vor Kurzem waren einige Personen, die einen Überfall auf die dem Hotel gegenüberliegende Tankstelle verübt hatten, bei einem Feuergefecht von der Polizei erschossen worden. Die gesamte Umgebung des Hotels galt als unsicher, und man hatte mich gewarnt, mich auf jeden Fall nach Sonnenuntergang von dort fernzuhalten: Das um die Ecke liegende Internetcafé Meridian Services schloss aus diesem Grund bereits um sieben Uhr abends seine Türen. Ich lief an dem Gebäude vorbei und betrachtete den heiligen Baobab, von dem erzählt wurde, dass er sich beim Bau des Gebäudes nicht habe fällen lassen. Leute, die sich auf allen Stockwerken über die

Balustraden lehnten, beobachteten mich, jemand zischte, ein anderer rief etwas, und aus dem Parterre kam ein Mann auf mich zu und fragte mich, was ich hier suche. Auf das Wort Nullmeridian reagierte er nicht, machte mir aber klar, dass ich mich besser verziehen sollte.

Sonntagmorgen, halb sieben. Tema war längst erwacht, in der ganzen Stadt waren Leute auf dem Weg in die Kirche: Zeugen Jehovas, Katholiken, Anglikaner und Siebenten-Tags-Adventisten. Der Kirchenälteste Nana Twum Ampofo hatte mich zum Morgengottesdienst in die Presbyterian Church on the Greenwich Meridian eingeladen. Weil Tema von Ghanaern aus dem ganzen Land bevölkert wird, werden die unterschiedlichsten Sprachen gesprochen, aber Englisch fungiert als Verkehrssprache. Die frühe Morgenpredigt in der presbyterianischen Kirche war auf Englisch, am Nachmittag folgte eine Messe auf Twi, in beiden Messen wurde manchmal auch Ga und Ewe gesprochen.

Am Eingangstor saßen der Portier und ein Assistent an einem Holztisch, um die Namen aller Besucher festzuhalten. Aus ihrem Transistorradio ertönte Gospelmusik, ein anderer Mann kehrte Blätter auf und warf sie in einen großen Zinkeimer. Der Kirchenälteste Ampofo führte mich in aller Eile an einem Kindergarten vorbei, einer Grundschule und einem Jugendzentrum, danach betraten wir die Kirche. Ich schüttelte Hände und sah mich um. Es war ein schlichtes, geräumiges Gebäude. Die Nummern der Psalmen und Gesänge, die mit den Gesangbüchern in Ga, Twi und Ewe korrespondierten und gesungen werden sollten, wurden auf Lichttafeln angezeigt, vor der Kanzel hing ein Transparent mit der Aufschrift:»the secrets of financial breakthrough, 2nd Corinthians 8:9, Evangelist Stephen T. Adumuah.«

Begleitet von einer elektronischen Orgel, die auf einen kräftigen Beat eingestellt war, betrat kurz nach sieben der gemischte Chor in blauen Gewändern mit weißen Kragen singend die Kirche. Sie war noch nicht einmal zur Hälfte gefüllt, aber während diverse Laienprediger und ein Pastor abwechselnd das Wort führten, ergoss sich unablässig ein Menschenstrom ins Gotteshaus, bis alle Stühle besetzt waren und Dutzende von Besuchern hinten stehen mussten. Von dem Augenblick an, in dem der aus drei Frauen bestehende Gospelchor »The Meridian Echoes« das Podium betrat, ging jegliche Ordnung den Bach hinunter. Die Kirchgänger standen auf, hielten sich an den Schultern und wanderten singend und Hüften wiegend umher und schüttelten dabei lachend Hände. Einige begannen laut zu beten, andere weinten oder erhoben die Hände gen Himmel.

Dann bestieg Evangelist Stephen T. Adumuah die Kanzel, ein etwa dreißigjähriger Mann in rosafarbenem Hemd. »Wenn die Geschäfte nicht gehen, wenn ihr finanzielle Probleme habt, dann kommt das nicht, weil ihr Gott nicht liebt, denn Gott ist die Liebe, und die Liebe ist Gott. Amen. Halleluja.« Die Stereoanlage stotterte, aber Adumuah erreichte mit Leichtigkeit jeden Winkel der Kirche. »Wahre Liebe heißt Geben«, fuhr er fort, »heißt Unterstützen. Aber wem habe ich in dieser Woche geholfen? Ich gebe euch keinen Auftrag, aber beweist es, beweist eure Aufrichtigkeit und gebt nachher dieser Kirche, gebt mehr als alle anderen.«

Wegen meines Status als meridionaler Beobachter (und nicht als Teilnehmer des Gottesdienstes) hatte ich mich ganz nach hinten gesetzt, eine Strategie, die sich mit einem Schlag als wertlos herausstellte, als ich nach vorn gerufen wurde. Ein Kirchenältester bat die Anwesenden, für meine Reisen »auf dem Nullmeridian und in der ganzen Welt« zu beten. Ich lachte freundlich, meine Spezialität, hielt aber während des Gebets die Hände starr an meinen Körper gepresst und dankte den Anwesenden, ohne ebenfalls segensreiche Worte zu sprechen. Nach einer Salve gemeinsamer, laut gesprochener Gebete für die Arbeitslosen, die Armen, die Kranken, die Schwachen, »die Führer dieser Mission«, die Freiheit und die Nation war der Gottesdienst zu Ende. Im Kirchgarten lief ich einem Pastor über den Weg. »In religiöser Hinsicht hat der Nullmeridian keine Bedeutung«, sagte er.

Ich konnte mir die verflossene Pracht des Meridian Hotel nicht aus dem Kopf schlagen und beschloss, trotz aller Bedenken den Versuch zu wagen und dort einzudringen, und wenn es nur wäre, um über die Mauer an der Meridian Road sehen und einen Blick auf den allerletzten Nullpunkt in der verbotenen Zone werfen zu können. Allerdings schien mir ein Besuch der Hausbesetzerfestung ganz allein keine gute Idee zu sein. Ich zog eine Liste von Namen und Telefonnummern zurate, die ich bei mir trug, und über den Bekannten eines Bekannten kam ich mit Kwabena (»Dienstag«) Okai Ofusuhene in Kontakt. Er studierte Krankenpflege und Psychologie und wohnte in einem Zimmer neben dem Büro der kleinen NGO-Entwicklungshilfeorganisation, deren Leiter er war. Der Zufall wollte, dass er auch an einem Nullmeridian-Projekt in Tema beteiligt gewesen war. Es wäre vielleicht möglich, einen Bewohner des Meridian dazu zu überreden, mich einzulassen, meinte Kwabena, vor allem, wenn eine gewisse finanzielle Belohnung in Aussicht gestellt werde. »Aber das Misstrauen wird gewaltig sein.«

Ich bat ihn auch um Hilfe beim Geldwechseln. Weil ich von vornherein wusste, dass ich monatelang zu keinem Geldautomaten oder in eine Bankfiliale kommen würde, trug ich viel Bargeld am Körper, und in Yendi waren noch zwei Plastiktüten voll Cedis dazugekommen. Dieser Vorrat war in Tema schnell geschmolzen, und ich wollte noch ein bisschen Geld wechseln, auf der Straße, wo der Kurs günstiger war als in einer Bank. Wir hielten ein Taxi an.

Tema war nach London die größte Nullmeridian-Stadt, obwohl sie nicht gerade wie eine Metropole wirkte. Im Zentrum von Community One war das anders, dort herrschte die Betriebsamkeit einer großen afrikanischen Stadt. Das Marktgebiet war in drei

Bereiche aufgeteilt: Casino, Main Station und Centre. Dutzende Taxis und Minibusse drängten und schoben sich hupend auf wenigen Zentimetern vorwärts. Straßenhändler wanden sich mit ihren Kämmen und Bics zwischen den Warteschlangen durch. Der Taxifahrer bog in eine Seitenstraße ab, er wusste, wo er hinmusste. Wir standen noch nicht richtig, da wurde das Auto von schreienden Männern umlagert, die sich gegenseitig wegschubsten und mit Geldscheinen wedelten. Einer von ihnen versuchte vergeblich, die rechte Vordertür zu öffnen, ein anderer machte Versuche, durch das geöffnete Seitenfenster in den Wagen zu klettern. Ich versuchte, ihn zurückzuschieben, und als das nicht gelang, drückte ich auf den elektrischen Fensterheber, worauf er sich im letzten Augenblick zurückzog. Inzwischen saß der Geldwechsler, den Kwabena ausgesucht hatte, schon auf der Rückbank und zählte. Geld war Geld wert in Tema, denn mein Begleiter verlangte und bekam noch »Colageld« als Dank für seine Vermittlung.

Nach zwei Tagen Suchen hatte Kwabena einen Bewohner des Meridian gefunden, der bereit war, mich in dem Gebäude herumzuführen. Zum vereinbarten Zeitpunkt erschien er am Haupteingang des ehemaligen Hotels, stellte sich als Shadow vor und bat inständig, ich möge mich so unauffällig wie möglich benehmen. Zweifellos war er sich darüber im Klaren, dass meine Anwesenheit allein schon wegen meiner Hautfarbe nicht unbemerkt bleiben konnte.

Wir gingen als Erstes zum heiligen Kwelitso, dem alten, dicken Baobab an der Ostseite des Gebäudes. »Bei diesem Baum halten der König, die Fetischpriester und ihre Anhänger Rituale ab«, sagte Shadow. »Zwei Nächte lang laufen sie hier halb nackt herum, mit Feuertöpfen auf dem Kopf. Was sie genau treiben, weiß ich nicht. Sie fordern die Hotelbewohner auf, wegzubleiben, sonst würden sie auf böse Geister treffen.« Während wir weitergingen, sagte Kwabena leise: »Früher wurden Menschen, die trotzdem zugesehen hatten, rituell getötet. Daher blieb Shadow ein bisschen vage. Über solche Dinge spricht man nicht.«

Das Meridian Hotel hatte zehn Stockwerke. Zuerst nahm uns Shadow mit in den Keller und deutete auf den Eingang zu einem unterirdischen Gang. »Dieser Tunnel führt direkt bis zum Meer«, sagte er, »und er wurde gebaut, damit Diplomaten und Staatsoberhäupter im Fall einer terroristischen Bedrohung direkt zum Hafen fliehen konnten.« Mit ein paar Mitbewohnern hatte er versucht, durch den Tunnel zum Meer zu kommen. »Aber es war zu gefährlich, alles lag voller Müll, und es gab Schlangen.« Wir folgten Shadow durch den Haupteingang ins Haus, auf die Wand war »Brain Working Year« geschmiert. Im vergeblichen Versuch, die Bewohnung zu unterbinden, hatten die Eigentümer des Hotels Leitungen, Fenster, Türen und Wände einreißen lassen, aber am katastrophalsten waren die Flure, die wie in einem Horrorfilm plötzlich als klaffendes Loch in zehn bis achtzig Metern Höhe endeten. Shadow zählte eine Reihe von Unfällen auf. Ein betrunkener Bewohner war aus dem fünften Stock auf den Boden gefallen, hatte aber überlebt. Kurz nacheinander waren zwei Kinder von der achten Etage in den Tod gestürzt. »Eines war aufgewacht und lief auf der Suche nach seiner Mutter schlaftrunken durch den Flur.«

Auf der Jagd nach Kriminellen führten Militär und Polizei ab und zu Razzien im Meridian Hotel durch. »Jedes Mal gibt es dabei Tote oder Verwundete, auch unter den Polizisten«, sagte Shadow. »Polizisten haben Angst, das Gebäude zu betreten: Sie wissen nicht, wo die Löcher sind, aber wir kennen sie alle.« Bei der letzten Razzia sei ein flüchtender Bewohner dennoch vom achten Stock in den Liftschacht gestürzt, aber mit seinem Hosengürtel wie durch ein Wunder im fünften Stock an einem Vorsprung hängen geblieben. Er wurde befreit und festgenommen. »Einige stiften Unruhe«, sagte Shadow. »Wir haben uns in der Zwischenzeit selbst gut organisiert und führen ab und zu eine Befragung durch, wobei wir jeden Bewohner um Auskunft bitten, woher er kommt und wer er war, bevor ihn das Los hierher verschlug. Kriminelle übergeben wir selbst der Polizei. Es ist in unserem eigenen Interesse, dass es hier ruhig bleibt.«

Nach dem Tod der beiden Kinder beschloss die Gemeinde, das Gebäude zu räumen, die Bewohner bekamen zwei Monate Frist, etwas anderes zu finden. Obwohl die Frist längst verstrichen war, hatte sich noch nichts getan, und die Behörden ließen die Bewohner des Meridian unbehelligt. Aus Sicherheitsgründen waren aber alle Leute mit Kindern in die unteren Etagen umgezogen.

Bei der letzten Zählung wohnten ungefähr 500 Menschen im Meridian: vor allem Ghanaer, nigerianische Männer und liberianische Frauen. Die meisten Männer arbeiteten im Hafen, berichtete Shadow. Er selbst war Dockarbeiter. Er wohnte im achten Stock, mit Blick aufs Meer. Wir gingen nach oben. Im offenen Treppenhaus tropfte es, Abfall lag herum, und es stank nach Marihuana und Pisse. Der Wind hatte freies Spiel. Ein Gebäude ohne Wände, Fenster oder Türen hatte auch seine Vorteile: Von Stockwerk zu Stockwerk wurde die Aussicht überwältigender. Shadow bewohnte ein Badezimmer. »Du besetzt es. Waschbecken raus, Vorhang davor, und du hast eine Wohnung«, fasste er seinen Einzug ins Meridian zusammen. »Es kostet nichts, und für mich ist es derzeit die beste Lösung.«

Ich lief zur Balustrade. Das leere, grün schimmlige Hotelschwimmbad lag direkt an der Meridian Road, und dahinter erstreckte sich in einem diesigen, grünblauen Licht die verbotene Zone: Container, Lagerhallen, Silos, geparkte Lastwagen, Bäume, ein Rangiergelände, Güterzüge und in der Ferne eine verschwommene, fast farblose See mit der Silhouette eines Öltankers. Ich schoss schnell ein paar Fotos.

Die Stadt Tema steht für Zementfabriken, Containerumschlagfirmen und Lastwagenparkplätze, nicht für Strände, Boulevards oder pittoreske kleine Fischerhäfen. Es gibt eine einzige Stelle, wo man auf einer Caféterrasse am Meer sitzen kann: das Ave Maria Health Centre, ein früheres Staatsresort westlich vom Hafengebiet, das noch aus der Zeit vor der Fertigstellung des Hafens und vor dem Bau des Meridian Hotels stammt. Während der heißen Bauphase war es der Ort, wo sich Ingenieure und Architekten trafen, auch Präsident Kwame Nkrumah, wenn er in der Nähe war. In dem Komplex gab es ein Schwimmbad, ein Café mit Terrasse, ein Fitnesszentrum und Übernachtungsmöglichkeiten. Das teuerste Zimmer war die »Präsidenten-Suite«, in der Kwame Nkrumah einstmals die britische Königin Elisabeth II. empfangen hatte. Das Ave Maria war ein Treffpunkt der libanesischen Gemeinde: Während die Kinder schwammen, nuckelten die Männer an einer Wasserpfeife, und die Frauen tranken Tee. Weiße amerikanische Frauen und chinesische Fischhändler gehörten zu den anderen Stammgästen, aber auch für die Mittelschicht Temas war das Ave Maria ein beliebtes Ziel. Einer der Gäste war ein Fußballspieler, der bei den Tema All Stars spielte. »Ich bin ein echter Tema Boy«, sagte er. Echter Tema Boy oder nicht, mit den einheimischen Fischern – den ursprünglichen Bewohnern – wollte er nichts zu tun haben. »Das sind Ga«, sagte er. »Ich bin ein Ashanti. Ich verstehe diese Leute nicht einmal.«

Der Komplex beherbergte das Bar-Restaurant Meridian, und am Rande der Terrasse hing ein Hinweisschild an einer weiß getünchten Mauer, das auf den benachbarten Meridian Rock hinwies, der von hier aus zu sehen war. Auf einer Tafel vor dem Eingang und auf den Rechnungen des Ave Maria stand »On the Greenwich Meridian«, obwohl der Nullmeridian in Wirklichkeit gut anderthalb Kilometer weiter östlich lag. Der Inhaberin zufolge, die sich diese Mitteilung mit sichtlichem Mangel an Begeisterung anhörte, waren es skandinavische Seeleute gewesen, die mit ihrem Navigationsgerät festgestellt hatten, dass der Nullmeridian genau über den Meridian Rock verlaufe: »Sie sagten auch, bei dem Felsen wäre ein Eisenring angebracht, der anzeigt, dass sich dort der Mittelpunkt der Erde befindet.«

Kwabena Okai Ofosuhene wollte mir etwas zeigen. »Hier war es«, sagte er, als wir vom Ave Maria aus ein paar Hundert Meter in westlicher Richtung über die Küstendüne gewandert waren. »Hier habe ich einmal Bäume gepflanzt.« Er war Vorstandsmitglied der Ortsgruppe eines staatlichen Komitees gewesen, gegründet anlässlich des Jahrtausendwechsels. Der ursprüngliche Plan sah vor, in Zusammenarbeit mit europäischen Organisationen von Tunstall bis nach Tema den ganzen Nullmeridian entlang Bäume zu pflanzen und dort, wo nichts wachsen konnte, Betonsäulen aufzustellen. Einwohner von Tema konnten gegen Bezahlung einen Baum adoptieren, für den sie eine Adoptionsurkunde erhielten. Insgesamt pflanzten Kwabena und die Mitglieder des Komitees ungefähr tausend Bäume, vor allem auf der Düne vor dem Meridian Rock und bei den Stahlfabriken. Kein einziger Steckling hatte überlebt. »Die Gemeinde sollte sich um die Bäumchen kümmern«, sagte Kwabena, »aber daraus wurde nichts.«

Die Grenzenlosigkeit der weltbedeutenden geografischen Linie, die durch die geplante Hafenstadt verlief, hatte den lokalen Organisatoren den Kopf verdreht: Es sollten nicht nur Tausende von Bäumen gepflanzt werden, sondern auf dem Meridian Rock sollten auch ein Glockenturm und ein Leuchtturm emporragen. Die gegenüberliegende Küstendüne sollte als Erholungsgebiet angelegt und das Meridian Hotel renoviert werden. »Aus all diesen Plänen wurde nichts«, sagte Kwabena. »Es kamen neue Regierungen, die den Nullmeridian nicht auf ihrer Agenda stehen hatten, unter anderem, weil das Konzept an den Jahrtausendwechsel gekoppelt war, der unmittelbar, nachdem er sich ereignet hatte, Geschichte war.« Ich las die Koordinaten ab: Wir waren eine Längenminute vom Nullpunkt entfernt. Weder der Meridian Rock noch die zu pflanzenden Bäume befanden sich also auf dem Nullmeridian, aber vielleicht war es mehr mein eigener Ordnungsdrang, der daraus ein Problem machte: Kwabena jedenfalls ließ das ziemlich kalt.

Der Meridian Rock lag isoliert und weiter draußen im Meer als die anderen Felsen, und er ragte immer aus dem Wasser heraus, auch bei Flut. Zusammen mit dem heiligen Baum am Meridian Hotel spielte er eine wichtige Rolle bei den Ritualen und für die Kultur der Ga, der ehemaligen Bewohner des Fischerdorfs Tema, das dem Hafen und der geplanten Stadt hatte weichen müssen. Alle Einwohner des Dorfes waren mit einem Aufwasch in östliche Richtung an ihren neuen Wohnort umgesiedelt worden: Tema Manhean. Dort waren jetzt die beiden einzigen Menschen ansässig, die alles über die Rituale wussten, die beim heiligen Baobab verrichtet wurden: der Oberfetischpriester und Nii Adjei Kraku II., der König von Tema.

Ein paar Tage darauf gelang es Kwabena, einen Termin mit dem »Tema Mantsee« zu vereinbaren. Ich hatte das übliche Willkommensgeschenk zum Preis von umgerechnet siebzehn Euro mitzubringen, plus einer Flasche Schnaps, und ich wurde vorher darauf aufmerksam gemacht, in Anwesenheit des Königs nicht mit der linken Hand zu deuten oder zu gestikulieren: Das sei eine grobe Beleidigung. Kwabena erlitt am Tag der Verabredung wieder einen Malariaanfall, aber er ließ sich nicht abhalten. »Etwas dagegen tun und einfach weitermachen«, sagte er mit fiebrigen Augen, »und erst wenn es nach drei Tagen noch nicht vorbei ist, ins Krankenhaus.«

Der Taxifahrer hieß Kwaku, sodass ich mich also in Gesellschaft von »Dienstag« und »Mittwoch« auf den Weg zum König machte. Wir kamen an der Zementfabrik vorbei, am Fischereihafen mit seinen Hunderten Kanus, an der Lagune, in der überall

Müll herumschwamm, und dem Schwerindustriegebiet. Hinter den Aluminiumfabriken lag Tema Manhean.

Nach der Umsiedlung des Dorfes befanden sich die meisten Liegeplätze für die Fischer innerhalb des abgeschirmten Hafengebiets, und die Freiheit, sich auf dem Meer zu bewegen, war ihnen endgültig genommen. Platz zum Netzeflicken gab es kaum. Es kam auch Konkurrenz: Vor der Küste von Tema operierte eine moderne Fischereiflotte, zum großen Teil in chinesischer Hand. Der Fang war für den Export bestimmt. Gegen diese Übermacht hatten die traditionellen Fischer keine Chance, aber trotzdem sah man sie noch immer in ihren Kanus zwischen den Öltankern den Einwohnern Temas Fisch liefern.

Wir fuhren durch die belebten, engen Gassen des umgesiedelten Dorfes zu dem bescheidenen Königspalast. Nii Adjei Kraku II. war ein molliger, gedrungener Mann mit breiter Nase und Schnurrbart. In einem knalligen purpurnen Gewand empfing er uns auf der Veranda. Auf dem Anwesen hatten sich Dutzende von Leuten zu einer Sitzung des traditionellen Gerichts eingefunden, das im Streit zwischen zwei Fischern ein Urteil fällen sollte.

Dass beide, der heilige Greenwich Meridian Rock und der Baobab am Meridian Hotel, mit dem Nullmeridian in Verbindung stehen, ist auffällig, aber reiner Zufall. »Tema ist viel älter als der Greenwich-Meridian«, sagte der König. »Aber ich bin stolz darauf, dass er hier verläuft und Tema der Mittelpunkt der Erde ist.« Einmal im Jahr führte er beim Kwelitsobaum vor dem Meridian Hotel Rituale durch. »Wir kommen dann mit ungefähr fünfzig Mann dorthin, Trommler, alte, weise Männer, Fetischpriester und auch ich. Zuerst reinigen wir alles, denn seit der Schließung des Hotels liegt dort immer Abfall. Dann verrichten wir unsere Rituale. Unsere Ahnen opferten auch Menschen, Löwen oder Antilopen, aber wir begnügen uns mit Perlhühnern. Wir verbrennen auch Palmzweige, um das Böse zu vertreiben und eine gute Ernte herbeizuführen.«

Seine Familie lebte früher in dem Gebiet, wo heute das Gerippe des Hotels steht, erzählte er. »Dieser Baobab war schon heilig, als ich noch nicht geboren war, schon mein Vater und meine Onkel verehrten Fetische auf dem Nullmeridian. Dieser Baum steht für etwas, auch wenn wir nicht genau sagen können, um was es sich dabei handelt. Sicher ist, dass es niemals gelungen ist, ihn zu fällen.«

Die Rituale am Meridian Rock fanden an einem Dienstag statt. An diesem Tag zu arbeiten, ist für die Ga noch immer ein Tabu: An Dienstagen bleiben so gut wie alle Kanus im Hafen. »In den alten Zeiten teilte sich nach Beendigung der Riten das Meer«, sagte der Mantsee. »Und bei der Rückkehr zum Festland verschwand immer der Letzte in der Reihe im Meer. Am Ende wagte niemand mehr, den Meridian Rock zu betreten, und die Rituale wurden eingestellt. Trotzdem ertrinken jedes Jahr zwei Fischer in der Nähe des Felsens. Und zwar deshalb, weil sie nicht mehr die richtigen spirituellen Worte sprechen können.«

22

Der fernste Felsen

Ich hatte den kompletten Verlauf des universalen Nullmeridians in Tema erkundet: von den Stahlfabriken durch das Industriegebiet zum zentralen Markt in Community One und über die Greenwich Meridian Road bis zur von Stacheldraht bewehrten Mauer, die am gesicherten Teil des Hafens entlangführte. Was dahinter lag, hatte ich vom achten Stock des Meridian Hotels aus ein wenig verschwommen erkennen können. Aber meine Reise wäre mir misslungen erschienen, wenn es mir nicht geglückt wäre, auch den allerletzten Nullpunkt tatsächlich zu erreichen.

Während eines erneuten Besuchs bei den Hafenbehörden erfuhr ich, dass meine Akte inzwischen dem Manager der Abteilung Public Relations übergeben worden sei. Esther Gyebi-Donkor war eine fröhliche, stämmig gebaute Frau mit entkraustem Haar. Sie trug ein langes rosarotes Gewand und hatte eine schwere Erkältung, ihre Stimme klang heiser. Auf ihrem Schreibtisch stand eine orangefarbene Ablagevorrichtung aus Plastik mit drei Fächern: »Eingang« (leer), »Ausgang« (leer) und »in Arbeit« (voll). Meine Briefe an den Direktor und den Bürgermeister lagen vor ihr. »Warum gehen Sie nicht zum Meridian Rock?«, fragte sie. »Der liegt außerhalb des Hafengebiets.« Ich antwortete ihr, dass der universale Nullmeridian gar nicht über den Felsen verlaufe, sondern zwei Kilometer weiter östlich: durch die Sperrzone und keine 300 Meter von ihrem Büro entfernt.

Sie überreichte mir ein Exemplar des von ihr redigierten Hafenrundbriefs, in dem ich fortan jedes Mal zu lesen begann, wenn ihr

Telefon klingelte. Die Hafenbehörden von Tema täten alles, um »Drogenschmuggel, Piraterie, bewaffnete Überfälle auf Schiffe, Waffenhandel und terroristische Aktivitäten« zu verhindern, las ich. Daher sei rund um den Hafen eine Mauer errichtet worden, die dem unautorisierten Zugang zur Stadt vom Meer aus Einhalt gebieten sollte. Alle Bewegungen in und um den Hafen würden permanent mit Kameras überwacht.

Wachleute.

Zoll.

Polizei.

Schlagbäume.

Personalausweise.

Während wir uns weiter unterhielten, fiel der Strom aus. Ein Mann kam ins Büro – in seinem Kielwasser eine Gesellschaft Frauen mittleren Alters, allesamt in den gleichen schwarz-weißen Kleidern – und bat um die Erlaubnis, die Frauen mit dem Auto in den Hafen fahren zu dürfen. Kaum sprangen Klimaanlage und Licht wieder an, klingelte abermals das Telefon – sie kreischte vor Lachen und stieß heißere Schreie aus –, und dann stellte sie mich schließlich ihrem Assistenten Martin Afolabi vor. »Er wird Sie mit einem Chauffeur zum Meridian bringen.« Sie setzte einen großen runden Stempel der Hafenbehörde auf meine Briefe und reichte sie zurück. »Damit können Sie sich notfalls ausweisen. Ich wünsche Ihnen viel Erfolg.«

Der erste Versuch scheiterte. Was Martin Afolabi auch versuchte, der Mann am Schlagbaum weigerte sich, uns einzulassen, da seiner Meinung nach unsere Papiere »nicht in Ordnung« wären. Wir fuhren zurück zum Büro der Hafenbehörde, wo Martin mit Esther Gyebi-Donkor beratschlagte. Sie zauberte einen weiteren Brief hervor und telefonierte mit dem Wachmann am Schlagbaum. Danach gelang es uns, auf das Hafengelände zu fahren. Ich sah unbeschreiblich viele Lastwagen, Hebekräne, einen riesigen

Berg Kies, Bagger, Polizisten, Männer in Kakiuniformen, Männer in fluoreszierenden orangefarbenen Westen, Männer mit orangefarbenen Helmen und Männer mit Besen.

Der Strand, an dem der Nullmeridian im Meer verschwand, lag hinter hohen Stacheldrahtzäunen verborgen und war von dieser Seite her nicht erreichbar; die Straße, der wir folgten, endete an einer Mauer. Das Bewachen des Hafens war eine ernst zu nehmende Angelegenheit: Obwohl wir in einem Dienstauto der Hafenbehörde saßen, forderte am zentralen Ausgang ein Soldat den Fahrer auf, den Kofferraum zu öffnen.

05° 37' n.B.
Tema

Wir fuhren Richtung Ave-Maria-Resort mit der Meridian-Bar und der Aussicht auf den Meridian Rock, bogen aber kurz vor dem Pavillon zu einem bewachten, behelfsmäßigen Sandweg, der ausschließlich für den Bauverkehr gedacht war. Der Fahrer blieb am Wachhäuschen zurück, ich wanderte mit Martin zuerst ein Stück auf dem Weg von der Düne nach unten und anschließend auf dem Strand in östlicher Richtung wieder zum Hafen zurück. Der Strand war noch frei zugänglich, aber vor einem breiten Wassergraben war Schluss, und die verbotene Zone begann, obwohl das nirgendwo kenntlich gemacht wurde. Wir gingen ein Stück landeinwärts auf der Suche nach einer Stelle, wo wir den Graben überqueren könnten, stiegen abwärts und sprangen von einem Stein auf den nächsten, um keine nassen Füße zu bekommen. Auf der anderen Grabenseite kletterten wir über eine Uferwand aus braunem feuchtem Sand, der keinen Halt bot, wieder nach oben. Mein Begleiter war auf diese unerwartete Expedition absolut nicht vorbereitet: Er trug glänzend schwarze spitze Schuhe und eine Hose mit messerscharfen Bügelfalten, sein farbenprächtiges Hemd bekam braune Dreckstreifen und klebte ihm am Rücken. Er sei ein ehemaliger Berufsfußballer, der unter anderem in Kamerun und in Nigeria gespielt habe, erzählte er. Seine Frau und drei Kinder seien nach London ausgewandert, als er in Kamerun wohnte. »Meine Frau war eine enge Verwandte des früheren

Staatsoberhauptes Acheampong, und nach dessen Hinrichtung durch Jerry Rawlings musste der ganze Clan das Land verlassen.« Nein, er hatte seine Frau und seine Kinder seither nicht mehr gesehen. »Wir sind geschieden« war alles, was er dazu sagte, aber seine schmal gewordenen Lippen verrieten eine aufgestaute Wut.

Wir kamen zum Nullpunkt. Mein Herz hämmerte, aber Martins Anwesenheit hatte offenbar eine fatale Wirkung auf den meridionalen Rausch, den ich beim Erreichen des endgültigen Ziels erwartet hatte. Ich beschloss, später noch einmal allein zurückzukehren. Wenn ich angehalten würde, konnte ich immer noch meine abgestempelten Briefe vorzeigen. »Früher standen hier Bäume, und es wimmelte von Schlangen«, sagte Martin. »Jetzt nicht mehr, alles ist weggebulldozert.«

Am nächsten Tag kehrte ich zurück. Vom Ave Maria aus lief ich an einem Gelände mit geparkten internationalen Lkws vorbei, auf dem Pfad zum Strand lagen Kot und Abfall. Ein Mann, der reglos auf einem Felsen saß, fragte: »Hey white man, where are you going?« Ich antwortete, ich wisse, wohin ich ginge, nannte aber nicht den Nullmeridian: Ich wollte nicht zu viel über mein Ziel verraten und litt überdies an verbaler Meridian-Müdigkeit. Ich wanderte auf dem Strand, durch eine Schlucht zweimal nach unten und wieder nach oben, bis ich zu dem Graben kam, vor dem ich am Tag zuvor mit Martin von der Hafengesellschaft gestanden hatte, und erreichte das mit einer Mauer abgeschirmte Baugelände. Hohe Kieshaufen, Stacheldraht und Wachleute in gelben Kitteln. Das Meer donnerte so wuchtig auf die Felsen, dass die Gischt bis auf das rote Kliff, auf dem ich stand, spritzte, mein GPS zeigte zwölf Meter über dem Meeresspiegel an.

Tema ist nicht nur der wichtigste Hafen von Ghana, sondern auch der nicht ans Meer grenzenden (Nachbar-)Länder Burkina Faso, Niger und Mali. Ein großes Rekonstruktionsprogramm – der Hafen war kurz vor dem Einstürzen – brachte die Ankunft neuer Kräne und Docks mit sich und die Beseitigung gesunkener Schiffe im Hafengebiet.

Hatte sich die Landschaft in nur einem Tag bereits verändert? Es hatte den Anschein. Im Auftrag der Meridian Port Services waren Bulldozer dabei, das vom Nullmeridian durchquerte Gelände für den Bau eines neuen Containerumschlagplatzes einzuebnen, der gleichzeitig für das Entladen von Lastwagen gedacht war, für die Lagerung nicht freigegebener Waren und für das Parken von Tausenden Importautos. Das Containerterminal sollte erst der Anfang sein: Zusätzlich war die Erweiterung des Hafengebietes bis weit ins Meer hinaus geplant. Ein paar Bauarbeiter standen zusammen, es roch nach Gras. »Lecker«, sagte einer von ihnen. »Willst du was abhaben?«

Es war Flut, und so erwies sich das letzte Stückchen bis zum Nullmeridian über den Strand als unerreichbar. Hoch über dem Felsen und dem roten Schotter des Baugeländes lief ich weiter. Ich hielt den Blick auf mein Navi mit seinem völlig zerkratzten Display gerichtet. Bis nach Tema hatte der Apparat tadellos funktioniert. Das erste Mal machte er Probleme, als ich den Inhabern des Internetcafés Meridian Services zeigen wollte, dass sich ihr Geschäft genau auf dem universalen Nullmeridian befand. Nachdem ich das lästige Menü, das ständig unerwünscht auftauchte und das ich auch nach einem halben Jahr nicht definitiv hatte blockieren können, weggeklickt hatte, schaltete sich das Gerät von allein aus und ließ sich nicht mehr starten. Einen Tag später schien mein Navi seine Meinung geändert zu haben und ließ sich wieder einschalten, obwohl es die Angewohnheit entwickelte, in regelmäßigen Abständen kurze Piepser zu senden. Danach war es in ein definitives Stadium eingetreten: Alle Tasten waren blockiert, selbst ausschalten ließ sich das Gerät nur noch unter Mühen. Aber die Funktion aller Funktionen – das Bestimmen und Anzeigen der Koordinaten – blieb von diesen Problemen unberührt.

Ich erreichte den allerletzten Nullpunkt auf einem Breitengrad von 5° 37′ 27.8″. Hinter der Sicherheitsmauer aus Beton fuhren Lastwagen. Man konnte nur ihre Oberseite sehen: MACGM, Mærsk, P&O Nedlloyd, Mol. Weiter landeinwärts lagen Hangars, Bürogebäude, das Meridian Hotel, Silos, die Zentralen der Ghana Oil Company und der Black Star Line, die verlassenen Kakao-Lagerhäuser, Sendemasten und Schornsteine. Der Hafen befand sich an der Ostseite: Der Hauptwellenbrecher und drei gelb-blau gestreifte Containerkräne lagen in der Nähe, in der Ferne bildeten noch viel mehr Schiffs- und Hebekräne einen Horizont aus ungeordneten Zacken. Der Strand war das einzige übrig gebliebene Streifchen Natur im Hafengebiet; zwischen den grün bemoosten Felsen, wo ich stand, waren überall Stahlbetontrümmer zu sehen. Ich legte auf dem planierten Plateau einen Kreis aus Steinen in die rote, bröselige Erde und schoss mein rituelles Nullfoto, diesmal mit dem Selbstauslöser meines Fotoapparats.

Es war dies nicht der südlichste Punkt Ghanas – die Städte Takoradi und Sekondi liegen noch einen Grad näher am Äquator. Aber Tema ist die Stadt auf der Erde, die der Schnittstelle von Nullmeridian und Äquator am nächsten ist und zudem noch den südlichsten Landpunkt des Nullmeridians auf der nördlichen Halbkugel beherbergt. Nach 8400 Kilometern Ozean berührt der Nullmeridian auf der südlichen Halbkugel, ein wenig nördlich vom 70. Breitengrad in der Antarktis, wieder Land. Zuerst verläuft er über das Schelfeis von Fimbul, hundert Kilometer von der südafrikanischen Polarstation SANAE entfernt, in der in jedes Jahr neun oder zehn Menschen überwintern. Der Nullmeridian erreicht das antarktische Festland in Neuschwabenland, auf das Nazideutschland im Zweiten Weltkrieg Anspruch erhoben hatte, und das heute von Norwegen beansprucht wird, und gleitet danach weiter durch die verlassene Eislandschaft von Königin-Maud-Land, um – genau 10 632 Kilometer vom Hafen von Tema entfernt – auf den geografischen Südpol zu treffen.

Von weit her kamen die Wellen angerollt, über eine grüngraue See. In der Ferne lagen große Hochseeschiffe vor Anker, etwas näher fuhren Dutzende von kleinen Booten mit Fischern aus Tema Manhean, die auf der Jagd nach Hering, Thunfisch und Red Snapper der grellen Sonne und der Dünung trotzten. Auch sie hatte der Fortschritt eingeholt: Die meisten hatten ihr Kanu mit einem Außenbordmotor aufgerüstet.

In einer permanenten Abfolge von Aufbau und Abriss, Verlegung und Erweiterung sollte das Hafengebiet immer mehr Raum beanspruchen. Meinen Steinkreis würde man später nicht mehr finden können: Er wäre platt gewalzt und verschwunden unter einem Parkplatz für Importautos. Der Anfang und das Ende des Nullmeridian-Verlaufs durch bewohntes Land waren flüchtig und in Bewegung: Was in Tunstall von den Klippen ins Meer gespült wurde, kam in Tema als Hafenerweiterung wieder hinzu. So schob sich der Verlauf auf dem Land in südlicher Richtung zwar weiter, aber die gesamte Länge blieb in etwa gleich.

An diesem Ort, wo die imaginäre Linie die auf dem Reißbrett entworfene Stadt durchquerte und im Meer verschwand, hörte alles auf.

Ich war wieder ohne Richtung.

Ich nutzte meine letzte Chance und wartete auf Niedrigwasser, denn der am weitesten im Meer liegende Fels, den ich springend erreichen konnte, lag 0,3 Bogensekunden weiter südlich als bei meiner ersten Messung des Breitengrads: ein Unterschied von neun Metern.

Der Harmattan hatte sich gelegt, der Himmel sich endlich geklärt. Mit den Augen folgte ich einem kleinen Fischerboot, das gerade eine Wende ausführte.

Dank

Während der Vorbereitung meiner Meridianreise unterstützten mich: Angeline van Achterberg, Ahmed Ancer (Algerien), Rachel Corner, Jonas Driessen, Paul van Ginneke (Garmin), Maurits Groen, Christien Jaspars, Jan Jaspars, Jeremy Keenan (Großbritannien), Chris Keulemans, Annewies Kuipers, Ton van der Lee, Jan Nieuwenhuys, Karin Nieuwenhuys, Bart Roelofs, Tigran Spaan, Sigrun Spaans, Saliou Traoré, Jan Wijnand, Friso Wijnen und Ingrid Wolff.

Unterwegs standen mir unter anderen folgende Menschen bei: Bourema Abga (Burkina Faso), Andrews al-Hassan (Ghana), Gordon Addai Baffour (Ghana), Chahreddine Berriah (Algerien), Sylvain Brisa (Frankreich), Sarah Cunningham (Ghana), Oumarou Dicko (Burkina Faso), Michele Dotti (Burkina Faso), Badi Agh Faradji (Mali), Karin de Grip und Remco Mur (Mali), Esther Gyebi-Donkor (Ghana), Arali Ag Awari Kan (Mali), Ramón Herrero Torres (Spanien), Paul und Shelley Hugill (Großbritannien), Philippe Klein (Frankreich), Emmanuel Kuyole (Ghana), Wellington Kwamie (Ghana), Tanja Lubbers (Niederlande und Spanien), Mahamdru Manmaïza Maïga (Mali), Marjolijn Medendorp (Spanien), Sophie-Anne Millet-Dauré (Frankreich), Kwabena Okai Ofosuhene (Ghana), Bilal Ag Ogazid (Mali), Kurt Petit (Mali), Hans und Clarice Schoolkate (Mali), Rob Stoof (Mali), Younoussa Hamara Touré (Mali), Yannick Verdenal (Frankreich) und Osman Yanogo (Burkina Faso).

Großen Dank schulde ich Mireille Berman, Betty van Cleef, Lilian Huizinga, René Oey und Sophie Verburgh. Ihr inspirierender Kommentar war von unschätzbarem Wert. Außerdem danke ich meinen Verlegern Eva Cossée und Christoph Buchwald sowie Paula van Cleef-Joachimsthal, Alice van Gorp und Prof. Dr. F. J. Ormeling für ihre Korrekturen und Verbesserungsvorschläge.

Das Buch wurde zum Teil im Haus der Fundación Knecht-Drenth in Callosa d'En Sarrià geschrieben, einem ganz nah am Nullmeridian liegenden spanischen Städtchen, wo ich mich drei Monate aufhalten durfte. Ich danke Jeroen, Martijn und Machteld Grunwald, die mir ihr Ferienhaus in Zeeuws-Vlaanderen eine Zeit lang überlassen haben.

Bibliografische Hinweise

Alder, Ken: *The Measure of All Things. The Seven-Year-Odyssey That Transformed the World.* Abacus, London 2004
(dt. *Das Maß der Welt: Die Suche nach dem Urmeter.* Übersetzt von Yvonne Badal. C. Bertelsmann Verlag, München 2003 (gebunden) / Goldmann Verlag, München 2003 (Taschenbuch)

Allan, David W., Neil Ashby, Clifford C. Hodge: *The Science of Timekeeping.* Hewlett Packard Application Note 1289, Palo Alto 1997

Amarteifio, G. W., D. A. P. Butcher, David Whitham: *Tema Manhean. A Study of Resettlement.* Ghana Universities Press, Accra 1966

Ariel, Avraham, Nora Ariel Berger: *Plotting the Globe. Stories of Meridians, Parallels, and the International Date Line* (Explorations in World Maritime History). Praeger Publishers, Westport 2006

Aveni, Anthony: *Empires of Time. Calendars, Clocks, and Cultures.* Tauris & Co Ltd., London 1990
(dt.: *Rhythmen des Lebens. Eine Kulturgeschichte der Zeit.* Übersetzt von U. Enderwitz. Klett-Cotta, Stuttgart 1991)

Barrow, John D.: *The Book of Nothing. Vacuums, Voids, and the Latest Ideas about the Origins of the Universe.* Vintage Books, New York 2000

Brown, Lloyd A.: *The Story of Maps.* Dover Publications Inc, Mineola 1949/1979

Ewing Duncan, David: *The Calendar. The 500-Year Struggle to Align the Clock and the Heavens – and What Happened to the Missing Ten Days.* Forth Estate Limited, London 1998 (dt.: *Der Kalender. Auf der Suche nach der richtigen Zeit.* Übersetzt von Kristina Ruhl. Heyne, München 1999

Holford-Strevens, Leofranc: *The History of Time. A Very Short Introduction*, Oxford University Press, Oxford 2005 (dt.: *Kleine Geschichte der Zeitrechnung und des Kalenders.* Übersetzt von Christian Rochow. Philipp Reclam jun., Stuttgart 2008)

Howse, Derek: *Greenwich Time and the Longitude.* Philip Wilson Publishers, London 1997

Jennings, Charles: *Greenwich. The Place Where Days Begin and End.* Abacus, London 2001

Jönsson, Julia: *The Overwhelming Minority: Traditional Leadership and Ethnic Conflict in Ghana's Northern Region.* Oxford University Press, Oxford 2007

Kaplan, Robert: *The Nothing That Is. A Natural History of Zero.* Oxford University Press, Oxford 1999 (dt.: *Die Geschichte der Null.* Übersetzt von Andreas Simon. Piper, München 2003)

Kaye, Margaret: *The Greenwich Effect. A Companion to the Home of GMT.* Librario Publishing Ltd., Kinloss 2003

Kwamie, W. C.: *Presbyterian Church of Ghana Tema Community No 1 on the Greenwich Meridian.* Development of the New Town of Tema. Ghana, Tema 1999

Lippincott, Kristen: *The Story of Time.* Merrell Holberton Publishers, London 1999

Martínez Hernández, Marcos: *Canarias en la Mitología. Historia Mítica del Archipiélago.* Centro de la Cultura Popular Canaria, La Laguna 1992

Norgate, Sarah: *Beyond 9 to 5. Your life in time.* Weidenfeld & Nicolson, London 2006

Nukunya, G. K.: *Dagomba, Tradition and Change in Ghana. An Introduction to Sociology*, Ghana Universities Press, Accra 2003

Piper, Karen: *Cartographic Fictions. Maps, Race, and Identity.* Rutgers University Press, New Brunswick, New Jersey, London 2000

Redfern, Martin: *The Earth. A Very Short Introduction*, Oxford University Press, Oxford 2003
(dt.: *Die Erde: Eine Einführung.* Übersetzt von Manfred Weltecke. Philipp Reclam jun., Stuttgart 2007)

Sebald, Peter: *Togo 1884–1914. Eine Geschichte der Deutschen »Musterkolonie« auf der Grundlage amtlicher Quellen.* Akademie Verlag, Berlin 1988

Seife, Charles: *Zero. The Biography of a Dangerous Idea.* Penguin Books, New York 2000
(dt.: *Zwilling der Unendlichkeit. Eine Biographie der Zahl Null.* Übersetzt von Michael Zillgitt. Goldmann, München 2002)

Sobel, Dava: *Lengtegraad.* Ambo/Anthos, Amsterdam 2006
(dt.: *Längengrad: Die wahre Geschichte eines einsamen Genies, welches das größte wissenschaftliche Problem seiner Zeit löste.* Übersetzt von Matthias Fienbork. Berliner Taschenbuch Verlag, Berlin 2005)

Waugh, Alexander: *Time. Its Origin, Its Enigma, Its History.* Carroll & Graf Publishers, New York 2001

Internetquellen, weitere Hinweise, Fotos und zusätzliche Informationen findet man unter www.alfredvancleef.nl.